昆山高新区（玉山镇）村志系列丛书

庙灯村志

MIAODENG CUNZHI

昆山高新区（玉山镇）村志系列丛书编纂委员会 编

苏州大学出版社
Soochow University Press

图书在版编目(CIP)数据

庙灯村志 / 张美峰主编；昆山高新区(玉山镇)村志系列丛书编纂委员会编.-- 苏州：苏州大学出版社，2022.12

(昆山高新区(玉山镇)村志系列丛书)

ISBN 978-7-5672-4150-3

Ⅰ.①庙… Ⅱ.①张… ②昆… Ⅲ.①村史-昆山 Ⅳ.①K295.35

中国版本图书馆 CIP 数据核字(2022)第 240859 号

主　　编	张美峰
编　　者	昆山高新区(玉山镇)村志系列丛书编纂委员会
责任编辑	严瑶婷
装帧设计	刘　俊
出版发行	苏州大学出版社
地　　址	苏州市十梓街 1 号
邮　　编	215006
电　　话	0512-67481020
网　　址	http://www.sudapress.com
邮　　箱	sdcbs@suda.edu.cn
印　　刷	苏州市深广印刷有限公司
开　　本	787 mm×1 092 mm　1/16　插页 16　印张 31.5(共两册)　字数 517 千
版　　次	2022 年 12 月第 1 版
印　　次	2022 年 12 月第 1 次印刷
书　　号	ISBN 978-7-5672-4150-3
定　　价	120.00 元(共两册)

版权所有　侵权必究

昆山市地方文献丛书编纂委员会

名誉主任：徐华东　单　杰

主　　任：朱建忠

副 主 任：苏　晔　程　知

委　　员：徐　琳　杨伟娴　何旭倩　谢玉婷

昆山高新区（玉山镇）村志系列丛书编纂委员会

总 顾 问：孙道寻

主　　任：陈青林

副 主 任：孔维华　沈跃新　范洪春　石建刚

委　　员：董文芳　王志刚　龚奕奕　刘清涛
　　　　　　毛伟华　陆轶峰

审定单位

昆山高新技术产业开发区管理委员会

昆山市地方志编纂委员会办公室

昆山高新区（玉山镇）村志系列丛书编纂办公室

主　　任：刘清涛

副 主 任：姚　兰　高喜冬　张振华

成　　员：姚　晨　赵赋俊

编纂统筹：苏洪根

编　　务：张国良　金小华　朱小萍　周凤花

《庙灯村志》编纂委员会

主　　任：张美峰

副 主 任：钟惠明

委　　员：陆　平　陆秀勤　李彦斐　沈　洪　沈　琴

《庙灯村志》编纂组

主　　编：张美峰

副 主 编：钟惠明

特聘总纂：邬才生

撰　　稿：宋晓明（主笔）　徐祥生　张建国

编　　务：丁琴花　唐惠良　申分喜　张存香

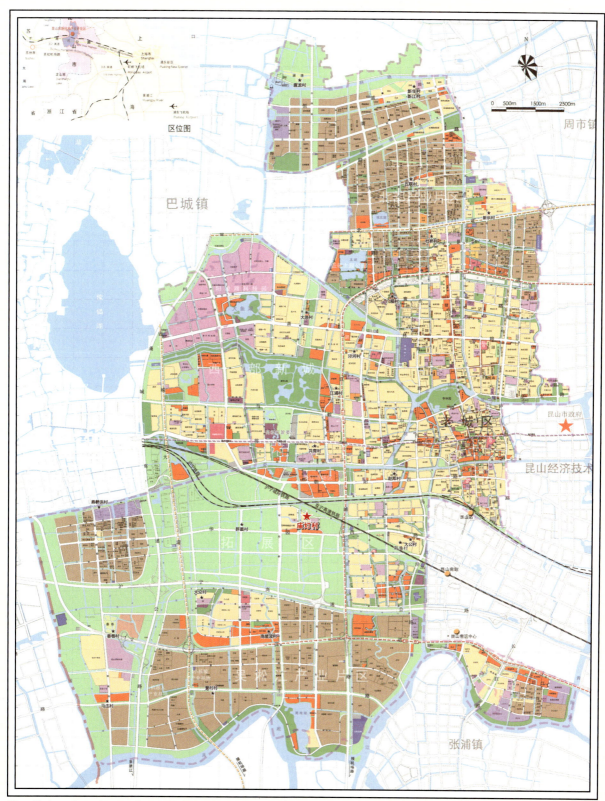

注：①本示意图由昆山高新区规划建设局提供（2020年）
②★表示庙灯村在昆山高新区（玉山镇）的位置

昆山高新区（玉山镇）区划示意图

航拍庙灯全景图（2020年，罗英摄）

🔼 万丰苑航拍全景图（2019年 罗英摄）
🔽 万丰苑、万欣苑航拍全景图（2019年，罗英摄）

村委会原址（2019年，罗英提供）

庙灯祝墩台自然村的原貌（2019年，罗英提供）

庙墩西遗址（2019年，罗英摄）

东村水泥桥（2019年，罗英摄）

庙墩古桥益后桥（2019年，罗英摄）

村容村貌

上左 白渔潭排涝站（2019年，罗英摄）　　　上右 李岸泾河（2019年，罗英摄）

下左 庙东灌溉站（2019年，罗英摄）　　　下右 白渔潭现代农业示范园（2019年，罗英摄）

左 瀛颂国际酒店（2019年，罗英摄）

上右 公交站台（2019年，罗英摄）
中右 中华园路（2019年，罗英摄）
下右 昆山高新区沪宁高速公路收费站（2019年，罗英摄）

上左 万丰苑小区儿童游乐场（2019年，罗英摄）　　上右 万丰苑小区广场（2019年，罗英摄）

下左 万丰苑小区健身设施（2019年，罗英摄）　　下右 万丰苑小区地下车库（2019年，罗英摄）

上左 万丰苑小区电瓶车充电桩（2019年，罗英摄）　　上右 万丰苑小区宣传栏（2019年，罗英摄）
下左 万丰苑小区一角（2019年，罗英摄）　　下右 万丰苑小区外环境（2019年，罗英摄）

万和幼儿园（2019年，罗英摄）

公共自行车停放点（2019年，罗英摄）

村警务室（2019年，罗英摄）

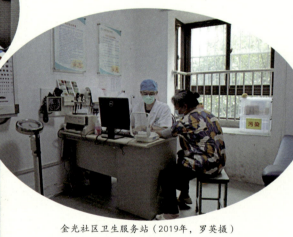
金光社区卫生服务站（2019年，罗英摄）

庙灯村农家书屋（2019年，罗英摄）

公共设施

上　庙灯村农业生产（2019年，罗英摄）
中　生态园油菜花（2019年，罗英摄）
下　现代农业生产：无人机喷洒农药（2019年，罗英摄）

上左 "曲赞新中国，巾帼心系党"文艺汇演（2018年，丁琴花提供）
上右 元宵节做灯笼活动（2018年，丁琴花提供）
下左 迎新春"写春联，送春联"活动（2018年，丁琴花提供）
下右 端午节包粽子活动（2018年，丁琴花提供）

上左 原村庄老房屋安全检查（2018年，丁琴花提供）　　上右 志愿服务活动：垃圾分类（2018年，丁琴花提供）
下左 迎"五四"活动 展青春风采（2019年，丁琴花提供）　　下右 志愿服务活动：便民义诊（2019年，丁琴花提供）

上左 志愿服务活动：垃圾分类（2019年，丁琴花提供）　　上右 公共文明日活动（2019年，丁琴花提供）

下左 "2019年昆山市欢乐文明百村行"文艺巡回演出（2019年，丁琴花提供）　　下右 消防安全演练（2020年，丁琴花提供）

上左 参观"昆山之路"成果展（2019年，沈洪提供）　　上右 志愿服务活动："331"夜查（2020年，丁琴花提供）

下左 庙灯村文艺舞蹈队（2020年，丁琴花提供）　　下右 志愿服务活动：公共文明日活动（2020年，丁琴花提供）

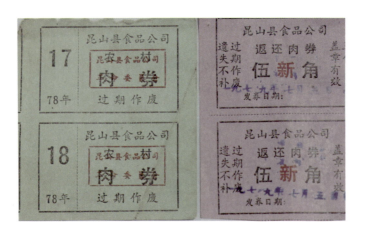

老票证（2019年，罗英摄）

谷搭(2019年,罗英摄)

山笆(2019年,罗英摄)

提桶(2019年,罗英摄)

立桶(2019年,罗英摄)

摇篮(2019年,罗英摄)

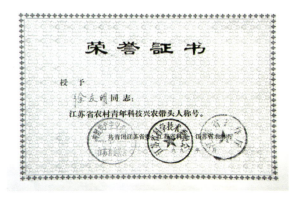

国家级、江苏省级荣誉

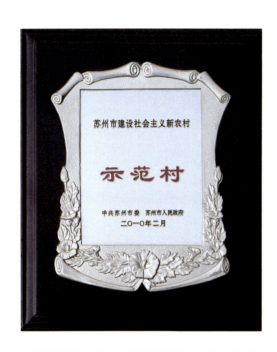

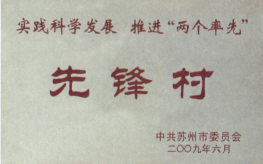

苏州市级荣誉

苏州市、昆山市级荣誉

上 "五老"人员对村志志稿初审会议（2020年，丁琴花摄）
下 村"两委"召开村志编纂资料征集会议（2019年，丁琴花摄）

^上 庙灯村村委会人员（2019年，罗英摄）
左起依次为：李彦斐、陆秀勤、张美峰、沈洪、陆平

^下 庙灯村村志编纂领导小组人员（2019年，罗英摄）
左起依次为：沈洪、钟惠明、陆秀勤、张美峰、沈琴、陆平

上 庙灯村村志撰写人员（2019年，罗英摄）
　　左起依次为：徐祥生、宋晓明、张建国

中 庙灯村村志编纂人员（2019年，罗英摄）
　　左起依次为：徐祥生、唐惠良、宋晓明、张建国、张存香、申分喜

下 庙灯村村志编纂工作小组人员（2019年，罗英摄）
　　前排左起依次为：徐祥生、张存香、宋晓明、唐惠良、申分喜
　　后排左起依次为：丁琴花、钟惠明、沈洪、张建国

总 序

盛世修志，志载盛世。

值此中国共产党第二十次全国代表大会胜利召开的喜庆之年，欣闻"昆山高新区（玉山镇）村志系列丛书"之《庙灯村志》《赵厍村志》《共青村志》《大渔村志》《五联村志》《大众村志》《景村村志》《唐龙村志》8部村志即将付梓。编修乡镇村志是落实国家"十四五"规划纲要，助力乡村文化振兴的一项重要内容，任务艰巨、意义重大。

2018年，昆山高新区（玉山镇）启动22个建制村的村志编修工作，为探索新型城镇化发展经验、发展模式、发展道路提供历史智慧和现实借鉴，也是响应国家"学党史、学新中国史、学改革开放史、学社会主义发展史"的生动实践。村落是乡土文化赖以生存的土壤，活态地保存着各种村庄形态、传统民居、传统美食和民俗风情。村庄里的一座座祠堂、一本本家谱、一口口古井、一条条古道，无一不是村落文化的印记。那些反映宗族文化的家风家训、乡规乡约，反映村民声音的方言俚语，反映传统生活方式的手工技艺、民俗节庆等，对生活在这片土地上的村民来说，是难以割舍的精神滋养。

史志合一，存史资政。"昆山高新区（玉山镇）村志系列丛书"脉络清晰，内容丰富；既有理论，又有实践；既有历史，又有现实，客观地再现了村民们在伟大历史进程中的奋进足迹和优异成绩。村志作为省、市、县三级志书的延伸和拓展，其丰富多彩的体裁形式在一定程度上体现了盛世修志工作的灵活性、包容性和多样性。

修史问道，以启未来。希望"昆山高新区（玉山镇）村志系列丛书"能讲好昆山高新区（玉山镇）乡村振兴的故事，并把昆山高新区（玉山镇）的故事

和智慧传递得更远。同时，在新征程上，我们期待全区广大干部和村民能够持续聚焦乡村振兴，做这一历史伟业的见证者、记录者和传承者。

历史是人民创造的，也是人民书写的。在此，谨向在昆山高新区（玉山镇）发展改革进程中洒下了汗水、奉献了青春的先辈们致以崇高的敬意！向辛勤编纂"昆山高新区（玉山镇）村志系列丛书"的编纂人员表示衷心的感谢！

是为序。

中共昆山市委常委
昆山高新区党工委书记
2022年12月

 序

  盛世修志，志载盛世。《庙灯村志》的编纂，是庙灯村的一件大喜事，也是庙灯村的一项"功在当代，利在千秋"的文化工程。《庙灯村志》的编纂，对于传承和弘扬庙灯村优秀的传统村落文化，推动乡村精神文明建设具有重要意义。

  《庙灯村志》全面、系统、客观地记述了庙灯村的发展历史，重点记述了中华人民共和国成立后，特别是改革开放后，庙灯人艰苦创业、不断创新的奋斗历程和精神风貌。在社会主义建设、改革开放和现代化建设时期，庙灯村党组织带领干部群众，坚持和发扬艰苦奋斗、开拓创新的精神，为改变家乡面貌团结拼搏、奋力前行。20世纪六七十年代，村党组织面对"穷土、恶水、血吸虫病"三大祸害，带领干部群众兴修水利、平坟造田、建设丰产方，农业生产稳步发展，建成商品粮基地。七八十年代，村"两委"带领干部群众调整农业产业结构，发展多种经营，兴办乡村企业，推动农村富余劳动力转化，促进了村集体经济增效、村民家庭增收。进入21世纪后，在工业化、城镇化、城乡一体化建设进程中，村"两委"带领干部群众以改革创新为发展动力，放手发展民营经济，积极发展富民股份合作社、农地股份合作社、社区股份合作经济，实现了村级经济和村民收入双提升，物质文明和精神文明双丰收。庙灯村先后获得昆山市级及以上荣誉10余项。

  志载春秋，以启未来。《庙灯村志》用大量翔实资料，以辩证唯物主义和历史唯物主义的观点，实事求是地记载了庙灯村的历史。今天，我真诚地把《庙灯村志》推荐给广大读者，希望大家充分发挥《庙灯村志》存史、资政和育人的功用，把《庙灯村志》作为继承历史传统、面向未来发展的重要决策参考，在建设美丽家园、实现乡村振兴的新实践中取得新成就；把《庙灯村志》作为

爱党、爱国、爱家乡教育的生动教材，激励村民树立正确的人生观和价值观，在推进新时代文明实践中有更大的作为。

《庙灯村志》经过村志编纂人员两年多的艰辛编纂和辛勤付出，终于付梓。在编纂过程中，得到了昆山市地方志编纂委员会办公室、昆山高新区村志编纂办公室的关心帮助和悉心指导，得到了昆山高新区各相关职能部门的大力支持。在此，我代表村"两委"一并表示衷心感谢。

是为序。

昆山高新区（玉山镇）庙灯村
党总支部书记、村委会主任
2022 年 10 月

凡 例

一、本志以马列主义、毛泽东思想、邓小平理论、"三个代表"重要思想、科学发展观、习近平新时代中国特色社会主义思想为指导，坚持辩证唯物主义和历史唯物主义的立场、观点和方法，全面、系统、客观地记述庙灯村在各个历史时期的发展变化。

二、本志纵贯古今，详今略古。上限力求追溯事物发端，下限至2019年，大事记、图照等延伸至2020年。

三、本志记述地域范围，以2019年末庙灯村所辖区域为准。凡属境域内发生的人和事，则尽量采摘，力求完备，以显全貌。

四、本志采用章、节体结构，按章、节、目层次排列，部分内容设子目。依据社会分工与科学分类相统一原则，按综情、自然、经济、文化、社会和人物类别依次排列，全志共设11章，志首设村域地图、图照彩页、概述、大事记，志末有跋和编后记。

五、本志采用述、记、志、传、图、表、录诸体进行记述，以志为主。大事记采用编年体和纪事本末体相结合的体例。

六、本志中地名、政区名及机构名均使用当时的名称，必要时加注现名，一般使用全称，如在记述中多次运用的，在首次使用全称时括注简称。文中凡未用全称的"省""县""市""镇""区"，则分别专指江苏省、昆山县、昆山市、玉山镇、昆山高新区。

七、本志中涉及两个建制村与两个自然村名称相同，为做区分，表述为庙灯村（庙墩村）与庙灯自然村（庙墩自然村）、白渔潭村与白渔潭自然村。1949年前，尚无建制村，用地名庙墩、白渔潭指称所辖村域。

八、本志遵循"生不立传"的原则,在地方上有重大影响或有较大贡献的外籍人士,以及少数对地方经济社会发展有较大影响的客籍人士,在世者以生年为序,录入人物简介;不在世者按卒年排序,录入人物传略。人物名录收录部分大学生、教师等有代表性的人员。

九、本志时间表述在1912年前采用历史纪年括注公元纪年,1912年后采用公元纪年。本志所言"解放前"和"解放后",以1949年5月13日昆山全境解放为准;所言"党",均指中国共产党。

十、本志的标点符号、数字数据、计量单位等按国家有关规定执行,考虑到村民的使用习惯,涉农事项的记述中保留"公里""亩""斤"等计量单位。文中有关统计数据,以统计部门的为主,部分采用村委会的统计数据。

十一、本志资料采自昆山市档案馆和昆山高新区档案室档案、旧志,以及有关图书、报刊、音像等历史资料和村民口述资料。所有入志资料,均经考证核准后采用,一般不注明出处。

目　录

- 001 / 概述
- 006 / 大事记

第一章　村情概览

- 032 / 第一节　历史沿革
- 032 / 一、村名由来
- 033 / 二、建置区划
- 037 / 第二节　撤并村简介
- 040 / 第三节　自然村简介
- 057 / 第四节　自然环境
- 057 / 一、地貌
- 057 / 二、土壤
- 058 / 三、气候
- 060 / 四、河流
- 061 / 五、动植物
- 062 / 六、自然灾害
- 063 / 第五节　人口姓氏
- 063 / 一、人口总量
- 064 / 二、人口构成
- 075 / 三、人口调控
- 076 / 四、外来人口管理
- 077 / 第六节　村民生活
- 077 / 一、收入与支出
- 078 / 二、福利保障
- 080 / 三、衣食住行
- 083 / 第七节　村级组织
- 083 / 一、基层党组织
- 085 / 二、村自治组织
- 087 / 三、民兵组织
- 087 / 四、群团组织

第二章　乡村建设

- 090 / 第一节　住房建设
- 090 / 一、农房建设
- 090 / 二、动迁安置
- 091 / 三、集居区建设

093 /	第二节　基础设施	128 /	四、三麦耕作管理
093 /	一、道路	130 /	五、油菜耕作管理
095 /	二、桥梁	132 /	第三节　农田水利
098 /	三、供电、供水、供气	132 /	一、土地平整
100 /	四、公共交通	132 /	二、河道疏浚
101 /	五、邮政通信	133 /	三、农田排灌
102 /	六、其他公共配套设施	135 /	第四节　农业科技
103 /	第三节　环境保护	135 /	一、新品种
103 /	一、水环境整治	136 /	二、新农艺
104 /	二、乡村改厕	137 /	三、新肥药
104 /	三、污水处理	139 /	四、新农机
104 /	四、垃圾处理		
105 /	五、综合治理		**第四章　村域经济**
	第三章　农业生产	144 /	第一节　经济总量与结构
		146 /	第二节　多种经营
108 /	第一节　生产关系变革	146 /	一、瓜果蔬菜种植
108 /	一、土地私有制	148 /	二、畜禽养殖
109 /	二、土地改革	150 /	三、水产养殖
110 /	三、农业合作化	154 /	四、手工
112 /	四、人民公社化	155 /	第三节　工业企业
114 /	五、家庭联产承包责任制	155 /	一、村办企业
115 /	六、土地流转	157 /	二、驻村企业
116 /	七、专业合作经济组织	159 /	第四节　商贸服务业
117 /	八、白渔潭生态农业产业园	159 /	一、商贸企业
119 /	第二节　粮油种植	159 /	二、个体作坊
119 /	一、耕作制度	162 /	三、农副市场
120 /	二、粮食产量	162 /	四、房产租赁
123 /	三、水稻耕作管理		

第五章　文明建设

166 / 第一节　思想道德教育
166 / 一、宣教活动
167 / 二、阵地建设
170 / 第二节　创建活动
170 / 一、文明村创建
170 / 二、先锋村创建
171 / 三、生态村创建
172 / 四、文明户评选
174 / 第三节　志愿行动
174 / 一、志愿服务队伍
175 / 二、志愿者服务项目
176 / 第四节　文明新风
176 / 一、助人为乐
177 / 二、爱岗敬业
177 / 三、敬老爱幼

第六章　教育卫生

180 / 第一节　教育
180 / 一、私塾
181 / 二、幼儿教育
182 / 三、小学教育
183 / 四、中学教育
185 / 五、成人扫盲
185 / 第二节　卫生
185 / 一、血吸虫病防治
186 / 二、合作医疗
188 / 三、医疗补助

第七章　乡土文化

190 / 第一节　群众文化
190 / 一、文艺活动
191 / 二、大队宣传队
192 / 三、老年文娱队
192 / 第二节　山歌民谣
192 / 一、庙灯山歌
194 / 二、乡土民谣
194 / 第三节　传统习俗
195 / 一、岁时习俗
197 / 二、婚嫁习俗
198 / 三、丧葬习俗
200 / 四、生活习俗
201 / 五、旧时陋习
201 / 第四节　童趣游艺
204 / 第五节　文化遗存
204 / 一、古桥
206 / 二、古庙
206 / 三、古坟遗迹

第八章　物产美食

210 / 第一节　物产
210 / 一、粮油类
210 / 二、水产类

211 /	三、禽畜类	235 /	第二节　人物简介
212 /	四、时令蔬菜类	240 /	第三节　人物名录
214 /	第二节　美食佳肴	256 /	第四节　集体荣誉
214 /	一、菜肴		
216 /	二、传统小吃		

第十一章　乡村记忆

第九章　方言土语

		258 /	第一节　传说故事
220 /	第一节　俗语俚语	258 /	一、唐庄兴衰
220 /	一、人际称谓	258 /	二、柴家坟传奇
221 /	二、天文气象	259 /	三、话说白渔潭
221 /	三、时令时间	261 /	第二节　农事活动
222 /	四、动物植物	261 /	一、农活杂事
222 /	五、生活物料	262 /	二、积肥生产
223 /	六、人体体态	265 /	第三节　往事印记
224 /	七、人际交往	265 /	一、历史事件
225 /	八、其他	267 /	二、购物票证
226 /	第二节　谚语	269 /	三、生活用具
226 /	一、生活谚语	271 /	四、传统技艺
227 /	二、气象谚语	272 /	第四节　首举之事
228 /	三、农业谚语	272 /	一、新生事物
229 /	第三节　惯常用语	272 /	二、集体第一
229 /	一、歇后语	274 /	三、个人第一
231 /	二、惯用语		
		276 /	跋
		277 /	编后记

第十章　乡村人物

234 /　第一节　人物传略

 # 概 述

庙灯村地处昆山市城区西南娄江河南岸，距市中心城区 3 公里（1 公里 = 1 千米），境域东接老小澞河，南邻新 312 国道，西连尤泾港，北靠大公村，面积 3.5 平方公里。中华人民共和国成立前，域内流传着"穷土、恶水、血吸虫病"的民谣，村民生活贫困。中华人民共和国成立后，特别是改革开放后，全村干部群众发扬艰苦奋斗、开拓创新的精神，改土、治水，建设高产农田，农业生产持续发展；发展多种经营，创办乡村企业，实现强村富民；积极推进教育医疗、群众文化等社会民生事业，推进新农村建设和农村城镇化的发展，改变了乡村落后面貌，村民生活实现全面小康；强化精神文明建设，开展文明家庭和文明村镇创建，村民的文明素质不断提升，文明乡风得以传承。2019 年，庙灯村辖有 24 个村民小组，673 户，总人口 2 359 人。先后获得江苏省卫生村、江苏省生态村、苏州市先锋村和昆山市精神文明建设先进集体等 10 余项荣誉。

一

庙灯村历史悠久。昆山市文化广电新闻出版局（文物局）考证，庙灯村域内的柴家坟土墩为两次堆积而成，最底下的一层为新石器时期的。历史上境域隶属关系变化较多，据历代《苏州府志》《昆山县志》载，在明代隶属昆山县积善乡。清雍正二年（1724），分设新阳县后隶属昆山县积善乡。清宣统元年（1909），境域隶属新阳县玉山市和南星溇乡。1912 年，新阳县并入昆山县，境域隶属昆山县。1928 年，区划调整，玉山市改为第一区，正仪与南星溇合并为第八区，境域隶属昆山县第一区和第八区。1939 年，第八区改为第七区。1943 年，第一区改为第四区。1946 年 9 月，第四区又改为第一区。同年 12 月，第一区改名为鹿城区。1947年，正仪划归张浦区，境域隶属昆山县鹿城区和张浦区。同年9月，撤消区级建制。1948年2月，实行新县制，境域隶属玉山示范镇和正仪乡。

1949年5月13日，昆山解放，至7月，全县划为6个区，庙墩属昆山县城区，白渔潭属正仪区正仪乡。中华人民共和国成立后，境域先后经历行政体制和生产关系的变革。1950年1月，改属昆山城郊区渔西乡。是年，境域开展土地改革，成立村农民协会（简称"农会"）。在农业合作化推进的过程中，成立村一级的管理委员会。1956年，改属昆山县玉山镇。1958年10月，实行人民公社化后，城南、城北两乡与玉山镇合并，建马鞍山人民公社，实行集"工农商学兵"于一体、"政社合一"的人民公社体制，改属马鞍山人民公社。人民公社时期，庙墩大队与白渔潭大队合并，组建新的庙墩大队。1959年6月，撤马鞍山人民公社，分建城北人民公社、城南人民公社和玉山人民公社，庙墩大队拆分为庙墩大队、白渔潭大队，均隶属城南人民公社，庙墩大队下设12个生产队，白渔潭大队下设9个生产队。1966年，庙墩大队改名为庙灯大队。1969年，庙灯、白渔潭大队成立革命委员会。1981年，恢复为生产大队管理委员会。

1983年6月，改革人民公社体制，恢复建立乡（镇）、村行政管理体制，城南人民公社改为城南乡，境域属城南乡。境域内庙灯大队和白渔潭大队管理委员会改建为村民委员会（简称"村委会"），生产队更名为村民小组。1986年10月，城南乡并入玉山镇，隶属玉山镇管辖。2001年前，庙灯村域内有白渔潭村和庙灯村两个建制村；2001年7月，白渔潭村与庙灯村合并，组建新的庙灯建制村，同时建立新的庙灯村村委会，辖庙灯、祝墩台、白渔潭、漕潭、六家湾、七家和下央7个自然村落。2012年，昆山高新区与玉山镇实行区镇合一，庙灯村隶属昆山高新区（玉山镇）。

2008—2015年，庙灯村域内的自然村落在农村城镇化的进程中先后整体动迁，村民分别安置在万丰苑、万欣苑小区和大公花园。

二

庙灯村历史上曾是一个单纯依靠农业经济的地区，村民世代以农为生。中华人民共和国成立前，境域内的农业生产力十分低下，基本是靠天吃饭，粮食亩产量在300~400斤（1斤=500克）。中华人民共和国成立后，经过土地改革、农业合作化和人民公社化运动，村民走上了社会主义集体化道路，生产积极性得到提高。村民发挥集体经济优势，组织力量大搞农田水利建设，发展农业灌溉系统，大力积造有机农肥，积极培养粮油良种，农业生产条件得到大大改善，并通过完善耕作制度，粮食亩产稳步提升，粮食亩产最高近1000斤，集体经济得到发展。

1978年，中共十一届三中全会后，在党的改革开放政策的引领下，境域内的庙灯大队、白渔潭大队积极实施农业体制改革，全面推行家庭联产承包责任制，实行"劳分责任田，人分口粮田，猪分饲料田"的家庭经营模式和"上交国家的，留足集体的，剩下是自己的"分配制度，建立家庭经营、统分结合的农业经营体制，农业生产力得到进一步解放。进入80年代，随着农业劳动生产率的提升和农业富余劳动力的转移，大批村民相继从事第二、第三产业。庙灯村、白渔潭村党支部、村委会，适时组织土地流转，积极培育种田大户，发展农业规模经营，同时加强农业专业化服务，促进境域农业生产规模化和集约化；同时加强农业结构调整，农林牧副渔并举，大力推广新品种、新农艺、新肥药、新农机，促进了境域农业经济效益的提升。

20世纪90年代中期，随着农业体制的变革，境域内农业生产方式也发生了变革，农业机械化、专业化和集约化水平不断提升。同时，农业劳动生产率的提升，促进了境域内的分工分业。境域内的庙灯村、白渔潭村先后兴办钡盐化工厂、瓦坯厂等10家村办企业，开辟了村民的就业渠道，提升了村级经济实力。1996年后，庙灯村、白渔潭村村党支部和村民委员会（简称"两委"）在推进村办集体企业转制改制的同时，鼓励支持民营经济发展，村里的一批新型知识农民和原村镇企业的骨干，踊跃投入商海。庙灯、白渔潭村先后办起17家商贸企业，其中最大的企业资产超亿元，年经营收入超10亿元。

2001年，庙灯村与白渔潭村合并组建新的庙灯村，庙灯村"两委"审时度势，抓住昆山高新区开发建设和新农村建设机遇，创新发展思路，探索纵向联合、横向合作的发展之路，建立社区股份合作社、富民合作社，建造标准厂房、店面房以出租，投资入股大企业，并通过滚动发展，使村集体经济由弱变强。2017年，村"两委"顺应昆山高新区规划建设的要求，全村农田纳入白渔潭生

态农业产业园规划建设。至2019年,全村集体资产达8 266.28万元,村集体可支配收入达2 060万元。

三

庙灯村在经济发展的基础上注重发展社会事业。境域内教育、医疗、文体等社会事业全面发展,民生保障水平不断提升,呈现出经济和社会协调发展的新特色。

在教育方面,中华人民共和国成立前,村民受教育的机会很少,绝大多数贫困人家的子女没有机会也没有条件上学,村民中文盲占98%以上。中华人民共和国成立后,村里办起识字班,开展成年扫盲,70%左右的成年人摘掉文盲的"帽子";村里办起学校,为学龄儿童接受学校教育创造条件;还办起了幼托班,解决生育妇女参加集体生产劳动的后顾之忧。1956年4月,庙墩高级农业生产合作社(简称"高级社")办幼托班的经验得到了教育部、卫生部和全国妇联的充分肯定,并在全国农村推广。改革开放后,庙灯村、白渔潭村在进一步改善办学条件的同时,全面推行九年制义务教育,村民对子女的教育越来越重视,村民的受教育程度逐步提升。至2019年,村里的多数家庭有了大学生,全村获得大学本科文凭的有137人,还有4人获得了硕士研究生学历。

在医疗方面,中华人民共和国成立前,境域是血吸虫病的高发地,有超过80%的村民患血吸虫病,村民有病无处看,绝大多数村民也看不起病。中华人民共和国成立后,村民积极响应"一定要消灭血吸虫病"的号召,在基层党组织的带领下,查螺灭螺,消灭血吸虫病的滋生源;组织开展血吸虫病防治工作,最终消灭了域内血吸虫病。1965年,村里培养赤脚医生,开办卫生所,建立合作医疗,大大方便了村民看病,实现小病不出大队(村),大病转公社(乡)卫生院,村民看病可报销,初步解决了村民看病难的问题。2000年以后,村民医疗统一纳入昆山市新型农村合作医疗制度,医疗保障水平得到提升。2018年,村"两委"制定《庙灯村医疗普惠实施办法》,对患重病住院的村民个人实行按比例补助,对因病因残致贫家庭进行专项补助,村民在享受医疗保障的同时,还可享受村里的普惠医疗福利。

在文化方面,中华人民共和国成立前,村民过着日出而作、日落而息的生活。中华人民共和国成立后，村民对文化娱乐的需求逐步上升，群众文娱活动如打连厢、扭秧歌、唱山歌、摇荡船等增多。"文化大革命"期间，庙灯大队和白渔潭大队都成立文娱宣传队，排演《红灯记》《智取威虎山》《沙家浜》等样板戏，为村民演出，也在大队之间交流演出；县乡的电影放映队每隔一段时间到村里放电影。改革开放后，村里成立老年文娱队，排演竹板舞、扇子舞、打腰鼓和沪剧、锡剧片段，经常参加城南乡、玉山镇的群众文娱活动和文娱比赛。2001年以后，庙灯村"两委"更加重视对文化建设的投入，建设绿地文化、窗廊文化、墙体文化、网络文化、屏幕文化、农家书屋等，每到夜晚，村民聚集在广场，随着广场舞曲响起，大家翩翩起舞，其乐融融。

在民生方面，中华人民共和国成立前，境域内村民靠种田为生，绝大多数村民生活贫困，有不少村民过着乞讨的生活。中华人民共和国成立后，经过土地改革和农业合作化，村民生活得到改善。改革开放后，村民的收入结构发生了根本变化，逐步形成农业增收、就业增收、创业增收、物业增收、福利增收的新格局，村民收入逐年增长。2019年，村民人均收入达46 215元；同时，村民养老保障实现了家庭养老向社会养老的历史性转变，不仅建立了人人参与的农村养老保障，而且通过土地换保障等途径，实现农保改社保的城乡养老保障并轨，为村里的老年人彻底解决了养老的后顾之忧。村"两委"还在村集体收入不断增长的基础上，建立老年福利制度，每年为60周岁以上的老年人发放过节费，提升村民的获得感和幸福感。

今朝，庙灯村经济社会全面发展、村民生活水平全面提升、村容村貌全面改观。未来，庙灯村在继续推进城乡一体化新农村建设过程中，必将实现由新农村社区向现代化城市社区的华丽转身。庙灯人在村"两委"领导下，必将用自己的聪明才智和勤劳双手，把庙灯村建设得更加美好。

大事记

新石器时代

庙墩西遗址位于庙灯村西南,总面积8 500平方米,遗址为土墩(今为柴家坟),遗址的早期堆积为新石器时代良渚文化时期遗存。(2009年,庙墩西遗址被列为昆山市文物保护单位)

唐朝—清朝

唐,天宝九载(750),时人在白渔潭自然村东侧大㳇河上建八字桥,东西走向,跨度4米,桥两边由石头砌成,桥面由三块木板铺成。(1958年,八字桥在建跃进电灌站时被拆除)

宋,景祐元年(1034),苏州知府指令昆山(州治)疏通流经白渔潭自然村的大㳇河。大㳇河北至大公村,南到吴淞江,全长3.55公里。

明,洪武二年(1369),降昆山州为县,州治复为县治,玉山为县治所在地,境域属玉山。

景泰五年(1454),白渔潭发生大水,瘟疫流行,死人众多。翌年,爆发大饥荒,斗米百钱,百姓逃荒甚多。

嘉靖十八年(1539)二月,昆山县令把元代建成的昆山土城墙改建为砖砌城墙。在白渔潭的上秧、上八千、娄西之间,建土窑两座,专烧城砖,供昆山城区筑城墙。城墙筑好后,砖窑改为民用,其砖供建造民房。至隆庆三年(1569)发大水,土窑倒塌。

万历二十五年(1597),时人建长寿庵,后改名为长寿庙。该庙位于姚家浜河东边，南靠门前河，庙前后两个出口，共有佛像8尊。

万历三十五年（1607），时人在白渔潭自然村长寿庙前建庙堂桥（一），南北走向，两边石基，木板桥面。（1967年，该桥被重新改建为钢筋水泥桥。2017年，被拆除）

万历年间（1573—1620），坐落于小㳚河西、南星㳚镇东、庙墩内的集福庵（草房）初建。（今为庙灯寺庙）

天启四年（1624），大旱，周边树木干枯，唯有白渔潭因地势低洼，青草遍地。

清，雍正二年（1724），分置新阳县，设7乡18保，境域属积善乡，为第二保。

乾隆三十八年（1773），僧人募资把明初所建集福庵的草房，改建成瓦房。光绪年间，里人顾瑞华又募资扩建前埭三间，石库门、两厢房、一天井，天井两边栽柏树两棵，集福庵规模得到扩大。

同治四年（1865），村民在白渔潭的漕潭自然村东北200米建六家坟，占地7.2亩（1亩≈666.67平方米）。坟上有石人、石马、石旗杆、石俑和石龟。

光绪四年（1878），时人在白渔潭的下央自然村东200米建千管桥，东西走向，全石结构，桥面为平石板，宽2米，跨度4米。（1963年，该桥在建电力排灌站时被拆除）

光绪九年（1883），时人在白渔潭的六家湾自然村建城隍庙，朝南三间，东有两间厢房，四周围墙，占地面积141平方米。庙内有观音、城隍、周太太、土地公像4尊。属昆山县积善乡第二保管辖。

宣统元年（1909），推行地方自治，废乡、保、都，划昆山、新阳城乡为1市17乡，玉山划为市，南星㳚乡成立。庙墩属玉山市，白渔潭属南星㳚乡。

中华民国

1912年

6月，富商汤氏在白渔潭出资建造六家湾大木桥，南北走向，4根百年柏树做桥桩，桥面及两边桥堍分别用4根整木铺成。（1973年建排涝站时拆除大木桥，重建水泥桥，长4.5米、宽0.5米。2016年，在建白渔潭生态农业产业园

时，该桥被拆除）

8月，在庙墩寺庙旁的庙塘河上建益后桥，东西走向，石质台阶，巨石桥面。（2009年，益后桥被列为昆山市文物保护单位）

是年，新阳县并入昆山县，玉山市区域不变，境域属玉山市。

1917年

10月，在庙墩自然村中心的兴隆桥西侧，庙墩第一所私塾建办。李源来任教师，学生有26人。

1927年

是年，白渔潭的六家湾自然村因多次被抢劫，村民全部搬离。汤姓和丁姓人家搬至正仪、南星渎；袁氏二户，一户搬至白渔潭自然村，一户搬至北城；赵姓和韩姓人家移至昆山城。

1928年

是年，玉山市改为第一区，辖15镇29乡。正仪与南星渎合并，称第八区。庙墩属第一区，白渔潭属第八区。

1934年

是年，昆山全县划为8区65乡（镇）。第八区改称第七区，庙墩属第一区，白渔潭属第七区。

1938年

1月24日，昆山全县搜捕烟民，禁大烟，白渔潭陈氏大烟所关闭。

是年，顾恒圭任庙墩自然村私塾学校校长，共有学生31人，其中有5位女生。

1940年

是年，白渔潭孙孝思在漕潭自然村开办磨坊、砻坊，把小麦磨成面粉，把稻谷轧成糙米。

1943年

是年，昆山县把原属第一区的玉山市改属第四区，第四区辖山南、玉带、致和、学宫、南濠、小澞、乐庵7乡（镇）。庙墩属第四区。

1945年

是年，白渔潭夏金浩在漕潭自然村开设磨坊、砻坊，为村民提供方便。

1946 年

9 月，抗日战争胜利后，玉山市由第四区又改为第一区，庙墩属之。

12 月，第一区改名为鹿城区，行政区域未变，辖 5 镇 5 乡，庙墩属鹿城区。

是年，白渔潭自然村开设白渔潭第一所私塾学校。李元凯任教师，学生有 13 人，学费每人每年两石（1 石＝60 千克）米。

1947 年

春，正仪划归张浦区，白渔潭属张浦区。

9 月，撤消区级建制，白渔潭属正仪乡。

1948 年

2 月，实行新县制，玉带、致和、学宫、南濠、山南 5 个镇及汉坡乡的第九、第十两保合并为玉山示范镇，庙墩属玉山示范镇，白渔潭属正仪乡。

是年，陆铭德任庙墩私塾负责人。

1949 年

5 月 13 日，昆山解放。建区、乡（镇）人民政府，乡镇划分沿用旧区划。同时，废除保甲制度。

7 月，全县划为 6 个区，玉山示范镇为城区，辖学宫、玉带、致和、山南、南濠 5 个镇。庙墩属昆山县城区，白渔潭属正仪区正仪乡。

8 月，大雨，水位涨到 3.65 米，境域内大多农田水稻颗粒无收。

中华人民共和国

1950 年

1 月，昆山县区制不变，玉山镇城区更名为城郊区，辖玉山镇及渔东乡、渔西乡、车荡乡、路南乡、路北乡、大渔乡、城北乡。境域属城郊区渔西乡。

春，境域内开展《中华人民共和国婚姻法》和反对封建婚姻制度的宣传活动。

是年，庙墩村成立农村工作委员会（简称"农委"），邹福林任农委主任；白渔潭村成立农委，李发林任农委主任。

1951 年

2 月，庙墩村李水生和白渔潭村李根林、毛俊根，积极响应党中央抗美援朝、保家卫国号召，参加中国人民志愿军，赴朝参战。

4月，经土地改革工作队复查验收，核发土地证，庙墩村发放土地证173本，白渔潭村发放土地证119本。庙墩村和白渔潭村土地改革宣告结束。

是年春，庙墩私塾由人民政府接管，更名为庙墩小学，陆铭德任校长。

1952年

春，庙墩村、白渔潭村根据中共中央发布的《关于农业生产互助合作决议》，共成立互助组13个，68户参加。

5月，境域内插秧推广复合式秧田，播种推广陈永康"落谷稀"育秧法。

秋，大雨、暴雨各3次，境域内农田受涝，产量减产四至五成不等。

1953年

7月，境域内启用脚踏滚筒式脱粒机。

12月，境域内取缔反动道会"一贯道"。

是年，国家开始实行粮食统购统销政策，境域内村民生产的粮食由政府粮管所统一收购。

1954年

7月，暴雨，河水猛涨，水位涨到4.03米，江水倒流。境域遭遇百年不遇的大洪灾，200多亩农田被淹，颗粒无收。

8月，庙墩村在互助组的基础上成立庙东初级农业生产合作社（简称"初级社"），由张凤鸣任社长；成立庙西初级社，由徐和生任社长。白渔潭村在互助组的基础上成立勤丰初级社，由刘兆祥任社长；成立勤星初级社，由沈道生任社长。

1955年

2月，境域在初级社的基础上组建庙墩高级社、白渔潭高级社。

10月17日，中共昆山县委农业生产互助合作部编辑的《生产合作简报》报道渔西乡庙东初级社克服生产合作社管理中的缺点，周密制订生产计划，合理安排劳动力；推行承包责任制，不仅包到小队，并且包到劳动力；实行男女同工同酬，发挥妇女半边天的作用；正确确定工分标准，做到重工与轻工不同、技术工与普通工不同。

是月，庙墩高级社、白渔潭高级社粮食生产实行定产、定购、定销，超产奖励到户的"三定一奖"措施。

1956 年

4月，教育部、卫生部、全国妇联专题发表《关于渔西乡三个高级社幼托工作的调查报告》，介绍渔西乡大公高级社、庙墩高级社、民主高级社幼托工作做法。当年庙墩高级社创办6个幼托班，招收幼儿33人。

12月，撤区并乡，玉山镇改为县属镇，辖8个高级社、14个村委会。庙墩高级社和白渔潭高级社均属玉山镇管辖。

是年，祝墩台自然村的生产小队并入庙墩高级社。

1957 年

年初，庙墩高级社成立党支部，张凤鸣任庙墩高级社党支部书记，徐和生任高级社社长，陆云龙任高级社会计。白渔潭高级社成立党支部，刘兆祥任白渔潭高级社党支部书记，沈道生任高级社社长，徐火生任高级社会计。

6月25—28日，阴雨连绵，日降雨量110毫米，庙墩高级社、白渔潭高级社受灾严重。

1958 年

夏，庙墩高级社和白渔潭高级社各购进燃煤抽水机1台（30匹）、20寸泵1台，解决部分农田灌溉问题。

10月，城南、城北两乡与玉山镇合并，建立马鞍山人民公社，两乡一镇共61个高级社，合并组建22个生产大队和14个居民委员会。白渔潭大队和庙墩大队合并组建新的庙墩大队。吴纪明任大队党支部书记，张凤鸣任大队长，吴瑞林任会计。

11月，庙墩大队大搞副业，搭建猪棚50间，养猪100多头，在七家自然村创办副业队，副业基地30亩，吴福来任副业主任。

是月，劳动管理按军事化建制，公社建团、大队建营，生产大兵团作战，行动军事化、生活集体化。生活上则实行供给制，吃饭不要钱，社员在指定食堂吃饭。

是年，全国掀起"大跃进"运动。境域内家家户户捐出废铁，积极参与大炼钢铁。

1959 年

6月，撤马鞍山人民公社，分建城南人民公社。白渔潭大队从庙墩大队分出，庙墩大队、白渔潭大队隶属城南人民公社。张凤鸣任庙墩大队党支部书记，吴小男任大队长，刘兆祥任白渔潭大队党支部书记，李宗根任大队长。

1960 年

8月2—5日，受7号台风影响，连降4天暴雨，庙墩大队和白渔潭大队的各生产队农作物不同程度受损。

12月，庙墩大队第10生产队、白渔潭大队第2生产队，被昆山县评为农业先进集体。白渔潭大队第4生产队李素珍和庙墩大队第10生产队陈秀英分别被评为昆山县三八红旗手。

是年，自然灾害严重，庙墩大队和白渔潭大队社员口粮严重短缺，社员靠吃胡萝卜、野菜、糠饼等充饥。

1961 年

2月，庙墩大队和白渔潭大队按照城南人民公社党委要求，贯彻落实中央《关于农村人民公社当前政策问题的紧急指示信》（简称《农业十二条》）精神，改革大兵团作战管理体制，实行按劳分配，多劳多得。

5月21日—6月12日，中共中央工作会议修改通过《农村人民公社工作条例（修正草案）》（简称《农业六十条》），庙墩大队和白渔潭大队分别召开党支部大会和社员大会，解读《农业六十条》精神。按照中央要求，实行按劳分配，多劳多得的计分制；同时，按照各生产队的耕地面积，将5%的田作为社员自留地，人均0.15亩。

是年，李宗根任白渔潭大队党支部书记，徐火生任大队会计。

1962 年

9月5—6日，14号台风入境，连续暴雨24小时，降雨量341.7毫米。白渔潭大队大部分农田被淹，农作物几乎无收，倒塌民房10余间、船坊8间、猪棚15间、公房5间。

10月，沈巧荣任白渔潭大队大队长。

是年，下央自然村的生产小队并入白渔潭大队。

是年，白渔潭大队在白渔潭自然村建办小学，李元芳任教师，招收学生37人。

1963 年

2月，庙墩大队、白渔潭大队和灯塔大队联合投资6 000元，建成联合粮食饲料加工厂。汤金早任厂长，沈士明任会计。

3月，毛泽东主席向全国人民发起"向雷锋学习"的号召。庙墩大队和白渔潭大队党支部、共青团组织发动青年团员和学生，开展学习雷锋、做好人好事、做无名英雄等公益活动。

是月，城南人民公社在庙墩大队投资建造一座灌排两用站，机房面积16平方米，电动机2台，功率26千瓦的水泵2台，解决庙墩大队和白渔潭大队的灌溉和排涝问题。徐雪生任站长，李瑞华任电工。

4月，第一批苏州居民到白渔潭大队安家落户。

是年，庙墩大队的吕福泉响应国家号召，应征入伍。（吕福泉在对越自卫反击战中失踪。1983年，被追认为烈士）

是年，庙墩大队沈杏生任大队党支部书记，吴小男任大队长，陆云龙任大队会计。

1964年

是年，庙墩大队成立贫下中农协会（简称"贫协"），严阿元任贫协主任。贫协发动群众开展"四清运动"，贫下中农忆苦思甜，揭发阶级敌人及"四类分子"的破坏活动，至5月底结束。

是年，庙墩开办农业中学（简称"农中"），共有教室3间，教师3名，学生42名。

1965年

2月，昆山县委召开县、社、大队、生产队四级干部会议。会议号召开展全县"农业学大寨"运动，做出"以农为主，以副养农，农副并举，相互促进"的部署。庙墩大队以第10生产队为样板，在大队域内建百头养猪场，增加有机肥料，提高农业产量。

12月，李根林（大）任白渔潭大队党支部书记。

是年，白渔潭大队建办六家湾小校，包新玉任教师，招收学生27人。

是年，庙墩大队和白渔潭大队各生产队选配卫生员1人，参与防治血吸虫病工作。

1966年

1月，城南人民公社社会主义教育分团党委及公社党委召开三级干部大会，动员学习毛主席著作。会后，庙墩大队和白渔潭大队掀起学"毛选"高潮。

9月，庙灯大队和白渔潭大队分别成立合作医疗卫生所。庙灯大队派陆咬良，白渔潭大队派唐宗泉参加赤脚医生培训。培训结束后，两人回大队合作医疗卫生所担任赤脚医生，为村民治病。

是年，庙墩大队改名为庙灯大队，庙灯大队和白渔潭大队各生产队均设政治队长和生产队长，分别管理生产队政治和生产。

1967年

年初，庙灯大队、白渔潭大队成立无产阶级专政群众组织，"横扫一切牛鬼蛇神"，开展"破四旧、立四新"活动。生产队每天组织社员学"毛选"。

10月，庙灯大队和白渔潭大队有40多人参加"革命大串联"，农业生产受较大影响。

是年，境域遭龙卷风袭击，白渔潭大队620亩春苗受损害，倒塌民房3间、船坊1个、牛车棚6间，经济损失达2 000余元。

1968年

10月，白渔潭大队大礼堂建成。面积260平方米，可容纳上百人。

12月，毛泽东主席发出"知识青年到农村去，接受贫下中农的再教育，很有必要"的号召，各级政府动员知识青年上山下乡，到农村插队落户。是年，庙灯大队共接纳苏州插队知青22人，白渔潭大队共接纳苏州插队知青34人。

1969年

2月，庙灯大队和白渔潭大队响应毛主席提出的"一定要消灭血吸虫病"的号召，开始全面防治血吸虫病工作，对境域内湖泊、河滩、河塘等血吸虫滋生场所开展全面的查螺工作，建立查螺资料信息卡片档案，并用五氯酚钠灭螺。

5月，白渔潭电灌站粮饲加工厂电表箱起火，烧毁机房2间，经济损失达5 000多元。

7月，庙灯大队和白渔潭大队合作医疗卫生所均更名为合作医疗卫生室，由大队革命委员会直接管理。

8月，陆云凤任庙灯大队革命委员会党支部书记，吴小男任庙灯大队革命委员会主任。

是年，李桂山任白渔潭大队革命委员会党支部书记，龚富林任白渔潭大队革命委员会主任。

1970 年

2 月，白渔潭大队安排 200 多名劳动力，奋战 45 天，平整坟墓 42 座，并筑成花井河大坝。大坝全长 40 米、宽 4.2 米，坝下水深 2.2 米。

12 月，申分喜任白渔潭大队革命委员会党支部书记。

1971 年

3 月，白渔潭大队在"农业学大寨"运动中，组织社员建坝基 2 条，围垦河田 37 亩，建农科站实验基地。先后种植茭白和水稻，后因人工灌溉成本高，改为鱼塘养鱼。

5 月，城南人民公社半卖半送白渔潭大队第 6 和第 7 生产队小型拖拉机 1 台，由两个生产队合用；次月，庙灯大队购进小型手扶拖拉机 1 台。农业机械化耕作开始在境域内推行。

7 月，由城南人民公社投资，在下央自然村西建专用排涝站 1 座，机房 20 平方米，配置 28 千瓦电动机 1 台和 24 寸（1 寸≈3.33 厘米）水泵 1 台。

是年，白渔潭大队在第 8 生产队西建造白渔潭小学新校舍，教室 300 平方米，教师办公室 80 平方米。陆金荣任校长，季伟伯任副校长。

1972 年

2 月，白渔潭大队投资 5 000 元，利用新北圩站开办粮食饲料加工厂。李根林任厂长，赵铭新任会计。

3 月，庙灯大队投资 7 000 元在第 2 生产队建粮食饲料加工厂。张凤岐任厂长。

是月，白渔潭大队在第 5、第 8 和第 10 生产队先后再建坝基 3 条，实现白渔潭大队所有圩连通，改变了村民生产、生活隔河隔水的局面。

4 月，白渔潭大队投资 1 万元，在白渔潭小学西边建造大队办公室 4 间，面积 104 平方米。

10 月，白渔潭大队在第 7 和第 8 生产队之间开凿一条生产河，河长 50 米、宽 9 米，河底宽 2 米；并在生产河上建造砖砌拱桥一座，取名为千斤桥。桥梁建成后为两个生产队村民的生产、生活提供方便。

11 月，庙灯大队和白渔潭大队户户开通有线广播。

12月，为增加农业产量，庙灯大队和白渔潭大队对农作物进行品种改良，全面实行双季稻种植。

是年，白渔潭大队在大队大礼堂东侧，投资1000元建造100平方米厂房，开办钡盐化工厂。孙志伯任厂长。

1973年

3月，庙灯大队创办庙灯瓦坯厂。瓦坯厂设在大礼堂内，后搬迁至南秧田，1992年开始筹建沪宁高速公路时，停业拆除。

是月，庙灯大队投资约2000元建造南高头机灌站，机房面积15平方米，把原来在船上的一台30匹、20寸泵的燃煤机改为柴油机，灌溉面积达950亩。

是月，谢凤鸣任庙灯大队党支部书记。

是月，白渔潭大队利用230亩水面，与渔业3队共同养殖新品种鱼，当年投放鱼苗3万尾。

11月，宋晓明任庙灯大队党支部书记，徐玉良任党支部副书记。

是年，庙灯大队和白渔潭大队提倡社员喝井水，域内掀起挖井高潮。庙灯大队共挖井57口，白渔潭大队挖井52口，基本实现户户饮用井水的目标。

1974年

3月，白渔潭大队在大礼堂内开办柳器厂，生产山笆、挽子、农药箱等。李宗根任厂长，有职工27人。

11月，城南人民公社为解决新北片10个大队抗洪排涝的联圩问题，决定以人工开挖北起新阳河、南至毛渡江的大澴河。庙灯、白渔潭等10个大队的部分男劳动力参加大澴河开挖。庙灯大队、白渔潭大队域内有4处河段裁弯取直，共拓浚河道1.5公里。

12月，城南人民公社为继续解决新北片抗洪排涝的联圩问题，发动庙灯、白渔潭等5个大队部分男劳动力，开挖西起官塘河、东止小澴河的顾塘河。顾塘河全长3.55公里，庙灯域内长1.5公里，河面宽20米，河底宽5米。

是月，白渔潭大队在六家湾自然村东侧，修筑一条南北走向，长4.6米、宽3.2米的钢筋水泥桥，方便村民出行。

是年，白渔潭大队为增加集体收入，利用农科站37亩水面与蔡家大队合养珠蚌，接种手术蚌1200只。

1975 年

春，顾塘河开挖竣工后，为解决庙灯大队部分生产队南、北出行需要，先后建水泥拱形桥5座。1992年，因沪宁高速公路建设需要，全部拆除。

6月24—27日，境域内连续降雨67.4小时，总降雨量206毫米。其中6月27日，连降大雨14个小时，降雨量126毫米，外河水由2.5米涨至3.3米。白渔潭排灌站排涝能力强，使得灾后损失降到最低限度。

12月，白渔潭大队因遭受暴雨袭击，河水猛涨，大量成鱼外游，损失严重。

是月，白渔潭大队第3生产队强三孝被推荐为工农兵大学生，到江苏师范学院就读。

1976 年

2月，白渔潭大队在门前河重建排灌站1座，配套购置14千瓦电机2台和14寸水泵2台，有效灌溉面积达726亩。

6月30日，大雨天，白渔潭大队第5生产队丁祥花在摇船外出讨秧时，掉入河里，同队的李凤根下水抢救，二人被水淹没，不幸遇难。李凤根后被昆山县委追认为"优秀共青团员"。

是月，白渔潭大队修筑一条南北走向，从白渔潭自然村到下央自然村的机耕路，全长1 200米，路宽2米，为碳氮化钙路面。

8月，唐山发生大地震后，全国多地开展防震工作。庙灯大队、白渔潭大队发动社员搭建防震棚，社员晚上住防震棚，大队组织民兵进行巡逻。

9月9日，毛主席逝世，全国人民悲痛哀悼。庙灯大队和白渔潭大队分别在大礼堂内举行悼念活动。

10月，沈小根任白渔潭大队大队长。

是月，白渔潭大队9个生产队建蘑菇棚30间，占地2 000平方米。庙灯大队10个生产队建蘑菇棚24间，占地1 500平方米。

11月，庙灯大队南高头灌溉站改为电灌站，购置22千瓦电机1台、14寸水泵1台，有效灌溉面积达436亩。

是月，庙灯大队在瓦爿溇建成村西灌溉站，购置13千瓦电机2台、水泵2台，解决437亩农田灌溉问题。

是年，城南公社建立合作医疗管理委员会，庙灯大队、白渔潭大队合作医疗卫生室由"队办队管"改为"队办社管"。

1977年

2月，北起新阳河、南至顾塘河的团结河拓浚工程完工。拓浚河道全长2.45公里，庙灯大队域内河段为1公里，河面宽12米，河底宽3米。

7月13—21日，连续暴雨，降雨量310毫米。由于排涝能力较强，境域内损失降到最低限度。

11月，白渔潭大队先在七家自然村东建一条碳氮化钙路，长1 000米，宽1.5米。后又筑一条从下央自然村到漕潭自然村且经过六家湾自然村的碳氮化钙路，长3 500米，宽2.5米。（1999年，这两段路全部改成水泥路，大大缓解了村民出行难问题）

1978年

3月，城南人民公社派工作组到庙灯大队，试行农业生产包工定额管理，采取"开沟讲丈头，塘泥讲仓头，割稻讲亩数"做法，实行多劳多得，调动社员积极性。这一做法后在全公社推广。

12月，中共十一届三中全会后，庙灯大队和白渔潭大队在"坚持以队为基础不变，集体所有制性质不变，按劳分配原则不变"的前提下，全面推行生产包工定额管理，结束"大寨式"记工评分的历史。

1979年

9月，白渔潭大队出资5万元，开办并铁厂，建厂房200平方米，堆场4 618平方米。王金生任厂长。

10月，苏阿林任白渔潭大队党支部书记。

是年，庙灯大队在顾塘河北岸，从南秧田至熊庄桥，修筑一条东西走向、长4公里、宽5米的砂石铺成的庙灯路。后由于沪宁高速公路建设而拆除。

1980年

1月，白渔潭大队收回渔业3队230亩养殖水面，重新发包给社员王小林、李建明。

4月，白渔潭大队第7生产队李家林、李健飞首批承包3亩农田种植果树，每年每亩上缴生产队800元。

1981 年

1 月，庙灯大队和白渔潭大队按照上级要求，撤销大队革命委员会，恢复大队管理委员会。

9 月，庙灯大队利用礼堂开办针织厂，主要生产尼龙绣花衫、尼龙弹力裤，产品销售到上海、浙江等 10 多个省市，年利润 3 万多元。唐金龙任厂长。

是月，白渔潭大队在大队礼堂开办幼儿园，徐兰芳任幼儿教师。庙灯大队在大队礼堂开办幼儿园，谢妙英任幼儿教师。

1982 年

2 月，庙灯大队和白渔潭大队被评为昆山县消灭血吸虫病先进单位。①

10 月，城南人民公社为解决新北片大包围圈在洪涝灾害发生时的排涝问题，在庙灯大队顾塘河东段建造一座排涝站，配置 55 千瓦、机型为"4129"的柴油机 2 台，电机 2 台，"苏排Ⅱ"水泵 4 台，总排能力为 8 个流量，每秒 8 立方米。吴小男任站长，钟文伯任机工。同时在排涝站南边建一座小型电灌站，解决第 6、第 11 生产队农田灌溉问题。

1983 年

3 月，庙灯大队和白渔潭大队实行联产承包责任制，按照人口分口粮田和自留田，按照劳动力分责任田。生产队集体所有的小型农具、耕牛，统一作价后，卖给农户使用。

6 月，昆山县实行政社分设，庙灯大队管理委员会改为庙灯村村民委员会；白渔潭大队管理委员会改为白渔潭村村民委员会，生产队改为村民小组。徐玉良任庙灯村党支部书记，张士忠任村委会主任。周士浩任白渔潭村村委会主任。

1984 年

5 月，根据中共中央《关于进一步稳定和完善农村土地承包关系的通知》精神，庙灯村、白渔潭村向各农户颁发《农村集体土地承包经营权证书》，土地承包期限 30 年不变。同时根据当时农田布局分散、灌溉不统一等情况，实行农业生产统一布局、统一灌溉、统一供种、统一肥药供应、统一安排粮油收购的"五个统一"，形成统分结合的农业经营体制。

---

① 表彰文件已遗失，此条根据村民回忆录入。

是年，庙灯村和白渔潭村开展第一次土地全面调查。

1985 年

7 月，连续暴雨，庙灯村 30 亩农田被淹。白渔潭村 38 亩农田被淹，鱼塘全部被淹没，大批成鱼外游；另有 3 户村民住房被淹。

10 月，庙灯村征用 225 亩耕地，创办绿色无药害蔬菜种植基地。杜勤男任场长。基地的建成解决了 280 名村民的就业问题。

1986 年

3 月，庙灯村利用 80 平方米的种子仓库，开办商标厂。龚宗良任厂长。

10 月，城南乡并入玉山镇，庙灯村和白渔潭村属玉山镇管辖。

11 月，张建国任庙灯村经济合作社社长。

是年，玉山镇规划将庙灯中学与毛巷中学合并，校名为庙灯中学。

1987 年

6 月，白渔潭村易地重建白渔潭小学，建标准教室 6 间、办公室 2 间，建筑面积 350 平方米，另有活动场地 600 平方米。

9 月，庙灯中学与毛巷中学合并，在庙灯村南新建庙灯中学。吴瑞华任校长，教职工 11 人，班级 6 个，在校学生 265 人。

1988 年

5 月，庙灯村和白渔潭村均遭风暴及冰雹袭击，小麦、油菜严重受损，受灾面积 2 000 多亩。

9 月 3 日，庙灯砖瓦厂用船送瓦坯到太仓板桥砖瓦厂的运输途中，与上海崇明运输船相撞，瓦坯船沉没，丁杏根和朱引仙两名职工遇难。

1989 年

5 月，庙灯村和白渔潭村均成立老年协会，陆志德为庙灯村首任老年协会会长，徐雪生为白渔潭村首任老年协会会长。

1990 年

2 月，白渔潭村投资 3 万元，建造 5 层办公大楼，面积 350 平方米。

5 月，庙灯村村民委员会办公室由平房翻建成 2 层楼房，上下各 4 间，面积 250 平方米。上层供村民委员会办公用，下层西边 1 间为合作医疗卫生室，东边 3 间为庙灯村幼儿园。

是月，庙灯村为保存古桥，在益后桥北侧3米处，新建一座东西走向的水泥平板桥，桥长6米、宽3米，跨度4米，载重5吨。

1991年

3月，白渔潭村徐友明被授予"苏州市科技兴农带头人"称号。

9月，沪宁高速公路开始建设，庙灯村的第6、第8、第10村民小组的250亩土地被征用，白渔潭村第10、第11村民小组85亩土地被征用。

11月，庙灯村党支部书记徐玉良在抗洪救灾中成绩突出，被评为苏州市1991年抗洪救灾先进工作者和江苏省1991年抗洪救灾先进工作者。

是年，白渔潭村投资60万元，兴建2 000平方米织带厂，严清华任厂长。

1992年

3月，徐友明被江苏团省委、省农林厅和省科委授予"江苏省科技兴农带头人"称号。

是月，庙灯村和白渔潭村分别增设化肥、农药代销店，方便村民购买化肥和农药。

6月，庙灯村和白渔潭村购买大型拖拉机2台，提高农耕作业效率。

9月，玉山镇在白渔潭村投资修建一条东起江浦路、西至村办公楼，长500米、宽5米的沙石路。

是月，玉山镇政府在庙灯中学西100米处，投资50万元建造一所全新的庙灯小学，面积20多亩，配备教学楼、食堂、图书馆、操场等设施。

10月，庙灯村投资35万余元，在庙灯路北面靠近老小滠河西岸的地方，建造标准厂房1 250平方米、辅助房120平方米。竣工后，玉山镇把镇办纸品厂迁到庙灯村，建庙灯纸箱厂。马子晶任厂长，陆勤芳任会计。1993年，庙灯纸箱厂搬迁至庙灯小学，原纸箱厂厂房对外出租。

1993年

3月，玉山镇政府在白渔潭村东侧大滠河东岸，投资修筑一条南北走向，长1 200米、宽7米的水泥路。同时，在大滠河上架起一座通往白渔潭村的平板水泥桥，桥长15米，跨度5米，载重5吨。

6月，白渔潭村开始实施土地流转，由一批种田能手承包土地，成为"大农户"。张水良承包110亩，朱梅根承包173亩，季根章承包120亩，沈惠明承包

117 亩。村合作社与承包大户签订合同,承包户每年上缴村 150 元每亩。

7 月,白渔潭村投资 58 万元,建造 2 200 平方米厂房,创办异型塑料制品实业公司,法人为伏斌。

10 月,白渔潭村把东起江浦路、西至村办公楼,长 500 米、宽 5 米的沙石路改修为水泥路。

11 月,庙灯村投资 11.6 万元在纸箱厂北面,扩建厂房 1 000 平方米,对外出租,增加年收益 5 万元。

12 月,庙灯村在庙灯自然村北建庙北灌溉站。

是年,王正洪任白渔潭村党支部书记,沈友良任村委会主任。

1994 年

1 月,张锁云任白渔潭村委会主任。

3 月,白渔潭村购买大型拖拉机 1 台。

9 月,庙灯村和白渔潭村户户通上了自来水,自来水入户率为 100%。

10 月,沈小根任白渔潭村党支部书记。

1995 年

5 月,庙灯村在庙灯路的南面建造 320 平方米的办公楼。后因该房不适宜做办公楼而对外出租。

6 月,白渔潭村在村办公楼的边上建造 100 平方米的农机仓库。

是年,徐友明任白渔潭村党支部书记,张存香任村会计。

1996 年

3 月,庙灯村投资 21.4 万元,在纸箱厂西侧建造厂房 2 000 平方米,对外出租,年收入 10 万元。

是月,庙灯村域内南起高速公路、北至庙灯路的庙灯中心路建成。路长 400 米、宽 4 米,水泥路面。同时建造南北走向水泥平板桥一座,跨度 5 米,宽 3 米,载重 5 吨。

是月,白渔潭村把老河浜的水面围成鱼塘,分别承包给农户张锁同、辛金泉、张存根、洪杏珍、沈金荣、王大泉、沈金生、高炳男、张惠根养殖,为村创收 6 万多元。

是年,庙灯村和白渔潭村实行"厕所革命",消灭露天粪坑,建无害化厕所。

1997 年

3 月，由玉山镇政府投资，庙灯村在庙灯路铺设上水泥，路长 1 200 米，宽 5 米。同时把直塘河上原有的平板水泥桥改造成载重 50 吨的水泥公路桥。

5 月，昆山市委、市政府在白渔潭村七家自然村召开"低产田改造现场会"，昆山市委书记李金林、市长郑慧珍参加会议。

6 月，白渔潭村的徐锁香荣获"昆山市劳动模范"称号，并荣获中国红十字会颁发的无偿献血奉献奖金奖。

是月，白渔潭村吴根弟被评为昆山市劳动模范。

10 月，白渔潭村新开鱼塘 1 030 亩，分别承包给村民养殖。按照承包养殖协议，承包人每年每亩上缴村 300 元。

是月，庙灯村在杨家溇西岸铺设一条南起庙灯路、北至祝墩台自然村，全长 400 米、宽 3 米的水泥路。

11 月，周自浩任白渔潭村党支部书记。

是年，洪卫明任白渔潭村村委会代主任。

1998 年

5 月，庙灯村为解决中小学生上学出行难的问题，在中小学校北面，把原来的碳氮化钙路面改造为水泥路面。

8 月，庙灯村村级班子调整，杨建国任村党支部书记。

10 月，庙灯村和白渔潭村对全村农户的承包田和口粮田确权发证。

12 月，庙灯村、白渔潭村对全村各家各户的房屋与宅基地进行丈量。之后，给 547 户发放房产证和土地证。

1999 年

2 月，庙灯村投资 5 万元，在庙灯路北、华祝桥东建造店面房 150 平方米，开办幼儿园，部分店面出租。

3 月，庙灯、白渔潭两村开展创建卫生村工作，白渔潭村改厕 15 座，增设垃圾箱 51 个；庙灯村改厕 12 座，增设垃圾箱 55 个。

8 月，庙灯村村级领导班子进行调整，陆振华任村党支部书记，张士忠任村委会主任。

9月，洪卫明任白渔潭村党支部书记。

2000年

1月，庙灯村第5、第6、第10、第11村民小组的550亩农田全部被波力牧场征用。

2月，庙灯村在第2村民小组修筑一条北起庙灯纸箱厂、南至高速公路的水泥路，路长300米、宽3米。

3月，白渔潭村开展文明户、新风户、科普户评选，37户被评为文明户，4户被评为新风户，1户被评为科普户。

4月，村民徐锁香荣获苏州市卫生局颁发的无偿献血金质奖杯，并获中国红十字会颁发的无偿献血奉献奖金奖。

12月，庙灯村被昆山市民政局评为昆山市村民自治模范村。

2001年

7月，庙灯村与白渔潭村合并，组建为新的庙灯村。成立庙灯村党总支。洪卫明任庙灯村党总支书记，张士忠任村委会主任。

8月，陆素珍任庙灯村主办会计。

10月，庙灯村被省爱国运动委员会评为江苏省卫生村。

2002年

3月，庙灯村在自然村与自然村、组与组、户与户之间修筑水泥路，实现境域内路路通的目标。

5月，庙灯村"两委"投资5.5万元，修筑一条从下央自然村起到七家自然村止的水泥路，长1 835米、宽5米。

2003年

6月，庙灯村"两委"投资25.4万元，在庙灯路南侧建造标准厂房两幢，1 062平方米，对外出租，增加村级收入。

2004年

3月，庙灯村"两委"投资9.45万元，在庙灯路南侧建造厂房300平方米，对外出租，年收益3万元。

6月，昆山市政府实行对失地农民补偿政策，标准由"369"提高为"4812"，即由每年口粮田每亩300元、自留地每亩600元、责任田每亩900元，提高到每年口粮田每亩400元、自留地每亩800元、责任田每亩1 200元。是年，全村补偿人数1 397人，核定补偿面积1 984.5亩。

12月，庙灯村第八届村民委员会选举，张士忠当选为村委会主任，陆素珍、张存香、沈琴、陆平当选为村委会委员。

2005年

5月，公交车59路、161路在庙灯村白渔潭排灌站东南20米外的江浦路段设"庙灯村"公交车站点，方便了村民的出行。

6月，庙灯村"两委"为解决村民买菜难题，投入资金41.86万元，在庙灯路北侧建造1 440平方米的菜场，增加年收益24万元。

7月，庙灯村投入16.04万元，在庙灯路南侧建造厂房384平方米，对外出租，年收益1.8万元。

8月，庙灯村投入471万元资金（其中有103户村民入股，资金为219万元），在新南村域内建造标准厂房5 006平方米，对外出租，年收益49万元。

是年，庙灯村成立富民股份合作社，注册资金219万元。

2006年

4月，庙灯村开展自来水管改造工程。

9月，庙灯村村级领导班子进行调整，洪卫明任村党总支书记；陆素珍任村委会代主任，兼任村经济合作社社长；张美峰任村主办会计。

10月，庙灯村第4、第9村民小组征地50亩，由玉山镇开发楼盘联邦国际。

2007年

6月，庙灯村老年协会人员调整，张存香任村老年协会会长。

10月，庙灯村开展第二次全国土地调查工作。

12月，庙灯村第九届村民委员会换届选举，钟惠明当选为村委会主任，沈琴、张美峰当选为委员。

2008年

1月，庙灯村遭遇连续数天的特大暴雪，积雪深度有30多厘米，村菜场棚屋倒塌，经济损失10多万元。村干部发动党员群众一起扫除积雪，减轻雪害。

2月，庙灯村"两委"积极推进新农村建设，组织村民整治环境，清理黑臭河道两条。

是月，玉山镇政府在庙灯村投资建设垃圾中转站两座，促使境域内的垃圾日日清，村庄环境整洁卫生。

3月，村民徐锁香被评为昆山市优秀共产党员，并获全国无偿献血特别促进奖。

4月，四川汶川特大地震发生后，村"两委"组织党员干部和村民群众踊跃捐款赈灾，共募集善款2.5万元。

5月，因市政建设需要，庙灯村610亩土地被征使用，祝墩台自然村消失，村民被安置到大公花园。

10月，庙灯村被省环保厅评为江苏省生态村。

2009年

12月，庙灯村被苏州生态市建设领导小组办公室评为苏州市生态村。

是月，庙灯村投资589.8万元，在娄江工业园区建标准厂房3 763平方米，对外出租，增加年租金60万元。

是年，庙灯村投资50万元，在昆山城区成立新型建筑材料有限公司。

2010年

10月，玉山镇和庙灯村共同投资386万元，在庙灯路南侧建造村办公楼1 700平方米。

11月，按照国家开展第六次全国人口普查的统一部署，庙灯村组织人员，开展境域人口普查工作。

12月，庙灯村第十届村民委员会换届选举，钟惠明连任村委会主任，张美峰、陆秀勤、陆平、沈琴当选为委员。

2011年

1月，庙灯村被苏州市依法治市领导小组办公室、司法局、民政局评为民主法治村。

7月，白渔潭、下央和六家湾3个自然村动迁，村民被安置到万丰苑小区。

是年，昆山市玉山镇庙灯中学、昆山市玉山镇庙灯小学在江浦路西侧与中华园路北侧的交叉口重建，更名为昆山高新区吴淞江学校。

2012年

1月，庙灯村被评为昆山市土地执法示范村。

2月18日，庙灯村丁雪华当选昆山市第十六届（17选区）人大代表。

7月，庙灯村成立社区股份专业合作社。

2013年

10月，庙灯村投资280.4万元，扩建标准厂房两幢，共1 600平方米，对外出租，增加年收益28万元。

是月，庙灯村第十一届村民委员会换届选举，钟惠明连任村委会主任，沈琴、陆平、陆秀勤、戴健当选为委员。

11月，庙灯村漕潭自然村动迁，62户村民被安置在万丰苑小区及万欣苑小区。

2014年

8月，庙灯村联合其他6个村，每户筹集200元资金及吸纳境域内民间投资，在大同村南吴淞江滩建造南山寺庙。

是年，庙灯村开展农村土地承包经营权确权登记工作。

2015年

4月，因建设昆山中环高架（西线），1976年建的白渔潭排灌站向西迁移100米，跨河重建四上四下专用白渔潭站闸1座，下层4间机房面积40平方米，配置60千瓦电动机2台、20寸水泵2台。上层4间办公楼面积40平方米，解决尤泾港西2 754亩农田排涝抗灾难题。

7月，庙灯自然村动迁，150户村民被安置在万欣苑小区。

10月，庙灯村村委会办公地点搬至万丰苑小区7号楼。

11月，庙灯村集体资产股份化，并量化到村民个人和家庭。全村2 440人（758户）每人一股，共设2 440股；758户每年享受分红，红利逐年增加。

2016年

10月，庙灯村投资110万元，在万丰苑小区建老年活动室、文化长廊、警务室和文体活动室。

12月18日，庙灯村第十二届村民委员会换届选举，钟惠明连任村委会主任，陆平、陆秀勤、沈琴、沈洪当选为委员。

2017年

1月，庙灯村全面实施网格化管理，万丰苑小区内设6个网格。

3月，昆山高新区白渔潭生态农业产业园规划实施，平整土地1 572亩，其中庙灯村380亩、大公村1 192亩。

11月，庙灯村建立社区股份专业合作社，洪卫明任合作社理事长，沈琴任总经理。

是年，庙灯村实行河长制，洪卫明担任东高河、东湾泾河、东赶泾河、下央河、门前河和七家村河的河长，钟惠明担任漕潭河、张泾河、六家湾河、赶泾河的河长。

2018年

1月，庙灯村完善网格化治理，万丰苑小区由原来6个网格合并成为1个网格。

3月，庙灯村实施村级医疗普惠补助惠民政策，村民医疗费用，扣除市、镇大病补助外，对村民自付超2 000元以上部分补助10%~25%不等。2018年，全村补助金额为18.53万元。

是年，按照第四次全国经济普查工作部署和要求，庙灯村"两委"组织开展境域内的经济普查工作，共普查企业及个体工商户333家。

是年，张美峰担任庙灯村党总支书记。

2019年

1月，庙灯自然村对老宅基地进行平整及复耕，复耕面积120亩，为村农业提供了发展空间。

5月25日，庙灯村召开村民代表大会，投票选举村监督委员会，钟惠明任村监督委员会主任，张存香、李彦斐任委员；并选举村党总支书记张美峰兼任村委会主任。

6月，庙灯村投入20万元，对万丰苑小区的监控设施进行升级改造。

7月1日，庙灯村成立村志编纂领导小组及工作小组，启动编纂庙灯村志工作。

7月14日，庙灯村老年党支部召开党员大会，举行老年党支部换届选举，钟惠明任老年党支部书记，李彦斐、贾舒云任委员。

7月15日，庙灯村青年党支部召开党员大会，投票选举青年党支部书记和委员，陆平任青年党支部书记，沈洪、沈琴任委员。

10月，庙灯村在万丰苑投资建造日间照料中心，引入"五彩益家"项目及设置综合性文化服务中心。

2020年

1月，根据昆山高新区"新型冠状病毒"防控指挥部办公室要求，庙灯村组建"新型冠状病毒"防控领导小组，张美峰任组长。

6月16日，庙灯村党总支开展一星级党建品牌"五彩心灯，幸福庙灯"创建工作。

11月24日，庙灯村剩余未动迁两户村民进行动迁签约，房屋拆除。

12月，庙灯村日间照料中心开业。

是年，国家开展第七次全国人口普查，庙灯村组织22人参加普查工作。

第一章 村情概览

庙灯村由原庙灯村、白渔潭村合并组建而成。原庙灯村因域内有古庙和古代土墩而得名庙墩，1966年初，"破四旧、立四新"活动中把"庙墩"的"墩"改为"灯塔"的"灯"。原白渔潭村因域内潭多，且盛产白鱼而得名。2001年，原庙灯村、白渔潭村合并，沿用庙灯村村名。据柴家坟遗址的考古发现，在5 000多年前这里就已有人类活动。据明清时期的记载，明代以前就形成村落，境域先后属昆山县积善乡、新阳县玉山市，民国时期大多时间属昆山县玉山市，中华人民共和国成立后，先后属昆山县的渔西乡、玉山镇、城南人民公社和城南乡。1986年，城南乡并入玉山镇后，境域重归玉山镇管辖。2001年，庙灯村下辖庙灯、祝墩台、白渔潭、漕潭、六家湾、七家和下央7个自然村落，境域面积3.5平方公里。境域内地势平坦、河流纵横，是典型的江南水乡。2019年，境域内自然村全部完成动迁，村民被安置到万丰苑等小区集中居住。是年，全村人口2 359人，村集体年收入达2 060万元，村民人均纯收入超过4万元，村民生活实现了小康。

第一节　历史沿革

一、村名由来

庙灯村是昆山高新区（玉山镇）的一个建制村，地处昆山市城区西南的娄江河南岸，距城区3公里。庙灯村早先因境域内有古庙和柴家坟土墩而得名庙墩，后在1966年"破四旧、立四新"活动中把"庙墩"的"墩"改为"灯塔"的"灯"。1983年，大队改村时沿用庙灯为村名。

2001年前，庙灯村由庙灯和祝墩台2个自然村组成，东接熊庄村，西临白渔潭村，南连新南村，北至路南村、大公村，区域面积1.5平方公里。庙灯村域内主干道有东西走向的沪宁高速公路、312国道和庙灯路，南北走向的大潆河路；主要河流为西干泾河、庙塘河、后头河、白蜡泾江、南高头河、东高头河、张北泾河、顾塘河、大潆河。

白渔潭村因域内潭多、浜多、白鱼多而闻名四邻，得名白渔潭。2001年前，白渔潭村域内有白渔潭、漕潭、六家湾、七家和下央5个自然村，东临庙灯村，西靠群星村，南连灯塔村，北接迎丰村，区域面积2平方公里。白渔潭村域内主要干道有南北走向的江浦路、东西走向的门前路；主要河流有门前河、下央河、李岸泾河。

2001年，庙灯村与白渔潭村合并，组成新的庙灯村，村名沿用庙灯。新组建的庙灯村东接原熊庄村，南连新南村，西靠群星村，北至迎丰、大公、路南村，境域面积3.5平方公里，下辖7个自然村落。

二、建置区划

明朝时，昆山县积善乡领第一保、第二保，辖蔡巷、施巷、朱沥、郎墅、季巷、雍里、圆明、王巷、吕巷、北新浃、庙墩、唐庄、石牌、杨家、杨巷、溢浃、娄县、蔚州、长墩、顾墓、支巷等自然村。境域属昆山县积善乡。

据清光绪《昆新两县续修合志》载，雍正二年（1724）分置新阳县后，新阳县辖7乡18保，积善乡属第一保、第二保，辖王巷、娄县、蔡巷、施巷、朱沥、郎墅、季巷、雍里、庙墩、唐庄、石牌、杨家、杨巷、溢浃、蔚州、长墩、顾墓、支巷、圆明、吕巷、北新浃、澜漕等自然村。境域属新阳县积善乡。

据清宣统《昆新两县续修合志》载，宣统元年（1909），推行地方自治，废乡、保、都，划昆山、新阳城乡为1市17乡，玉山划为市，辖5区25图，5区分别是天区、地区、元区、宇区、咸区，25图分别是天一、天二、天乡二、天三、天四、天乡四、天六、天七、天八、天十、天十二、天十四、天十八、地五、地七、地九、地十三、元十（半图，另半图在南星浃）、宇六、宇八、宇十一、宇十三、宇十六、宇十七、咸二十三。庙墩属新阳县玉山市，白渔潭属南星浃乡。

1912年，新阳县并入昆山县，全县划为1市17乡，玉山市区域不变，境域属昆山县。

1928年，县下设区，全县划为10区378乡（镇），玉山市改为第一区，辖15镇29乡。15镇为观化、明德、近民、通德、娄丰、挺秀、信部、德、联璧、尚书、宾、迎薰、朝阳、丽泽、留晖。29乡为拱辰、新河、庙泾、池鱼、新岸、下徐、塞浦、洙池、圆明、万寿、十万、西虹、墩下、居巷、荣庄、潭上、严村、庙墩、支巷、螺青、张泾、老人、管泾、江浦、东家、清水、川库、四古、睦和。正仪和南星浃合并为第八区。庙墩属昆山县第一区，白渔潭属第八区。

1934年，昆山县改为8区65乡（镇），玉山仍为第一区，下辖5镇5乡。5镇分别是玉带、南濠、致和、山南、学宫。5乡分别是北虞、采庵、汉坡、青墩、小溇。第八区改称第七区。庙墩属昆山县第一区，白渔潭属第七区。

1943年，昆山县第一区改为第四区，辖山南、玉带、致和、学宫、南濠、小溇、乐庵7乡。庙墩属昆山县第四区，白渔潭属第七区。

1946年9月，抗日战争胜利后，昆山县第四区复改为第一区。同年12月，第一区改名为鹿城区，行政管辖范围未变。庙墩属昆山县鹿城区。

1947年，正仪划入张浦区，白渔潭属张浦区。是年9月，撤消区级建制，正仪为县属乡，白渔潭属正仪乡。

1948年2月，实行新县制，由玉带、致和学宫、南濠、山南5镇，及汉坡乡之第九、第十两保合并为玉山示范镇。庙墩属玉山示范镇，白渔潭属正仪乡。

1949年5月13日，昆山解放，乡镇划分沿用旧区划。是年7月，全县划为6个区，玉山示范镇为城区，辖学宫、玉带、致和、山南、南濠5镇。庙墩属昆山县城区，白渔潭属正仪区正仪乡。

1950年1月，区制不变，城区更名城郊区，辖8个乡镇，包括玉山镇、渔东乡、渔西乡、东荡乡、路南乡、路北乡、大渔乡、城北乡。境域属昆山县城郊区渔西乡。

1956年12月，撤区并乡，玉山镇为县属镇，辖8个高级社。庙墩高级社和白渔潭高级社属玉山镇。

1958年10月，建立人民公社体制。昆山县城南乡、城北乡与玉山镇合并，组建马鞍山人民公社，庙墩大队和白渔潭大队合并建立庙墩大队。庙墩大队属昆山县马鞍山人民公社。

1959年6月，昆山县撤马鞍山人民公社，分建城南人民公社、城北人民公社和玉山人民公社，白渔潭大队从庙墩大队分出，两大队均属城南人民公社。庙墩大队下设12个生产队，有167户，798人，耕地2 637亩，见表1-1。白渔潭大队下设9个生产队，有136户，600人，耕地1 953亩，见表1-2。

表1-1　1959年庙墩大队各自然村情况表

自然村名	所在生产队	户数	人数	耕地面积/亩
祝墩台	1	15	68	307.80
	7	15	63	335.50
庙墩	2	16	68	175.13
	12	14	60	150.80
	3	17	81	197.26
	8	21	85	270.15

续表

自然村名	所在生产队	户数	人数	耕地面积/亩
庙墩	4	13	51	233.27
	9	15	64	207.54
	5	13	61	181.82
	10	12	63	299.70
	6	8	59	173.32
	11	8	75	195.53
合计	12	167	798	2 637.32

表1-2　1959年白渔潭大队各自然村情况表

自然村名	所在生产队	户数	人数	耕地面积/亩
漕潭	1	16	61	205.18
	2	15	58	196.02
六家湾	3	14	78	300.57
白渔潭	4	16	67	231.26
七家	5	17	87	277.10
	6	11	57	184.34
	7	18	84	213.40
	8	15	59	171.04
	9	14	49	177.10
合计	9	136	600	1 953.01

1983年6月，恢复乡村建制，城南人民公社改为城南乡。庙灯大队管理委员会和白渔潭大队管理委员会分别改为庙灯村村民委员会和白渔潭村村民委员会，均属城南乡。

1986年10月，城南乡并入玉山镇，庙灯村和白渔潭村属玉山镇。

2001年7月，玉山镇进行村域区划调整，白渔潭村与庙灯村合并，组建新的庙灯村。至2019年，行政区划未变。

1912—1949年庙墩村隶属情况见表1-3，1912—1949年白渔潭村隶属情况见表1-4。1949—2000年庙墩（灯）村（大队）隶属情况见表1-5，1949—2000年白渔潭村（大队）隶属情况见表1-6。

表1-3　1912—1949年庙墩隶属情况一览表

时间	隶属关系	区划情况
1912年	玉山市	全县划为1市17乡
1928年	第一区	昆山县划10区378乡（镇）
1934年	第一区	改为8区65乡（镇），始建青墩、北虞、汉坡、采庵、小澞等乡
1943年	第四区	"清乡运动"时期，3乡划6乡，属第四区
1946年	第一区/鹿城区	抗日战争胜利后复改为第一区，年底改冠区名
1948年	玉山示范镇	2月实行新县制，划为3区8直属乡镇

表1-4　1912—1949年白渔潭隶属情况一览表

时间	隶属关系	区划情况
1912年	南星渎乡	全县划为1市17乡
1928年	第八区	昆山县划10区378乡（镇），正仪与南星渎合并为第八区
1934年	第七区	改为8区65乡（镇），始建青墩、北虞、汉坡、采庵、小澞等乡
1943年	第七区	"清乡运动"时期，3乡划6乡，属第七区
1947年	张浦区/正仪乡	正仪划入张浦区，9月撤消区级建制
1948年	正仪乡	2月实行新县制，划为3区8直属乡镇

表 1-5　1949—2000 年庙墩（灯）村（大队）隶属情况一览表

时间	隶属关系	区划情况
1949 年	昆山县城区	全县划为 6 区 27 乡镇
1950 年 1 月	城郊区渔西乡	全县划为 10 区 101 乡镇
1956 年 12 月	玉山镇	撤区并乡，全县 22 乡镇
1958 年 10 月	马鞍山人民公社	人民公社化，全县 13 社镇
1959 年 6 月	城南人民公社	马鞍山人民公社拆分为 3 个公社
1983 年 6 月	城南乡	政社分设，复建城南乡
1986 年 10 月	玉山镇	城南乡并入玉山镇，实行镇管村制
2001 年 7 月	玉山镇	玉山镇调整村域区划，白渔潭村与庙灯村合并

表 1-6　1949—2000 年白渔潭村（大队）隶属情况一览表

时间	隶属关系	区划情况
1949 年	正仪区正仪乡	全县划为 6 区 27 乡镇
1950 年	城郊区渔西乡	全县划为 10 区 101 乡镇
1956 年 12 月	玉山镇	撤区并乡，全县 22 乡镇
1958 年 10 月	马鞍山人民公社	人民公社化，全县 13 社镇
1959 年 6 月	城南人民公社	马鞍山人民公社拆分为 3 个公社
1983 年 6 月	城南乡	政社分设，复建城南乡
1986 年 10 月	玉山镇	城南乡并入玉山镇实行镇管村制
2001 年 7 月	玉山镇	玉山镇调整村域区划，白渔潭村与庙灯村合并

第二节 撤并村简介

白渔潭村 村庄位于玉山镇西南部,东接庙灯村,西邻群星村,南连灯塔村,北至迎丰村,距玉山镇镇政府驻地4公里,村域面积2平方公里。1958年,白渔潭高级农业生产合作社改建为白渔潭生产大队,下辖9个生产小队。1983年,政社分设,白渔潭生产大队改为白渔潭村村民委员会。2000年,白渔潭村辖5个自然村,设11个村民小组,全村户数283户,人口1 020人,耕地面积2 038亩,江浦路穿境而过;全年村级经济收入727万元,村民人均纯收入5 200元。

庙灯村 村庄位于玉山镇南部,东接熊庄村,西邻白渔潭村,南连新南村,北至路南路、大公村。距玉山镇镇政府驻地3公里。1958年,庙墩高级农业生产合作社改建为庙墩生产大队,后更名为庙灯生产大队,下辖12个生产小队。1983年,政社分设,庙灯生产大队改为庙灯村村民委员会。2000年,庙灯村辖2个自然村,设13个村民小组,全村户数298户,人口1 047人,耕地面积1 563亩;全年村级经济收入为777.54万元,村民人均纯收入5 554元。沪宁高速公路、新的312国道穿境而过。遗迹有柴家坟土墩(新石器时代遗址),2009年被昆山市文物部门列为保护遗址。

2001年7月,玉山镇行政村撤并调整,白渔潭村、庙灯村合并组建新的庙灯村。

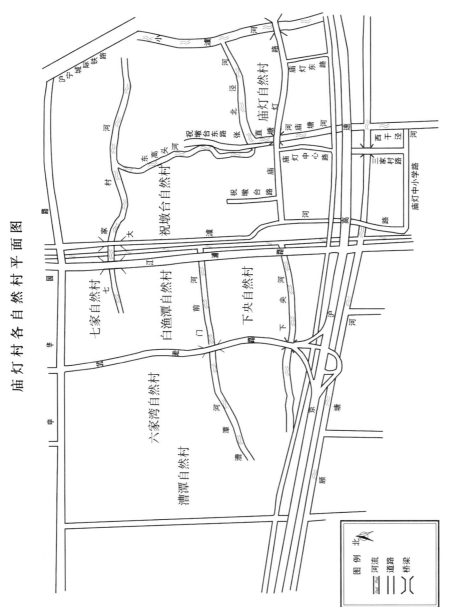

2002年庙灯村各自然村平面图（庙灯村村委会提供）

第三节　自然村简介

祝墩台自然村　村庄位于庙灯村东北，距昆山城区3公里。据传在很久前，这个自然村有一座面积为300平方米的柏树坟，中间有一个平台，平台东北边有不少翠竹，于是取村名为竹墩台，后改为祝墩台。整个村庄分布在祝墩台河南北两岸，呈长方形，东西长约350米。河道上村民自建两座小桥，以便河两岸的村民来往。村庄四周是鱼塘和农田。在1983年以前村里有2个生产队，分别为庙灯大队第1、第7生产队。1983年后改为3个村民小组，分别为第1、第7和第13村民小组。2008年村庄动迁时，全村有耕地610亩，有66户，328人。2008年5月，因大经贸园区的建设动迁，祝墩台村民被安置到大公花园，村庄由此消失，后改造成农田。

庙灯自然村　村庄地处昆山城区西南，距城区3公里，东接熊庄村，西邻白渔潭村，南连新南村、大公村，北至路南村。村庄呈长方形，东西长1 000米。村庄分布在庙塘河、直塘河东西两边，村庄四周为农田。在1983年前整个村庄有10个生产队，分别为庙灯大队第2、第3、第4、第5、第6、第8、第9、第10、第11、第12生产队；1983年后改为10个村民小组。2015年，全村有耕地2 027亩，总户数有235户，总人口889人。是年，村庄全部动迁，部分村民被安置到大公花园，绝大部分村民被安置在万欣苑小区。庙灯自然村由此消失，村民的宅基地被翻耕成农田。

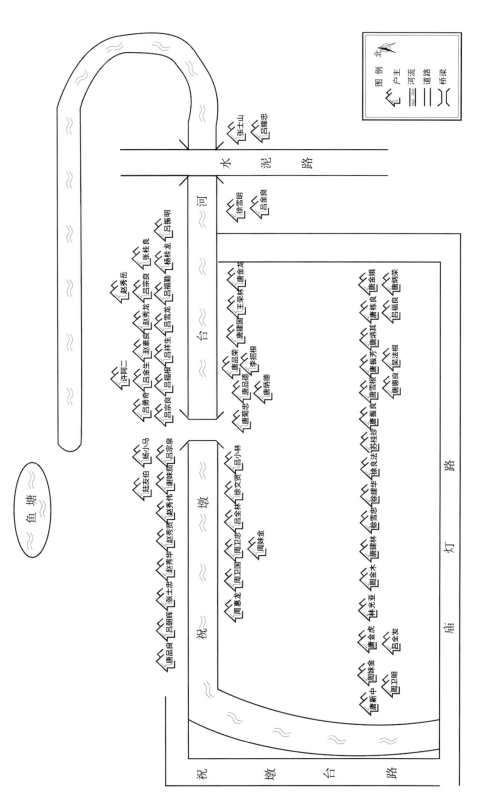

2008年祝墩台自然村动迁前的农房坐落平面图（庙灯村村委会提供）

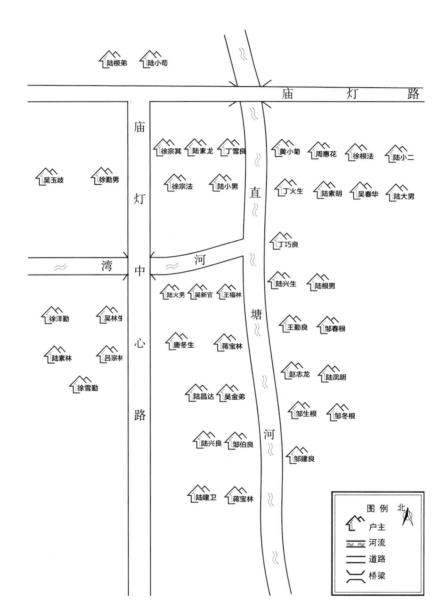

2015年庙灯自然村第2和第12村民小组动迁前的农户坐落平面图
(庙灯村村委会提供)

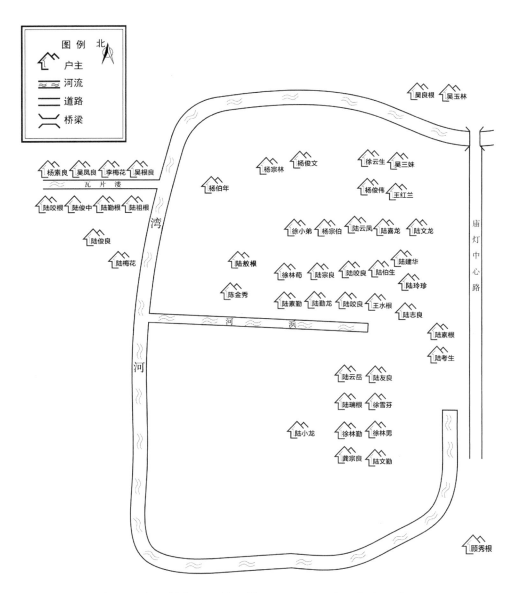

2015年庙灯自然村第3和第8村民小组动迁前的农户坐落平面图
（庙灯村村委会提供）

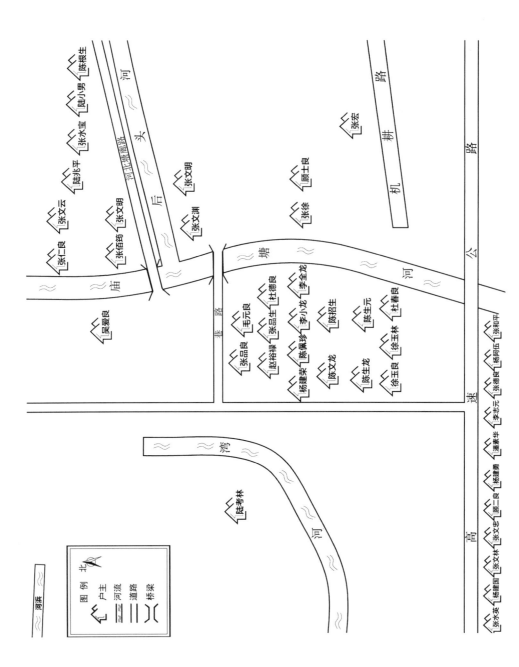

2015年庙灯自然村第4和第9村民小组动迁前的农户坐落平面图（庙灯村村委会提供）

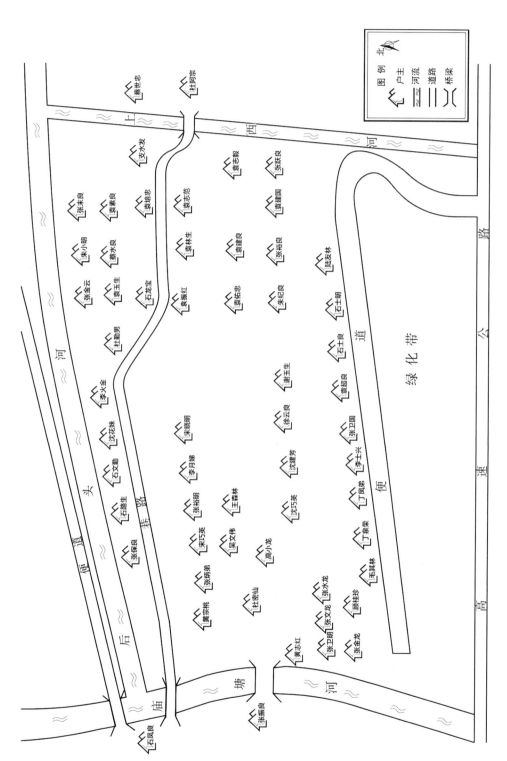

2015年庙灯自然村第5和第10村民小组动迁前的农户坐落平面图（庙灯村村委会提供）

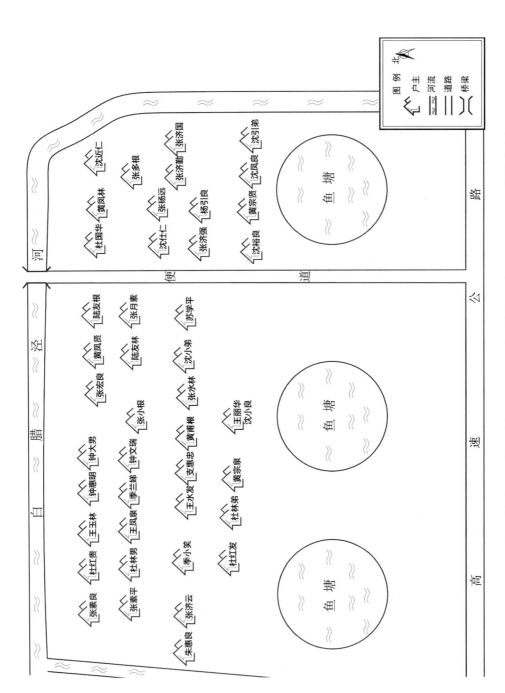

2015年庙灯自然村第6和第11村民小组动迁前的农户坐落平面图（庙灯村村委会提供）

漕潭自然村　　村庄以水潭取名，距昆山城区 3 公里。村落呈长方形，东西长 800 米。传说，在清同治年间，村里有一家姓陆的富豪，因连续几年遇事不顺，就请风水先生来看风水，在风水先生指点下造了陆家坟，以改变家道衰落的状况。可是陆家坟造好后，陆家非但没兴旺起来反而更加败落，陆家的人流落在外不知去向，留下的陆家坟因无人管理而荒芜。1983 年前，村庄有两个生产队，分别为白渔潭大队第 1 和第 2 生产队；1983 年，改为两个村民小组。2013 年，村里有耕地 401 亩，总户数 62 户，总人口 224 人。是年，因玉山镇新农村规划建设，整个村庄动迁，漕潭自然村由此消失，村民被安置在万丰苑小区，村落原址上建成白渔潭生态农业产业园。

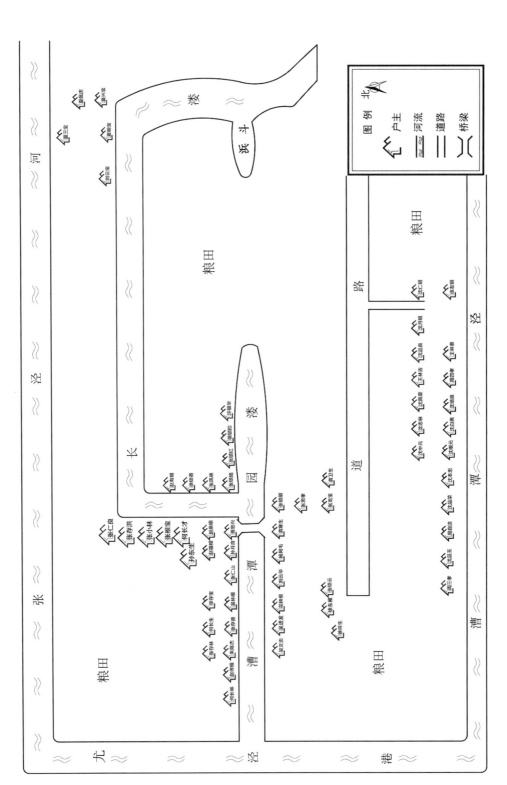

2013年漕潭自然村动迁前的农户坐落平面图（庙灯村村委会提供）

六家湾自然村 村庄地处玉山镇西南,距昆山城区3.2公里。因六户人家形成村落,故取名为六家湾。村庄呈长方形,东西约700米。2012年,村有耕地286亩,居住34户人家,人口128人。是年,因建沪宁高速昆山高新区出口而动迁,村民被安置在万丰苑小区,六家湾自然村由此消失。村庄后变成粮田,成为昆山高新区白渔潭生态农业产业园的一部分。

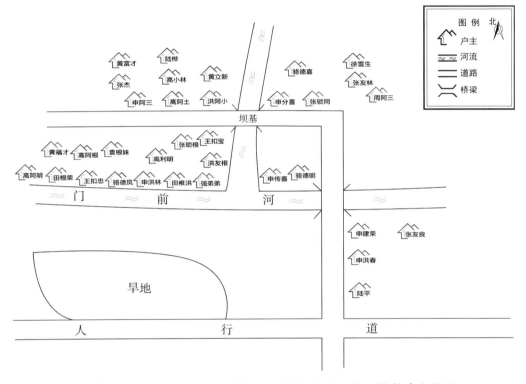

2012年六家湾自然村动迁前的农户坐落平面图(庙灯村村委会提供)

白渔潭自然村 村名最早为上央,后因村庄潭浜多、河塘多、白鱼多而改名为白渔潭。村庄距玉山镇镇政府驻地3公里。村落呈长方形,东西长350米。2010年,全村有6个村民小组,分别为庙灯村第17、第18、第19、第20、第21、第22村民小组;共有耕地1134亩,居住152户,人口629人。是年,白渔潭自然村因玉山镇新农村规划建设需要而整体动迁,村民被安置在万丰苑小区,白渔潭自然村由此消失。村庄动迁后变为粮田,成为昆山高新区白渔潭生态农业产业园的一部分。

庙灯村志

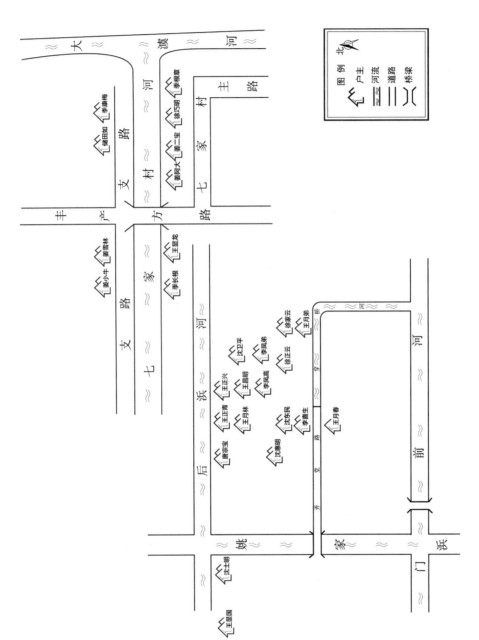

2010年白渔潭自然村第17村民小组动迁前的农户坐落平面图（南灯村村委会提供）

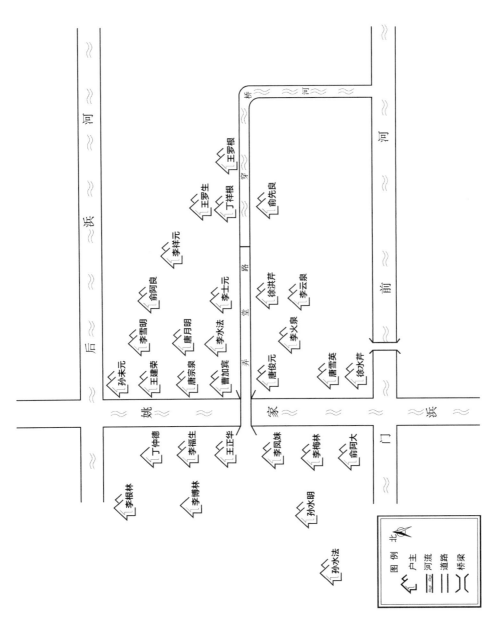

2010年白渔潭自然村第18村民小组动迁前的农户坐落平面图（庙灯村村委会提供）

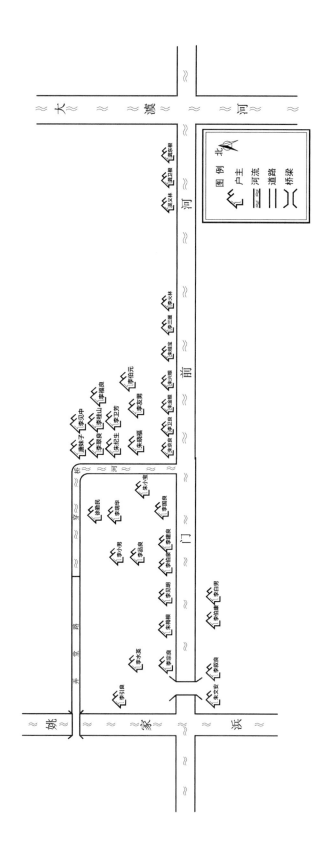

2010年白渔潭自然村第19和第22村民小组动迁前的农户坐落平面图（庙灯村村委会提供）

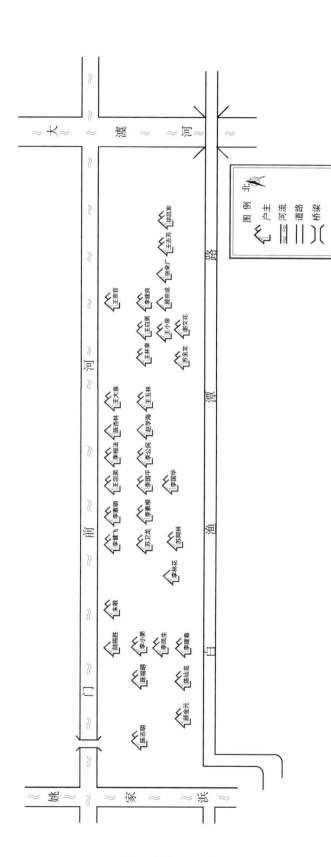

2010年白渔潭自然村第20村民小组动迁前的农户坐落平面图（庙灯村村委会提供）

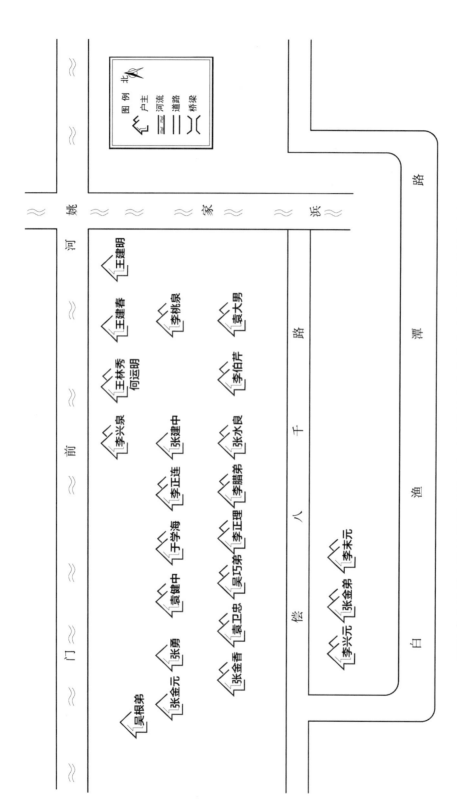

2010年白渔潭自然村第21村民小组动迁前的农户坐落平面图（庙灯村村委会提供）

七家自然村 因该自然村早先只有七户人家，故称七家村。村庄地处玉山镇镇政府驻地西南3公里处。村落呈长方形，东西长约500米。2003年，村庄耕地面积为52亩，有10户，共36人，农民主要以农业为主。因建339省道动迁，被征用土地52亩，村庄消失，村民被安置在大公花园。

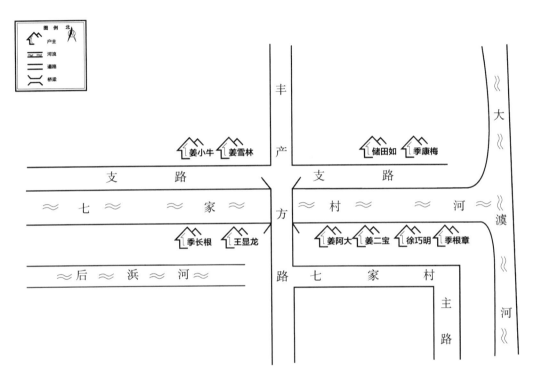

2003年七家村自然村动迁前的农户坐落平面图

下央自然村 因村庄与上央村（白渔潭自然村早前被称为上央村）南北相对，故取名下央。村庄距玉山镇镇政府驻地3.5公里。村庄呈长方形，东西走向，长约800米。2012年，全村有两个村民小组，分别为庙灯村第23、第24村民小组；耕地面积为312.3亩，有35户，共168人。是年，因玉山镇新农村规划建设需要，整个村庄动迁，村民被安置在万丰苑小区，下央村由此消失。村庄动迁后村域变为粮田，成为白渔潭生态农业产业园一部分。

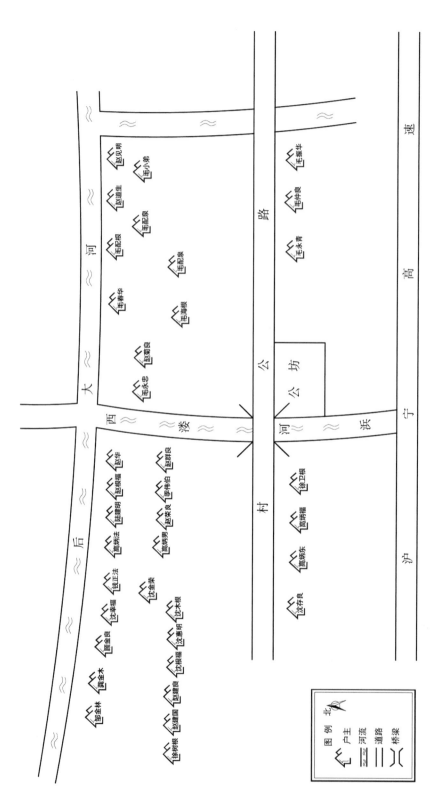

2012年下夹自然村动迁前的农户坐落平面图（庙灯村村委会提供）

第四节 自然环境

一、地貌

庙灯村位于长江下游的太湖流域，地处长江冲积形成的湖积层和阳澄湖低洼区。域内地形平坦，地势南高北低，地面高程甚低，最高高程3.8米，最低高程2.4米，大部分地面低于汛期外河水位。

中华人民共和国成立前，境域内一旦遇上大雨或上积下泄，加之排水不畅，易形成涝灾。虽然历代围圩筑堤，但洪涝灾害频繁发生。中华人民共和国成立后，在政府支持下，村里拓宽河道，联围并圩，内外河分开，加固圩堤，建套闸及配备机电排灌，预降水位，洪涝灾害得到有效控制。

二、土壤

据1980—1982年的第二次土壤普查，庙灯村域内的土壤大致有5种，分别是黄泥土、青头黄泥土、竖头乌山土、青头乌竖土和青泥土。按照土壤等级，黄泥土为一级土壤，肥力高，土层厚，耕性好，障碍层易发棵、早发棵，水稻能高产稳产；黄泥土与粉砂底青头黄泥土为二级土壤，肥力较高，耕性好，障碍层在60厘米以上，水稻产量较高；竖头乌山土为三级土壤，肥力中等，接壤泥土耕性较差，障碍层在30厘米以下，发棵迟缓，农产量一般；青头乌竖土为四级土壤，肥力较低，耕性差，发棵少或早衰，农产量较低；青泥土、僵土、沼土是五级土壤，肥力很低，耕层厚度指数为10厘米，耕性差，僵苗多，农产量很低。

庙灯村和白渔潭村合并之前，庙灯村2 689亩耕地中，青头黄泥土1 168亩，占比43.4%；青头乌竖土368亩，占比13.7%；竖头乌山土1 153亩，占比42.9%。白渔潭村2 136亩耕地中，黄泥土499亩，占比23.4%；青头黄泥土379亩，占比17.7%；竖头乌山土375亩，占比17.6%；青头乌山土883亩，占比41.3%。

三、气候[①]

庙灯村地处北亚热带南部季风气候区，湿润温和，四季分明，夏季炎热多雨，冬季寒冷干燥，春秋两季气候宜人。

气温 夏季，海洋气团受副热带高压控制和受东南季风影响，高温天气一般在7—9月份。由于气流单一，不易形成锋面，往往出现伏旱高温天气，正常情况下，日极端最高温达39℃左右。冬季，低温天气一般在1、2月份，有时受西伯利亚强冷空气侵袭，出现气温骤降现象，一般情况下，平常日气温在-6℃~8℃。春秋，初春时期气温一般在20℃~25℃，但偶尔有气温较低的"倒春寒"现象，持续时间不会太长；初秋有时也会有气温较高的"秋老虎"现象。

据昆山市气象局对气温情况的统计：1988年，平均气温15.2℃，年极端最高气温37.1℃，出现在7月8日；年极端最低气温-5℃，出现在1月24日。1993年，平均气温15.3℃，年极端最高气温36℃，出现在7月12日；年极端最低气温-6.8℃，出现在1月17日。1998年，平均气温17.2℃，年极端最高气温37.1℃，出现在8月11日；年极端最低气温-5.5℃，出现在1月19日、25日。2003年，平均气温16.6℃，年极端最高气温38.7℃，出现在8月1日；年极端最低气温-5.1℃，出现在1月15日。2008年，平均气温16.9℃，年极端最高气温38.6℃，出现在7月6日；年极端最低气温-4.7℃，出现在12月22日。2013年，平均气温17.6℃，年极端最高气温40.6℃，出现在8月7日；年极端最低气温-3.2℃，出现在1月10日、2月9日。2018年，平均气温17.8℃，年极端最高气温37.8℃，出现在5月16日；年极端最低气温-5.5℃，出现在1月13日。

降水 1959—1998年，境域年平均降水量为1 073毫米，年际差异较大，年

[①] 相关数据由昆山市气象局提供。

降水量最多的1960年达1 576毫米，最少的1978年为672.9毫米，全年降水集中在夏季、春季，冬季最少。据统计，四季降水量分布情况：春季（3—5月）平均为286.8毫米，占全年降水量的27%；夏季（6—8月）期间因有梅雨季，降水较多，为406毫米，占38%；秋季（9—11月）为243.7毫米，占22.9%；冬季（12—2月）为127毫米，占11.9%。全年降水日数平均为126.1天，最多的为1977年，有150天，最少的为1971年，有96天；日降水量最大的1960年8月4日为223毫米；连雨日最长为1969年6月30日—7月14日，共15天，全过程雨量为114.1毫米。2003年，年降水量841.6毫米，年降水日数为100天，日最大降水量70.6毫米，出现在6月29日。2008年，年降水量1 258.5毫米，年降水日117天，日最大降水量85.1毫米，出现在6月27日。2013年，年降水量1 160.9毫米，年降水日104天，日最大降水量162.4毫米，出现在10月8日。2018年，年降水量1 176毫米，年降水日数为144天，日最大降水量86.1毫米，出现在9月17日。

霜 初霜日一般在11月15日，终霜日一般在3月30日。无霜期以1977年最长，为256天；最短是1992年，仅191天。此外，无霜期在200天以下的，是1979年的199天和1986年的196天。庙灯村历年无霜期平均为228天。

雪 隆冬和初春，庙灯村时有降雪和积雪天气。初雪日一般在1月4日左右，终雪日为3月6日左右；年平均降雪6~7天，降雪最多的年份有15天，但也有个别年份无降雪；平均积雪日数为5天，积雪日数最长的是1997年1—2月份，长达19天；历年最大积雪深度达30厘米，2008年积雪深度超过30厘米。

日照 据历年资料，境域1959—1998年日照总数为83 852.8小时，年平均日照2 096.3小时，年日照百分率为48%。日照时数年际差异较大，年日照时数多的1978年为2 460.7小时，最少的1959年仅有1 710小时，年际差异为750.7小时。一年之中，日照时间以夏季最为充裕，尤其7—8月份，每月日照时数在250小时，日照百分率超60%；秋季次之，月日照时数在160~180小时之间；冬季日照时数最少，1—2月份日照时数不足150小时。2003年，年日照时数为1 891.8小时；2008年，年日照时数为2 145.7小时；2013年，年日照时数为2 065.8小时；2017年，年日照时数为1 762.3小时，比往年减少10.6%。最长月日照时数出现在7月，为227.6小时；最短出现在9月，为102.5小时。年阴天日数为147天，最多的出现在1月，达17天；最少的出现在7月，为5天。

四、河流

庙灯村的主要河流共有10条，有的是自然形成的，有的是人工新开挖的。2000年后，昆山高新区建白渔潭生态农业产业园，在平整土地时，把原有的一些河、浜、潭填掉变成粮田，同时新开了门前河、下央河、李岸泾河。

西干泾河及支流南北浜 与庙塘河、直塘河三河相连，南北流向，南接新南村塘庄江，北至张北泾河，全长2.5公里，河面宽20米。最早为灯塔、南星渎等村村民到昆山城区的必经水路。

后头河 位于村南北中心，与白腊泾河相连，东西流向，西起庙塘河，东出小澪河，全长1 200米，河面宽20米，是庙灯圩引排泄洪要道之一。

东高头河 位于祝墩台自然村东，南北流向，北起文西溇，南止张北泾河，全长1 200米，河面宽20米，是祝墩台自然村村民生产、出行的要道。

张北泾河 位于祝墩台自然村东南面，东西流向，西起东高头河，东流入小澪河，全长1 500米，是祝墩台自然村圩引排泄洪要道之一。

顾塘河 于1974年由5个村的村民开挖而成，位于沪宁高速公路南侧，东西流向，西起官塘河，东至小澪河，穿过大澪河、庙塘河、上西江河，全长3.55公里，河面宽20米，境内河段长1 500米，是新北片大联圩引排泄洪要道之一。

团结中心河 北起新阳河，南止顾塘河，全长3 000米，境内河段长1 200米，是新北片大联圩引排泄洪要道之一。

大澪河 位于庙灯村与白渔潭村交界处，南北流向，南起毛渡江，北止新阳河，全长3 000米，境内河段长1 000米，是新北大联圩引排泄洪要道之一。

门前河 东起大澪河，西止尤泾港，东西流向，全长3 000米，河面宽20米，河底宽8米，底高2.5米，是白渔潭生态农业产业园的引排泄洪要道之一。

下央河 东起大澪河，西止李岸泾河，东西流向，全长2 000米，河面宽18米，是白渔潭生态农业产业园的引排泄洪要道之一。

李岸泾河 南起下央河，北至门前河，全长700米，河面宽18米，三河呈"工"字形，将白渔潭生态农业产业园东西流向的两条河串联起来。

除了以上 10 条河流之外，七家村河、漕潭泾河、张泾河、花瓶河也已填埋成粮田，杨家溇、湾河也已填埋，余下瓦爿溇、文西溇、王家溇、七家溇仍在。

五、动植物

（一）植物

粮食类 境域内粮食作物主要有水稻、三麦、荞麦、玉米、高粱、甘薯、土豆、芋头、南瓜、绿豆、红豆等。

油料类 境域内油料作物主要有油菜、花生、大豆、向日葵、蓖麻等。

蔬菜类 境域内蔬菜类植物比较多，有青菜、小白菜、大白菜、卷心菜、菠菜、韭菜、苋菜、空心菜、香菜、荠菜、甜菜、大头菜、金花菜、紫云菜、雪里蕻、芹菜、萝卜、胡萝卜、胡葱、香葱、莴苣、竹笋、茄子、扁葫、西红柿、茭白、茨菇、冬瓜、刀豆、扁头、黄瓜、丝瓜、生瓜、草瓜、毛豆、蚕豆、豌豆、豇豆、柴舟叶、西葫芦等。

食用菌 境域内食用菌品种比较少，主要有蘑菇、香菇、平菇、金针菇等。

瓜果类 境域内瓜果作物主要有西瓜、香瓜、田鸡瓜、老太婆瓜（酥瓜）、桃、梨、橘、苹果、葡萄、枇杷、菱、藕、荸荠、草莓、香蕉等。

花卉类 境域内花卉类植物较多，主要有鸡冠花、凤仙花、菊花、大丽菊、芍药、美人蕉、文竹、天竺葵、南天竹、一串红、爬山虎、天鹅绒、菖蒲、四月红、月季、茉莉、蔷薇、玫瑰、迎春、蜡梅、春梅、玉兰、广玉兰、白兰花、山茶、石榴、牡丹、海棠、夹竹桃、六月雪、紫薇、琼花等。

树木类 境域内树木类植物主要有河杨、枫杨、垂柳、杨柳、桑、榆、松、柏、雪松、水杉、刺槐、沧桐、银杏、香樟、谷树、棕榈、女贞、黄杨、悬铃木（法国梧桐）、冬青等。

竹类 境域内竹类植物主要有慈孝竹、红头竹、簸箕竹、大园竹、五月九、石竹等。

（二）饲养动物

畜类 境域内畜类主要有猪、牛、羊、兔、猫、水貂等。

禽类 境域内主要有鸡、鸭、鹅、鸽、鹌鹑、鸬鹚（鱼鹰）。

鱼类 境域内的鱼类品种比较多，主要有青鱼、草鱼、鳊鱼、鲢鱼、鲫鱼、白鱼、鲤鱼、昂刺鱼、黑鱼、黄鳝、泥鳅、塘鱼、穿鲦、鳑鲏等。

（三）野生动物

兽类 境域内有鼠、野兔、獾、刺猬、黄鼠狼、蝙蝠等。

鸟类 境域内主要有麻雀、燕子、乌鸦、八哥、野鸡、野鸭、野鸽、黄鹂鸟、白头翁、老鹰等。

爬行类 境域内有水蛇、蝮蛇、赤链蛇、青梢蛇、称星蛇、壁虎、蜥蜴、蚯蚓、乌龟、甲鱼等。

两栖软体甲壳类 境域内有青蛙、蟾蜍、蜗牛、河蚌、螺蛳、田螺、河蟹、虾、螃蟹等。

昆虫类 境域内的昆虫类动物比较多，主要有蚕、蝶、蜂、叶蝉、蝉、螳螂、蜻蜓、蟋蟀、蝈蝈儿、蜈蚣、蚊、蝇、蟑螂、蚂蚁、蜘蛛、纺织娘、天牛、蚜虫、萤火虫、瓢虫、蠓虫、蝼蛄、蝗虫、地鳖虫等。

六、自然灾害

水灾 旧时，因境域地势低洼，形如盆碟，加上水利设施防御功能差，民间素有"小雨水汪汪，大雨白茫茫"之说。自1949年以来，洪灾计11次，受灾年份分别是1949、1952、1954、1957、1960、1962、1964、1975、1977、1983、1985年。其中，1949年秋，累月大雨，水位涨到3.65米，低田禾苗没顶，高田行舟割梗，水稻作物受涝无收。1952年秋，大雨、暴雨各三次，农田可行舟，产量减产四至五成不等。1954年，暴雨连月，水位涨到4.03米，江水倒流，为百年罕见大洪灾。1957年6月25—28日，阴雨连绵，日降雨量110毫米，境域受灾严重。1960年8月2—5日，受7号台风影响连降暴雨，境域内各生产队都有不同程度的损失。1975年6月24—27日，全程降雨67.4小时，总降雨量206毫米，其中6月27日，降雨14小时，降雨量126毫米，外河水位由6时2.5米上涨至15时的3.3米，两个大队受灾严重。

风灾 明清至民国，大风致灾几乎年年发生，但受损程度不一。中华人民共和国成立后，台风成灾有10余次。1962年9月5—6日，受14号台风侵袭，暴雨2日，总降雨量341.7毫米，水位上涨3.58米，农田受灾严重，农作物几乎无收；庙墩大队、白渔潭大队房屋倒塌，其中，倒塌的社员房屋10余间，集体的公房、仓库5间，猪棚15间，牛棚、船坊8间。

雪灾 2008年1月，庙灯村域遭连续数天的特大暴雪侵袭，积雪30厘米以上，庙灯菜场数间店铺倒塌，损失10万余元。为解决积雪问题，村党支部发动全体党员、群众一起扫雪、除雪，减少雪灾带来的损失。

 ## 第五节　人口姓氏

一、人口总量

1949年前，境域内无确切的人口资料。根据调查整理，1950年初，境域内有农户229户，总人口1 138人，其中男性552人、女性586人。中华人民共和国成立后，国家颁布《中华人民共和国婚姻法》，废除封建婚姻制度，规定婚姻自由，使得人口较快增长。1959年，白渔潭大队从庙墩大队分设出去，据当时的统计，庙墩大队有12个生产队，167户，789人；白渔潭大队有9个生产队，136户，600人；两个大队共有303户，人口为1 389人。随着人口在20世纪50—70年代的快速增长，70年代初国家实行人口计划生育和独生子女政策，庙灯（墩）、白渔潭两个大队的人口增长得到有效控制。1982年，第三次全国人口普查显示，庙灯、白渔潭两个大队有24个生产队，总户数为640户，总人口为2 357人，其中男性1 195人、女性1 162人。1995年，庙灯、白渔潭两个村总户数为618户，总人口为2 067人，其中男性1 027人、女性1 040人。2005年，庙灯村总户数606户，总人口1 745人，其中男性870人、女性875人。2015年，庙灯村总户数545户，总人口2 065人，其中男性1 028人、女性1 037人。2019年，庙灯村村民小组24个，总户数673户，总人口2 359人，均为汉族。

二、人口构成

(一) 年龄结构

2019年底,庙灯村总人口2 359人。其中,0~6岁的有23人,占总人口的0.97%;7~12岁的有88人,占总人口的3.73%;13~17岁的有79人,占总人口的3.35%;18~64岁的有1 543人,占总人口的65.41%;65岁以上的有626人,占总人口的26.54%。2019年,庙灯村90周岁及以上的老年人有17人,其中年龄最长的陆阿二、毛进发均为97岁。

表1-7 2019年庙灯村90周岁以上老年人名录表

姓名	性别	出生年份	年龄/岁	姓名	性别	出生年份	年龄/岁
徐和英	女	1929	90	杨林妹	女	1927	92
李爱宝	女	1928	91	胥忠兴	男	1927	92
朱金娣	女	1928	91	李伯康	男	1927	92
徐凤仙	女	1928	91	黄阿二	女	1926	93
支妹金	女	1928	91	杨根翠	女	1926	93
骆小妹	女	1928	91	季康龙	男	1923	96
李祖良	男	1927	92	陆阿二	男	1922	97
吴三妹	女	1927	92	毛进发	男	1922	97
李巧宝	女	1927	92				

(二) 性别结构

2019年底,在庙灯村的2 359人中,男性1 144人,占总人口的48.5%;女性1 215人,占总人口的51.5%。

表1-8　2019年庙灯村各村民小组人口及年龄结构情况表

村民小组	总人口		性别		年龄结构				
	户数	人数	男/人	女/人	0~6岁/人	7~12岁/人	13~17岁/人	18~64岁/人	65岁及以上/人
1	32	117	59	58	0	6	3	81	27
2	25	94	45	49	0	4	5	62	23
3	24	80	41	39	0	1	1	57	21
4	30	89	42	47	0	4	4	51	30
5	28	90	42	48	0	1	4	53	32
6	26	89	43	46	2	5	5	54	23
7	22	67	36	31	0	3	0	42	22
8	40	119	67	52	0	4	1	84	30
9	24	75	39	36	2	1	2	46	24
10	44	147	69	78	3	4	5	104	31
11	24	98	41	57	2	5	1	62	28
12	28	84	44	40	0	0	2	51	31
13	21	68	28	40	0	1	3	45	19
14	36	123	64	59	3	7	12	73	28
15	34	107	55	52	1	4	3	66	33
16	38	128	64	64	3	6	5	82	31
17	31	107	50	57	2	5	3	70	27
18	33	124	58	66	0	7	2	87	28
19	18	62	33	29	1	2	3	40	16
20	36	143	65	78	2	4	3	99	35
21	22	106	47	59	0	4	4	76	22
22	20	87	41	46	0	3	4	56	24
23	17	76	38	38	1	3	2	46	24
24	20	79	33	46	1	4	2	56	16

（三）职业结构

20世纪50—60年代，村民中除极少数人从事小手工业外，大多数人主要从事农业生产，靠种田吃饭。70年代中后期，社、队办企业兴起，村民开始从事第二、第三产业。80年代，乡村工业加快发展，促进务工劳动力①比例的逐年上升。1984年，务工劳动力占总劳动力的25.3%；1990年，务工劳动力的比例上升到占总劳动力的54.84%。随着昆山市工业化、城市化的推进，劳动力就业结构发生更大变化。2019年，庙灯村共有劳动力1 205人。其中，从事第二产业的有665人，占55.19%；从事第三产业的有385人，占31.95%。庙灯村劳动力的就业率在99.5%以上，没有专门从事农业的村民。

（四）学历结构

1949年前，境域内99%的人是文盲。中华人民共和国成立后，通过村里办夜校，成年人参加扫盲学习，村民的文化素质有所提升，特别是改革开放以后，教育发展比较快，村民普遍重视子女教育，全村人口的文化水平大大提升。2019年，庙灯村有小学生582人、初中生614人、高中生391人、中专生96人、大专生246人、本科及以上学历者137人。

表1-9　2019年庙灯村村民学历结构情况表

单位：人

村民小组	学历						
	本科及以上	大专	中专	高中	初中	小学	其他
1	6	0	5	20	37	36	15
2	3	12	6	13	21	21	19
3	7	6	3	5	13	33	14
4	2	8	3	11	18	28	19
5	6	9	4	8	24	31	10
6	0	16	3	6	37	25	13
7	4	4	2	6	16	24	11
8	12	11	4	11	47	26	16

---

① 劳动力指劳动年龄段人口。

续表

村民小组	学历						
	本科及以上	大专	中专	高中	初中	小学	其他
9	10	15	1	7	26	13	10
10	3	21	14	17	28	41	24
11	8	22	5	13	20	24	14
12	4	8	4	5	25	28	12
13	1	10	3	8	17	16	12
14	3	6	6	26	40	26	13
15	4	3	13	17	30	32	5
16	10	12	6	29	22	38	12
17	9	8	1	28	30	23	10
18	9	17	4	29	32	20	14
19	5	5	1	13	20	10	7
20	9	15	1	31	45	20	18
21	2	15	2	27	20	21	14
22	5	8	4	25	14	18	10
23	9	8	1	22	20	16	6
24	6	7		14	30	12	11
合计	137	246	96	391	614	582	308

（五）姓氏结构

2019年底，庙灯村共有姓氏63个，其中张姓79户242人，主要分布在第1、2、3、4、5、6、7、8、9、10、11、12、13、14、15、16、17、18、19、20、21村民小组；陆姓69户215人，主要分布第1、2、3、4、5、7、8、9、10、11、12、13、16、18、20、22、23、24村民小组；李姓68户224人，主要分布在第1、2、3、4、5、6、8、9、10、11、13、14、17、18、19、20、21、22、24村民小组；王姓42户132人，主要分布在第1、2、4、5、6、7、8、9、10、11、14、15、16、17、18、20、21、22、23村民小组；徐姓40户146人，主要分布在第1、2、3、4、5、7、8、9、10、12、13、14、15、16、17、18、20、22、

23、24村民小组；沈姓35户121人，主要分布在第3、4、5、6、10、11、12、14、15、16、17、18、19、21、23、24村民小组。以上6个大姓的人数有1080人，占全村总人数的45.78%。详见表1-10、表1-11、表1-12。

表1-10　2019年庙灯村姓氏结构情况表

单位：户

姓氏	户数	姓氏	户数	姓氏	户数	姓氏	户数	姓氏	户数
张	79	黄	13	季	5	俞	3	祝	1
陆	69	周	13	支	5	夏	3	储	1
李	68	陈	12	申	5	许	3	全	1
王	42	朱	12	洪	4	孙	3	钱	1
徐	40	杜	11	刘	4	蔡	2	葛	1
沈	35	丁	10	孙	7	林	2	陶	1
唐	24	顾	9	胥	4	邵	2	于	1
袁	21	石	9	钟	3	田	2	翟	1
赵	21	高	8	谢	3	蒋	1	花	1
吴	19	宋	7	姜	3	潘	1	马	1
吕	17	邹	7	何	3	解	1	姚	1
杨	15	龚	7	强	3	严	1		
毛	14	苏	6	骆	3	叶	1		

表1-11　2019年庙灯村户姓分布情况表

单位：户

村民小组	户数	户姓分布明细									
1	32	姓氏	李	唐	王	徐	周	林	吴	叶	杨	吕
		户数	1	16	1	2	6	1	1	1	1	2
2	25	姓氏	丁	蒋	解	吴	陆	金	毛	邹	张	王
		户数	1	1	1	3	9	1	1	6	1	1

续表

村民小组	户数	户姓分布明细										
3	24	姓氏	李	陆	吴	徐	杨	吕	石	邵		
		户数	1	10	5	1	4	1	1	1		
4	30	姓氏	张	陆	徐	顾	毛	沈	杨	潘	李	姚
		户数	11	6	3	2	2	1	2	1	1	1
5	28	姓氏	张	黄	李	丁	毛	石	宋	赵	杜	顾
		户数	8	2	1	2	2	6	4	1	1	1
6	26	姓氏	邵	黄	沈	张	杨	杜	钟	支	苏	王	孙
		户数	1	6	5	4	1	3	1	1	2	1	1
7	22	姓氏	赵	吕	唐	徐	张	陆	龚			
		户数	8	3	4	3	2	1	1			
8	40	姓氏	徐	陆	杨	龚	王	石	张	顾	丁	陈
		户数	4	27	1	1	1	1	1	2	1	1
9	24	姓氏	杜	陈	徐	张	赵	杨	李	周	严	丁	陆
		户数	2	6	1	6	1	1	3	1	1	1	1
10	44	姓氏	高	周	陆	袁	蔡	朱	徐	李	张	沈	杜	支
		户数	1	1	1	16	2	2	2	3	5	2	1	4
		姓氏	谢	石	吴	宋								
		户数	1	1	1	1								
11	24	姓氏	杜	黄	沈	王	陆	张	钟	朱	宋		
		户数	4	1	2	2	1	10	2	1	1		
12	28	姓氏	丁	黄	陆	唐	吴	徐	吕	马			
		户数	4	1	10	1	3	7	1	1			
13	21	姓氏	吕	谢	许	朱	张	陆	杨				
		户数	10	2	1	1	2	2	3				

续表

村民小组	户数	户姓分布明细										
14	36	姓氏	张	赵	胥	夏	孙	何	刘	王	朱	宋	吴	徐
		户数	11	4	3	3	3	3	2	1	1	1	1	1
		姓氏	李	霍										
		户数	1	1										
15	34	姓氏	沈	张	周	吴	徐	王	龚	刘	杨	花	许	唐
		户数	12	4	4	3	2	2	2	1	1	1	1	1
16	38	姓氏	张	洪	高	申	骆	徐	强	田	王	黄	葛	许
		户数	7	4	4	5	3	3	2	2	2	2	1	1
		姓氏	袁	胥										
		户数	1	1										
17	31	姓氏	王	沈	徐	季	李	姜	储					
		户数	12	4	4	4	3	3	1					
18	33	姓氏	李	王	俞	徐	孙	唐	丁	周	沈	祝		
		户数	13	5	3	3	3	2	1	1	1	1		
19	18	姓氏	李	朱	龚	吴	强	黄						
		户数	9	4	2	1	1	1						
20	36	姓氏	王	李	陈	苏	顾	张	徐					
		户数	11	10	5	4	3	2	1					
21	22	姓氏	李	张	袁	王	赵	于	吴	杨				
		户数	7	5	3	3	1	1	1	1				
22	20	姓氏	李	朱	徐	林								
		户数	15	3	1	1								
23	17	姓氏	毛	赵	陶	钱	龚	邹						
		户数	9	4	1	1	1	1						
24	20	姓氏	沈	高	赵	徐	季	顾	陆	刘				
		户数	8	3	3	2	1	1	1	1				

表 1-12 2019 年庙灯村村民姓氏人数分布情况表

单位：人

村民小组	人数	具体村民姓氏分布明细										
1	117	姓氏	李	唐	谢	周	徐	吕	浦	王	殷	荀	高	杨
		人数	4	46	2	16	12	13	1	3	2	1	2	2
		姓氏	沙	林	陆	苏	吴	陈	叶	丁	张	曹		
		人数	1	2	2	1	2	1	1	1	1	1		
2	94	姓氏	丁	王	赵	顾	蒋	陆	解	杨	吴	徐	邹	叶
		人数	6	4	3	6	1	34	1	1	9	2	11	1
		姓氏	唐	金	毛	高	冯	朱	汪	张	马	蔡	石	李
		人数	2	1	1	1	1	2	1	2	1	1	1	1
3	80	姓氏	陆	徐	季	唐	朱	杨	邵	吴	殷	张	李	邹
		人数	19	9	1	2	1	17	1	15	1	2	2	1
		姓氏	杜	刘	沈	顾	章	马	石	汤				
		人数	1	1	2	1	1	1	1	1				
4	89	姓氏	张	陆	李	徐	杨	顾	陈	毛	吴	沈	王	杜
		人数	28	18	3	5	6	5	3	4	3	1	1	1
		姓氏	潘	赵	唐	梅	朱	姚	苏					
		人数	1	1	1	1	5	1	1					
5	90	姓氏	张	石	丁	黄	李	沈	毛	余	吕	金	杜	宋
		人数	24	12	7	5	4	2	4	1	1	2	4	9
		姓氏	匡	陶	袁	支	王	陆	顾	夏	潘	徐	陈	田
		人数	1	1	1	1	2	2	2	1	1	2	1	1
6	89	姓氏	沈	黄	张	杜	支	陈	苏	邵	李	俞	季	唐
		人数	17	15	16	6	3	2	6	2	1	1	2	1
		姓氏	钟	顾	王	吴	朱	杨	丁	孙	蒋	谢		
		人数	3	1	4	1	2	2	1	1	1	1		

续表

村民小组	人数	具体村民姓氏分布明细										
7	67	姓氏	吕	赵	唐	张	薛	周	徐	余	杨	董	陈	吴
		人数	7	17	13	4	1	2	11	1	1	2	1	1
		姓氏	陆	曹	胡	王	龚							
		人数	2	1	1	1	1							
8	119	姓氏	陆	徐	杜	张	杨	陈	龚	邹	王	邵	顾	袁
		人数	77	18	2	1	1	1	1	2	3	1	3	2
		姓氏	罗	李	丁	朱	唐							
		人数	1	1	2	1	1							
9	75	姓氏	陈	张	杜	李	徐	杨	吴	陆	殷	龚	赵	薛
		人数	17	18	5	7	5	3	1	2	1	3	1	
		姓氏	石	黄	袁	周	严	刘	丁	王	唐	戴	支	
		人数	1	1	1	1	1	1	1	1	1	1		
10	147	姓氏	袁	高	邢	周	王	陈	陆	张	朱	蔡	沈	丁
		人数	49	3	1	1	5	1	6	13	9	8	7	2
		姓氏	陶	戴	徐	罗	汤	石	宋	何	李	程	杜	盛
		人数	1	1	6	1	1	3	3	1	3	2	2	1
		姓氏	支	葛	吴	吕	邬	谢	邹					
		人数	8	1	2	1	1	3	1					
11	98	姓氏	杜	张	钟	方	陈	冯	沈	黄	王	陆	谢	季
		人数	14	23	6	1	2	1	17	4	12	2	2	2
		姓氏	朱	周	唐	李	杨	殷	宋					
		人数	2	2	1	3	2	1	1					
12	84	姓氏	陆	徐	丁	吴	杨	周	毛	唐	张	石	朱	盛
		人数	25	18	10	8	1	2	1	3	2	2	2	1
		姓氏	吕	邹	杜	马	沈	金	黄	赵				
		人数	1	2	1	1	1	1	1	1				

续表

村民小组	人数	具体村民姓氏分布明细											
13	68	姓氏	吕	陆	杨	徐	周	李	何	孙	魏	刘	许	谢
		人数	33	5	9	3	2	1	1	1	1	1	3	3
		姓氏	宋	张	朱	傅								
		人数	1	2	1	1								
14	123	姓氏	张	夏	赵	胥	孙	何	刘	高	王	吴	徐	陈
		人数	36	10	12	8	7	7	5	3	3	3	3	2
		姓氏	骆	申	黄	杨	顾	季	士	卜	蒋	洪	盛	李
		人数	2	2	2	2	2	2	1	1	1	1	1	1
		姓氏	崔	沈	宋	米								
		人数	1	1	1	3								
15	107	姓氏	沈	张	徐	周	王	龚	杨	许	吴	花	刘	申
		人数	30	15	10	8	7	5	5	5	4	3	1	1
		姓氏	何	严	彭	杜	宋	俞	潘	姜	林	智	朱	唐
		人数	1	1	1	1	1	1	1	1	1	1	1	1
		姓氏	盛											
		人数	1											
16	128	姓氏	张	申	高	洪	徐	骆	王	田	陆	黄	强	周
		人数	16	15	12	10	8	8	7	6	5	5	6	3
		姓氏	硕	陈	夏	胡	葛	郭	许	沈	蒋	袁	梁	毛
		人数	3	3	3	1	1	1	1	1	1	1	1	1
		姓氏	俞	郑	金	胥	赵	钱	杨	文	卜			
		人数	1	1	1	1	1	1	1	1	1			
17	107	姓氏	王	季	李	沈	徐	姜	龚	周	唐	胡	俞	石
		人数	27	14	12	10	9	7	3	3	3	3	1	1
		姓氏	何	姚	韩	蒋	朱	凌	张	洪	邢	田	翁	胥
		人数	1	1	1	1	1	1	1	1	1	1	1	1
		姓氏	杨	许	储									
		人数	1	1	2									

续表

村民小组	人数	具体村民姓氏分布明细											
18	124	姓氏	李	唐	王	孙	俞	徐	沈	房	丁	张	周	刘
		人数	45	14	12	10	7	5	5	3	3	2	2	2
		姓氏	陆	翁	黄	祝	彭	余	马	赵	施	胡	郁	钟
		人数	2	1	1	1	1	1	1	1	1	1	1	1
		姓氏	顾											
		人数	1											
19	62	姓氏	李	朱	龚	毛	邓	张	潘	辛	胡	仲	葛	陈
		人数	30	8	5	2	2	1	1	1	1	1	1	1
		姓氏	于	翁	黄	盛	唐	沈	刘	强				
		人数	1	1	1	1	1	1	1	1				
20	143	姓氏	李	王	陈	张	徐	顾	苏	赵	凌	周	朱	陶
		人数	36	29	15	11	9	7	6	4	3	3	3	2
		姓氏	陆	胡	林	谢	吴	还	江	戴	吕	许	袁	高
		人数	2	1	1	1	1	1	1	1	1	1	1	1
		姓氏	夏	严										
		人数	1	1										
21	106	姓氏	李	张	袁	王	周	马	吴	赵	郭	汪	曹	于
		人数	28	24	12	10	4	3	3	3	2	2	1	1
		姓氏	蔡	钱	金	季	黄	夏	申	杨	盛	沈	顾	孙
		人数	1	1	1	1	1	1	1	1	1	1	1	1
		姓氏	仇											
		人数	1											
22	87	姓氏	李	朱	唐	徐	陆	周	金	茅	戴	顾	吴	高
		人数	41	14	12	4	3	2	2	1	1	1	1	1
		姓氏	马	王	杜	林								
		人数	1	1	1	1								

续表

村民小组	人数	具体村民姓氏分布明细										
23	76	姓氏	毛	赵	龚	邹	盛	陆	徐	陶	杜	沈	邵	仇
		人数	24	20	8	5	3	3	2	2	1	1	1	1
		姓氏	唐	芋	王	齐	钱							
		人数	1	1	1	1	1							
24	79	姓氏	沈	赵	高	顾	陆	徐	季	刘	盛	毛	邹	陈
		人数	24	9	9	7	6	5	4	2	1	1	1	1
		姓氏	丁	郭	方	李	杨	金	唐	邵	丁			
		人数	1	1	1	1	1	1	1	1	1			

三、人口调控

1963年，庙墩大队和白渔潭大队响应国家号召，开始实行计划生育，大力提倡晚婚晚育。昆山县妇幼保健所专门负责组织指导，并设立计划生育门诊，县医院及公社卫生院也都设有计划生育门诊，为育龄妇女做宫内节育器放置和输卵管结扎手术等避孕工作。

1974年，庙灯大队和白渔潭大队各自成立计划生育领导小组。由大队党支部书记挂帅，大队妇女主任、团支部书记、民兵营长、赤脚医生具体负责计划生育工作。1974年1月20日起，庙灯大队、白渔潭大队全面实行避孕药免费供应。

1979年10月，开始提倡"一对夫妇只生一个孩子"，并发放《独生子女证》。人口自然增长率下降。

1982年，对同意终身只生一个孩子，并落实节育措施的夫妇，发放《独生子女证》，并每年发放独生子女费40元，年限从获证当年起，发至小孩14周岁，在孩子入托、入学、医药费等方面给予优惠；按计划生育的孕龄妇女享受56天产假，对节育手术后的妇女给予适当的假期；男女双方均为晚婚者，各增加一周婚假，婚假期间工资照发；晚育者于规定产假外增加15天假期。

1996年5月，庙灯村、白渔潭村贯彻落实《江苏省计划生育条例实施细则》，对超生夫妻征收社会抚养费。至2000年，庙灯村、白渔潭村一直延续执行《江苏省计划生育条例实施细则》的规定。

2000年后，随着国家计划生育政策的调整，庙灯村按照规定，先对男女双方为独生子女的放开生二孩的限制，再为一方为独生子女的放开生二孩的限制。2016年，庙灯村开始执行国家规定，全面放开生育二孩的限制。

四、外来人口管理

改革开放后，昆山市（县）工业化、城市化、城乡一体化迅速发展，随之而来的是外来人口（新昆山人）的逐年增加。境域地处昆山高新区吴淞江工业园，是工商企业集中的地方，外来人口的增量更大。

2000年后，庙灯村根据昆山市人民政府和昆山高新区管委会关于加强外来人口管理的要求，组建村委会、警务站、网格化信息管理站"三位一体"的外来人员管理机构。村委会和警务站重点做好外来流动人员（新昆山人）的入城、入住、入职、入学、入户等5个重点方面的排查、核实工作，以及做好对外来人员的服务工作，并通过网格化信息管理站，做好外来流动人员动态化信息上报、反馈，做到信息资源共享。

村委会与警务站、网格化信息管理站密切协作，按照对外来人员加强管理的要求，对村域内的外来人员（新昆山人）全面登记造册，建立台账、档案，并落实专人全程跟踪管理，掌握动态变化。对外来人员入住或承租民房，须签订入住和承租协议，明确权利、义务和法律责任，做到有据可查。警务人员平时通过中介机构，了解境域内房屋出租情况，做好外来人口管理。

2010年后，生活、居住在庙灯村的外来流动人口（新昆山人）进一步增多。至2019年，庙灯村常住外来人口达1 500人。

第六节　村民生活

一、收入与支出

1949年以前，村民靠种田谋生，生活贫穷，为了生存不少人外出做长工、做奶娘、做童养媳、做放牛郎，贫雇农不得不向地主、富农租田，受尽剥削，加上苛捐杂税的重压，不少村民过着乞讨的生活。境域内有农谚"麦熟吃麦，稻熟吃米""小年吃到知了叫，大年吃到穿棉袄"，是指粮食歉收的年份到6月份就没有粮了，而丰收的年份好一点，但也有1~2个月没有粮食，只能靠南瓜、青菜填饱肚皮，碰到灾年更是雪上加霜。

中华人民共和国成立后，村民生活逐年好转，经过土地改革和农业合作化，生产得到发展，生活有所改善。据调查，20世纪60年代，庙墩、白渔潭两个生产大队的村民人均收入70元左右；70年代，村民人均收入80元左右。1983年后，农业生产全面实现家庭联产承包责任制，农业生产向多种经营发展，农村劳动力向第二、三产业流动，村民生活水平得到明显改善。2019年，据庙灯村财务室的统计，村民人均纯收入46 215元。其中，工资性收入为17 100元，经营性收入为10 700元，投资性收入为7 000元，资产性收入为5 800元，政策性、福利性收入为3 700元，其他收入为1 915元。村民人均支出为15 357元。其中，水电气费用为1 653元、食品烟酒支出为4 959元、生活用品支出为1 322元、医疗保健支出为826元、其他用品支出为495元、婚丧喜事礼金支出为826元、婚丧喜事支出为3 810元、社会养老保险金支出为733元、医疗保险金支出为733元。

二、福利保障

（一）养老保险

2003年起，村民年满18周岁自动参加农保，年缴费1 050元，其中，个人缴费420元、市财政缴费315元、镇财政缴费315元。基础养老金月发放标准为70周岁以下100元，70周岁以上130元。至2013年，农保年缴费2 100元，其中，个人缴费840元、市财政缴费630元、镇财政缴费630元、基础养老金月发放标准为70周岁以下430元，70周岁以上460元。

按照2010年的政策，符合规定的征地农民、无地农民的农保转为城保，与城市的居民同等领取养老金、同样参加医保，但要补一定的养老费、医保费。被征地的人员少交2万元；没有被征地的人员两项费须补交，最多的要缴5万元左右。

2019年，庙灯村参加养老保险的人数为1 926人，在符合参保要求的人员中参保率为98%。已领取养老金的有950人，其中136人为农保、814人为社保。参加农保的村民每月领取养老金的标准：70岁以下的600元，70—74岁630元，75—79岁660元，80—84岁690元，85—89岁720元，90岁及以上750元。

（二）医疗保险

1969年，为贯彻"把医疗卫生工作重点放到农村去"的号召，改变农村长期缺医少药的状况，各个大队开始建立农村合作医疗制度，其形式为"队筹队管"，由大队筹集资金，大队进行管理。当年，庙灯、白渔潭两个大队建立卫生室，各个卫生室配备1~2名赤脚医生为全大队村民看病，病得轻的吃药打针，小病不出大队，病得较重的转到公社卫生院，患疑难杂症的转到县医院就诊。大队看病不收诊疗费，医药费70%由大队集体负担，30%自负，在年终分配结算时收取。

1977年，公社成立合作医疗办公室，实行资金四级（公社、大队、生产队和社员个人）管理，每人全年3.5元，其中公社、大队、生产队各出1元，社员个人出0.5元。管理实行"队办社管"，凡属于大队农村户口的，以户为单位参加合作医疗，看病先到卫生室就诊，或公社卫生院门诊室就诊，费用在大队基金中报销；在公社卫生院住院的或转上一级医院治疗的费用，在公社基金中报销；自投医院的不报销，如遇特大病情，报销最高限额为5 000元。

2002年10月，国家明确提出各级政府要积极引导农民建立以大病统筹为主的新型农村合作医疗制度。新型农村合作医疗（简称"新农合"）是指由政府组织、引导、支持，农民自愿参加，个人、集体和政府多方筹资，以大病统筹为主的农民医疗互助共济制度。其采取个人缴费、集体扶持和政府资助的方式筹集资金。2004年1月1日，昆山市政府颁布《昆山市新型合作医疗实施意见》，在全市范围统一实行新型合作医疗，扩大参保范围，基本标准为每人每年110元，个人缴纳40元，市、镇财政各负担35元，患者看病报销在60%左右。此后收缴基金的标准逐年提高，报销率也相应提高。

2009年，国家做出深化医药卫生体制改革的重要战略部署，确立新农合为农村基本医疗保障制度的地位。2015年1月29日，国家卫生计生委、财政部印发的《关于做好2015年新型农村合作医疗工作的通知》提出，各级财政对新农合的人均补助标准在2014年的基础上提高60元，达到380元。2017年，各级财政对新农合的人均补助标准在2016年的基础上提高30元，达到450元。

2019年，庙灯村参加医疗保险的有1 926人，参保率为98%。其中，参加新农合的有300人、参加社会医疗保险的有1 626人。参加农村合作医疗的可报销医药费，男性60周岁以上的报销比例为90%，60周岁以下的为80%；女性50周岁以上的为90%，50岁以下的为80%。参加社会医疗保险的人员医药费支付按昆山市的统一规定执行。

（三）医疗普惠

2018年，庙灯村根据昆山市实行农村医疗普惠的有关政策，制定《庙灯村医疗普惠实施方案》，将因病、因残致贫，以及突发重病的本村村民列为帮扶对象，对于医疗报销以外的部分，按比例给予补助，解决村民因病、因残致贫问题。从2018年起，村民开始享受医疗普惠金。是年，有102名村民获得医疗普惠补助，共计18.53万元。2019年，167名村民获得医疗普惠补助，共计42.81万元。

（四）老年福利

2010年，庙灯村"两委"为更好地让村民享受村域经济发展成果，让村民得到更多实惠，决定每年拿出部分村级收入反哺村民，开始对年满60周岁的老年人发放福利费（节日费）。具体标准：60~69周岁800元、70~79周岁1 000元、80~89周岁1 200元、90周岁以上1 600元。至2019年，共计发放老年福利费252.6万元。

（五）退伍军人安置补助

2005年，昆山市政府开始实施对退役士兵的政策性安置。退役士兵以货币安置为主，以就业安置为辅，鼓励退役士兵选择货币安置。政府货币安置的标准，按退役士兵服役年限，分5年以下、5~10年和10年以上3个等级，分别按昆山市上年度职工平均工资的2倍、2.5倍和3倍进行发放。每年的货币安置金标准由民政和财政部门确定，报市政府批准执行。2001年起，庙灯村委会开始对退伍军人发放补助，每人每年50元，逐年增加。至2019年，补助增加到每人每年200元。

三、衣食住行

（一）穿着

20世纪50年代，村民的穿衣以保暖为主要目的。男性在冬天一般穿对襟棉袄、夹裤或棉裤，春节走亲访友，穿上长衣衫、长棉袍子；夏天穿青布衫、青布裤，大热天赤膊的人很多，布料以土纱布为主。女性穿衣也很简单，以御寒为主要目的，布料以土纱为主，有条件的用洋布做衣服，平时舍不得穿，赶集时穿上，回家后就换下。60年代开始，衣服开始变化，中式逐步被淘汰，改为西式，蓝灰色的列宁服、翻领棉大衣、苏俄式服装相继流行，干部和教师先穿上后，村民普遍效仿。中山装、青年装、春秋两用衫、派克棉大衣为人们的常用服装，颜色多数为藏青色，村里仅有一些老年村民穿旧式衣裤。70年代，棉布实行定量供应，发放布票，凭票购布，村民选择布料以质地牢固的为主，如卡其布、的确良这两个品种，美观大方耐用。80年代起，服装面料转向化纤织物，丝、绸、毛呢需求大增，棉织布退居次位，冬天穿毛绒编织衫、羊毛衫、腈纶衫、尼龙衫、滑雪衫、羽绒服、呢大衣。裤子的款式有西装裤、喇叭裤、牛仔裤。许多青年人穿西装、系领带，穿中山装的人逐渐减少。21世纪以后，村民穿休闲装甚为流行，境域内穿品牌服装的村民越来越多，许多老年人穿的服装也相当时髦。

旧时多数村民穿自制的布鞋，农忙季节穿草鞋，雨天穿木屐，家境好的人家穿油钉鞋，冬天穿自制的蚌壳式棉鞋、芦花鞋、蒲鞋。20世纪60年代起，男男女女普遍穿橡胶跑鞋，雨天穿套鞋。80年代起，鞋子款式多样化，橡胶鞋、牛皮鞋、猪皮鞋、牛筋底鞋、旅游鞋、运动鞋得到普及，妇女普遍穿中跟、高跟鞋，夏季穿凉鞋，冬季穿皮靴、皮革靴。

中华人民共和国成立前，村民夏季戴草帽，冬季戴毡帽，雨天戴笠帽。20世纪五六十年代，男性戴解放帽，女性戴布包帽，后期女性也会用包头布、方巾等。80年代后，男女不戴帽居多，老年男子戴鸭舌帽等，为了防御寒风，男女老少的冬服上都连斗篷帽。

（二）饮食

1949年以前，村民种植稻麦，一年两熟，亩产很低，缴完租粮后所剩无几，常年过着"青黄不接"的生活，大多数村民经常吃的是野菜、糠饼。

中华人民共和国成立初期，村民饮食在主粮上稍有增加，吃麸皮粥、麦片粥，辅以少量杂粮，菜肴很简单，一日三餐勉强糊口度日，生活水平低，过得仍然比较清贫。各家各户自制面酱、豆酱，自腌咸菜或萝卜，有亲戚上门则上街买点鱼肉简单招待一下，到过年时才能吃上点鱼、肉、蛋，所以小孩到了11月份就天天盼过年。

20世纪五六十年代，实行粮食"三定"（定产、定物、定销）政策，生产队口粮按年龄等级分配，全国实行粮票流通制度。村民吃粮按原粮分配，每人一年的口粮在500~600斤水平，根据生产队产量高低，每年略有增减，各户还通过自留地种粮补充，基本能够解决温饱。六七十年代，家家户户养头大猪，过年会宰猪来改善生活。

80年代实行联产承包责任制后，农村取消口粮分配制度，各户实行责任制，粮食普遍增产，口粮富足有余。1993年，粮食全面放开，国家取消粮食定购政策，村民从此不再为家庭口粮担心。

90年代开始，除吃粮不用愁，一般村民家庭饮食能够做到荤素搭配，开始讲究营养。每逢娶亲嫁女、新生小孩、子女升学、老人祝寿等喜庆节日，以及办理丧事，餐桌上的菜肴丰盛体面，还配有烟酒饮料。

进入21世纪后，村民们的饮食水平猛升，饮食理念发生改变，饮食讲质量、讲营养、讲保健，滋补保健品也成为村民的享用品。

（三）住房

1949年前，村民的住房条件很差，不少村民住的是草房，大多数人住的是矮小破旧的瓦房。村民有段话："朝天困看见天上星，侧转困看见走路人。遇到雨天到处都是漏，床铺上挡稻草扇，其他地方用面盆脚盆盛"，描述旧社会村民的住房状况。

20世纪60年代开始，昆山县南部几个公社、大队建起土窑烧砖瓦，村民们用稻草、麦草、油菜、秸秆去调砖瓦，于是草房开始翻瓦房，五路头平房翻七路头平房。

八九十年代，各自然村新建的楼房像雨后春笋拔地而起，境域内家家户户住进宽敞明亮的新楼房，大大改变了村庄的环境，改善了村民的居住条件。

2000年以后，随着自然村落整体动迁，村民都被安置在聚居小区。按照昆山高新区的安置标准，每个家庭一般有3套房屋。也有村民在昆山城区购买商品房。

（四）出行

1949年前，境域内道路狭隘，宽度不足1米，弯弯曲曲、高高低低，都是烂泥路，下雨后道路泥泞，行人走过，留下深深的脚印，寸步难行，村民们上街、走亲访友很不方便。村民如出远门，必须步行到昆山轮船码头，乘轮船前往。

20世纪70年代，村民开始购买自行车出行，但到下雨天道路泥泞不堪，自行车不能骑，只好步行。八九十年代，庙灯村、白渔潭村实施"村村通"，烂泥路逐渐硬化，有的主要道路变成水泥路面。村民出行的交通工具逐年增多，更新换代，除自行车外，还有摩托车、电瓶车、三轮摩托车、三轮电瓶车，寻常家庭出行条件大为改善。

21世纪以后，境域内家用轿车日益增多且成为主要代步工具，村民开轿车上班下班、接送孩子上学放学，村里的公路上总是"车水马龙"。另外，3条线路的公交车通到村里，没有轿车的老人出行乘坐公交车也非常方便。而且根据昆山市的政策，老年人可以办理老年卡免费乘车。

表1-13 2019年庙灯村村民拥有交通工具情况表

单位：辆

所属小区	脚踏自行车	脚踏三轮车	电动三轮车	电动两轮车	摩托车	轿车
大公花园	34	120	50	200	4	202
万丰苑	30	150	60	300	5	322
万欣苑	28	120	40	150	4	302

第七节　村级组织

一、基层党组织

1957年，庙墩高级社建立党支部，张凤鸣担任第一任党支部书记。同年，白渔潭高级社建立党支部，刘兆祥担任第一任党支部书记。1958年，实行人民公社体制后，境域内组建庙墩大队和白渔潭大队，党支部分别改为庙墩大队党支部和白渔潭大队党支部。1983年，恢复乡村建制以后，改为庙灯村党支部和白渔潭村党支部。

2001年，庙灯村与白渔潭村合并，组建新的庙灯村党总支，洪卫明担任村党总支首任书记。2018年，张美峰接任村党总支书记一职。

2019年，庙灯村党总支共有党员76人，下设2个支部。张美峰任庙灯村党总支书记，陆平任青年党支部书记，钟惠明任老年党支部书记。在76名党员中，男性53人，女性23人；1~10年党龄的13人，11~20年党龄的13人，21~30年党龄的12人，31~40年党龄的13人，41~50年党龄的13人，51~60年党龄的10人，61~65年党龄的2人。

表 1-14　1957—2001 年庙灯（墩）村（高级社、大队）党支部书记任职情况表

党组织名称	职务	姓名	任职时间
庙墩高级社党支部	书记	张凤鸣	1957—1958 年
庙墩大队党支部	书记	吴纪明	1958—1959 年
庙墩大队党支部	书记	张凤鸣	1959—1963 年
庙墩（灯）大队党支部	书记	沈杏生	1963—1969 年
庙灯大队党支部	书记	陆云凤	1969—1973 年
庙灯大队党支部	书记	谢凤鸣	1973—1973 年
庙灯大队党支部	书记	宋晓明	1973—1983 年
庙灯村党支部	书记	徐玉良	1983—1998 年
庙灯村党支部	书记	杨建国	1998—1999 年
庙灯村党支部	书记	陆振华	1999—2001 年

表 1-15　1957—2001 年白渔潭村（大队）党支部书记任职情况表

党组织名称	职务	姓名	任职时间
白渔潭高级社（大队）党支部	书记	刘兆祥	1957—1961 年
白渔潭大队党支部	书记	李宗根	1961—1964 年
白渔潭大队党支部	书记	李根林（大）	1965—1969 年
白渔潭大队党支部	书记	李桂山	1969—1969 年
白渔潭大队党支部	书记	申分喜	1970—1979 年
白渔潭大队（村）党支部	书记	苏阿林	1979—1993 年
白渔潭村党支部	书记	王正洪	1993—1994 年
白渔潭村党支部	书记	沈小根	1994—1995 年
白渔潭村党支部	书记	徐友明	1995—1997 年
白渔潭村党支部	书记	周自浩	1997—1998 年
白渔潭村党支部	书记	洪卫明	1999—2001 年

表 1-16　2001—2019 年庙灯村党总支书记任职情况表

党组织名称	职务	姓名	任职时间
庙灯村党总支	书记	洪卫明	2001—2017 年
庙灯村党总支	书记	张美峰	2018 年至今

二、村自治组织

20 世纪 50 年代初，境域内建立村农会，庙墩村农会由邹福林任主任，白渔潭村农会由李发林任主任。农会代行村的组织职能，组织村境内的土地改革等工作。

1958 年，建立人民公社体制后，庙墩大队和白渔潭大队成立管理委员会，承担全大队的行政管理工作。大队长为全大队的行政领导。庙墩大队下设 12 个生产队，白渔潭大队下设 9 个生产队。生产队长不仅管生产，也负责生产队的行政工作。

1969 年，庙灯大队管理委员会更名为庙灯大队革命委员会，白渔潭大队管理委员会更名为白渔潭大队革命委员会，大队负责人改称大队革命委员会主任，下设生产队更名为革命生产领导小组。1981 年下半年，撤销大队革命委员会和革命生产领导小组，恢复原庙灯大队管理委员会、白渔潭大队管理委员会及各生产队名称。

1983 年，恢复乡村建制后，庙灯大队管理委员会改为庙灯村村民委员会，白渔潭大队管理委员会改为白渔潭村村民委员会，设村委会主任、经济合作社社长各 1 名，另设会计、民兵营长、治保主任等，见表 1-17、表 1-18。生产队更名为村民小组，庙灯村设有 13 个村民小组，白渔潭村设有 11 个村民小组，每个村民小组设村民小组长 1 名。

2001 年，白渔潭村与庙灯村合并，组建新的庙灯村村民委员会，张士忠任村委会主任，张存香任村经济合作社社长，陆素珍任村主办会计。2007 年 11 月—2018 年 11 月，钟惠明任庙灯村村委会主任。2019 年，庙灯村村委会由张美峰任主任，陆平任村经济合作社社长，陆秀勤任村主办会计。（表 1-19）

表1-17　1983—2001年庙灯村主任、社长、会计情况表

村委会主任		经济合作社社长		主办会计	
姓名	任职时间	姓名	任职时间	姓名	任职时间
张士忠	1983—2001年	陆志德	1983—1985年	张建国	1983—1986年
		张建国	1986—1994年	徐林苟	1987—2001年
		徐林苟	1994—2001年		

表1-18　1983—2001年白渔潭村主任、社长、会计情况表

村委会主任		经济合作社社长		主办会计	
姓名	任职时间	姓名	任职时间	姓名	任职时间
周自浩	1983—1992年	李桃泉	1983—1993年	朱金根	1983—1993年
沈友良	1993年1—12月	张存香	1994—1997年	徐兰芳	1993—1995年
张锁云	1994年1—12月	周自浩	1998—2001年	张存香	1995—2001年
徐友明	1995—1996年				
洪卫明	1997—2001年				

表1-19　2001—2019年庙灯村主任、社长、会计情况表

村委会主任		经济合作社社长		主办会计	
姓名	任职时间	姓名	任职时间	姓名	任职时间
张士忠	2001—2006年	张存香	2001—2006年	陆素珍	2001—2006年
陆素珍（代）	2006—2007年	陆素珍	2006—2008年	张美峰	2006—2012年
钟惠明	2007—2018年	陆平	2008年至今	陆秀勤	2013年至今
张美峰	2019年至今				

三、民兵组织

1959年6月，城南人民公社设人民武装部后，庙墩大队、白渔潭大队按公社武装部的部署，于1960年建立大队民兵营，生产队设民兵排。庙墩大队（村）民兵营长先后由张凤岐、唐海根担任，白渔潭大队（村）民兵营长先后由沈巧荣、李根林担任。20世纪90年代以后，村改设民兵连。村民兵连的主要任务是贯彻上级武装部指示，组织学习备战思想，开展民兵训练，组织应征青年当兵入伍和组建民兵突击队等。2018年，陆平任庙灯村民兵连长，张美峰任庙灯村民兵连指导员。

四、群团组织

（一）共青团

1965年，在社会主义教育运动中，按照城南人民公社团委的统一部署，庙灯大队和白渔潭大队成立团支部，主要责任是发展团员，组织团员青年活动和思想政治工作，以及在大队党支部的领导下，围绕村中心工作开展活动。庙灯大队团支部书记由陆惠根担任。团支部在扫盲工作中，成绩显著，被城南人民公社团委评为先进团支部。2019年，庙灯村团支部书记由沈洪担任。

（二）妇联

1958年，实行人民公社体制后，公社设妇女联合会（简称"妇联"），大队设妇女代表大会（简称"妇代会"），配备妇女主任。"文化大革命"时期，村妇代会陷入瘫痪状态。

1977年，恢复公社妇联后，村设有妇女主任。1978年，庙灯大队、白渔潭大队按照城南人民公社妇联的要求，组建庙灯大队和白渔潭大队妇联。1983年，大队改为行政村后，大队妇联改为村妇联，设村妇女主任，主持村里的妇女儿童和计划生育等工作。庙灯村妇女主任先后由陈秀英、陆素珍担任，白渔潭村妇女主任先后由黄美华、沈琴担任。2001年，白渔潭村并入庙灯村后，庙灯村妇女主任由沈琴担任，至2019年未变。

（三）老年协会

1989年5月，庙灯村和白渔潭村根据玉山镇老年工作委员会的指导精神，

成立了村老年协会。庙灯村老年协会会长由陆志德担任，白渔潭村老年协会会长由徐雪生担任。2001年，白渔潭村与庙灯村合并，重新组建庙灯村老年协会，并进行适当的人员调整。2019年，村老年协会会长由钟惠明担任。

第二章 乡村建设

庙灯村村庄建设历经村民从分散居住到集中居住，基础设施从无到配套优化等阶段，人居环境得到明显改善。中华人民共和国成立前，境域内村民分散居住在自然村落，沿河而居、依水生息，房屋多以草房为主，少数村民住在砖木结构的平房里。村庄之间的道路都为泥土路，雨天泥泞不堪。境域内仅有竹夹桥10座、木板桥2座。中华人民共和国成立后，特别是改革开放后，乡村面貌发生巨大变化。村民住宅从草房改成砖瓦房，从平房建成楼房，从在自然村落分散居住到全部被安置在万丰苑等现代化小区集中居住。2019年，村民人均住房面积60.58平方米。同时，境域内的基础设施建设稳步推进，全村道路形成11纵4横的路网，桥梁改建成公路等级混凝土结构桥梁，供电、供排水、通信网络等配套建设全部到位，境域内道路硬化、路灯亮化、小区绿化、环境美化。庙灯村的村庄建设已成为乡村城镇化、农村现代化的一个缩影。

第一节 住房建设

一、农房建设

中华人民共和国成立之初，村民聚居在自然村落，住宅房以在原地址翻建为主。1950年土地改革时，境域内有229户，其中草房98户、平瓦房131户。到20世纪60年代，村民的草房改建为瓦房。70年代，村中开始掀起"建房热"，庙灯大队、白渔潭大队的591户农户中有581户翻建平房，共计翻建面积5.58万平方米。80—90年代，村民的住房得到进一步的改善，庙灯村、白渔潭村581户农户中有487户农户翻建楼房，建筑面积11.6万平方米。两个村94户农户未翻建楼房，建筑面积1.2万平方米。至此，境域内村民的住房条件得到明显改善。2001年以后，庙灯村域内的自然村落逐步动迁，村民被安置在聚居小区，根据昆山高新区的动迁安置政策，每户村民一般安置3套住房，村民住房条件大为改善。2019年，全村人均住房面积为60.58平方米。

二、动迁安置

2000年后，随着昆山工业化、城市化进程大力推进，城乡一体化格局逐渐形成。2003年，庙灯村按照玉山镇市镇建设统一规划，对居住在规划范围内的586户农户进行动迁安置。是年12月，玉山镇政府制定《玉山镇农村动迁安置规定条例（试行）》。2003—2008年，因339省道、沪宁高速公路拓宽，动迁155户，动迁面积为3.1万平方米。2009—2013年，因大经贸园区规划建设，动迁240户，动迁面积为5.62万平方米。2015年，因城镇规划建设，又动迁191户，动迁面积为4.78万平方米。总的动迁面积为13.5万平方米。

庙灯村在征地动迁中，严格执行《玉山镇农村动迁安置规定条例（试行）》。

三、集居区建设

2000年后，昆山高新区为加快区域南部大经贸园区建设和大力推进城乡一体化，先后规划建设大公花园、万丰苑、万欣苑3个新型集居区，用于安置动迁村民。

大公花园 位于中华园西路南侧，东依小漊河口，西连大漊河口，北靠沪宁铁路。该集居区始建于2001年，到2011年分批分期竣工，占地面积16.67万平方米，共建造居民住宅房108幢2 580套，建筑面积为23.22万平方米。安置房是水泥框架结构，房型有大、

大公花园（2019年，丁彩琴摄）

中、小3种，大户120平方米，中户90平方米，小户79平方米。动迁安置到大公花园的有庙灯、南渔、路南、大公等村的部分居民，其中庙灯村安置231户。集居区内设施配套功能齐全，供电、供气、供水、电信、监控、路灯、绿化等全覆盖，菜市场、医务站、幼儿园、物业管理单位、公共会所、文体广场、停车场、市民活动室、商业网点、警务站等配套设施全到位。

万丰苑 位于中华园西路北侧，东接昆山江浦路、中环高架，西依生田路。该集居区2015年竣工，占地面积为6.67万平方米，总建筑面积为17.62万平方米，住房共计1 128套，其中高层建筑主体面积12.33万平方米，绿化率为40%，停车位1 150个。动迁安置到万丰苑集居区内的有庙灯、南渔、大公等村的部分居民，其中庙灯村安置161户。集居区内公共设施配套齐全，供电、供气、供水、电信、网络、技防、消防、监控、路灯、停车场、绿化等全覆盖，区域内商店、学校、医疗站、日间照料中心、文体广场、公共会所、"五彩益家"公益组织等配套设施齐全。

万丰苑（2019年，罗英摄）

万欣苑（2019年，丁琴花摄）

万欣苑 位于中华园西路西北侧，与万丰苑集居区相并列，俗称"姐妹区"。建于2015年，2019年竣工。小区占地面积7.6万平方米，总建筑面积20.24万平方米，其中住宅面积15.84万平方米，地下车库面积2.82万平方米，绿地率40%，住房1 394套，住宅楼均为高层。动迁安置到万欣苑集居区内的有庙灯、大公、赵厍、五联等村的部分居民，其中庙灯村安置191户。小区内供电、供气、供水、电信、技防、消防、路灯、绿化等全覆盖，集居区内集市、商店、医务站、会所、广场等配套设施到位。

第二节 基础设施

一、道路

中华人民共和国成立之初，境域内道路均为泥土路。20世纪60年代，境域内道路建设缓慢。1983年5月，庙灯村、白渔潭村为解决道路问题，对7个自然村30条泥土路进行硬化。在村历届党支部书记的带领下，先后采用碳氮化钙（俗称"黑脚子"）进行铺路，共铺设道路3.5公里，为村民出行、学生上学提供方便。1984年起，对村间道路进一步硬化，村自筹资金45万元，铺设沙石路5公里。2001年，村间道路再度硬化，砂石路改为水泥混凝土路。至2019年，境域内建成11纵4横路网框架，均为水泥路或沥青路。

大濛河路 位于境域中部，南北走向。南起新312国道，北至中华园西路，全长4 800米、宽8米，水泥路面，其中穿越境域的路段长2 500米。于1990年建成。

三家村路 位于顾塘河南侧，南北走向。南起原庙灯中学，北至沪宁高速公路涵洞，全长150米、宽2米，水泥混凝土路面。于1992年建成。

村内便道 位于顾塘河北侧，东西走向，东至庙东排涝站，西至大濛河路，全长1 200米、宽2米，水泥混凝土路面。于1998年建成。

庙灯路 位于庙灯自然村北侧，东西走向。东起熊庄大桥，西至大濛河路，全长1 200米、宽4米，水泥混凝土路面。于1993年建成。

庙灯路（2019年，罗英摄）

庙灯中心路 位于庙灯自然村中部，南北走向。南起沪宁高速公路便道，北至庙灯路，全长400米、宽4米，水泥混凝土路面。于1996年建成。

祝墩台东路 位于庙灯自然村北侧，南北走向。南起庙灯路，北至祝墩台自然村，全长200米、宽2米，水泥混凝土路面。于1997年建成。

祝墩台西路 位于祝墩台自然村西侧，南北走向。南起庙灯路，北至祝墩台村西，全长200米、宽2米，水泥混凝土路面。于1996年建成。

庙灯东路 位于庙灯自然村东侧，南北走向。南至沪宁高速公路便道，北至庙灯路，全长200米、宽2米，水泥混凝土路面。于1997年建成。

庙灯中小学路 位于庙灯自然村南侧，东西走向。东至庙灯中学，西至大漠河路，全长200米、宽2米，水泥混凝土路面。于1998年建成。

横四路 位于境域北侧，东西走向。东起江浦路，西至尤泾港，穿越白渔潭、六家湾、漕潭等自然村，全长3 000米、宽6米，砂石路面。于2007年建成。

纵二路 位于境域西侧，南北走向。北起中华园西路，南至下央河，全长

1 200 米、宽 6 米，境域内路段长 800 米，北起第 15 村民小组汪字圩，南至下央河，砂石路面。于 2017 年建成。

纵三路　南北走向。南起下央河，北至珠浜河，全长 1 250 米、宽 6 米。其中穿越境域路段长 550 米，经白渔潭村第 14、第 15 村民小组，砂石路面。于 2017 年建成。

纵四路　位于境域西侧，南北走向，南起下央河，北至珠浜河，全长 1 250 米、宽 6 米。其中穿越境域路段长 550 米，经白渔潭村第 1、第 2 村民小组，砂石路面。于 2017 年建成。

北淞路　2015 年，沪宁高速公路昆山高新区收费站建设配套匝道，南北走向，南起沪宁高速公路，北至中华园西路，全长 1 500 米、宽 35 米。穿越境域路段长 800 米，北起七家自然村，南至高速公路，经过白渔潭自然村东第 4、第 7、第 10 村民小组，为沥青路面。

江浦路　位于境域中部，南北走向，北起巴城镇，南至锦溪镇，全长 35 公里、宽 40 米。穿越境域路段长 2 500 米，经七家自然村、高速公路处宽 50 米，为沥青路面。于 2015 年 10 月建成。

二、桥梁

中华人民共和国成立之初，境域内仅有 10 座竹夹桥和 2 座木板桥。20 世纪 60 年代，桥梁改建为砖砌拱桥。80 年代后期，境域内桥梁建设得到较大改善，主要桥梁有 25 座，均被列为市政工程建设项目。至 2019 年，庙灯村的大多数桥梁建成公路级桥梁。

益后桥　位于庙墩古庙旁，东西走向，桥长 17.4 米、高 2.8 米，跨度 6 米，横跨庙塘河，石质台阶，桥墩桥面有 3 块巨石，每块石条长 6 米、宽 0.6 米、厚 0.3 米。建于 1912 年，2009 年被列为昆山市文物保护单位。

西白堰桥　位于境域南侧，南北走向，桥长 18 米、宽 5 米，跨度 6 米，横跨顾塘河，与大潓河路相连接，钢筋水泥桥面，为砖砌混凝土水泥结构平板桥，载重 10 吨。于 1995 年建成。

三家村桥　位于境域南侧，南北走向，桥长 18 米、宽 6 米，跨度 5 米，横跨顾塘河，与庙灯中小学路相连，为砖砌水泥混凝土钢筋结构平板桥，载重 2

吨。于1993年建成。

团结中心河桥（一） 东西走向，桥长12米、跨度6米，横跨团结中心河，为砖砌水泥混凝土钢筋结构平板桥，载重2吨。1976年建成。

高速公路便桥 位于境域南侧，东西走向，桥长8米、宽3米，跨度3米，横跨庙塘河，与高速公路便道相接，为砖砌水泥混凝土钢筋结构平板桥，载重2吨。于1990年建成。

庙堂桥（二）[①] 位于境域南侧第5、第10村民小组，东西走向，桥长8米、宽3.5米，跨度4米，横跨庙塘河，与庙灯中村巷路相连，为砖砌水泥混凝土钢筋结构平板桥，载重2吨。于1985年建成。

庙堂桥（二）（2019年，罗英摄）

高速公路东便桥 位于境域南侧，东西走向，桥长8米、宽3米，横跨上西河，与高速公路便道相接，为砖砌水泥混凝土钢筋结构平板桥，载重2吨。于1990年建成。

兴隆桥 位于境域中部第2、第4村民小组，东西走向，桥长12米、宽8米、跨度6米，横跨直塘河，与河北塘廊路相连。该桥原是石台阶、石桥墩、石桥面（2块），后改建，为砖砌水泥混凝土钢筋结构平板桥，载重2吨。于1996年建成。

华祝桥 位于第2、第12村民小组，东西走向，桥长12米、宽8米，跨度6米，横跨直塘河，连接庙灯路，该桥原是由石台阶、石墩、石桥面构成，后改建为砖砌水泥混凝土钢筋结构平板桥，载重10吨。于1995年建成。

团结中心河桥（二） 位于第12村民小组，东西走向，桥长12米、宽8米，跨度6米，与庙灯路相连，为砖砌水泥混凝土钢筋结构平板桥，载重15吨。于1998年建成。

---

① 庙堂桥（一）于1607年建成，2017年拆除。

村中心路桥 位于第 3、第 8 村民小组，南北走向，桥长 8 米、宽 6 米，跨度 4 米，横跨瓦爿溇，与庙灯中心路相连，为砖砌水泥混凝土钢筋结构平板桥，载重 5 吨。于 2018 年建成。

东村水泥桥 位于第 5、第 10 村民小组，东西走向，桥长 10 米、宽 6 米，跨度 4 米，横跨干泾河，与中村路相连，为砖砌水泥混凝土钢筋结构平板桥，载重 2 吨。于 1999 年建成。

加工厂东小桥 位于第 6、第 11 村民小组，南北走向，桥长 8 米、宽 6 米，跨度 4 米，横跨白腊泾河，与沪宁高速公路便道相连，载重 2 吨。于 1995 年建成。

瓦爿溇小桥 位于第 3、第 8 村民小组，南北走向，桥长 8 米、宽 6 米，跨度 4 米，横跨瓦爿溇，与河西路相连，为砖砌水泥混凝土钢筋结构平板桥，载重 2 吨。于 2000 年建成。

青龙桥 位于第 3、第 7 村民小组，南北走向，桥长 12 米、宽 4 米，跨度 3 米，横跨杨家溇，与祝墩台路相接，为砖砌水泥混凝土钢筋结构平板桥。于 1998 年建成。

祝墩台东新桥 南北走向，桥长 12 米、宽 4 米，跨度 3 米，横跨东高头河，与祝墩台东路相连，为砖砌水泥混凝土钢筋结构平板桥（人行桥）。于 1996 年建成。

六家湾桥 位于境域北侧，东西走向，桥长 35 米、宽 4 米，跨度 8 米，横跨李岸泾河，与横四路相通，为砖砌水泥混凝土钢筋结构平板桥，载重 30 吨。于 2017 年建成。

祝墩台村中小桥 位于境域北侧，东西走向，桥长 4 米、宽 2 米，跨度 3 米，为砖砌水泥混凝土和楼板合成的人行桥，横跨祝墩台河南北侧。于 1975 年建成。

高田桥 位于第 17 村民小组溇西圩田处，南北走向，桥长 25 米、宽 4 米，跨度 8 米，横跨门前河，与纵二路相连，为砖砌水泥混凝土钢筋结构平板桥，载重 30 吨。于 2017 年建成。

门前河桥（一） 位于第 20 村民小组，南北走向，桥长 50 米、宽 15 米，跨度 4 米，横跨门前河，与江浦路相连，为砖砌水泥混凝土钢筋结构平板桥，载重 100 吨。于 2015 年建成。

漕潭桥　位于境域南侧第 15 村民小组，南北走向，桥长 25 米、宽 4 米，跨度 8 米，与纵四路相连通，为砖砌水泥混凝土钢筋结构平板桥，载重 30 吨。于 2017 年建成。

七家村小桥　位于七家自然村，南北走向，桥长 50 米、宽 15 米，跨度 8 米、横跨七家村河，与江浦路相连，为砖砌水泥混凝土钢筋结构平板桥，载重 100 吨。于 2005 年建成。

门前河桥（二）　位于境域北侧，南北走向，南至第 16 村民小组，北与大公村第 9 村民小组相接。桥长 25 米、宽 4 米，跨度 8 米，横跨门前河，与纵三路相连，为砖砌水泥混凝土钢筋结构平板桥，载重 30 吨。于 2017 年建成。

1 号桥　位于第 18 村民小组，南北走向，桥长 45 米、宽 15 米，跨度 8 米，横跨七家村河，与昆山高新区收费站相接，为砖砌水泥混凝土钢筋结构平板桥。于 2015 年建成。

2 号桥　位于第 21 村民小组，南北走向，桥长 45 米、宽 20 米，跨度 8 米，横跨门前河，与昆山高新区收费站相接，为砖砌水泥混凝土钢筋结构平板桥，载重 100 吨。于 2015 年建成。

三、供电、供水、供气

（一）供电照明

中华人民共和国成立之初，村里无供电线路和电力设施，村民生活照明以草灯、蜡烛、煤油灯、火油灯为主，农业生产靠人力、畜力。20 世纪 50 年代中期，昆山县先后架设变压器和 6.6 千伏高压线路，逐步延伸到农村，城南线路通到各个大队，为电灌站供电。1968 年，城南人民公社为帮助庙灯大队、白渔潭大队用上电，用"弓"字形水泥杆子架起供电线路，因电源紧张，只允许生产队脱粒使用。到 70 年代，供电部门逐步把电力转向为工农业服务，增加供电线路设备和变压器，逐步解决城南地区的用电难题，为农业生产和照明创造条件，境域内供电设备添 175 千伏安的变压器 5 台。1970 年，庙灯大队先为第 1 和第 7 生产队的家庭通上电。至 1973 年，境域内家家户户通上电，村民家庭都用上了电灯。1995 年后，农村供电趋于正常。2001 年后，庙灯村村民先后动迁安置到万丰苑、万欣苑等小区，家庭生活用电全覆盖，村民家庭电视机、电冰箱、电扇、空调、洗衣机等家用电器齐全。

2015年，政府出资分别在万丰苑、万欣苑集居区安装路灯200多盏，境域内及周边的中华园西路、生田路、大潆河路、江浦路等道路路灯均由昆山高新区路灯管理所统一规划安装，计500多盏，确保夜间出行安全。

（二）供水排水

供水　1965年之前，村民的生产、生活用水主要来自河水，村民多会将河水装入水缸净化。20世纪70年代，由于农田的农药残留污染河水水质，出现明显的安全隐患，农村兴起挖井和用井水的热潮。到1973年，境域内共开挖水井295口。90年代，昆山市玉山镇政府要求每个片区创办深井泵自来水厂，资金镇政府补一点，村委会出一点，村民也出一点，村民生活用水由井水改为深井泵自来水。1997年，昆山市水利局严禁开采地下水，深井泵自来水被取消，境域接通昆山自来水厂，当年境域内的自来水入户率为65%，2000年入户率为100%。2001年以后，村民被先后动迁安置在集居区，全部使用自来水。2019年，庙灯村村民户均用水36吨。

排水　20世纪60—80年代，境域内建起门前河排灌站、南高头排灌站、瓦爿溇排灌站等3座排灌站，各村庄通过排灌站排水。2005年12月，昆山高新区对新型集居区大公花园、万丰苑、万欣苑进行全面雨污分流，工程总投资额为1 500万元。至此，庙灯村村民居住区内排水及污水处理实现一体化。

（三）供气

1980年，村民陆续开始使用钢瓶灌装的液化气。是年，庙灯、白渔潭两个村有375户使用钢瓶液化气，其余大部分农户仍是用秸秆、木柴做燃料。2015年，庙灯村全村583户村民全部搬进大公花园、万丰苑、万欣苑集居区居住。村民代表大会表决通过，投入1 350万元，由昆山高新区城乡一体化建设有限公司统一实施全面改造，将钢瓶液化气改为管道天然气。工程由昆山华润天然气有限公司承建，由它安装供气设施，燃气管道直接通到大公花园、万丰苑、万欣苑集居区，安装到每家每户，实现全村户户用上天然气。2019年，管道天然气入户率为100%，每户每年用气在120立方米左右。

四、公共交通

中华人民共和国成立初期,境域内交通闭塞,村民出行主要以步行和乘船为主。村民销售粮油、采购物品、走亲访友、就医看病、婚丧喜事等主要靠船只。20世纪70年代,庙灯大队、白渔潭大队开始筑机耕路和村间道路,逐步形成黑脚子路、煤渣路。1985年,村内道路逐步铺成砂石路。至此,自行车、三轮车、摩托车、手扶拖拉机等成为村民出行、运输的主要工具,农船逐渐被淘汰。2001年,县乡政府全面规划建设乡村公路,实施"村村通"和乡村道路硬化工程,境域内的道路通到各个自然村落,主要道路都改为水泥路和沥青路。

2011年,昆山市政府推出方便市民"最后一公里"惠民政策,在市区各乡镇集居区域设立公共自行车站点,骑行时间不超过1小时则租用免费。2018年,庙灯村共设有公共自行车站点两个,分别设在万丰苑与中华园西路交会处和万丰苑西大门口,每个点停放公共自行车23辆。

2013年12月,庙灯村第一条农村公交线路——从八字桥到马庄村的59路公交线路开通,在庙灯村设站点。2018年9月,从张浦客运站至体育中心的156路和周庄客运站到体育中心的161路公交车开始运营,均在庙灯村中华园西路口设公交站点。

公交车站(2019年,罗英摄)

五、邮政通信

（一）邮政

20世纪50年代，村民投寄信件和寄送包裹，要到昆山城区邮电局（所）办理；外地寄来的信件或急件，包括邮寄包裹，由邮电局（所）派专人送上门或转送到生产大队由其代收并送上门。1960年，昆山县邮电局在县城和城郊混合投递，在城南人民公社设邮路5条，其中新南片邮路为新南、火炬、灯塔、庙墩、白渔潭等大队，由县局投递班每月送一次。1986年10月，城南乡与玉山镇合并，由此村民投寄则在玉山镇区邮电所代办所办理。是年，昆山县邮电局开通专用汽车邮路，玉山镇按片区划分设邮电代办处，每日接送一次邮包，由邮递员投送，村民邮寄、接收信件和包裹较为方便。1990年后，投递覆盖面达100%，邮政业务包括函件、包件、汇兑、邮政储蓄等。至2019年，邮政业务网点扩大布局，邮政业务包括函件、包件、汇兑、邮政、储蓄一条龙，快递直接送到家门口。

（二）电信

20世纪60年代初，城南人民公社开始给每个生产大队安装一台手摇电话，广播和电话共用一条线路，几个大队合用一条线路，村民打电话须通过总机转接，耗费时间和精力。1986年，城南乡与玉山镇合并后，随着乡村企业和农副业生产迅速发展，村办企业及家庭装接电话机用户逐渐增多。是年，全村安装电话60多部，电话普及率为5%。1987年6月，玉山镇投资扩容改造600门复式共电交换机，同年9月开通使用，并增设中段电话线路8条。是年，全村安装电话机356部。1988年6月，又新安装电话机80部。1998年，庙灯村85%以上的村民用上程控电话，庙灯村获"江苏省电话小康村"称号。[①]

（三）信息网络

2009年，随着信息技术的迅速发展，信息网络逐渐进村入户。2010年，庙灯村利用市民学校，通过网络开展远程教育，开通党群服务微信。2015年，在万丰苑集居区内利用滚动电子屏幕进行网络法制、科普、健康等方面宣传。为

---

① 表彰文件已遗失，此条根据村民回忆录入。

加强流动人口动态跟踪管理,开设网格化信息管理站。至2019年,有30%的村民安装网络电视,信息网络发展进入提速时代。

六、其他公共配套设施

(一) 绿化

2008年8月,庙灯村自筹资金850万元,对万丰苑、万欣苑集居区道路两侧、居民房前屋后、河边等地块进行绿化,绿化面积达4.97万平方米,栽种植物以乔木为主,选用具有地方特色、易生长、抗病害、生态效益好的品种,如香樟树、桂花树、竹子、榆树等。

(二) 生田路郊野公园

2018年3月,为改善区域环境,由昆山高新技术产业开发区规划建设局、昆山高新区农业服务中心统一规划设计,建设生田路郊野公园。公园坐落在庙灯村东侧,东与吴淞江学校相接,西至李岸泾河,北邻京沪高速铁路沿线牛车浜。生田路郊野公园规划占地面积达5.76万平方米,实际建成面积5.76万平方米,其中绿地面积为4.1万平方米、景观湿地面积为4 323平方米、农田景观面积为1.23万平方米、景观带面积为4 000多平方米、居民娱乐休闲场地面积为1 050平方米。公园设计融入海绵城市特质,体现湿地公园的特点,凸显"江南鱼米之乡"风格,形成"自然、生态、娱乐、休闲、观赏、健康"的特色。

(三) 集体用房

按昆山高新区新农村建设的统一规划布局,结合万丰苑集居区建设,庙灯村行政办公大楼与万丰苑集居区建设同步进行。大楼占地面积为1 300平方米,建筑面积为2 220平方米,其中村"两委"公用房为60平方米、村民议事室为50平方米、便民服务中心为200平方米、公共会所为500平方米、多功能会议室为500平方米、医疗服务中心为120平方米、日间照料中心为50平方米、物业用房为80平方米、警务站为120平方米、党群服务中心为100平方米、市民活动中心为120平方米、农家书屋为50平方米、影视室为50平方米、健身房为50平方米。竣工时间为2012年。

第三节　环境保护

一、水环境整治

20世纪50—60年代，境域经济以农业为主，水质很好，河水清澈，能看见河底小生物游动。当时虽使用少量农药、化肥，但污染极为轻微，并没有严重污染水质。70—80年代，随着人们农药、化肥使用量逐渐增多，水质逐渐受到污染；自然村落的化粪池，由于无除污装置，粪便流入河内，甚至村民还往河里倒粪便，用河水清洁马桶，水质污染越来越严重。80年代以后，工厂企业污染也日益增加，污水排入河内，严重影响水源水质。

1989年，庙灯、白渔潭两村村委会依据《中华人民共和国环境保护法》规定，加强环境保护宣传，提高村民的环境保护意识；同时强化监督职能，对个别有污染的工厂企业加强监督管理，严禁有毒污水流入河内，实行排放一体化，对个别有污染的工厂企业实行停业整顿，以达到国家规定的排放标准。

2001年，庙灯村采取技防措施加强对水环境的保护，组建河道维护治理专门队伍，安排专业人员、船只，每天在村境内巡河，清理河道水浮物、水葫芦、水花生漂浮物，定期用吸泥机排除河道淤泥；村专设安全监管员对周边工厂企业加强督查。2003年，庙灯村村委会对境域内的直塘河、东高头河、下央河、东湾河等进行全面清淤，清淤河道6 942米。2017年，又对境域内的东高头河、东湾河、东赶泾河、下央河、门前河、七家村河、张泾河、漕潭河、六家湾河、赶泾河、直塘河等11条河再次全面清淤，清淤总长为12 360米，确保水环境得到净化。同时，庙灯村"两委"按照昆山高新区全面推行河长制的要求，村党支部书记为第一责任人，对村里的主要河道建立河长责任制，由村党支部书记、村委会主任等村"两委"干部担任河长，形成河道治理的长效机制。

二、乡村改厕

1953年，庙墩村、白渔潭村为消灭血吸虫病，不准村民在河内、池塘里倒粪便，并规定每家每户处理粪便须到统一安排的地点，由保洁员负责把每家每户马桶刷干净。

1966年，庙灯大队和白渔潭大队各自把大队范围内的所有露天粪坑全部废弃，实行粪便集中存放管理，开始建公共厕所。庙灯大队先在第5生产队兴建了第一座公厕，白渔潭大队在上央自然村兴建大队的第一座公厕。村民家里修建水泥混凝土结构的小型化粪池和无害化厕所。

20世纪80年代，境域内通自来水后，每个家庭都用上抽水马桶，结束了倒粪便的历史。同时期，境域内增加公厕。至1999年，庙灯村建有公厕12座，白渔潭村建有公厕15座。2001年后，庙灯村村民先后被动迁安置在聚居小区居住，生活污水排放统一接入污水管网。

三、污水处理

2015年，昆山高新技术产业开发区规划建设局统一规划，对境域周边25家工商企业的污水及万丰苑、万欣苑集居区的生活污水实行雨污分流，污水统一进入城区污水管网，直接排放到市污水处理厂处理。2019年，全村的工商企业区域污水管网覆盖率为100%，污水入网排放率为100%。

四、垃圾处理

20世纪90年代以前，农村对村民的生活垃圾处理没有制度约束，对垃圾处理比较随意，容易造成环境"脏、乱、差"。2000年后，随着昆山城乡一体化的大力推进，玉山镇政府对农村全面开展"清洁村庄、清洁家园"行动。庙灯村对农村居民的生活垃圾和建筑垃圾处理采取定规矩、建队伍、添垃圾桶、设垃圾中转站等措施。具体是村民每天的生活垃圾须装袋后放在指定的垃圾桶内，建筑垃圾须按指定地点堆放。村投资购置垃圾箱123只，配备垃圾专管员25人，设置垃圾中转站2座，做到日产日清日处理，日处理生活垃圾6吨。至2019年6

月，昆山高新区环卫所对万丰苑、万欣苑集居区垃圾中转站进行无害化设施扩建，日处理生活垃圾20吨左右。

五、综合治理

2011年，庙灯村村委会针对万丰苑、万欣苑集居区出现的"乱搭建、乱堆放、乱拉线、乱开店、乱种植、乱租房、乱停车"，导致集居区内"脏、乱、差"的现象，多次召开村民代表大会进行议事，并制定《禁止小区内用煤炉灶焚烧细则》《规范农户私房出租实施细则》《杜绝小区内乱堆放的整治意见》《小区内非机动车进出管理实施意见》，强化小区环境卫生管理。小区管理委托第三方物业公司进行，村民监督领导小组负责监督环境卫生管理措施的实施，形成自我管理、自我监督机制。

2016年，庙灯村为切实加强新的集居区安全，投入34.93万元，在辖区内安装监控探头580处，安装小区出入口智能化设施2处，添置消防灭火器3 571台。2018年，在城乡治理中，重点对周边涉及的承租标准厂房、店面房的22家工商企业的消防安全、污水处理、环境污染、食品安全、店面房卫生等进行综合治理。村委会和昆山高新区相关行政执法部门联合与企业签订环境治理责任状，对不履行责任状相关条款的个别企业，采取上下联动行政执法治理。组织开展针对"三合一"场所、出租房（群租房）、电动自行车三类隐患的为期100天的专项整治（简称"331"整治），开展"二减、六排、三提升"（减少煤炭消费总量，减少落后工业产能；治理太湖水环境，治理生活垃圾，治理黑臭水体，治理畜禽养殖污染，治理挥发性有机物污染，治理环境隐患；提升生态保护水平，提升环境经济政策调控水平，提升环境执法监管水平）治理优化（简称"263"专项治理）。整治期间，拆除违章搭建厂房1 700平方米，对2家企业危险化工产品进行处理，在"散、乱、污"治理不到位的问题上采取限时整改、及时复查的举措。通过阶段性的环境专项整治，境域周边环境明显改善。整治后由村委会综合治理网格化信息管理站实行常态化跟踪监督管理，通过加强管控措施，巩固治理成果。

第三章　农业生产

　　庙灯村域内的村民曾经世世代代以农为本。中华人民共和国成立前，受封建土地私有制制约，大多数村民少地或无地，生活艰辛。中华人民共和国成立后，经过土地改革，贫困村民分得土地。农业合作化和人民公社化，使得境民走上社会主义集体化道路。村民依靠集体力量，开展农田水利、农业灌溉体系建设，大力积造有机农肥，积极培育粮油良种，使得境域内粮食生产稳定发展，亩产量和总产量逐年提升。改革开放后，境域内实施家庭联产承包责任制，实行家庭经营、统分结合的农业经营体制，调动村民生产积极性。为适应分工分业要求，村"两委"在村民自愿的基础上，积极推进土地流转，发展农业规模经营，并应用农业科技成果，在推广新品种、新农艺、新肥药、新农机等方面加大力度，促进全村农业经济效益的提升。2001年以后，随着新农村建设的推进和境域内的征地动迁，全村的农业生产规模、生产组织形式等均有所调整。2019年，境域耕地被纳入初具规模的白渔潭生态农业产业园规划建设。

第一节 生产关系变革

一、土地私有制

中华人民共和国成立前，生产资料归个人所有，境域有耕地 3 386 亩（不包括其他的荒地、荒滩、荒坟、鱼塘、竹园等），人均土地面积为 2.98 亩。地主、富农等富裕人家占有大量的土地；部分村民家只有少量私田，可以满足家庭生活的粮食需求；但村里很多贫农、雇农人家则少田或无地。1950 年土地改革时，境域农户总数为 229 户，总人口为 1 138 人，按昆山县农村阶级成分划分标准，划定地主 4 户 22 人，占有土地 605 亩，户均 151.25 亩，人均 27.5 亩；富农 6 户 36 人，占有土地 480 亩，户均 80 亩，人均 13.33 亩；中农 36 户 175 人，占有土地 980 亩，户均 27 亩，人均 5.6 亩；贫农 176 户 883 人，占有土地 1314 亩，户均 7.88 亩，人均 1.49 亩；雇农 7 户 22 人，占有土地 7 亩，户均 1 亩，人均 0.32 亩。见表 3-1。

表 3-1　1950 年庙灯村、白渔潭村占有土地情况表

阶层	户数	人数	占有土地/亩	人均土地/亩
地主	4	22	605	27.50
富农	6	36	480	13.33
中农	36	175	980	5.60
贫农	176	883	1 314	1.49
雇农	7	22	7	0.32
合计	229	1 138	3 386	2.98

由于地主、富农占有大量土地，无地少田的村民只能向地主、富农租种土地，或做长工，或打短工。在土地占有关系中，有田底（土地所有权）、田面（使用耕作之权）之分，凡田底和田面属于自己所有，称为自田（私田）。土地改革前，土地被地主、富农和一部分富裕中农租给少地农户耕种并收取地租，佃农（俗称佃户）租地主的土地，不管年成丰歉，租额不变。地主与佃户根据田块土质的好坏、离河道的远近，规定每年每亩地租数额，这种地租称为板租或定租。佃户租种地主土地时，规定佃户出劳动力，地主出土地、种子、肥料，收获按收获总量的一定比例分成，一般为对半平分，这种情况称为分租。还有一些"二地主"，如地主的账房、催甲等，以转租剥削为生，从地主处以低额租进土地，再以高额转手租给佃户，从中牟利，称之小租。地租交纳方式，有实物地租和货币地租两种，早期以实物地租为主，20世纪40年代中期起都为货币地租。

二、土地改革

中华人民共和国成立后，在中国共产党的领导下建立基层政权，经过剿匪清敌，组织生产自救，社会秩序得到稳定，为农村的土地改革运动做好充分准备。

1950年，境域内各自然村落按照《中华人民共和国土地改革法》和政务院《关于划分农村阶级成分的决定》，有计划、有步骤地进行土地改革。县、乡土地改革工作队分别进驻自然村落，指导组建村农会，并抽调若干骨干人员参加昆山县培训，学习土地改革政策，为开展土地改革工作做好准备。

各村农会在渔西乡政府领导下，由上级派驻土地改革工作组提供指导和帮助，贯彻"依靠贫农、雇农，团结中农，孤立富农"的方针，在宣传土地改革政策、调查摸底的基础上，组织群众丈量土地，核实人口，划分阶级成分。对地主、富农的土地进行征收，分给贫下中农，并由政府颁发土地证书，同时对土地、房屋、农具、家具四大财产进行分配，按人计算，统一分配。分配时采取先分土地、后分财产，先划出田户、后分进田户。分地时按出田户略高于进田户原则进行，境域出田户平均每人3.6亩左右，进田户平均每人3.1亩左右；白渔潭村域出田户平均每人3.4亩左右，进田户平均每人3亩左右。两村境内富农也按照人均人口同样分得一份土地。

1951年4月，经土地改革工作队反复验收后，为村民填发土地证书。证书上写明土地、房屋的坐落位置及田亩数，以法律形式保障农民的权利。土地改革运动使农民真正成为土地的主人，开始耕作传统的以稻麦油为主的农作物，初步解决了农民温饱问题。

三、农业合作化

土地改革后，分得土地的村民获得生产资料，生产积极性空前高涨。但由于贫苦人家的家底薄，缺乏大中型农具，田多劳少，在实际耕作过程中遇到不少困难，天灾人祸等也给生产生活带来不少难题。有的村民为解决缺少大中型农具和劳动力不足的问题，自行出卖土地或将土地典押给别人，又造成两极分化。1952年春，在党的领导下，境域内各自然村落的村民自发进行伴工互助，庙墩自然村沈阿根第一个组织常年互助组，漕潭自然村赵法生第一个成立常年互助组。这两个自然村的互助组取得良好的效果。

1952年7月，庙墩村村民徐元生、陆阿苟、吴水泉、丁水乐、徐桂生、陆铭基6户人家成立常年互助组，共17人、土地93亩。村民组成的互助组基本沿袭农忙时"亲帮亲、邻帮邻"的方式，以人工换畜、人力换船力进行生产互助。这种互助按照资源互助、等价交换的原则，土地仍各归自己种植且自负盈亏，调节了农户间劳动力与农具短缺的矛盾，解决了贫农、雇农有劳动力而缺大型农具的问题。

1953年2月15日，中共中央发布《关于农业生产互助合作的决议》，引导农民走互助合作的道路。1953年，庙墩村共成立13个常年互助组，共有68户289人，土地983亩，分别占全村的39.8%、37.7%、38.4%。产量从每亩338斤，增加到377斤，增长了11.54%。是年8月，漕潭自然村刘兆祥、夏云法、徐仁旺、张思孝、吴品夫、沈巧荣、吴福来7户人家组建互助组，共25人、土地83.6亩，取得很好的效果。1953年，白渔潭村相继成立8个常年互助组，共46户229人，土地671亩，分别占全村的39.66%、39.76%、37.32%；产量从每亩322斤增加到355斤，增长了10.25%。两个村的互助组的建立，有力地促进了农业生产发展。

1954年8月，庙墩自然村组建庙东初级社，社长为张凤鸣。白渔潭自然村成立勤丰初级社，社长为刘兆祥，沈巧荣任副社长，徐火生为会计。两个初级社采取土地评估入股，经社员大会讨论，按土地、地质优劣及耕种茬口的难易、常年产量水平等进行评估，实行统一经营，绩效挂钩，按劳分配。

是年，庙墩自然村组建庙西初级社，入社农户103户，共548人，分别占总户数的62.23%和总人口的71.92%。白渔潭自然村成立勤星初级社，入社农户59户403人，分别占总户数的50.86%和总人口的69.97%。办社第一年，遭遇特大洪涝灾害，农业生产合作社组织广大群众用人踏水车、用牛车排水等进行抗洪排涝，从而使水稻亩产保持在300斤左右。

1955年10月16日，中共中央发布《关于实行粮食的计划收购与计划供应的决议》，采取定产三年不变，定购比例为余粮的80%，对缺粮户实行一年一定政策，定产、定购、定销"三定"三年不变，增产不增购、丰年照购、灾年减购，调动农民的生产积极性。

是年，在农业合作化高潮中，庙墩、祝墩台两个自然村的两个初级社组建庙墩高级社，共有入社农户171户，其中贫农149户、中农18户、富农2户、地主2户；常住社员762人，劳动力531人，其中男劳力271人、男半劳力[①]41人、女劳力260人、女半劳力38人；入社土地2 530亩，包括旱地30亩、非耕地23亩、荒地8亩、竹园2.5亩。白渔潭等4个自然村的两个初级社组建白渔潭高级社，共有入社农户106户，其中贫雇农79户、中农21户、富农4户、地主2户；常住社员576人，劳动力331人，其中男劳力172人、男半劳力25人、女劳力159人、女半劳力27人；入社土地1 780亩，包括旱地15亩、非耕田12亩、鱼塘210亩、竹园10.16亩。

庙墩、白渔潭两个高级社成立时，对农具等生产资料作价入社，时有耕牛85头、船123条、水犁74把、旱犁65把、牛棚82个、刮草耙61把、刀耙73把、牛料桶78只、料刀73把、船坊47个、扇谷风车63部、牛车盘62座、风车（神仙车）41部。两个高级社对农具按当时的物价水平作价，一头牛作价130元左右，一条船作价75.3元，其他农具相应作价入社。

高级社既是经济实体，又是行政单位。庙墩高级社经大会选举，产生47名

---

① 未成年人参加劳动，折合半个劳动力，即半劳力。

社员代表和由13人组成的管理委员会、5人组成的监察委员会，徐和生、陆云龙分别担任管理委员会和监察委员会主任。白渔潭村高级社经大会选举产生社员代表45名，以及由11人组成的管理委员会、5人组成的监察委员会，刘兆祥、沈道生分别担任管理委员会和监察委员会主任。高级社建立党支部，庙墩高级社党支部有9名党员，白渔潭高级社党支部有7名党员。同时，两个高级社还组建共青团、妇联和民兵组织。

高级社土地归集体所有，农户的耕畜、大中型农具折价入社后，合作社对各生产队劳动力、土地、耕畜、大型农具实行"四固定"，并实行包工、包本、包产，即"三包"。两个村高级社取消土地分红，实行定额记工，按劳分配，年终由社管理委员会按照"三包"情况统一进行分配，报请上级批准后结算到人。两个高级社除发展农业外，副业生产也取得较大的发展。其间，庙墩高级社农副业经济收入增长13%，白渔潭高级社增长11.87%。

四、人民公社化

1958年10月，城南乡、城北乡和玉山镇合并组建马鞍山人民公社，几个月后又分设城南、城北人民公社和玉山镇。公社实行"工农兵商学"五位一体、"政社合一"的体制。公社设立党委和管理委员会，下设以高级社为基础的生产大队。在劳动生产、生活管理上，提出"组织军事化，生产战斗化，生活集体化，大兵团作战"，按照供给制，大办公共食堂，吃饭不要钱。分配上实行公社一级核算，平均主义，无偿调拨劳动力及调用社员的住房、牲畜、家具等，取消社员的自留地，刮起"共产风"和"浮夸风"，少数人多吃多占，生产开展"摆擂台""放卫星"，提出"一天等于二十年""人有多大胆，地有多大产""亩产超万斤"的口号。

白渔潭大队第3生产队有14户78人，社员都住草房，因当时草房全都被拆除，社员到第1、第2生产队的社员家居住；大队调用社员的住房、家具等，拆下的草房柴全部推到漕潭村东园溇里为万担肥料潭。同时这3个生产队办起了大食堂。当年，白渔潭自然村6个小队兴办两个大食堂，部分社员也因房屋被拆除而搬到其他社员家居住。1958年，上报粮食产量时，喜报上写水稻亩产1 000斤，到会场时看到其他大队上报产量高，就在喜报上的"1 000"后面添上一个

"0"，成为亩产 10 000 斤。这些脱离农村生产力发展规律和违背农民意愿的举措，严重挫伤农民群众的劳动生产积极性，导致"农船四处漂、耕牛到处跑、农具到处抛"的无人管的局面，农业生产力发展受到严重挫折。

1959 年，中央政治局扩大会议召开后，境域内开始纠正一些不当做法，对违背等价交换和按劳分配的原则，抽调或者无偿占用生产大队、生产队和社员的生产资料、生活资料、劳动力和其他财产的，进行清算和退赔。通过清算退赔兑现，调动了农民群众的生产劳动积极性，农业生产力逐步得到恢复。但不久又受到"反右倾"的干扰，再加上遭遇连续三年困难时期，农业生产也连续三年受损。1961 年，庙墩大队粮食总产量仅有 14.7 万斤。水稻、三麦平均亩产 420 斤、120 斤，比 1959 年分别下降 52.35% 和 14.18%。白渔潭大队粮食总产量仅有 10.73 万斤，水稻亩产 400 多斤，三麦不到 100 斤，比 1959 年分别下降 55.61% 和 17.31%。

1961 年 5 月 21 日—6 月 12 日，中央颁布《农村人民公社工作条例（修正草案）》，又在 1962 年 2 月 13 日下发《关于改变农村人民公社基本核算单位问题的指示》等。文件下发后，各公社将基本核算单位下放到生产队，确立公社、生产大队、生产队三级所有，以生产队为基础的人民公社体制。

"文化大革命"时期，10 多名妇女在同一块田里莳秧，快的妇女社员一行田已莳到头，而慢的只莳到半行田，插秧的质量也不如快的好；到晚上评工时，莳秧快的社员标准值是 10 分工，慢的居然也能得到 8—9 分工分。积肥罱河泥时，一个生产队有两只 5 吨水泥船罱河泥，一只水泥船上配两个强壮的劳力，都是罱泥能手，一天能罱 4 船河泥，且都是满舱，舱面上也基本没有水，河泥全都要被挑到泥潭里。而另一只 5 吨水泥船，配两个弱些的劳力，罱泥技巧差些，一天也是罱 4 船河泥。船舱的河泥罱满时，就把船停到泥潭边，配两个人站到船口，让泥船向一边倾斜，使船舱里的水哗啦哗啦向河里流去，至流不出为止，船舱里剩下的河泥只有满舱时的 80%~85%，挑到泥潭里既省力又省时。到晚上队里评工分时，4 个劳动力得到同样的工分值。这种干活干多干少、干好干坏一个样的分配平均主义、"大锅饭"倾向，使得农民的劳动积极性受到挫伤。1971 年 2 月，中共中央指示各地不能照搬照套"大寨式"评工计酬的做法，逐步恢复定额计工制度，重新划分自留地。1972 年 7 月，庙灯、白渔潭两个大队恢复

定额记工制度，从而把农民群众的生产劳动积极性调动起来。

五、家庭联产承包责任制

1978年，中共十一届三中全会召开后，庙灯、白渔潭大队开始拨乱反正，恢复农村定额管理制度，实行定产、定工、定成本，超产奖励、减产赔偿、节支归己、超支自负的联产承包到劳动力，以家庭为单位的联产承包责任制。1983年春，庙灯大队和白渔潭大队全面实行家庭联产承包责任制。在分田前，两个大队召开支委扩大会议，讨论决定每个生产队下派一名大队干部，帮助指导实施家庭联产承包责任制。

大队干部深入生产队召开社员大会，每户至少派一名代表参加，讲明分田具体规定和做法。统计每户人口、劳动力数量，60岁以上老人、民办教师、赤脚医生、在校学生人数，生产队总耕田面积，将扣除应分口粮田、自留田后的耕田面积按所在队劳动力人数分摊，得出每个劳动力应分的责任田面积。

具体在分田时，凡是村民房屋宅基边的田块，原则上分给该户村民，这样大大降低家禽在田头吃掉农作物青苗和成熟期粮食，同时还会踩踏农作物的可能性，避免户与户之间闹矛盾。其他田块按土质好坏，灌排易难，离河、公场、住家远近，经社员讨论进行搭配。一直到每户应分田亩数和实分田亩数基本相符，同时田块搭配也达到比较合理状态，得到生产队所有社员同意，接受评分所得的田块和承包的耕田面积。1983年春，庙灯、白渔潭两个大队全面实行家庭联产承包责任制，即"人分口粮田，劳分责任田，猪分饲料田"。口粮田按所在队人口分配人均0.6亩，责任田按所在队土地劳力比例划分。大队赤脚医生、教师、学生、60岁以上老人只分口粮田不分责任田。庙灯大队当时口粮田756亩，责任田1881.3亩，每个劳动力平均分得2.78亩责任田。白渔潭大队口粮田657.4亩，责任田1470.4亩，每个劳动力平均分得2.09亩责任田。实行联产承包责任制后，由两个大队分别与各生产队签订粮食定购合同，生产队与承包农户签订上缴国家农业税和上交集体的公积金、公益金、管理费（简称"二金一费"）合同。

同时，按照中央提出"三不变"（坚持土地公有制、家庭联产承包责任制、双层经营体制不变）、"三权分离"（土地的承包权、使用权、经营权分离）政策，包干分配责任制实施后，农民承包的土地所有权是集体的，农民只有使用权和承包者经营权。包干分配后，初步建立"双层经营，统分结合"的机制，在此基础上，对集体小型农具作价到户，大型农具仍归集体所有，集体公场、农船手扶拖拉机等联户流转使用。当时两个村为解决农户种田分散，排灌不统一的问题，对各村民小组的农业生产实行"五统一"，即"统一布局、统一排灌、统一供种、统一供应肥药、统一安排粮油收购"。事后把集体的大型农具也全部作价归私。这一举措不但促进农业粮油生产持续稳产、高产，而且将农村劳动力从土地上彻底解放出来。由于注重成本核算，讲究用工实效，农活讲究质量，每亩农田的用工量从1988年的24工降到1997年的16工，农村劳动力逐步向第二、第三产业转移，从而使农民增加收入。

六、土地流转

1984年，农民承包土地确权登记发证后，农民享有长期稳定不变的承包使用权。但随着昆山市城乡一体化的深入推进，大批农村劳动力实现"离土不离乡"，进城从事第二、第三产业。两个村有相当部分农民自愿把承包田流转给规模经营户（种田大户）。同时还有大批农田和社员的宅基地被征（使）用，出现了失地农民。为切实维护农民合法的土地权益，昆山市委、市政府根据大多数农民群众的诉求，颁布农村土地流转补偿政策，并于1984年开始实施。该政策按当时的收入和物价指数、消费水平，确定补偿标准，即口粮田每亩300元、责任田每亩600元、自留田每亩900元。1984年，庙灯村土地流转补偿面积为2 851.12亩，其中承包集体面积为2 637.32亩、自留地为213.8亩。白渔潭村土地流转补偿面积为2 250.03亩，其中承包集体面积为2 127.8亩、自留地为122.23亩。

1993年，庙灯村和白渔潭村在家庭联产承包土地确权登记发证后，绝大部分村民开始进行土地有偿流转，自愿将自己的承包土地经营权向种田能手转让。土地流转促进了境域内的农业规模经营。是年，庙灯村第一个承包农业大户李士兴，首包138.8亩，自承包后水稻亩产910斤，比一般农户亩产760斤增产19.74%。此后，村民吴根弟承包188.3亩、唐俊元承包131亩、朱先武承包73.5亩、李全龙承包65亩、王贤勇承包43.1亩。全村共有6户大农户，承包土地639.7亩，占全村耕地面积的34.41%。白渔潭村张玉勤首包62亩土地，当年水稻亩产864斤，比一般农户亩产720斤增产20%。此后，村民朱梅根承包170亩、唐祥根承包65亩、袁金根承包63亩、潘小爱承包61亩、王从样承包75亩、李月水承包37亩、陈明好承包32亩、郑道友承包79亩、潘荣明承包74亩、周已发承包62亩、全加贵承包76亩、时来源承包142亩。全村共有大农户13户，承包土地998亩，占白渔潭村耕地总面积的47%。两个村的大农户通过规模经营均取得很好的经济效益。

1998年，庙灯、白渔潭两村贯彻中共中央《关于进一步稳定和完善农村土地承包关系的通知》精神，第二轮土地承包期延长30年，向承包户颁发农村集体土地经营权证，从根本上保护农民承包集体土地的合法权益，加快发展农业生产，稳定农村经济。庙灯村给315户，共计1 003人颁发土地确权证书，确权承包耕地面积2 209.73亩。白渔潭村给297户，共计906人颁发土地确权证，确权承包耕地面积2 042.8亩。

2001年，庙灯村与白渔潭村合并，后因大经贸园区的规划建设、江浦路的延伸工程、沪宁高速公路收费站的建造、昆山高新区白渔潭生态农业产业园第一期工程的实施、农田休耕复耕等，庙灯村的耕地面积、种植面积和大农户承包土地面积变动频繁，规模经营户承包土地相比原来有所减少。但村里留下了的土地仍然通过土地流转，实行规模经营。2004年，受物价指数上升等因素影响，补偿标准调整为：口粮田每亩400元、责任田每亩800元、自留田每亩1 200元。每年土地流转补偿资金由市、区两级财政统一提留安排，由原财政统一转移支付到村，计算兑现到户。至2019年，全村共有6户大农户，承包土地502亩。张玉勤承包土地51亩、项雪平承包66亩、朱先武承包99亩、吴根弟承包34亩、顾小弟承包33亩、玉山镇农场承包219亩。

七、专业合作经济组织

为了规范农民专业合作社的运营，保护入社人员的合法权益，促进合作社发展，依照《中华人民共和国农民专业合作社法》《江苏省农民专业合作社条例》及相关法律法规和政策，庙灯村成立专业合作社。

昆山市玉山镇庙灯村物业公司成立于2004年，2008年1月，改名为昆山市玉山镇庙灯村富民合作社，注册资金219万元。其间，于2005年在新南村投入

471万元资金（村投入252万元，103户村民投入219万元），建标准厂房5 006平方米，对外招租，年租金49万元，收益率为10.04%，按股分红，村合作社每年收入27.1万元，每户村民每年收益21.9万元。至2019年，村合作社累计收益406.5万元，103户村民累计收益328.5万元。

庙灯村农地股份合作社成立于2009年6月，注册资金293.82万元。入股户数293户、入股面积979.41亩，分红金额68.56万元。至2019年，入股244户726人，入股面积867.4亩，分红总额86.84万元。

昆山市玉山镇庙灯村社区股份专业合作社成立于2012年7月。业务范围包括集体资产的投资、经营和管理，注册资金为672.63万元，入股745户2 430股。2014年，进行股权固化，入股758户2 440股，每股（人）分红150元。至2019年，每股（人）分红400元，每年增加50元，累计分红总额97.72万元。

表3-2　2014—2019年庙灯村社区股份专业合作社分红情况表

年　份	入社户数	经营性净资产总额/万元	股份金分红		
			享受红利股人数	人均分红数额/元	村民分红总额/万元
2014	758	199.61	2 440	150	36.60
2015	758	199.61	2 440	200	48.80
2016	758	199.52	2 439	250	60.98
2017	758	199.36	2 439	300	73.17
2018	758	199.85	2 443	350	85.51
2019	758	199.85	2 443	400	97.72

八、白渔潭生态农业产业园

昆山市农业委员会2015年的文件同意昆山高新区白渔潭生态农业产业园（简称"产业园"）实施农田整治工程。昆山市发展和改革委员会也于2015年批复了关于昆山高新区白渔潭生态农业产业园农田整治工程项目建议书。

白渔潭生态农业产业园东至江浦路，南至沪宁高速，西至古城路，北至中华园路，产业园总面积7 280亩。项目按照《高标准农田建设通则》规定的相关标准进行建设,产业园内统一平整田地、宅基地,填埋河道、浜、溇、鱼塘,河道清淤拓宽、开挖,建道路、桥梁、电灌站、U型农渠等项目。以尤泾港为界,东至江浦路为一期项目,西至古城路为二期项目。一期工程于2017年3月1日正式开工,二期工程于是年3月10日正式开工。一期工程中标价为4888.65万元,二期中标价为2854.51万元。一、二期工程完工后增加农田面积1150亩。

庙灯村域内的白渔潭生态农业产业园东至江浦路,南至沪宁高速公路,西至尤泾港,北至大公村农田,面积为1790亩(包括宅基地、水面)。

(一) 田地平整

产业园在整治前,田块高低不平、宽度不一,最小的田块面积0.7亩,最大的8亩。荒废宅基地150亩,通过填埋河道、浜、溇扩大农田面积200亩。整治后统一为每块农田宽20米,长80~100米,面积为4~6亩;进排水渠沟分开,四块田间有一条排水沟。

(二) 河道疏浚

2017年5月,产业园清淤拓宽及开挖部分河道,如门前河,它东起大漊河,西至尤泾港,全长3000米,均在庙灯村域内。通过整治排灌,河道水流畅通。

漕潭灌溉站(2019年,罗英摄)

(三) 农田排灌

2015年,产业园在门前河东口、江浦路西边,建白渔潭站闸排涝站,解决尤泾港东2300亩农田排涝问题。2017年3月,先是在沪宁高速公路收费站建一座下央东电灌站,后在下央西建一座下央西电灌站,再在漕潭村建一座漕潭电灌站,均配置30千瓦电动机、14寸水泵一台,灌溉面积分别为416.2亩、338.5亩和587.9亩。建"U70"农渠5570米,排水口18座,过路管12座,窨井14座,有利于境域内农田的排灌。

(四) 路桥建设

2017年5月,庙灯村域内的白渔潭生态农业产业园建起横四路、纵二路、纵三路、纵四路,均路基宽6米,路面宽5米,沙石结构(详见第二章"乡村建设"）；同时配建田间道路（机耕路）4 390 米，路基宽 5 米，路面宽 4 米，沙石结构；每四块田建一座农机下田口，共建 61 座，便于农机下田作业。是年 5 月，建门前河桥、高田桥、六家湾桥、漕潭桥，均为砖石水泥混凝土钢结构平板桥（详见第二章"乡村建设"）。

（五）智能化建设

2018 年 8 月，白渔潭生态农业产业园农田整治工程完工。实现了农田网格化、道路规格化、进水 U 渠标准化、排水沟合格化、排灌站现代化。

2019 年，从培育壮秧、莳秧或水稻散播及小麦播种，施化肥，防病治虫，到收割，装车，晒干扬净，送入粮库（粜粮）和秸秆 100% 还田，均由全能机械操作。特别是水稻散播，使用空中无人植播机遥控操作，既控播重量又均匀分布，不需人工补苗。使用空中无人操作植保机施防病治虫喷雾农药，喷雾均匀效果佳。

2019 年，白渔潭生态农业产业园建设初具规模，为发展现代农业全能机械化、信息化、智能化提供平台。庙灯村域内种植 1 700 亩水稻，亩产 1 264 斤，小麦亩产 719.4 斤，分别比 2016 年亩产增加 60 斤和 195.4 斤。

第二节　粮油种植

一、耕作制度

境域内一直以种植水稻、三麦、油菜等农作物为主。1949 年前一年两熟，除了一季水稻，冬季作物种植三麦、油菜，还种一些红花草。由于境域内部分田地低洼，地下水位高，所以三麦种植面积较少，大多数田地是一熟制。中华人民共和国成立后，随着水利建设的发展，生产条件得到改善，一熟制改为两熟制，夏熟作物一度采取三麦、油菜轮作。20 世纪 60 年代，增种绿肥（红花草），对粮食增产起促进作用，后籼稻改粳稻，粳稻改晚稻。

1970年，庙灯大队、白渔潭大队开始种植双季稻，以绿肥或三麦为前茬作物，连种二季水稻，实行一年三熟。1971年，庙灯大队共种植前季水稻600多亩，占总耕地面积的24%；白渔潭大队共种450多亩，占总耕地面积的21%。由于前季早稻易遭低温烂秧，后季稻易遭霜导致秕谷增加，因而播种面积并不多。

20世纪70年代中期，在农业"以粮为纲"、片面追求复种指数的思想下，庙灯大队、白渔潭大队大面积种植双季稻。1975年，庙灯大队复种指数为43%，双季稻面积为1 100多亩；白渔潭大队复种指数为38%，双季稻面积为800多亩。后两个大队仍不断增加。扩种双季稻，常带来农忙季节紧张、秧田增多等诸多问题，不得不减少三麦和油菜种植面积，扩大绿肥面积。在播种三麦时又扩大大麦、元麦和部分单季稻、籼稻面积，以致经济价值较高的小麦、油菜和粳稻播种面积相应减少，最后导致增产不增收。

种植双季稻耗种、耗肥、耗药，成本上升，农活用工量大，劳动强度又大，米质差而效益低。农民说"三（三熟制）三得九，不如二（二熟制）五得十"。20世纪80年代初期，庙灯、白渔潭两个大队停种双季稻，三熟制恢复到原来的两熟制。

二、粮食产量

中华人民共和国成立初期，由于农业基础设施差，农业技术落后，农作物广种薄收，粮食生产处于低谷状态。

1953年，国家对粮食实行统购统销政策。在城南人民公社党委的领导下，粮食生产从改造低产田、广积肥料入手，增加粮田单位面积产量。1955年，国家对粮食实行定产、定购、定销、超产奖励的"三定一奖"政策。这一政策调动了农民对粮食生产的积极性，粮食生产逐步摆脱自给自足的局面。1958年"大跃进"时期，对粮食生产实施"放卫星"[①]政策，造成农业生产大起大落。1959—1961年三年困难时期，粮食歉收。

1961年8月，城南人民公社党委组织全社党员干部学习中共中央1961年5

---

① 指受到浮夸风影响，放高产"卫星"。

月 21 日—6 月 12 日通过的《农村人民公社条例（修正草案）》。庙墩、白渔潭两个大队实行按劳分配制度，从此农业粮食生产得到全面恢复。在三年困难时期，两个大队的粮食经济仍歉收。

20 世纪 60 年代中期至 70 年代，自国家把粮食定购任务纳入国计民生后，地方各级党委、政府都高度重视这一任务。庙墩、白渔潭两个大队（尤其是白渔潭大队）处于昆山城南低洼地区，在城南人民公社党委、政府的正确领导下，两个大队抓重点，从根本上解决"穷土、恶水"影响农产量的问题，促进农业生产发展。

1965 年，庙墩、白渔潭两个大队在填河造田的基础上，着手改造低产田，建设丰产方。当年庙墩大队先在第 10 生产队建丰产方样板队，白渔潭大队则先在第 1 生产队建丰产方样板队，通过以点带面，推动两个大队改造低产田。庙墩大队丰产方面积达 1 100 亩。当年，庙墩大队 12 个生产队的水稻亩产量为 610 斤，比上年每亩增产 52 斤。白渔潭大队丰产方面积达 830 亩。当年，白渔潭大队 10 个生产队水稻亩产量为 602 斤，比上年每亩增产 96 斤。

1983 年，实行家庭联产承包责任制以后，粮食生产稳定增长，亩产量稳步提高。为适应农村生产力发展带来的分工分业的变化，在土地流转的基础上，种粮大户实行专业化、规模化经营，取得种粮的规模效益，粮食亩产量有显著提升。1998 年，全村水稻种植面积 2 028 亩，平均亩产量创新高，达 1 214 斤。（表 3-3、表 3-4）

表 3-3　1958—2000 年庙墩（灯）村（大队）稻、麦、油菜产量选年表

年份	耕地面积/亩	水稻			三麦			油菜		
		面积/亩	亩产/斤	总产/万斤	面积/亩	亩产/斤	总产/万斤	面积/亩	亩产/斤	总产/万斤
1958	2 795.18	2 790	456.2	127.22	1 508	157.2	23.71			
1963	2 823.37	2 821	514.8	1 452.25	1 459	151.3	22.07	435	102.5	44.57
1973	2 894.43	2 689	863.7	232.25	1 402	120.7	16.92	518	195.4	101.22
1982	2 639.32	2 636	717.8	189.14	1 443	428.5	61.83	791	228.9	18.10
1995	1 857.80	1 514	1 100.0	166.54	512	442.0	22.63	57	305.0	1.72
2000	1 295.00	678	1 212.0	82.17	370	537.0	19.87			

表 3-4　1958—2000 年白渔潭村（大队）稻、麦、油菜产量选年表

年份	耕地面积/亩	水稻			三麦			油菜		
		面积/亩	亩产/斤	总产/万斤	面积/亩	亩产/斤	总产/万斤	面积/亩	亩产/斤	总产/万斤
1958	1 865.40	1 863	431.0	8.03	971	142.0	13.79			
1963	2 189.60	2 186	513.2	11.22	1 163	113.8	13.23	373	86.2	3.22
1973	2 128.64	2 126	804.0	170.90	1 070	158.6	16.97	487	178.4	8.69
1982	2 130.83	2 128	756.7	161.00	1 083	410.6	44.48	601	246.0	14.78
1995	2 072.39	1 993	1 080.0	21.52	1 118	529.8	59.23			
2000	1 837.50	1 004	1 150.0	115.46	735	578.0	42.40			

2001 年 7 月，庙灯村与白渔潭村合并，新组建的庙灯村全村耕地面积 2 679 亩。是年，水稻亩产 1 180 斤，三麦亩产 600 斤，油菜亩产 306 斤。2003 年，国家调整农业税，后又降低了上交费和增加了种田的补贴资金，不断提高农民种田积极性。2019 年，村民王根香等 8 户大农户承包土地 2 238.9 亩，种植水稻 2 103.8 亩，亩产 1 264.4 斤，种植三麦面积 723 亩，亩产 719.4 斤，分别比 2001 年亩产增长 7.15% 和 19.9%。（表 3-5）

表 3-5　2001—2019 年庙灯村稻、麦、油菜产量选年表

年份	耕地面积/亩	水稻			三麦			油菜		
		面积/亩	亩产/斤	总产/万斤	面积/亩	亩产/斤	总产/万斤	面积/亩	亩产/斤	总产/万斤
2001	2 679.0	1 053.0	1 180	124.25	367	600	22.02			
2007	2 527.0	756.5	1 192	90.12	343	520	17.87	15	260	0.39
2012	2 482.0	1 886.0	1 230	231.98	1 200	700	84.00			
2017	2 393.0	1 945.7	1 232	239.71	723	524	37.89	10	300	0.30
2019	2 238.9	2 103.8	1 264	265.90	723	719	52.00			

三、水稻耕作管理

(一) 水稻育秧

做秧田 秧田与大田面积比例一般按1∶5安排田块茬口。中华人民共和国成立初期均为旧式育秧，选择靠近河边，灌排比较方便的冬闲田、花草田、蚕豆田及土油菜田。冬季把白板田翻耕晒枯，清明前后把花草田、蚕豆田及土油菜田翻晒，并以花草、猪窠做基肥，谷雨后秧田上水翻耕，人工削平，以脚印相隔。秧板较阔，约2.5米为一栅，无秧沟。1952年，推行复合式秧田，以1.5米为一栅，并开好秧田沟，这种秧田便于灌水、排水、追肥、拔草。1964年，推广空气秧田，以干耕熟化土层，施足基肥，上水后翻耕，削平，挖沟做栅，并用木板将栅面推平，每栅1.3~1.5米宽，沟约20厘米宽，易于施肥、治虫、拔草。20世纪70年代，双季稻采用露地育秧法，浇泥浆、露地育秧后，又改用温室育秧法，用尼龙膜覆盖育秧，这两种方法因成本高，较难掌握而停用。

秧田落谷 传统模式下，大田与秧田的面积比很大，一般在15∶1以上，一亩田稻谷播种量在150斤左右。1952年，推行陈永康"稀落谷"的经验，以一个铜板大小范围内落三粒谷为标准，一亩秧田播种量在120斤左右，培育带蘖壮秧，大田与秧田面积比为10∶1，杂交稻大田与秧田面积比为12∶1，每亩播种量为80~100斤。双季稻三熟制因茬口差别，搭配不同品种，秧龄不同，秧田和大田比例及秧田每亩播种面积也各不同。不同品种水稻的播种期不同，早熟品种一般在立夏前播种，中粳稻在5月20日前后播种，双季稻在4月15—25日播种，晚粳稻则在5月下旬播种。村民最早都用清水浸稻种和催芽，农闲时用稻草打成"草包"。在浸种时，用"草包"把稻种包好浸在河里3~4天，然后沥起来（堆起来盖好）催芽。待种子发芽率为70%~80%时进行播种。1955年，浸种时先用盐水或泥浆水淘去稗子和秕谷，然后洗净催芽；20世纪60年代，用浓度为2‰的西力生或赛力散药物浸种；70年代，用多菌灵等药物浸种，来杀菌灭虫。早期一般准备好秧田后落谷，秧田泥烂，种子有半粒露在外面，等芽全部向上时，撒上稻草灰（秧灰），一是增加肥力，二是防止鸟吃谷和晒死幼苗，等秧灰上冒出了绿色秧芽，再上一层薄水。家中无秧灰则用薄水落谷，称"水露谷"。60年代推广泥浆落谷，即秧板毛坯做好后，晒到有麻丝裂缝，将秧沟里的泥浆用铁锹浇到秧板上，再用木板把它拖平，最后均匀落谷，第二天早晨撒上秧灰。70年代推广塑料薄膜育秧，落谷后用薄膜盖上秧板，保温促苗。八九十年代，杂交稻推行泥浆落谷，每亩播种20斤左右，用泥浆塌谷后喷上除草剂，第二天上营养土或稻草灰。2000年后，由人工插秧改为机器插秧，落谷改为塑料秧盘育秧，可以缩短秧龄18天左右，且秧苗粗壮有力，能提高水稻产量。

秧田管理 俗语说"秧好稻好"，秧田管理是十分重要的环节。秧田管理要时刻注意水的深浅，浅水勤灌，使秧苗有足够的阳光和水分，待秧苗长出两三张叶片时，要施一次清水粪（接力肥），移栽前3~5天施一次起身肥。20世纪八九十年代，推行根外追肥技术，对瘦的秧苗每亩追4斤左右的尿素，喷洒叶面，打一次防病虫药，再拔一次秧草，使秧苗移栽到大田时带绿色、带药、带分蘖，实现无杂草的壮秧移栽。

牛犁田（2019年，庙灯村村委会提供）

（二）水稻移栽

施肥 中华人民共和国成立初，在移栽前先要把麦田、菜籽田、花草田和冬闲田，用牛犁翻耕晒泥土，天气好则晒几天，使泥块风化，然后上水浸泡。同时对每块田要施基肥，水稻基肥主要有草塘泥、猪窠，如基肥不足，还要到外地罱黑泥，运回来直接浇到未莳秧的田块里，尽量减少"白指头"插秧（指田块无肥料）。每块田要施的草塘泥一般在40~50担、猪窠20担，还有豆饼、菜饼等，撒开后再用牛力冲水田、落沟、耙田，然后开始插秧。

种植 20世纪50年代初，单季中晚稻习惯大棵种植，行距不一，有15~27厘米的，有20~23厘米的，每亩田1.5万~1.8万穴，基本苗5万~7万株。60年代初，推广陈永康小株方形密植法，经绳莳秧，株距、行距15~17厘米。至60年代后期，行距和株距反过来。由于不用垄稻糙稻，每亩移栽2.5万穴，每穴4~5株，基本苗10万~12.5万株左右。70年代初，每亩达3万穴，基本苗14万株。80年代，行距、株距为13~15厘米，每亩3万多穴，基本苗15万株。

移栽（插秧） 秧龄满月就开始大田移栽，莳秧统一6棵为一行。20世

50年代，沿用旧时宽行大肋，行距不一致，有大有小，但6棵要均匀分布。要求苗秧时不能插到"脚壳潭"里，更不能插"烟筒头"秧，深浅适中。60年代中期，提倡小株密植，移栽时采取经绳苗秧，一行一根绳，统一尺寸，做到行距一致，这样苗秧又匀又直。一般都采用浅水苗秧，深水活棵，这种方式一直持续到机械化插秧，手工插秧消失。机插秧大大提高了栽插速度，且保证了行距、株距及插秧的深浅度，更有利于秧苗的生长和后期管理。90年代，两个村共有4台插秧机用于村里的插秧。

(三) 田间管理

"三分种七分管"，水稻移栽后需要加强除草、水浆管理、病虫害防治等田间管理。

除草 20世纪五六十年代，仍用旧时传统人工"一垄，一耥，二耘"的除草方法。垄稻是用四齿小铁塔耙在稻肋中，将5~6厘米土垄翻，让杂草翻压在泥土下面，既能除草，草腐烂后又能施肥。耥稻是用一块船形镂空板，板上钉5排20余只铁钩钉，装上长竹竿，双手握住长竹竿在稻肋中来回推拉2~3遍，起到松土除草的作用。耘稻，第一次耘稻叫"板耥岸"，把未耥到的草耘掉，第二次耘稻促使发棵，草多的田块要耘三次。水稻成行拔节的过程中还要拔稗草，稗草多的要拔两次。60年代后期，有了化学除草剂，在用药后三天再用浓度为30%的幼禾葆或丁苄等除草剂，拌细土或少量钾肥撒入稻田，几天不打水、不下田，保证除草剂充分除草，这样除草替代了垄、耥、耘等传统除草方式，既省工又省成本。

水浆管理 水浆管理是促进和控制水稻生长的关键。1958年前，庙墩、白渔潭两个村无电灌站，只能用人力车、牛力车、风车（神仙车）取水，难以满足水稻生长的需要，干旱时有的稻田的稻会干枯而死。1958年春，庙墩、白渔潭两个大队

稻田（2019年，罗英摄）

各买了一台30匹燃煤抽水机。1963年，在庙墩自然村西白淹口处建造了第一座国营的白渔潭排灌站。总渠、支渠通往庙墩和白渔潭大队大部分生产队，再加上两只流动机船，基本满足两个大队水浆管理供水需求。按照水稻专家陈永康水稻生长"三黄三黑"的规律，单季稻采用浅水移栽，深水活棵，浅水勤灌。水稻分蘖到一定株数，稻田干干湿湿，以湿为主，在秋前及时搁田，控制苗数，减少无效分蘖。搁田可分多次，搁到田上不裂大缝、泥土不发白、田中央人走上去不沾脚为准。老话说"秋前不搁田，秋后不怪天"，搁田能促使稻苗长新根，不易倒伏。搁田后稻田里打跑马水，使稻田经常干干湿湿，保证水稻活熟到老，增加水稻千粒重，割稻前一星期停止打水。

病虫害防治 1960年前，在没有农药的情况下，水稻病虫害防治只能靠人力。如水稻活棵后，病虫害有二化螟、大螟、稻飞虱、稻包虫、纹枯病、稻瘟病等，当时农民只能用土办法，即用盆缸、水缸等容器盛水，用竹制三角架挂上防风灯，用萤火灯亮光吸引螟虫，使其跌入缸里淹死。稻包虫用人工剪摘、拔枯心苗等措施防治。20世纪60年代初，各级政府十分重视农作物的病虫害防治工作，采取防重兼治、以防为主、防治并举的原则。随着农业技术的发展，药物防治逐渐代替人工防治。70年代建立农业技术专业队伍，城南人民公社成立农科站，庙墩、白渔潭两个大队各配备专业技术人员1名。庙灯大队第一位农技员为唐海根，白渔潭大队第一位农技员为骆德凤，两位农技员亲临一线掌握农作物病情、虫情，进行监测、调查、记录，并做分析研究，及时发出具体防治指令。如防治二化螟须掌握虫口密度及产卵高峰期信息，在虫龄2~3天时防治能取得最佳效果。新农药推广后，由新农药替代人工防治，对水稻稳产、高产起到了重要作用。当时使用的新农药有多菌灵、5%井冈霉素、杀虫霜、二唑磷、闪击螟、一片净、甲胺磷、扑虱灵、锐劲特、一点净等，水稻防病治虫有了新农药的保障。工具方面，开始用手摇喷雾机（25台）代替人工泼、浇，后来改用"工农36型"背负式机动喷雾器（25台），基本实现农作物用药100%机械化。至2019年，无人植保机使稻麦能及时用药，确保稻麦稳产高产。

（四）水稻收割

收割进仓 1960年以前，庙墩和白渔潭两个村（大队）以种植早、中稻为主，水稻成熟期一般在9—10月，这时开始收割，用镰刀人工割稻，一天一个劳动力约割 2 亩左右，两棵一割，六棵为一把，十二棵为一个稻铺，稻铺晒两三天后就捆稻，两个稻铺为一个稻把，做担时以 18~24 个稻把为半担，36~48 个稻把为一担，挑到公场上，离公场远的装船运到公场上，没有空余时

秋收（2019 年，罗英摄）

间脱粒的堆起来（叫"叠稻摞"），待有时间再脱粒。此时人工在稻床上掼稻，既辛苦效率又低，一天只能甩一两亩左右。20 世纪 60 年代中后期，改用脱粒滚动机，先用脚踏脱粒机，后配上机器脱粒（当时用打水机船上的机器）。1973 年，庙灯、白渔潭两个大队通电后，各生产队购置了铁滚筒，用 2~2.5 千瓦电动脱粒机脱粒，同时还配了大风力电扇扬谷、扬秸头。在全面推广双季稻种植时，前季稻脱粒正逢大热天（夏天），各生产队公场上搭上凉棚防暑降温。1983 年，实行家庭联产承包责任制后，推行小型脱粒机，但大多数生产队还是原来的大型脱粒机，生产队根据村民田数来轮流安排，田多的分几次脱粒，田少的一般在一天里完成。白天把稻收到公场上，利用下班时间脱粒，如果劳动力富裕，可把轧下来的稻草堆起来（叫"叠柴摞"）。2000 年后，土地承包经营，大农户采用大型收割机割，实行收割、脱粒一体化，割稻时稻谷可直接用蛇皮袋装好运回，晒干后进仓。大农户一般用联合收割机，一天可收割 50 亩左右，同时稻草粉碎还田，这大大减轻了劳动强度。

粜粮 20 世纪 50—70 年代，农民有了自己的土地，除了留足种子、口粮、饲粮，还有多余的粮食由粮食部门统一收购。农民把余粮全部卖给国家（叫粜粮）。首先各生产队把晒干、扬净的稻谷、麦装满船后，根据船上的粮量，派 3~6 人，把船摇到西门或东门粮库，一人把船上稻谷、麦用山笘装到椳子里，每椳稻谷重约 120 斤、麦 140 斤左右，再由两人或一人将椳子从跳板上掮到岸上，放到磅秤上过磅，司磅员记录每椳稻谷的重量，然后再掮到仓库里。一大

船稻谷、麦要几个小时才能槊完。每个生产队要槊粮多次，然后根据司磅员记录的过磅单生成槊粮单据，再送到信用社（银行）结账。如果收购任务完成，多余的作为议价粮结算，就这样算出每个生产队一年的粮、油生产的总收入。80年代，为了便于社员槊粮，仓库直接派检验员和司磅员到村槊粮点来验粮，社员把晒干扬净合格的稻谷、麦在公场上直接过磅、计量后，再捐到粮库派来的运粮船上，然后由粮库船运到东门或西门粮库，这样大大节约了劳动力，村民既省工又省力。

四、三麦耕作管理

（一）播种

1949年前，境域内三麦播种主要是撒播。由于境域内地势较低，三麦种植较少，耕作粗糙，稻田直接被犁成一垱一垱的，犁花泥片很大，犁耕的深度约10厘米左右，垱阔约1~1.5米，沟也比较阔、比较浅，品种都为村民自留土种，每亩田播种16斤左右，麦的出芽率比较低，由于泥块大故出芽不均匀，同时又没有基肥，冬季拍一次麦泥，很少施腊肥，因此三麦亩产只有80~100斤。中华人民共和国成立初期，仍用牛耕牛耙的旧法，但播种量有所增加，每亩增加20斤左右。而随着水利建设的发展，庙墩和白渔潭两个大队开始扩大三麦种植面积，并逐步改变耕作方式，采用一垱一沟增加基肥，牛耕人作，两头出水，一垱一沟，三沟（田间沟、二用沟、出水沟）配套，四面托起，每亩种元麦28斤、小麦30斤左右，用牛刀耙耙垱后下种，后用铁搭人工细面，这样减少了露子麦。20世纪70年代，推广沙洲县塘桥人民公社六大队的"塘桥式"三麦高产栽培技术，结合庙灯、白渔潭两个大队的生产经验，实行薄片深翻阔垱狭沟，垱阔约2米，每垱开一条深沟，沟约10厘米宽；一块田开两条深沟，沟约50厘米深，田块两头各开一条深沟，中间开两条横沟，深沟直通到河，使三麦旱涝保收。

村民为了提高三麦的产量，精耕细作，药剂拌种，重施基肥，每亩60担杂肥作为基肥，施随籽肥，巧施磷钾肥、返青肥，重施拔节肥。越冬前拍麦泥，使三麦亩产量在1972年就超过200斤，达241斤。20世纪80年代初，开始种免耕麦（俗称稻板麦、板田麦），即在晚稻割稻前一个星期播种，收割后开沟。这样提前播种，可以叉开大忙季节，促进三麦发育生长，又减少犁耙两道工序、减轻劳动强度。同时有利于开沟机开沟，使沟深达20~25厘米，从而使三麦年年稳产、高产。

(二) 田间管理

20世纪60年代前，三麦田间管理也比较马虎，一般在冬季进行两次清沟理墒，拍麦泥，把土块敲碎，压实麦泥覆盖根部，给麦保暖。同时施一些肥料，量不多。60年代后，三麦面积扩大，逐渐形成麦田排水、保温、施肥、除草、治病虫害等一整套田间管理技术，产量显著提高。80年代至2000年，麦田翻土开沟，盖麦、压麦实行机械化操作，再加上合理施肥、除草、病虫害防治等措施，三麦连续稳定高产。

施肥 越冬后小麦普遍施一次返青肥，每亩麦田一般施10~12斤尿素。立春后，有的田块中一些麦苗生长不均衡，针对这一状况采取追施化肥（又叫捉黄塘）补苗的措施。在3月10日前施好一次拔节孕穗肥，根据田块情况不同，施肥的数量也不同，一般在每亩10~15斤的区间浮动。

清沟理沟 俗语讲得好，"尺麦怕寸水"，小麦生长时最怕渍害。因此，一开春就要彻底清沟理沟，降低地下水水位（减少渍害），确保小麦长根保叶，活熟到老，增加千粒重。

除草 中华人民共和国成立初期，由于没有除草剂，只能人工在麦田拔草。到20世纪60年代中期，有了新药除草剂，杂草严重的麦田田块用骠马除草剂，对一般的阔叶杂草用"二甲四氯"除草剂防治，效果明显，既省工又能除尽杂草。

收割进仓 20世纪60年代前，三麦和水稻一样，收割全靠人力。割麦、捆麦、脱粒这些流程在60—80年代实现半机械化；90年代至2001年全部实现机械化，村民省工又省力。俗话说"麦要抢，稻要养"，农事季节不饶人，按照农事生产规律，每年芒种时节（6月上旬）抢收小麦。在新农机没推广前，农民一般是用镰刀把麦子割下来，在田里晒一两天后再用稻草一把一把地将麦子捆绑，然后用稻索（单绳）做担（扣担）人工挑到公场上，堆起来或直接人工掼，一个人一天在稻床上能掼一亩左右田麦。60年代中期，有了柴油机并配置直径约50厘米、长约3米的木质滚筒制成的脱粒工具进行脱粒。1973年，各生产队逐步购置滚筒，配置2.5千瓦电动机脱粒及大风扇，脱粒晒干，扬净归仓。1983

年,土地实行家庭联产承包责任制时用小型脱粒机。1992年,庙灯村、白渔潭村各购置了两台大型"长征"牌联合收割机,每天每台收割小麦50亩左右,小麦扬净后可直接装袋运回家,秸秆还田,提高了工效,土地增加了肥力,更能把抢收的小麦及时脱粒归仓。

五、油菜耕作管理

(一)育秧

油菜历来用苗床(菜秧地)育秧。20世纪60年代,油菜种植面积少,村民利用杂边地、旱地为菜秧地,9月上旬将菜秧地耕翻,施上大粪或禽粪做基肥,后多次翻捣,斩细床土。9月底10月初播种,秧田与大田的面积比例为1:10,苗床播种量为每亩1.5~2斤,播后用脚踏一踏或其他工具将土拍实,再施人粪或化学肥料做盖籽肥,出苗后进行2~3次间苗、匀苗、治虫、浇水等管理。拔苗移栽前5天施好起身肥,拔苗前夜治好虫,达到带肥、带药移栽。

(二)种植

油菜历来都是育苗移栽。中华人民共和国成立初期,种植的油菜是白菜型的土油菜,大田狭垄阔沟,垄面长约1米左右,采用菜花柱(俗称菜花榔头)打潭。后拔苗移栽,每潭2~3株,每亩约植4000棵左右,产量很低,每亩仅收60~80斤。到20世纪60年代,种植的油菜由以土油菜为主改为以胜利油菜(又称"朝鲜油菜")为主,种植方式由打潭改为套肋,即用小铁铲栽种,行距约40厘米,株距约20厘米,每亩株数达8000棵左右。60年代后期采用耕翻作垄,套肋移栽,大田扩大垄面,垄面约2米宽,垄沟约25厘米宽,每垄套肋相隔成行,每行可种10~15株,株距为15~20厘米,前肋和后肋相隔30~35厘米,每亩株数达8500棵左右,亩产量两个大队各提升到160斤左右。70年代除草剂普及后,开始试行稻板田免耕移栽(俗称"板田菜籽")、竖行条栽,利用行距空隙开沟壅土,每亩种植利用率在95%以上。

移栽 村民按照稻田的行距即稻根棵数决定每行的宽度,两人配合,一人用铁铲踏缝,一人把油菜苗植入缝中,并用脚踏实。种时可以把磷肥一起放下去,也可以等苗成活后再施磷肥。免耕移栽有利于适时移栽,促使油菜早成活、早发棵、早成熟。同时在板田里开沟容易,又可以把沟泥放在油菜垄上便于壅土，每垯都有沟，排水通畅，免除烂根。

（三）田间管理

施肥 油菜在大田先后施肥达 5 次，依次施基肥、苗肥、腊肥、抽苔肥、临花肥，依次每亩施标准氮肥约 110 斤，磷肥、钾肥约 160 斤，从而使油菜能够稳产、高产。1971—2000 年，庙灯和白渔潭两个村（大队）油菜的年平均亩产量达 300 斤。越冬后，油菜的底肥也基本耗尽，菜叶落黄，春季需要及时施好返青肥，做好清沟理沟工作，防病除草，使油菜保持常青、生长有力。初春施肥返青后，油菜开始抽苔，需要施抽苔肥，一般每亩用磷肥 25 斤或尿素 15 斤左右来追肥。

清沟理沟 冬季油菜田会因冰冻的松泥土掉到沟里而堵住出水，必须清沟排水，防止油菜渍害，使油菜健康成长，确保油菜稳产、高产。

除草 中华人民共和国成立初期，没有除草剂农药，只能人工拔草，而人工除草不能除尽杂草。20 世纪 60 年代开始，有了化学除草剂，一般使用"精稳杀得"除草剂，每亩 0.3 斤，兑水后，用喷雾除草，省工省力。

（四）收割进仓

拔菜籽 中华人民共和国成立后，油菜籽收割一般在每年小满时节（5 月下旬），农户开始收割或拔菜籽。收割油菜很讲究，一般油菜八成熟就要开始拔油菜了，因为油菜成熟后经太阳一晒菜籽结就会裂开，菜籽就会脱落，造成浪费。因此拔油菜时菜籽不要太熟，最好在阴湿天拔菜籽，或一早一晚拔，防止菜籽脱落而造成减产。

褥菜籽 菜籽脱粒一般在拔菜籽前，先把菜籽田中间几垯削平，将用油布或蛇皮袋拼制而成的约 4 平方米的地毯铺在地上，然后把菜籽搬到上面，先把根部的泥敲打掉，再用脚踏，用木棍或麦泥耙把没有踏下来的菜籽敲打下来，直至菜秸秆上没有菜籽为止，然后把菜籽壳用大筛筛掉，再用小筛把菜籽筛净，装入蛇皮袋后运回家。在太阳好的情况下，一人一天可以褥一亩多的菜籽，如果天气不好（阴天）一天只能褥七八分田，还有少部分青菜籽褥不掉就拣出来，晒后再褥。菜秸秆一般农户都搬回家当燃料，也有一部分农户把菜秸秆运到窑厂换砖头、小瓦等建筑材料。菜籽壳有的农户拿回家燃烧，有的填猪圈，有的焚烧。1981 年，开始提倡菜秸秆还田，由于农户已习惯把菜秸秆当柴烧，或换砖头、小瓦、石灰等建筑材料，故对菜秸秆还田一时还不能接受。为此庙灯、白渔潭两个大队召开队长会议，要求队长把菜秸秆还田的好处加以宣传，并制定菜秸秆还田相应奖惩措施，通过宣传教育和奖惩措施，两个大队的菜秸秆还田率达100%。

第三节　农田水利

一、土地平整

中华人民共和国成立初期，境域内地势高低不平，坟地、废潭、废浜、荒滩、荒地多。1966年，庙墩、白渔潭两个大队党支部发动干部群众平整坟地，改造低产田，填潭填浜。大队通过平整土地，围垦荒滩实现田块方正化、沟渠网格化。庙墩大队增加粮田60亩，增加粮食4.8万斤；白渔潭大队增加粮田40亩，增加粮食3.1万斤。1971年，白渔潭大队党支部组织党员干部动员500多个劳动力，在大队办公室南侧花瓶溇围河造田，经过一个星期奋战把37亩河底改造成农田种水稻，但由于成本高，至1973年，将它放水养鱼。

2017年，昆山高新区白渔潭生态农业产业园第一期工程开始施工，平整村民宅基地150多亩，填埋河、浜、潭8条，扩大粮田200亩，平整高低田块1 020亩。2019年，平整庙灯自然村宅基地130亩，填河增加粮田20亩，平整高低耕田200亩。通过平整坟地、平整耕地，改造低产田，填潭填河填浜后，实现田块方整化、沟渠网格化，增加粮田480亩，增加粮食40万斤，为农业经济增收打下了坚实的基础。

二、河道疏浚

20世纪五六十年代，境域内地下水渍害严重，导致土壤板结，农作物产量低下。1972年，庙灯大队和白渔潭大队为解决低洼地区（尤其白渔潭大队）遇到雨涝灾害年出现"小雨水汪汪，大雨白茫茫，十年九年荒，只见秧船出，不见稻船回"的状况，通过联圩并圩、疏浚河道、防洪堤圩等措施，增强排灌能力，为生产、稳产、高产打好坚实基础。白渔潭大队在第7和第8生产队之间开挖了一条生产河，南北走向，长50米，面宽9米，底宽2米，底高0.5米，开挖土方750立方米，用工280个劳动力，方便了农船进出和畅通了河水的排灌。

1974年12月，城南人民公社为解决新北片10个大队联圩抗洪排涝的老大难问题，决定人工开挖大㳚河。这条河北起新阳河，南至毛渡江，全长4.59公里，河面宽15米，底宽3米。开河人员来自火炬大队、新丰大队、灯塔大队、庙灯大队、白渔潭大队、团结大队、大公大队、赵大库大队、珠浜大队、民主大队。

是月，城南人民公社又抽调火炬、灯塔、新南、白渔潭、庙灯5个大队的部分社员，开挖庙灯大队境内的顾塘河。顾塘河西起官塘河，东至小㳚河，全长3.55公里，河面宽20米，底宽5米，这条河的开挖解决了排洪问题，使农业生产减少了损失。

三、农田排灌

中华人民共和国成立初期，庙墩、白渔潭两个村农田排灌主要靠人力踏水车或用牛打水车、风车（神仙车），农民种田只能"靠天吃饭"。

牛力水车（2019年，庙灯村村委会提供）

人力踏水车（2019年，庙灯村村委会提供）

1963年，白渔潭大队在庙墩大队西白淹口建第一座新北联圩国营白渔潭排

灌站，配置45千瓦电动机和24寸水泵各1台，14千瓦电动机和14寸水泵各2台，服务白渔潭大队、庙墩大队及灯塔、新丰两个大队少量农田。该站能灌溉1 500亩农田，为粮食生产提供有效的灌排水功能。

1971年初，白渔潭大队在下央西栈溇底建造第二座专用排涝站，配置28千瓦电动机1台、24寸水泵1台，基本上解决境域内农田排涝的难题，使粮食生产涝年保丰收。

1973年初，上级党委、政府为彻底解决庙灯、白渔潭两个大队域内农田受涝的大问题，在六家湾西再建第三座机排灌站，马力60匹，解决白渔潭大队第1、第2、第3、第5生产队500多亩农田灌溉问题，取消流动机船打水，从而确保遇到旱涝年能及时灌排，使农田不受害。是年3月，庙灯大队投资2 000元左右，建南高头机灌站，机房面积15平方米，把原来在船上的一台30匹、20寸水泵的燃烧机改为柴油机，灌溉面积950亩。

1976年，由国家投入水利建设资金，地方投放劳力，把白淹口原国营性质的白渔潭排灌站迁移到门前河口东、大潕河西边，重建一座集体性质白渔潭排灌站。机房面积40平方米，灌溉泵站配置26千瓦电动机2台、20寸水泵2台，同时配备排涝用的75千瓦电动机1台、24寸水泵1台，解决了白渔潭大队1 600多亩农田、庙灯大队1 500多亩农田灌溉、排涝的老大难问题。白渔潭大队当年的粮食产量实现186.4万斤。是年，庙灯大队在南高头建第一座电灌站，配置22千瓦电动机2台、14寸水泵2台，灌溉面积836亩。年内，又在瓦爿溇建第二座电灌站，配置13千瓦电动机2台、14寸水泵2台，灌溉面积767亩。基本解决庙灯大队12个生产队农田灌溉问题，使粮食生产保丰收，当年粮食产量达245.2万斤。

1982年10月，城南人民公社为解决新北片联圩在洪涝灾害发生时的排涝问题，在庙灯自然村顾塘河东段建造了一座排涝站，配置55千瓦、机型为"4129"的柴油机2台，电机2台，"苏排Ⅱ"水泵4台。站长为吴小男，机工为钟文伯。同时在排涝站南边建一座小型电灌站，解决第6、第11生产队农田灌溉问题。

2015年，建中环高架（西线）时把门前河口东原白渔潭排涝站向西迁移100米，跨河重建四上四下一座排涝专用的白渔潭站闸，配置60千瓦电动机2

台、20寸水泵2台，解决尤泾港以东2 300亩农田排涝问题。

2017年初，昆山高新区白渔潭生态农业产业园建设工程启动。3月，先是在沪宁高速公路收费站建造下央东电灌站，配置30千瓦电动机1台、14寸水泵1台，灌溉面积达416.2亩。后在下央西建造下央西电灌站，配

白渔潭站闸（2019年，罗英摄）

置30千瓦电动机1台、14寸水泵1台，灌溉面积达338.5亩。再在漕潭村建造漕潭电灌站，配置30千瓦电动机1台、14寸水泵1台，灌溉面积587.9亩。为白渔潭生态农业产业园农作物旱涝丰收夯实基础。

第四节　农业科技

20世纪70年代，庙灯、白渔潭大队设有农科站，推进科学种田，农业粮油生产逐步从传统型农业生产转向"科技兴农"，不断拓展农业生产的广度和深度，全面推广新品种、新农艺、新肥药和新农机等"四新"技术。

一、新品种

境域内有句俗话，"娘好囡好，秧好稻好"，稻好关键是品种要好。庙墩、白渔潭两个大队于20世纪60年代开始重视粮油优质品种，选好稻、麦、油菜的

当家品种。由于粮油品种的不断更新，粮油产量逐年递增。

水稻良种　中华人民共和国成立后，水稻品种不断改良，优选提纯。水稻最初以自选自留的籼稻"六十黄""救公饥"为主，少量的"一蒔兴"。20世纪50年代逐渐更换中、晚粳"老来青"，但青株秆长，易倒伏。60年代初，水稻良种以中粳"金南凤"为主；六七十年代引进了秆矮抗倒伏的晚粳"农垦58"（又称世界稻），以此为主要品种。这些品种能抗病虫，抗倒伏，稻穗长，谷粒多，米质好，能提高产量。70年代推行双季稻种植品种，前季稻以"二九青""元丰早""矮南早"等籼稻为主，后季稻以"农垦58""桂花黄""武农早"等中粳稻为主；单季稻引进杂交稻"杂优稻"等品种，缩减双季稻后恢复两熟制，淘汰"杂优稻"，改种"昆农选""苏粳"等单季稻品种。80年代后期开始，推广以"昆稻"（又称"早单八""昆农2号"）、"昆农选""太湖糯"为主的优良品种。

三麦良种　20世纪60年代前，三麦仍以农户自种自留为主。60年代后，开始推广优良品种，小麦品种以"华东6号""苏麦1号""扬麦4号""长水红"和"671"等良种为主，大麦推广"214""红筋大麦"等品种。70年代，三麦品种有"扬麦5号""早熟3号""沪麦4号""海麦1号"，元麦推广"短旱三"品种。80年代，小麦由"昆麦672号""扬麦"和"宁麦"当家，大麦有"沪麦4号""早熟3号"，元麦以"海麦1号"为主。90年代，小麦以"杨麦5号""杨麦4号"为主，大麦以"沪麦4号"为主。

油菜良种　中华人民共和国成立前，油菜品种主要有土油菜、芥菜、野麻菜。中华人民共和国成立后，油菜良种有"胜利52号"、朝鲜油菜、泰兴油菜、"宁油良种"等。20世纪60年代，油菜主要以"胜利52号"为当家品种。70年代，以泰兴油菜为主。80年代，以"宁油良种"和"汇油50号"为当家品种。90年代，油菜良种主要引进"汇油50号"新品。

二、新农艺

水稻新农艺　20世纪60年代，庙墩（灯）大队、白渔潭大队开始注重推广新农技、新农艺。70年代，水稻播种推广陈永康的"落谷稀"经验，通过这一农艺，培育壮秧，每亩秧田播种在120斤左右，秧田与大田面积比例为1∶30。

136

通过推广这一新农艺，促进水稻移栽后水稻早发棵，增加千粒重。80年代，为适应机插秧，推广薄膜育秧，使秧苗生长与机插秧的时间节点相吻合。80年代末，水稻育秧推广肥床旱育，使秧苗在移栽前粗壮有力，确保水稻增产。

三麦新农艺 20世纪60—70年代，庙墩（灯）大队、白渔潭大队的三麦新农艺主要有沙洲县塘桥式栽培技术，即弓背式麦垱，一垱一沟，确保麦种下田。既能吸肥，又不受雨水侵袭成烂麦种，保证出芽率。80年代，推广板田麦，板田麦必须在水稻收割前5~6天把麦种撒在水稻田里，割稻时麦已长出两三片叶子，这一农艺省工省本。

油菜新农艺 20世纪60年代，庙墩（灯）大队、白渔潭大队在油菜移栽方面的新农艺主要是耕翻作轮套助移栽法。70年代后，推广板田油菜移栽，移栽技术要领是"一铲一条缝，一把磷肥送，一个一棵菜，一脚踏密缝"。这一农艺不仅节省人力，而且保持了肥料不流失，提高了油菜的成活率和促使油菜早活棵、早发棵。

三、新肥药

1949年前后，农家肥料以有机肥料为主。20世纪50年代，有机肥料占肥料用量的95%以上。到70年代，随着双季稻种植面积扩大，复种指数的不断提高，化学肥料（无机肥料）的使用不断增加，有机肥料相对减少，化学肥料占总用量的50%~60%。到80年代，绿肥面积的压缩和务农劳力的减少，致使农村罱河泥、割草拌成草塘泥的很少，有机肥料骤减，大田肥料大量使用化学肥料，有机肥料主要是部分还田的秸秆。

（一）有机肥料

家肥主要有猪窠，牛、羊、家禽和人的粪便。猪窠是混合了猪尿的猪圈垫料，垫料主要有青草、稻草等，农民有句俗语，"养猪不赚钱，回头看看田"（即家中有猪窠的，田里的稻苗长得繁茂）。农业合作化时，提倡养猪，以多积有机肥料（其中包括牛、羊、家禽的肥料）。农村历来家家户户都有粪坑，旧时是用缸积人粪。村民使用水泥后，粪坑用水泥和砖砌成两格，既积粪又灭血吸虫。肥料缺时还到上海去装运大粪，一般用于秧田和追肥使用。绿肥品种主要有红花草、青草、青蚕豆萁、野水豌，以及水花生、水葫芦、水浮莲等水生植

物。在种植双季稻的年代,肥料需求量剧增,因此扩种红花草,而使三麦面积减少。实行联产承包责任制后,三麦和油菜面积扩大,绿肥面积逐渐减少,后来供给三麦、油菜作为作物养分的绿肥的种植基本消失。

境域属水网地域,水面较多,河底丰富的河泥、水草历来是重要肥源。1949年前后,农民主要罱河泥,将河泥与稻草、青草、红花草等混合拌成草塘泥。20世纪50年代农业合作化时期,以粮为纲,初、高级社大力组织劳动力罱河泥,组织妇女割野草,大积自然肥料。田头挖泥潭,每两亩田挖一个泥潭,用料刀把稻草铡细,和红花草、青草拌成草塘泥,并翻潭。红花草不够就用青草替代,总之到莳秧时,每亩田至少要有40担草塘泥。如果草塘泥不够,就用猪窠。如果猪窠不够,就要到外地罱黑泥补足,坚决不"白指头"莳秧。

20世纪60年代的粮食生产,由于缺乏无机肥料,境域内充分利用劳力多、水面多、船多、野草多的资源,掀起了广积自然肥料的高潮。当时庙墩(灯)、白渔潭两个大队要求2~3亩田配1个草泥潭,平均每亩田要有草塘泥90~100担,提出了"宁可干得苦,不愿吃低产苦"的口号。通过组织积肥"突击队"和"先锋队",进行"打干溇浜"积肥,铲除田岸草造肥。利用大船到昆山周边的苏州溇门河、虎丘山,上海苏州河、西郊公园等地割野草、罱黑泥。两个大队初步实现了稻麦亩产接近千斤。

1980年起,农村劳动力逐渐转向工业和各种副业,种田人少了,同时有了化肥,这种传统积肥方式消失。

20世纪80年代传统积肥消失后,推广秸秆还田,开始用油菜秆还田,把油菜秆直接打入菜籽田里。原来油菜壳用火烧掉,后来庙灯、白渔潭两个村强调油菜壳还田,因此油菜秆、油菜壳全部还田,达到松土和增加肥力的效果。后来用联合收割机割稻麦,把稻草和麦秆也打入田里,这样也增加了有机肥料。

(二)化学肥料

20世纪60年代,村民开始使用化肥。常用的化肥有碳酸氢铵、氯化铵、硫酸铵等氮肥,还有过磷酸钙、钙镁磷肥、磷矿石粉等磷肥,此外还有氯化钾、硫酸钾、生物钾等钾肥。开始时有机肥料和化肥并用,采取底面结合,氮素化肥每亩用量50~60斤。70年代末,大量使用化肥碳酸氢铵,深施作为基肥,肥力足、流失少,每亩氮肥用量增到80斤标准肥左右。进入80年代,全面使用尿素、生物钾、复合肥或磷肥。其中，磷肥深受农户的欢迎，特别是种植油菜时，普遍施用过磷酸钙，一般每亩施 100 斤左右，增产效果很好。当时农户有"无磷不种菜"的说法，证明磷肥对油菜的重要作用。同时使用氯化铵、硫酸铵等氮肥和氯化钾、硫酸钾、生物钾等钾肥。钾肥是有机肥料，常用作追肥。此时，生物钾用量剧增，被普遍使用于稻麦生产。90 年代后，各种化肥的平均使用量分别为标准氮肥 300 斤，复合肥料（氮、磷、钾）100 斤，生物钾约 4 斤。2015 年后，每亩基肥为商品有机肥 900 斤、配方肥 50 斤，两次追施尿素 25 斤。

（三）农药

20 世纪 50 年代末，村民开始使用农药治虫。治稻苞虫，60 年代用农药"DDT"，70 年代用"六六六"，80 年代后用有机磷。防治稻飞虱，60 年代用滴油（土法），70 年代用低浓度粉剂，80 年代后用吡虫啉，2010 年后用 25%吡呀酮。治稻蓟马，60—80 年代用有机磷，80 年代后用吡虫啉。治三化螟、二化螟、大螟，60—70 年代用"六六六"，80 年代用有机磷，2010 年后用 20%井冈三环悬浮剂加 20%氯虫苯甲酰胺悬浮剂。治稻瘟病，60—80 年代用"稻瘟净"，80 年代后用三环唑。治纹枯病，60—80 年代用井冈霉素，2010 年后用 27%噻呋戊唑醇悬浮剂加 5.7%甲氨阿维菌素苯甲酸盐水分散粒剂。治水稻白叶枯病，60—70 年代用"敌枯霜"。治三麦的赤霉病，60 年代用硫制剂，70—80 年代用"多菌灵"，2010 年后用吡多三唑酮可湿粉剂。治秆锈病，60—70 年代使用"粉锈宁"。治蚜虫，60—70 年代用"六六六"，80 年代后用有机磷，2010 年后用 50%吡多三唑酮可湿粉剂。治黏虫，60 年代用硫制剂，70—80 年代使用"多菌灵"，2010 年后用 50%吡多三唑酮可湿粉剂。治油菜的菌核病，60 年代用硫制剂，70—80 年代用"多菌灵"。

四、新农机

（一）大型生产农具

1949 年前后，境域内的农田灌溉排涝全靠人力车、牛力车和风力车，人力车和牛力车日夜不断也不能解决旱涝问题，旱涝问题严重影响水稻、三麦的产量。1958 年，庙墩大队、白渔潭大队购置两台 30 匹马力的燃煤抽水机船。1963 年，境域内建起第一座白渔潭排灌站，人力车、牛力车、风力车消失。农船是村民的运输工具,到20世纪60年代初,境域内全部是木船,有2吨的、3吨的,还有5吨的,主要用于罱泥、买粮及运输货物。到60年代后期,有了水泥船,木船逐步减少。2003年后,村民陆续搬迁到大公花园、万丰苑、万欣苑。至2013年,木船、水泥船全部消失。

(二)中型生产农具

旱犁 春秋两季主要的耕地工具。春季,农民用旱犁在莳秧一周前把麦田、油菜田、红花草田等全部耕翻过来,晒枯,使泥变松。秋季,农民用旱犁把80%以上的稻板田耕翻过来,做成麦垄或菜籽垄,种植三麦和油菜。

水犁 也是耕地工具的一种。它把旱犁耕翻过且已打上水的田块中已风化土块耕翻到下面,把下面大的土块耕翻上来。

牛耙 包括刀耙和刮草耙。刀耙长约2米,宽60厘米,由四块木板组成,将铁制的约6厘米长的刀片固定在长木板上,每两个刀片相距约15厘米,后面木板的刀片对准前面木板两个刀片的正中间,这样前面的刀片把大泥块切碎,没切到的由后面刀片再切,这样几个来回,水田的泥块全部被耙碎,便于提高插秧质量。刮草耙的结构与刀耙相似,由四块木板组成,但长的木板上没有刀片,只在两块长木板中间做一根轴,轴上凿两排十字形洞,然后把毛竹片削成轴上洞口大小,并塞进洞里,两头露出约8~10厘米,如果刀耙耙过后还有杂草,就用刮草耙把杂草耙到泥里,使田更平、泥土更烂,便于莳秧和秧苗活棵。20世纪七八十年代,境域有了手扶拖拉机、中型拖拉机,犁、耙逐渐消失。

旱犁(2019年,罗英摄)

(三)小型生产农具

农民肩挑的工具主要是扁担,在挑猪窠、青草、麦子、水稻、泥、水等时起到平衡作用。装东西的工具有"土笪"(方言),可装草泥、青草、猪窠;还有"秧蒲"（方言），它是用竹片制作的半米高的圆形的竹筐，移栽水稻秧苗时，村民把秧苗装在秧蒲内，挑到要移栽的田里。常见的翻土工具有铁搭，分为尖铁搭和板铁搭，尖铁搭用来翻潭、出猪窠，板铁搭用来翻土削泥；还有方锹、圆锹、大洋锹、华锹，方锹用于开泥潭、开浅沟，圆锹用于开农田沟渠，大洋锹用于铲麦子和稻谷，华锹用于清理麦沟。搬运麦子、稻谷的工具有"山笆"（方言）、"挽子"（方言）。囤装稻谷和麦子的工具有栈条。积肥使用的用具主要是罱河泥网，在两根5米长的竹子下端装上罱河泥网，作罱河泥之用。

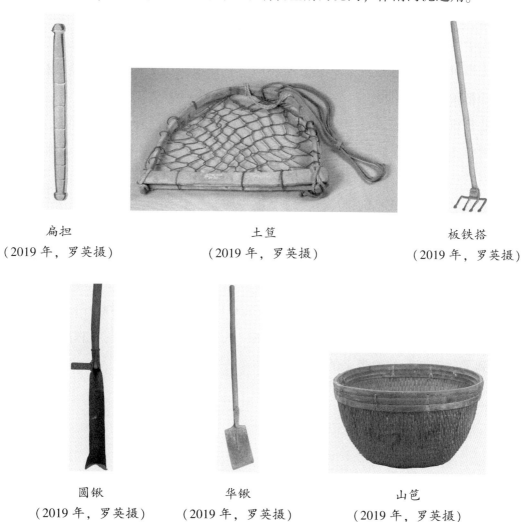

| 扁担 | 土笪 | 板铁搭 |
| （2019年，罗英摄）| （2019年，罗英摄）| （2019年，罗英摄）|

| 圆锹 | 华锹 | 山笆 |
| （2019年，罗英摄）| （2019年，罗英摄）| （2019年，罗英摄）|

（四）现代机械农具

脱粒机 稻麦脱粒在20世纪50年代主要为木竹制的稻床，在60年代则用人脚踏的小型轧稻机，人工将水稻、小麦脱粒后归仓。脱粒机随着联合收割机的出现逐渐退出人们的生产活动。

喷雾机 农作物防治病虫害工具主要有70年代手摇式农药喷雾器，80年代柴油机喷雾器，到2017年升级为无人机空中喷雾灭虫。

手扶拖拉机 1971年，庙灯、白渔潭两个大队购买了2台靠人扶着并跟在后面掌握方向翻地的手扶拖拉机。到20世纪70年代末期，两个大队的每个生产队都购买了手扶拖拉机。手扶拖拉机大大降低了村民的劳动强度，提高了生产效率。

大中型拖拉机 1992年，庙灯、白渔潭两个村共购买大中型拖拉机4台，操作人员可以坐在拖拉机上掌握方向耕地。另外拖拉机上还安装了插秧机，机器自动把秧苗插到田里。

收割机 20世纪90年代，庙灯、白渔潭两个村各有一台稻麦收割机。2019年，承包土地的大农户使用联合收割机，直接将稻麦割下来扬净装车送到粮库。这一新农机的推广不但提高了农事生产效率，还省工省成本。

农业"四新"技术的推广，使村民逐步摆脱了长期以来农活靠人力、耕田靠牛力的原始传统的粗放型生产模式，打破了广种薄收、自给自足的被动局面。20世纪60年代，境域内水稻亩产水平停留在500~600斤，三麦亩产停留在200~240斤，油菜亩产停留在140~200斤。随着"四新"技术的不断推广，境域内的粮、油产量明显上升。水稻亩产超800斤，三麦亩产超400斤，油菜亩产在200斤。2019年，庙灯村水稻亩产1 264斤、三麦亩产719斤，庙灯村农民真正尝到了"四新"技术带来的甜头。

第四章 村域经济

20世纪70年代以前,境域经济以农业为主体,为单一农业经济结构。70年代后,白渔潭大队和庙灯大队先后兴办工业企业。改革开放后,特别是1983年实施家庭联产承包责任制后,村民获得生产劳动的自主权,这促进了境域内农民的分工分业和生产劳动、就业创业的多元化。庙灯村在农业稳定发展的基础上,先后兴办村集体企业10家,农业内部结构进一步调整,农业多种经营增加村民收入。村里的一批新型知识农民和原镇村企业的骨干,踊跃地投入商海,兴办各类企业。2001年后,为适应市场经济发展和新农村建设要求,村"两委"利用村原集体资产,筹集资金建造标准厂房、商业菜场等用以出租,同时,鼓励支持村民将空余房产出租给外来人员,使得村集体和村民家庭收入增加。还建立社区股份合作社,将集体资产的股份量化到村民个人,让村民分享村域经济发展成果。同时,客商投资的企业越来越多,至2019年,村民兴办的民营企业共有17家,客商投资企业12家,村域经济形成多元化发展态势。

第一节 经济总量与结构

庙灯村地势低洼，其经济结构历史上一直是以种植水稻、三麦、油菜等农作物为主的单一农业经济。中华人民共和国成立前，受封建主义和剥削制度的压迫，加上"穷土、恶水、血吸虫病"三大灾害肆虐，在原始粗放型耕作模式下，哪怕是好的年景，水稻亩产也不过200斤左右，三麦亩产在100斤以下，油菜籽亩产50斤左右，农民靠天吃饭，收入微薄，大多数人过着贫困的生活。

中华人民共和国成立后，在党的领导下开展土地改革，实现耕者有其田。通过农业合作化和实行人民公社体制，村民走上社会主义道路，发展集体经济。同时依靠集体力量，兴修水利，大搞农田基础建设，推广科学种田，改变传统耕作制度，提高栽培管理水平，使水稻、三麦、油菜的产量逐年上升。但在20世纪60年代以前，村里的经济结构变化不大，依然是以种植粮食为主，经济发展缓慢。

20世纪60年代开始，庙灯大队和白渔潭大队在抓好粮食生产的同时，学习先进地区经验，调整农业经济结构，发展多种经营。不少生产队通过种植瓜果蔬菜等经济作物、养殖水产等壮大集体经济，增加村民收入。同时，鼓励村民发展编织、运输、收废铁等家庭副业，推动境域经济发展，村民收入水平有所提高，农民人均年纯收入74元。

20世纪70年代，随着农业劳动生产率的提高和人口的增多，出现富余的劳动力，分工分业成为必然趋势，另外村民改善生活的需求始终存在，庙灯大队和白渔潭大队利用本地的劳动力和自然资源，兴办工业企业。1972年，白渔潭大队创办的白渔潭化工厂，成为境域内第一家队办企业。1973年，庙灯大队建的庙灯瓦坯厂，成为庙灯大队第一家队办企业。这两家企业在建办当年就获得利润3 000元左右。

20世纪70—90年代，境域内村（队）办企业从少到多，白渔潭柳器厂、白渔潭并铁厂、白渔潭冲压件厂、庙灯针织厂、庙灯商标厂、白渔潭南洋织带五金厂、庙灯纸箱厂、白渔潭异形塑料制品实业公司等多家企业先后成立。这些企业规模很小，有些企业因为没有设备，技术落后，产品质量不过关而关闭；有些因为市场变化，业务中断而歇业；有的因土地征用停办。至1993年，庙灯、白渔潭两个村共兴办村办企业10家，累计实现工业产值1 836万元、利润109万元，为两个村积累50万元资金。1998年，庙灯村和白渔潭村开挖鱼塘1 090亩，种植蔬菜428亩，承包给本村村民和招标养鱼、虾、蟹、种植蔬菜。2005年底，根据昆山市玉山镇指示精神，庙灯村村委会收回1 090亩鱼塘和428亩蔬菜田承包经营权，鱼塘还土复耕，1 518亩承包给农业大户种植水稻、三麦等粮食作物。2009年6月，庙灯村农地股份专业合作社成立，入股户数为293户，入股面积为979.41亩，分红金额为68.56万元。至2019年，入股户数为244户726人，入股面积为867.4亩，分红总额为86.84万元。

20世纪90年代末，庙灯村和白渔潭村开始利用村集体土地、河塘、房屋等集体资产，出租给农业、工业、商业经营户，发展租赁经济。特别是2001年两村合并和昆山高新区加快推进新农村规划建设以后，村委会利用原来厂房动迁补偿款和积累资金，投入1 173.09万元，先后建标准厂房8幢，共12 115平方米对外出租，租赁经济在境域内快速发展，资产收益成为村集体收入的重要来源。同时，动迁安置使得很多村民家庭有了多余房屋，于是将它们租赁给外来打工者居住，房产租赁成为村民增收的一个重要渠道。（表4-1）

表4-1　2001—2019年庙灯村经济总量情况表

年份	总产值				总资产/万元	村民人均年纯收入/元
	合计/万元	第一产业/万元	第二产业/万元	第三产业/万元		
2001	3 231	1 297	1 596	338	296.61	6 280
2003	3 170	1 244	1 070	856	810.25	6 745
2005	4 356	1 469	1 385	1 502	947.80	7 933

续表

年份	总产值				总资产/万元	村民人均年纯收入/元
	合计/万元	第一产业/万元	第二产业/万元	第三产业/万元		
2007	5 882	1 987	2 100	1 795	1 154.22	10 588
2009	7 463	1 639	3 071	2 753	1 724.26	15 287
2011	9 079	2 500	3 299	3 280	2 268.00	19 507
2013	15 130	2 990	4 245	7 895	3 119.00	25 000
2015					3 832.00	32 038
2017					6 206.27	37 902
2019					8 266.28	46 250

注：2015、2017、2019年，统计口径调整，无总产值的统计数据可查。

第二节 多种经营

一、瓜果蔬菜种植

（一）瓜果

旧时，境域内的村民利用房前屋后的土地和自留地种植瓜果，果树以桃树为主，品种较差，只供自食。瓜类有黄瓜、甜瓜和少量的冬瓜、西瓜，同时种玉米、红薯、南瓜等，可作为副食品代替粮食食用。南瓜除人食用外，主要作为猪饲料。此外，还种植高粱、芦粟（甜高粱）。高粱一般人家用于扎扫帚，籽加工后食用，芦粟秆可食用（食用方式与甘蔗相同）。

1967年，白渔潭大队第1生产队朱再邵首先在自留地种0.5亩西瓜，当年收到较好收益。在他的影响下，白渔潭大队第1、第2、第3生产队不少社员在自留地种植西瓜，后陆续扩大到全大队及庙灯大队部分的社员。这些西瓜除少量被食用外，大量优质瓜被送到市场销售，两个大队60户社员种西瓜，效益要比水稻亩均增加收入100元左右。

1978年改革开放后，全面发展多种经营，农民种植的农副产品品种增多，增种了梨树、苹果树、橘子树等。自己食用之余也会到市场上出售。是年，白渔潭大队第1生产队种植西瓜3亩，生产队增加了经济收入。

1979年，白渔潭大队各生产队开始种植西瓜，总计20亩。随后，庙灯大队也开始种植西瓜，至1980年，全大队种西瓜20亩左右。西瓜成熟后除分给社员食用外，大部分都运到市场上出售，作为生产队收入。到6月底7月初，西瓜地再种上后季稻，亩产在600~700斤。

1980年，白渔潭大队第7生产队李家林承包3亩桃树林，每年上缴生产队800元；至1983年，转包给本队的李健飞；至1986年，转包王阿宗；至1989年停种。9年共上缴生产队（村民小组）0.72万元。

1983年，实行家庭联产承包责任制后，白渔潭村第1村民小组朱再邵在责任田里种1.5亩西瓜，当年收益要比粮油亩增100元。在他的引导下，白渔潭、庙灯两个村30户村民在责任田里种西瓜50亩。有的村民种上后季稻，亩产在600斤左右；有的种蔬菜，比粮油亩增400元。至土地进行有偿流转后，境域村民基本停种。

（二）蔬菜

庙灯村村民长期以来有种植蔬菜的丰富经验，春夏种小白菜、生菜、韭菜、茄子、蚕豆、竹笋、苋菜、空心菜，秋冬种茭白、芋头、番茄、辣椒、豇豆、毛豆、土豆、菱、藕、大蒜、香葱、雪里蕻、大白菜、蓬花菜、金花菜、扁豆、卷心菜、菠菜、刀豆、丝瓜等，还可以采一些野生的枸杞头、马兰头、荠菜等食用。

1975年，白渔潭大队在下央西加工厂东侧自筹资金建蘑菇棚4间，种植蘑菇300平方米，由孙志伯负责种植，当年收益可观。

1976年，庙灯、白渔潭两个大队蘑菇种植得到进一步推广。19个生产队共建蘑菇棚60间，蘑菇种植面积达3 500平方米，年产蘑菇约5 800斤，生产队除分给社员食用外，大部分优质的送到食品公司，小部分在市场出售，几年来为生产队积累了不少集体资金。蘑菇至1980年停产。

1985年4月，庙灯村规划225亩蔬菜种植基地，地址在庙灯村南侧，场长为杜勤男。基地种植品种有青菜、大白菜、萝卜、四季豆、豇豆、茄子、土豆、大蒜、空心菜、菠菜、胡萝卜、韭菜、丝瓜等34个品种。经过几年实践，蔬菜基地亩收益在1 000元以上，比粮油亩产增收500元左右。至2001年，创办波力牧场，土地因此被征用，停止蔬菜种植。

1996年，白渔潭村种植蔬菜428亩，采取对外招标承包形式，第1村民小组50亩、第2村民小组80亩、第3村民小组120亩、第4村民小组68亩、第5村民小组60亩、第8村民小组30亩、第7村民小组20亩，确定每亩上缴450元。外来户中标承包后，各村民小组组长负责收取租金，并结算土地流转补偿费发到各户。2005年，农业产业结构调整，耕地全部恢复种植粮食作物。

二、畜禽养殖

（一）养猪

1949年前，养猪是境域内村民的一个传统副业项目，但村民养猪并不多，贫穷人家养不起猪，生活条件较好的也只养一头，主要以自食为主，少量出售。20世纪50年代贯彻公养与私养并举的方针后，养猪事业得到发展。当时，农民有一句养猪的老话，"养猪不赚钱，回头看看田"，即使养猪赚不了钱，但养猪的猪窠可以当肥料，能使农作物增产。一般村民家庭养1~2头，有的饲养母猪产仔，苗猪运到市场上出售，肉猪也运到生猪行出售以补贴家用。

1959年，庙墩大队发展副业，创办百头养猪场，建猪棚50间，养生猪100头、母猪10头，职工50人。是年，白渔潭大队在七家村西侧建猪棚22间，养生猪50头、母猪5头，负责人为吴福来，会计为李勤生，职工共有20人。至1961年，两个大队停止养猪。

1962年，确定以生产队为基本核算单位后，社员养猪的积极性被调动。当时两个大队的社员中，养猪户占80%以上，每户年均养猪2~3头，也有一部分社员养母猪，出售苗猪（当时发展养猪，苗猪紧缺好售）。

1963年，各生产队均兴建猪棚，配备专业饲养员，一般饲养50~60头。20

世纪70年代，增至50~80头，母猪3~5头，实行自繁自养，大队配备专业兽医，专职指导繁育和防疫。当时生产队留饲料粮，除了给猪喂杂粮、精饲料外还喂草糠，还利用集体水面种水花生、水浮莲、水葫芦，用打浆机将其打碎做成猪饲料。养猪事业的发展增加了集体和社员的收入。

1983年，实行家庭联产承包责任制后，城乡一体化建设大力推进，大部分劳力转移。加上生态环境保护等因素，至2000年，两个村的村民逐渐不再养猪。

（二）养羊

1949年前，境域内饲养的羊主要是山羊，村民把山羊拴在荒地边吃草喂养，当时村民养羊主要以自宰自食为主。中华人民共和国成立后，除山羊外，又从外地引进绵羊。有部分村民养起了绵羊，羊的粪便可为作物基肥，羊毛加工后，自己织毛衣、毛裤，多余的出售增加收入（也可宰杀自食）。1983年，农村实行家庭联产承包责任制后，大多数村民在外从事第二、第三产业，村民家庭不再养羊。

（三）养兔

1949年前，境域内基本无人家养兔。20世纪60年代中期，社员开始养兔，20世纪陆续引进一些新品种，如大白兔。70年代，主要养拉毛兔，庙灯、白渔潭两个大队约有40%左右的社员养兔。大部分社员购进种兔后自繁自养，至80年代中期逐渐停养。

（四）养鸡鸭鹅

境域内家禽饲养历史悠久，村民素有饲养鸡、鸭、鹅等家禽的习惯，几乎家家户户住屋旁都有鸡棚，以作家禽栖息之所。但饲养的数量不多，主要是自宰自食，改善生活，剩余的到市场上出售以补贴家用。

1949年后，境域内饲养的家禽逐渐增多，每家一般饲养10只左右。20世纪70年代初，饲养数量一度受到限制，每人只许养0.5只。70年代后期，农村政策放宽，大力发展集体副业，每家养的家禽数量随之增加，多的养10~20只，除自己食用外，多余的禽蛋到市场上出售，以增加家庭收入。

1976—1983年，庙灯大队第4、第5、第9、第12生产队各饲养三黄鸡200只。1976—1978年间，白渔潭大队第1、第2、第3、第8生产队各养鹅300只，每年3月中旬引进苗鹅，饲养到6月中旬到市场出售，增加生产队收入。至

1983年实行家庭联产承包责任制后停养。

（五）养鸽子

2000年，村民赵学海在自己屋前搭棚养鸽子600只，至2013年动迁停养，13年间得到了可观的经济效益。

三、水产养殖

（一）养鱼

1949年前，境域内几乎没有水产养殖，农民抓野生鱼类来食用。到20世纪60年代，村民（社员）开始在境域内的浜、潭放养鱼苗，有白鲢、花鲢、鳊鱼、鲫鱼等品种，到年底把鱼塘水抽干，将捉到的鱼全部分给社员。

1973年，白渔潭大队利用230亩水面与渔业三队合伙养鱼，经双方协商同意，合养期间鲜鱼的总收入扣除总支出，净收入各得50%。渔业三队在门前河东排灌站西侧和六家湾村西各围好一条竹篱笆，白渔潭大队在东西两条篱笆边各建一间看鱼房，各派一名单身人员负责看护鱼和竹篱笆，吃住在里面。是年3月，放养鱼苗3万尾，其中白鲢2万尾，花鲢0.7万尾，青鱼、草鱼、鳊鱼、鲫鱼等0.3万尾。白渔潭大队水面养鱼有优势，只需把住东西两条河进出口处，只放鱼苗，不用喂饲料，也不用药，到每年9月下旬就张丝网捕捞一次，年底拉塘网和丝网再各捕捞一次，当年就取得效益。

1976年底，在六家湾处张网捕鱼，捕后送到县水产公司。过磅，一网重达1.2万多斤，一条最大的青鱼重48斤。后捕到一条野生白丝鱼重33斤，一条野生鳜鱼重13.4斤。每年到春节供应每个村民2~3斤鲜鱼，村民结婚、建房如遇捕鱼日期，则会分到鲜鱼20斤。至1979年底终止合养，230亩水面由白渔潭大队自养。合养7年期间累计捕捞鲜鱼9.6万斤，上缴（售）县水产公司6.3万斤，供应村民2.2万斤，市场出售1.1万斤。总收入3.8万元，总支出1万元，净收入2.8万元，两大队各得益1.4万元。

1980—1988年，白渔潭村（大队）王小林、李建明二人合伙，承包230亩水面专业养鱼，每年上缴村（大队）1万元，9年累计上缴9万元。1989—1996年，由村委会副业队陆金根负责承包230亩水面养鱼，8年累计上缴村8万元。1996—2000年，经村"两委"讨论研究决定，利用老河、浜、潭、溇的堤坝，围塘88亩，由张锁同等10户村民承包，专业养鱼，5年间累计上缴村14.6万元。

1996—2000年，白渔潭村的村民李宗良、陆金根、徐永林分段围网，承包150亩水面，5年3人累计上缴租金9.6万元。其间，白渔潭村新开挖鱼塘836亩，包括养殖虾、蟹等特种水产600亩，由毛柄根等8户专业水产养殖户承包，至2000年收缴租金57.69万元。

1998—2000年，庙灯村村委会将原有的老河、浜、潭，以及沪宁高速公路挖土后形成的水潭，共145.7亩，由唐炳其等10户专业水产养殖户承包；至2000年底，由于大经贸园区规划征（使）用土地等因素，他们停止承包养鱼，3年共上缴村租金4.31万元。同时，庙灯村新开挖鱼塘254亩，包括精养虾、蟹塘150亩，分别由韩马林等10户专业水产养殖户承包，至2000年底收缴租金19.44万元。（表4-2）

2001年7月，白渔潭村与庙灯村合并后，村域内88亩河浜、潭水面和1 090亩鱼塘仍由原承包户续包，上缴租金也按原规定（表4-3）。直到2005年年底，由于产业结构调整，1 090亩鱼塘还土种植水稻。境域尤其是白渔潭等自然村落独具特色的自然放养和人工养鱼产业至此消失。

表4-2　1996—2000年庙灯村、白渔潭村水产养殖情况表

庙灯村					白渔潭村				
姓名	承包年限	类型	养殖面积/亩	3年核定上缴/万元	姓名	承包年限	类型	养殖面积/亩	核定上缴/万元
唐炳其	1998—2000年	河道	12.5	0.38	李宗良	1996—2000年	河道	50	3.2（5年）
王荣林	1998—2000年	河道	17.7	0.53	陆金根	1996—2000年	河道	50	3.2（5年）
杜德良	1998—2000年	泥塘	13.7	0.41	徐永林	1996—2000年	河道	50	3.2（5年）
龚宗良	1998—2000年	泥塘	12.9	0.372	合计			150	9.6
杜红发	1998—2000年	泥塘	11.7	0.35	张锁同	1996—2000年	河道	12	2.4（5年）

续表

庙灯村					白渔潭村				
姓名	承包年限	类型	养殖面积/亩	3年核定上缴/万元	姓名	承包年限	类型	养殖面积/亩	核定上缴/万元
沈小弟	1998—2000年	河道	13.2	0.40	张存根	1996—2000年	河道	5	1（5年）
徐青龙	1998—2000年	河道	16	0.48	沈金荣	1996—2000年	河道	17	3.4（5年）
殷银根	1998—2000年	泥塘	23	0.69	何长生	1996—2000年	河道	11	1.65（5年）
周卫明	1998—2000年	河道	18	0.50	王大泉	1996—2000年	河道	7	1.4（5年）
唐振荣	1998—2000年	河道	7	0.20	高炳男	1996—2000年	河道	5	0.5（5年）
合计			145.7	4.31	顾惠根	1996—2000年	河道	7	0.7（5年）
韩马林	1998—2000年	鱼塘	32	2.49	辛金泉	1996—2000年	河道	15	2.25（5年）
沈国良	1998—2000年	鱼塘	31	2.43	沈林宝	1996—2000年	河道	5	0.5（5年）
袁振东	1998—2000年	鱼塘	22	1.71	洪香珍	1996—2000年	河道	4	0.8（5年）
丁雪华	1998—2000年	鱼塘	22	1.71	合计			88	14.6
汪玉根	1998—2000年	鱼塘	29	2.04	毛炳根	1998—2000年	鱼塘	150	10.35（3年）
王荣林	1998—2000年	鱼塘	7	0.51	潘水兴	1998—2000年	鱼塘	115	7.94（3年）
丁凤弟	1998—2000年	鱼塘	35	2.73	潘水生	1998—2000年	鱼塘	91	6.28（3年）
徐红弟	1998—2000年	鱼塘	45	3.51	俞阿五	1998—2000年	鱼塘	150	10.35（3年）

续表

庙灯村					白渔潭村				
姓名	承包年限	类型	养殖面积/亩	3年核定上缴/万元	姓名	承包年限	类型	养殖面积/亩	核定上缴/万元
周卫明	1998—2000年	鱼塘	18	1.29	俞正清	1998—2000年	鱼塘	200	13.8（3年）
潘金海	1998—2000年	鱼塘	13	1.02	俞阿奎	1998—2000年	鱼塘	30	2.07（3年）
合计			254	19.44	张炳兴	1998—2000年	鱼塘	40	2.76（3年）
					赵德兴	1998—2000年	鱼塘	60	4.14（3年）
					合计			836	57.69

表4-3　2001—2005年庙灯村（并村后）水产养殖情况表

开始年份	姓名	类型	养殖面积/亩	承包年数/年	5年租金/万元	开始年份	姓名	类型	养殖面积/亩	承包年数/年	5年租金/万元
2001	王炳根	鱼塘	150	5	17.25	2001	张锁同	河浜	12	5	2.4
2001	潘水兴	鱼塘	115	5	13.225	2001	张存根	河浜	5	5	1
2001	潘水生	鱼塘	91	5	10.465	2001	沈金荣	河浜	17	5	3.4
2001	俞阿五	鱼塘	150	5	17.25	2001	何长生	河浜	11	5	1.65
2001	俞王请	鱼塘	200	5	23	2001	王大泉	河浜	7	5	1.4
2001	金阿奎	鱼塘	30	5	3.45	2001	高炳男	河浜	5	5	0.5
2001	张炳兴	鱼塘	40	5	4.6	2001	顾惠根	河浜	7	5	0.7
2001	赵德兴	鱼塘	60	5	6.9	2001	辛金泉	河浜	15	5	2.25
2001	韩马林	鱼塘	32	5	4.3	2001	沈林宝	河浜	5	5	0.5
2001	沈国良	鱼塘	31	5	4.05	2001	洪香珍	河浜	4	5	0.8
2001	袁振东	鱼塘	22	5	2.85		合计		88		14.6
2001	丁雪华	鱼塘	22	5	2.85						

续表

开始年份	姓名	类型	养殖面积/亩	承包年数/年	5年租金/万元	开始年份	姓名	类型	养殖面积/亩	承包年数/年	5年租金/万元
2001	江德根	鱼塘	29	5	3.4						
2001	王荣林	鱼塘	7	5	0.85						
2001	丁凤弟	鱼塘	35	5	4.55						
2001	徐红弟	鱼塘	45	5	5.85						
2001	周卫明	鱼塘	18	5	2.15						
2001	潘金海	鱼塘	13	5	1.7						
	合计		1 090		128.69						

(二)养珠蚌

1974年，在城南人民公社多种经营服务公司帮助指导下，白渔潭大队与蔡家大队决定合作养珠蚌，白渔潭大队提供农科站37亩水面，蔡家大队负责养珠蚌及做蚌珠生产技术指导。两个大队各安排3名工作人员，当年接种手术蚌1 500只，1975年又接种2 000只。1977年收获蚌珠1.8公斤，获利4 000多元。1979年，在苏州黄棣技术人员指导下又接种手术蚌2 500只，不久后又接种2 500只手术蚌，总共接种8 500只。到1980年共收获蚌珠16斤，创收1万多元。后由于多种原因，于1981年终止珠蚌合伙养殖。

四、手工

20世纪60年代后期至70年代，庙灯大队和白渔潭大队的大部分村民通过拾煤渣烧煤炉，甚至有的开始用柴油炉子，把稻草和麦柴节省下来，再让放假的学生、家里的老人用稻草搓绳、用麦柴编麦柴辫子，出售到县土产公司，换取一些收入。或满足防汛排涝和各种机械零件包装的需要。两个大队80%的社员在农闲时起早摸黑搓绳织草包，每人一天能编织35~40只，由县土产公司统一收购，按质论价，一般每只草包0.25元左右，成为农民家庭副业的主要收入来源之一；1983年，实行家庭联产承包责任制后逐渐消失。

20世纪70年代初，境域内又兴起踏绳的高潮。大部分社员请木工制作踏绳机，然后把留作燃料以外多余的稻草制成盘状绳子，还有的家庭外出收购稻草进行加工。开始都以脚踏作为动力，后逐步发展为用马达来牵引。制成的绳子打包后卖给供销社，供销社送往厂矿企业用于打包捆扎之用。这一副业在 1983 年实行家庭联产承包责任制后逐渐消失。

第三节 工业企业

一、村办企业

从 1972 年白渔潭大队建办白渔潭化工厂开始，境域内先后共兴办起 10 家村（队）办集体企业。

白渔潭化工厂 创办于 1972 年，为境域内第一家队办企业，厂址在大礼堂东侧，建厂房 100 平方米，厂长为孙志伯，有职工 4 人。产品是给昆山化工厂钡盐车间加工化工硫酸钡。工人用船运回原料后，放到大缸里，用小水泵把河水抽到缸里，过滤漂白后放在太阳下晒干，用粉碎机打细后装入蛇皮袋，送往钡盐车间，按质按量收取加工费。1982 年，企业搬迁到第 9 生产队蘑菇棚，因原厂长年老，由毛配泉任新厂长，工作人员增加到 8 人。至 1995 年，因污染水环境停止加工生产。开办 23 年间，企业完成加工收入 23 万元，实现利润 5 万元，累计发放工人工资 10 万余元。

庙灯瓦坯厂 创办于 1973 年，厂址在庙灯大队办公室南侧第 10 生产队公场，建厂房 240 平方米，厂长为徐夫根，有职工 10 人。企业主要生产平瓦坯子，当时拌泥用牛踏，瓦坯用人工掼，产品主要送往太仓砖瓦厂。为提高瓦坯量和增加企业利润，1976 年购置瓦坯机和拌泥机各 1 台，工人由 10 人增加到 31 人。1992 年，因建沪宁高速公路，企业土地被征用而停办。生产期间，企业实现产值 68 万元，利润 17 万元，发放工资 35 万余元。

白渔潭柳器厂 1974年创办，工厂以250平方米的白渔潭大队礼堂为厂房，厂长为李宗根，有职工20人。产品主要是用柳条人工编织农药箱子，以及用机械编制包装箱及山笆、挽子等，产品由昆山县农资公司按订单收购。1974—1980年，企业年产值保持5万元左右，年利润0.8万元，累计发放工人工资6万余元。

山笆（2019年，罗英摄）

1981年，由于订单量增多，职工由20人增加到30人，年发放工资1.8万元。到1987年售给李宗根个人经营。办厂13年，实现工业产值85万元，利润10万元，累计发放工资18万元。

白渔潭并铁厂 1979年创办，厂址在白渔潭门前河东排灌站西侧，建厂房200平方米，厂长为王金生，有职工20人。企业主要是用人工把废铁屑、废铁皮敲压成小方块，销往上海市第五钢铁厂（简称"上钢五厂"）。1983年，张仁山兼任厂长，职工由20人增加到30人，添置1台牵引压块机，年产值15万元，年利润1.5万元，年发放工资1.5万元。1986年，朱梅根接任厂长，职工增加到50人。为企业发展，购买1台中型油压机，月压量200吨。1986—1992年，企业年产值保持在20万元左右，年利润3万元，年发放工资2.5万余元。1993年，张镇云任厂长，职工数量没有变化，后因销路不佳，至1995年企业停办。并铁厂经营16年，共完成工业产值230万元，实现利润27万元，累计发放工资46万余元。

白渔潭冲压件厂 1980年创办，厂址在白渔潭大队大礼堂北面，厂房面积为80平方米，配有车床和冲床各1台、职工6人，厂长为龚卫生。企业主要业务为五金加工（铁叉）。1988年转售给个人。办厂8年，共完成产值11万元，实现利润1万元，累计发放工资4万余元。

庙灯针织厂 1981年创办，以庙灯大队300平方米的大礼堂为厂房，厂长为唐金龙，有职工30人。企业开办时由昆山县城南乡人民公社编厂支援10台旧横机，并培训职工；后增添10台横机。企业主要生产尼龙绣花衫、尼龙裤等产品。当时人民生活水平较低，企业生产的产品销路较好。1982年，企业为了进一步拓展和打开销路，向国家商标局成功申请注册"庙灯"商标，产品销往全国十多个省份，年产值一跃达60多万元，利润3.5万元。1985年，因市场变化、原材料涨价，产品销路不好而停办。企业开办4年间，完成工业产值188万元，实现利润13万元，累计发放工资8万余元。

庙灯商标厂 1988年创办，以100平方米的村种子仓库为厂房，厂长为龚宗良，有职工14人。主要生产服装型号带。1991年，由于多种因素企业停办。企业生产经营4年，共完成产值21万元，实现利润2万元，累计发放工资4.5万余元。

白渔潭南洋织带五金厂 创建于1991年，厂位于白渔潭排灌站南侧大漊河西边，建标准厂房2 000平方米，厂长为严清华（引进），有职工40人。企业购置织带机30台、冲眼机10台，主要生产鞋带，包括鞋带上冲眼。1998年，由于技术、销售等因素而停办。企业生产经营7年，共完成产值230万元，实现利润6万元，发放工资28万余元。

庙灯纸箱厂 1992年创办，厂址在庙灯路北小漊河西，建标准厂房1 200平方米和辅房120平方米，厂长为马子晶，有职工63人。企业主要生产各种包装纸箱。1997年，企业转售给个人经营。在企业生产经营的5年间，共完成产值850万元，实现利润25万元，发放工资46.5万元。

白渔潭异形塑料制品实业公司 创办于1993年，厂址在白渔潭南洋织带五金厂北侧，建标准厂房2 200平方米，厂长为伏斌，有职工32人。企业有压缩机20台，主要生产各种塑料窗帘等。1997年，企业由于多种因素而停办。办厂期间共完成产值130万元，实现利润3万元，发放工资13万余元。

二、驻村企业

2000年，波力食品（昆山）有限公司首先入驻。此后，昆山市连通废旧物资回收有限公司、昆山市仓管家木制品有限公司、林克特克汽车零配件（昆山）有限公司、苏州电力工程建设有限公司、昆山市东诚五金科技有限公司等企业先后入驻。入驻企业既有国资公司，也有民营企业。至2019年，庙灯村域内共有驻村企业16家，其中建在晨淞路的有1家、晨丰路的有3家、庙灯路的有7

家、沪宁高速公路边的有3家，还有建在学校的2家，入驻的企业较多为高科技型企业。除6家企业被动迁之外，其他的企业都在正常经营中。（表4-4）

表4-4　2000—2019年庙灯村域入驻企业情况表

序号	企业名称	地址	2019年状态
1	波力食品工业（昆山）有限公司	沪宁高速公路南	生产中
2	昆山市连通废旧物资回收有限公司	庙灯路	2017年8月动迁
3	昆山市仓管家木制品有限公司	庙灯路	2017年8月动迁
4	林克特克汽车零配件（昆山）有限公司	晨淞路	生产中
5	苏州电力工程建设有限公司	昆山县城南乡白渔潭完全小学校	生产中
6	昆山市东诚五金科技有限公司	晨丰路	生产中
7	昆山申为激光科技有限公司	晨丰路	生产中
8	昆山尚泰电器洁具有限公司	晨丰路	生产中
9	昆山新诚停车服务有限公司	昆山市玉山镇庙灯中小学校	生产中
10	生佳佳媒文化股份有限公司	沪宁高速公路南	生产中
11	上海正飞东广告有限公司	沪宁高速公路南	生产中
12	中国铁塔股份有限公司苏州分公司	庙灯路	生产中
13	昆山市开发区发辉餐饮有限公司	庙灯路	2017年8月动迁
14	昆山华颖金属制品有限公司	庙灯路	2017年8月动迁
15	昆山致丰塑胶包装有限公司	庙灯路	2017年9月动迁
16	昆山鹿神涂装有限公司	庙灯路	2018年1月动迁

林克特克厂房（2019年，罗英摄）

第四节　商贸服务业

一、商贸企业

20世纪90年代，随着改革开放的深入和市场经济的发展，国家鼓励个体私营企业发展，村里的一批新型知识农民和原村镇企业骨干，踊跃地投入商海，办起各类商贸公司、企业等。至2019年，村民兴办的商贸公司和民营企业近17家，其中有的商贸公司形成较大规模，在市场上有良好的形象。袁振红创办的昆山市华鼎装饰有限公司，经营产品多样化，业务覆盖全国各地，客户数量和销售额不断上升。宋国强创办昆山市强成装饰木业有限公司和江苏麒强家具有限公司，固定资产超亿元，公司日益壮大。

二、个体作坊

（一）屠猪

中华人民共和国成立后，在很长一段时期内，每家农户基本上都养猪。猪养大后，农户除售给国家之外，很多就在当地将它屠宰，现卖或留给自己食用。改革开放后，庙灯第3生产队徐根勤有屠猪手艺，于是办起了屠猪作坊，他收购村民养的肉猪，屠宰后卖给村民。该作坊至1992年停办。

（二）豆腐坊

20世纪70年代末，庙灯大队王福林、张水龙、张益明、吕振明等有做豆腐技能的村民，先后办起了豆腐作坊，王福林豆腐坊的豆腐可以用钱购买或用黄豆兑换收加工费。他做的豆腐、百叶、豆腐干、油泡特别好吃，供不应求。2010年，他做的豆腐进入朝阳菜市场在摊位上销售，总是一售而空。张水龙的豆腐作坊会将豆腐用小船摇到附近村庄出售或让村民用黄豆兑换豆腐，特别是农忙中方便了村民。至2015年动迁时停做。

（三）维修部

20世纪70年代，白渔潭大队骆德凤为生产队社员修锁配钥匙，修理无线电收音机。80年代，他办起了个体小型机械维修部，主要修理一些小型农业机械设备，同时还修理生产队的山笆、挽子。此后，随着农业生产逐步由传统农具向机械化发展，农药喷雾机、脱粒机、灌溉机、拖拉机等机械设备在生产中得到越来越广泛的使用，这些机械设备在使用过程中都需要维修、保养。骆德凤天资聪颖、刻苦钻研，学会了电焊、风焊、白铁、钣金等技术，还会自画图纸自打样，尤其是修理大小马达，技术高人一等，方圆20里的农民很多要找他维修保养电器和农机具。除了修理本村家用电器设备和农业机械，他还会搭建简易棚。该维修部至2011年动迁时停办。

（四）运输户

1981年，白渔潭大队第1生产队的胥忠兴、第2生产队的许银华开始专业搞运输，成为村里的运输专业户。他们通过几年的运输工作，得到较好收入。

1983年，实行家庭联产承包责任制后，庙灯村第10村民小组的朱小明、蔡水良，白渔潭村第2村民小组的沈品荣、周三孝，第3村民小组王扣忠，第8村民小组李兴泉，第10村民小组邹金林等7户家庭，每户购置12~15吨水泥船1条，并装上挂桨机从事运输业。当时正值建楼房高潮期，他们为建房户装运砖头、黄沙、水泥、石子、石灰等建筑材料，为有关村建排灌站、路、桥、闸施工方运石头、砖头、水泥、黄沙、石子、砖瓦等建筑物资，同时给村办企业、镇办企业、市级企业装运货物。

2000年后，由于陆路交通工具不断发展，水路运输逐步减少，陆上运输开始成为主流，水上专业运输户随之逐渐减少。至2019年，除第15村民小组的水上专业运输户许宝林还在跑运输外，其余运输户于2010年全部停运。

（五）收废铁

1979年，白渔潭大队兴办并铁厂，带动社员通过收购废铁走上富裕之路。是年，第14生产队的张锁陆用运输大船到花桥、嘉定等地收购废钢渣、废铁，直接送往上钢五厂，当年得益丰厚，并于1982年成为白渔潭大队第一个"万元户"。

在张锁陆的带动下，第 14 村民小组的张锁红、张仁良、张仁山，第 15 村民小组的张锁明、张锁云，第 16 村民小组的高小林、张锁根各用两只运输船到花桥、嘉定等地收购废钢渣、废铁屑、废铁，收满一船后直接送到上钢五厂。当年也收到一定的经济效益。随后，第 16 村民小组的骆宝基、洪阿小两对老夫妇各摇一只 5 吨水泥船，吃住在船上，到乡村边拾边收购废铁，收满一船后直接送到上钢五厂。当时并铁厂大量收购本村及周边村村民的废铁，白渔潭村村民通过捡废铁为家庭增加了可观的收入。至 2019 年，张锁陆、张仁良等开办的废铁回收有限公司依然正常经营。（表 4-5）

表 4-5　1988—2019 年庙灯村村民办企经商情况表

业主姓名	商号企业名称	家庭住址	开办时间
李宗根	昆山市玉山镇白渔潭柳器厂	庙灯村 18 组	1987 年
龚卫生	昆山市玉山镇白渔潭五金加工厂	庙灯村 15 组	1989 年
李水根	昆山宏兴建材有限公司	庙灯村 18 组	1998 年
张仁良	昆山废品回收有限公司	庙灯村 14 组	1998 年
袁振红	昆山华鼎装饰有限公司	庙灯村 10 组	1998 年
申建荣	昆山华利刀模厂	庙灯村 15 组	2002 年
宋国强	昆山麒强建材装潢有限公司	庙灯村 5 组	2003 年
张荣广	庙灯水泥黄沙石子码头	庙灯村 20 组	2004 年
周四孝	昆山市玉山镇亚力玻璃不锈钢装潢店	庙灯村 15 组	2007 年
龚东根	昆山市玉山镇龚东根杂货店	庙灯村 19 组	2007 年
王雪良	昆山市玉山镇天露房产中介服务部	庙灯村 20 组	2008 年
张锁陆	昆山市东楹精密机械有限公司	庙灯村 14 组	2010 年
申建华	昆山纺织品经营部	庙灯村 21 组	2013 年

续表

业主姓名	商号企业名称	家庭住址	开办时间
李 熊	昆山三棵树油漆店	庙灯村18组	2015年
俞先良	昆山凝垚磊建筑工程有限公司	庙灯村18组	2017年

*昆山市东楹精密机械有限公司创办于2003年，张锁陆于2010年收购此公司。

三、农副市场

2005年，庙灯村为推动农业产业化经营，搞活流通领域，在庙灯路北侧建造1 440平方米大棚蔬菜市场。一方面便利周边群众采购农产品，另一方面为本村村民农副产品销售提供平台，使农业产业化向纵深发展。当年收益24万元。2008年12月，遭特大暴雪，菜市场大棚全部倒塌，随之停办。

四、房产租赁

（一）集体资产租赁

2003年3月，庙灯村投资25.4万元，在庙灯路南侧建标准厂房2幢共1 062平方米，对外出租，年收入租金6万元。2004年10月，村投资9.45万元，在庙灯路南边建造300平方米厂房，年收租金3万元。2005年9月，村投资16.04万元，在庙灯路南侧建标准厂房384平方米，年收入租金1.8万元。是年10月，投入资金471万元（其中村投入252万元），在新南村建标准厂房5 006平方米，年租金收入49万元，收益率为10.5%。

2009年4月，庙灯村投资589.8万元，在昆山高新区娄江工业园区建标准厂房3 763平方米，年收入租金60万元。2013年7月，庙灯村在新南村2005年建的标准厂房旁边，又建标准厂房2幢，共1 600平方米，村投入资金280.4万元，年收租金28万元。

至2013年，庙灯村先后建标准厂房12 115平方米。每年村集体获得的租金收入，除用于村民股份分红，还满足了村行政管理和集体积累的需要。至2019年，村获得房租收入209.32万元，集体房产租金收入成为村集体收入的重要来源。（表4-6）

表 4-6　2003—2019 年庙灯村村集体房产租赁情况表

年份	收入/万元	年份	收入/万元	年份	收入/万元
2003	16.20	2009	118.70	2015	216.11
2004	22.50	2010	137.89	2016	192.37
2005	20.10	2011	122.51	2017	225.90
2006	38.40	2012	159.20	2018	282.10
2007	41.30	2013	222.61	2019	209.32
2008	58.70	2014	232.01		

（二）村民房产租赁

2000 年后，随着越来越多村民的房屋动迁，村民按政策规定获得的安置房的数量也逐年增加。村民获得的安置房，除自己居住外，还有余房可供出租。同时，因离城区较近，随着城区开发建设规模扩大，企业用工量越来越大，大量打工者的到来，使得租房需求量急剧上升。2003 年，村民向外租赁个人房产 50 套，共获得租金收入 25 万元。2010 年，村民向外租赁个人房产上升到 410 套，共获得租金收入 574 万余元；到 2019 年，村民翻置租赁房产，获得的租金收入几乎翻了 3 倍，分别为 735 套、1 528.8 万元。个人房产租赁收入成为村民增收的重要来源。（表 4-7）

表 4-7　2003—2019 年庙灯村村民房产租赁情况表

年份	出租户数	出租套数	收入/万元	年份	出租户数	出租套数	收入/万元
2003	47	50	25.00	2008	316	382	496.98
2004	186	236	120.36	2009	379	401	529.32
2005	303	311	389.68	2010	385	410	574.41
2006	312	318	400.04	2011	402	481	825.88
2007	314	325	415.65	2012	475	498	860.54

续表

年份	出租户数	出租套数	收入/万元	年份	出租户数	出租套数	收入/万元
2013	489	527	911.71	2017	703	718	1 425.23
2014	500	581	1 051.61	2018	705	721	1 449.21
2015	564	729	1 323.14	2019	702	735	1 528.80
2016	561	731	1 369.16				

第五章　文明建设

庙灯村精神文明建设起始于思想道德教育，深化于文明新风创建，创新于新时代文明实践。中华人民共和国成立后，村党组织把思想道德建设放在重要位置。20世纪60年代，在党员干部和村民群众中开展社会主义教育。改革开放以来，组织开展"五讲四美三热爱"、社会主义荣辱观、社会主义核心价值观教育和按中央统一要求开展其他系列学习和教育活动。80年代开始，村党组织坚持物质文明和精神文明建设两手抓，把精神文明建设落实在文明创建之中，全村90%以上的家庭被评为文明户，庙灯村先后获得"昆山市农村精神文明建设先进村"等荣誉称号。2018年，村"两委"顺应农村到社区、村民成居民的转变，适应精神文明建设的新要求，成立村志愿者服务站，让党员干部牵头，以青年团员为主体，带动村民积极参与志愿行动，使得志愿服务队伍不断壮大，志愿服务组织在关爱妇女儿童、助力老人事业、推进环境治理、开展防疫工作等方面发挥积极作用，赢得村民的普遍称赞，为新时代文明实践谱写新的篇章。

 第一节 思想道德教育

一、宣教活动

1953年11月，城南乡学习贯彻党过渡时期的总路线、总任务，要求在一个相当长的时期内，逐步实现国家的社会主义工业化，逐步完成国家对农业、手工业和资本主义工商业的社会主义改造。庙灯村、白渔潭村及时学习、宣传、贯彻、落实总路线、总任务精神。

1959年10月，城南人民公社党委制定《关于城南公社干部学习党的八届八中全会决议》的计划，境域党支部积极组织党员干部进行学习，要求全体党员干部正确认清我国当时的政治、经济形势，深刻认识总路线、反对右倾机会主义、"大跃进"和人民公社，坚持总路线，在党内开展批评与自我批评，确立无产阶级世界观，加强党性，增强团结。

1966年，庙灯大队党支部和白渔潭大队党支部积极响应城南人民公社党委号召，掀起学习毛主席著作的高潮，在党员的带领下，学习毛主席著作做到在家学、田头学，识字的带头学、不识字的跟着学，全村上下男女老少一起学，并通过典型介绍、会议交流等途径，交流学习体会和学习经验。毛主席著作中的《为人民服务》《纪念白求恩》《愚公移山》，被人们称为"老三篇"，是大家学习的重点。自毛主席著作学习高潮掀起后，"一切为革命，一切为人民，热爱集体、关心他人"的思想深入人心，做好人好事蔚然成风，到处呈现出社会主义新风尚，营造良好的村风。

1978年末1979年初，庙灯大队党支部和白渔潭大队党支部组织党员干部学习中共十一届三中全会精神。给全体党员定期或不定期地上党课，尤其是通过

"三会一课"制度组织党员学习文件，领会精神实质，使全体党员干部明确党的中心工作的转变，形成聚精会神搞建设、一心一意谋发展的思想共识。使党员明确解放思想、改革发展的重要性，形成立足大队实际，加快发展的思想共识。大队党支部还要求党员干部把中共十一届三中全会精神向群众进行宣传，做到上下贯通，形成共识和发展的合力。

1986年8月，庙灯村党支部和白渔潭村党支部贯彻城南乡党委《关于组织全体党员认真学习党的基础知识的通知》精神，组织党员学习党的基础知识，进一步认识党的性质、党的宗旨、党的纲领，通过学习要求每个党员弄清发展社会主义商品经济与实现共产主义的关系，在实际工作中怎样做到全心全意为人民服务，从而使全体党员与时俱进。

2001年，庙灯村党总支成立后，把党员干部的学习教育放在重要位置，通过完善学习制度，组织党员学习全国党代会精神，并按照中央统一要求和昆山市的部署，组织开展学习教育活动。2005年，组织党员着重开展"三个代表"重要思想学习和教育活动。2006年，组织党员群众开展社会主义荣辱观学习和教育活动。2007年，组织党员群众开展"讲文明话、办文明事、做文明人"专题教育活动。2008年，组织党员群众开展社会主义核心价值观宣传教育活动。2012年，组织党员群众开展"两学一做"学习教育活动。2018年，组织党员群众开展"不忘初心、牢记使命"主题教育活动。2019年，开展"党员先锋十带头"和"农村党员十带头"宣传教育活动。2008—2019年间，庙灯村为切实加强思想道德教育，共举办道德教育、法律法规等专题教育、专题讲座96场次，发放各种宣传资料46 600份，受教育人次达13.5万，得到广大群众的认同。

二、阵地建设

市民学校 2014年，为切实加强党员群众的思想道德教育，庙灯村借动迁建造村行政办公大楼之机，专门安排250平方米的市民学校为教育阵地，村"两委"每年制订宣传教育课题计划，定期邀请有关专家及律师进村，对党员群众进行专题授课。

图书室（2019年，罗英摄）

宣传窗口 2014年，庙灯村结合万丰苑集居区建设，在集居区村行政办公区广场前打造宣传画廊一条街，以创建"苏州市先锋村"和"江苏省卫生村"为契机，以"依法治村、依法自治"为抓手，每年有针对性地在宣传画廊内进行展示，宣传内容为党在农村中的有关方针政策、法律法规知识、科普知识、村规民约、家教家风、文明礼貌等，既有文字，又有图片。让村民随时了解各方面的知识，引导村民树立正确的历史观、民族观、国家观、文化观，推进社会公德、职业道德、家庭美德、个人品德建设，有力推进社会主义精神文明建设。2014—2019年间，村"两委"利用宣传画廊、黑板报和有关社会主义精神文明建设的宣传资料，通过窗口开展宣传教育活动共计60期。

文化长廊（2019年，罗英摄）

微信群 2016年10月，庙灯村党总支按照新时代党的先进性要求，在全体党员中推出微信群，宣传有关党纪党规、道德教育等方面的内容，使全体党员把微信群中的正能量转为自觉行动，营造在岗党员做好"先锋岗"、在家党员做好"示范户"、在外党员做好"常回家"交流的氛围，真正起到"小微信、大教育"的成效。

电子屏幕 2015年6月，庙灯村"两委"结合新农村集居区的建设，在集居区区域内醒目位置，专门邀请有关广告公司设计大块电子滚动屏幕，以及在村便民服务中心大厅内，专门设计电子滚动屏幕，宣传中共中央方针政策、习近平总书记重要讲话精神、社会主义核心价值观、普法教育、消防安全知识、疫情防控、垃圾分类等。

第二节 创建活动

一、文明村创建

改革开放后，境域党组织坚持"两手抓"。一手抓经济建设，在农业稳定发展的基础上，积极调整农业经济结构，鼓励多种经营，发展乡村企业，经济稳步发展，村民生活实现小康；一手抓精神文明建设，把思想道德建设放在文明村创建的突出位置。20世纪80年代，组织开展讲文明、讲礼貌、讲卫生、讲秩序、讲道德，心灵美、语言美、行为美、环境美，热爱祖国、热爱社会主义、热爱中国共产党的"五讲四美三热爱"教育实践活动。2000年后，组织开展社会主义荣辱观教育和社会主义核心价值观教育，增强村民文明意识，促进全村文明程度的提升。2006年，庙灯村获得"昆山市农村精神文明建设先进村"称号。

二、先锋村创建

2006—2008年，庙灯村从村情实际出发，在强村、富民、自治三个方面采取扎实措施，争创苏州市"实践'三个代表'，实现'两个率先'"先锋村。

在强村方面，村"两委"根据昆山市工业化、城市化大力推进，村里大批农田被征用，大批民房被动迁，村级经济空间小、资源乏、难度大的实际，发动党员干部和村民群策群力，拓展发展思路，勇于创新实践。通过村村联合，积极寻找新的增长点，发展村域经济，在村民集居区建造1 200平方米的村农贸市场，既方便群众，又促进村级经济发展；通过向上争取，在昆山高新区的大经贸园区内建造2 500平方米的标准厂房，用于出租，增加集体收入；利用村集体积累投资50万元入股唐龙村的昆山市成基新型建材有限公司，取得分红收入。种种强村举措，为村级经济发展注入了新的活力，提升村里的经济实力。

在富民方面，村"两委"根据村里征地动迁带来的村民失地、就业困难、收入不稳等实际情况，积极做好失地农民补偿工作，2010年失地面积2 034亩，失地补偿人数1 573人，发放补偿金180万元；全面实施"人人有工作、个个有技能、家家有物业"的"三有"富民工程，村开设就业绿色通道，使全村农村劳动力就业率达95%，农户物业户为459户，年物业收入581万元，村民家庭的物业收入覆盖率达89%；组建富民股份合作社，通过党员干部带头引导，鼓励农民自愿投资入股，村民年分红率保持在10%以上；社会保障全覆盖，当年农民社保、农保、医保等覆盖率均为100%。种种富民举措，开辟了村民增加收入的渠道，确保村民共享发展成果。

在村民自治方面，村"两委"通过修订村规民约，使得村民行为有章可循，促使村民自我约束，遵纪守法；依法进行村委会换届选举，村"两委"通过完善"村务、党务、政务、财务"四公开、四民主制度，确保村里做到有章理事，确保村民对村务活动的民主监督；建立健全党内"三会一课"制度和党员双目标管理制度，通过各项制度的建立，形成良好的党风、村风和民风；持续开展新风户、科普户、文明户评比，发挥文明典型的示范作用，促进全村文明程度再提升。2009年，庙灯村被中共苏州市委员会评为实践科学发展、推进"两个率先"先锋村。

三、生态村创建

2001年，庙灯村根据玉山镇政府关于农村开展清洁村庄、清洁家园的指示精神，开展卫生村创建工作。是年，庙灯村获评江苏省卫生村。2001年，村"两委"班子着手部署创建江苏省生态村，促进宜居人文环境打造，建造无公害食品基地，推动"美丽乡村"建设。2001—2008年，村"两委"按照生态村建设要求和各项硬性指标，逐条对照，逐项补缺、补短，做到实事见实效，不做表面文章，做到创建宣传力度到位、创建举措落实到位、创建投入保障到位，使得创建生态村工作扎实推进。

在创建宣传方面，首先让党员干部和村民群众对创建生态村在思想认识上达成共识。村"两委"采取多种形式、多个渠道宣传创建生态村的意义和目的，如通过宣传栏宣传，印发致全体村民的公开信和开展文艺演出等方式进行广泛宣传，真正做到家喻户晓、人人皆知。通过层层宣传的发动，大家认识到创建是形式，提升村民共同生活的环境质量是目的，达成这是给村民带来福祉的一项工程的共识。在统一认识的基础上，全村上下形成"人人参与、家家支持"创建氛围，为创建生态村奠定坚实基础。

在创建举措方面，村"两委"根据江苏省生态村创建工作要求，围绕"六清六建"和"一绿"目标，将措施落实到位。围绕清洁河道，建立以河长制为主体的河道治理机制，安排10名专业人员，负责境域内所有河道的保洁工作。围绕清洁村庄，建立村庄卫生保洁专业队伍，配备18人的专业队伍具体负责境域内路边、绿化边、村庄边的垃圾卫生清理工作。围绕清洁家园，由村民监督领导小组定期逐户进行上门检查，确保"不走样"。围绕清洁场所，对境域内的医疗站、便民服务中心、婚丧喜事会所等，建立保洁卫生制度并进行定期检查。围绕清洁野田生态园，安装生态园无公害检测设施和设备。围绕清洁农产品生产基地，建立无残留农药、无污水灌溉、无草害、无药害等的无公害生产配套措施。在"六清六建"的基础上，实施绿色工程，全村绿化面积达81 800平方米，绿化覆盖率达33.2%。

在创建投入保障方面，村"两委"在硬件设施上配套齐全，在软件上做好文章。村里投入430万元，其中25万元用于河道清淤，37.5万元用于填潭浜，132万元用于22 000米道路硬化，49.5万元用于新增1 800平方米绿化面积，投入108万元扩建3个停车场和1个门球场，投入60万元建立4座垃圾中转站，支付保洁人员报酬30万元。由于财力得到保证，创建短板从根本上得到弥补，创建预定工作目标得以实现。

2008年，庙灯村被评为江苏省生态村。

四、文明户评选

1998年，庙灯村党支部和白渔潭村党支部根据昆山市委《关于在全市开展文明市民的教育活动的实施意见》精神和中共城南乡党委《关于开展文明市民教育实施计划》具体要求，在村民中组织开展文明教育。村党支部坚持以人为本，持之以恒地在全村村民中进行以爱国主义、集体主义、社会主义为主要内容的思想道德教育和以礼貌、礼仪、礼节为主要内容的文明礼貌教育。通过教育，村中形成了人人"讲文明话、办文明事、做文明人、创文明户"的良好氛围。同时，对村民重点开展以社会公德、职业道德、家庭美德和礼貌、礼仪、礼节等为主要内容的专题教育。结合《昆山市民公约》《昆山市文明卫生行为规则》《昆山市文明礼貌用语》等内容，村"两委"制定做文明村民的实施措施，要求每一个村民坚持"文明无小事"，做到遛狗牵好绳，及时清理粪便、不乱扔垃圾、不随地吐痰、不乱堆杂物、不车窗抛物、不搞封建迷信、不铺张浪费。

从1998年开始，以村民小组为单位，每年年终由村民代表对每户村民家庭进行民主测评。是年，经过民主评议，庙灯村260户村民家庭中有210户村民家庭被评为文明户。白渔潭村也开展了文明户评选，评出文明户156户。

2001年，庙灯村与白渔潭村合并，7个自然村的村民开始过上城市居民的生活，村民的生活环境和生活习惯都变了，村"两委"对村民家庭的文明创建的要求更高了。2004年，庙灯村党总支贯彻玉山镇党委《关于创建全国文明城市的实施意见》，进一步细化规范村里创文明户的具体内容，在文明户评选基础上创"五好家庭"，更加重视家庭美德建设，倡导科学、健康、文明的生活方式，把育"德"作为立家之本，倡导良好的生活作风，高尚的人格形象，正确的爱子方式、教育手段和温暖的家庭环境及严谨的红白事。同时在村"两委"班子成员、工作人员及村民组长中，开展争创"文明示范岗"活动，倡导爱心、真心、关心、热心、贴心的"五心"行动，促进助人为乐、扶贫帮困、和谐友善的良好社会风气形成。

2005—2018年，全村文明户参与考评率每年均达98%，文明户达标率均在95%以上。文明户创建活动，营造了良好的党风、村风、民风，使得全村无一起刑事案件，无群体性的迷信和赌博现象。

2019年，在昆山高新区党工委工作部组织开展的以"好儿女、好媳妇、好管家"为主要内容的和谐文明家庭评选活动中，全村有杨小根、王雪峰、张玉梅、徐景彩、周金珍、朱娟6户家庭被评为和谐文明家庭。

第三节 志愿行动

一、志愿服务队伍

20世纪60年代，毛泽东题词"向雷锋同志学"，举国上下掀起学习雷锋同志、争做好事的热潮，境域内也涌现出一些好人好事。60年代末秋收季节，庙灯大队第10生产队队长袁文明一大早走到田埂，发现有一块倒伏的稻田，稻已割好，东打听西打听，问是谁把这块倒伏稻割好的，没有人回应，后来在稻田里发现一把镰刀，才知道是袁志毅、沈巧荣等社员做了好事。袁文明要给他们记工分，他们拒绝了，并说做一点小事不算什么，离雷锋同志的事迹差得远呢。这种志愿服务的精神一直在境域内流传。

2018年7月，根据乡村变城镇、农民变市民的发展要求，针对新时期区域内农村居民多、新昆山人多、新的集居区内居民迁移多等实际情况，村委会的工作职能逐步向社区居委会职能转轨，组建志愿者服务站，发动社会力量，组织开展志愿行动。志愿者服务以"学雷锋，见行动"为准则，结合本村域内广大群众所求、所需、所帮等有关事项，认真梳理，并分门别类地列出清单，制订志愿者服务活动计划，开展公益性社会服务活动，收到了良好社会效益，也深受广大群众赞赏。

村团支部根据昆山高新区党群工作部的统一部署，在村党总支的领导下，按昆山市志愿者协会、共青团昆山市委员会在全市开展志愿者服务的通知精神，着手筹划志愿服务队伍建设。2018年10月，全村党员带头示范，青年团员积极报名，组成由洪卫明、钟惠明、陆平、陆秀勤、沈琴、沈洪、李彦斐、丁琴花、胡铭、王昱杰等10名志愿者参加的志愿服务队伍。志愿者重点围绕心理咨询、青少年维权、敬老助残、广场便民等项目开展志愿服务。至 2019 年底，全村的志愿服务队伍扩大到 60 人，其中党员 28 人、普通村民 32 人。

二、志愿者服务项目

（一）关爱妇女儿童

2018 年开始，在每年三八妇女节和母亲节期间，村团支部和妇联牵头，组织带领志愿者开展以"以关爱妇女为荣，倡导温馨和谐、平等文明家庭"为主题的活动，讲述母亲节的由来，为妈妈表演精彩文艺节目。每年六一儿童节期间，组织志愿者开展广场文化与亲子互动游戏等活动。志愿者还组织境域内青少年开展书法培训等系列活动，关爱青少年成长。

（二）助老、助残服务

2018 年，村志愿者服务站成立后把帮助困难群体作为志愿服务的重要内容，对区域内 65 周岁以上老年人开展助老服务，邀请仁济医院医生进社区，为老年人量血压、做体检，开展健康咨询，让老人们有好的身体安度晚年。在村委会统一安排下，组成"村委会工作人员+社工+志愿者"的"三位一体"志愿服务团队，对境域内 62 名残疾人入户走访，了解他们的所求、所需，在残疾人之家改造无障碍通道，在卫生间安装扶手，并且提供残疾人辅具，包括手杖、轮椅等器具，帮助他们解决实际困难，让他们体会到党的关怀和温暖。

（三）助力文明创建

2019 年，庙灯村志愿者服务站在昆山市争创全国文明城市工作中，根据创建文明城市的要求，结合本村的实际，开展文明实践示范活动。志愿者积极参加创建文明城市的宣传活动，倡导辖区内农村居民讲文明话、办文明事、做文明人；同时志愿做好垃圾分类的示范和督促工作。在开展文明礼仪、文明服务活动中，志愿者戴好红色袖章，义务做好交通安全示范引导，轮流在境域主要路段开展文明礼让宣传和劝导工作。志愿者们的无私服务，给村民带来了幸福感、安全感，尤其在消防安全演练和小区电瓶车的规范化充电，以及垃圾分类等方面取得明显成效，这些离不开志愿者们的辛勤付出。

（四）防疫志愿行动

2019 年 12 月底，受其他区域新冠病毒感染的疫情影响，庙灯村志愿者服务站的志愿者提前行动，迅速做好防控知识的宣传。随后发放《告村民一封信》370份，走访724户1 400余人次。志愿者们放弃休息时间，义务做好防疫志愿行动，得到广大村民的普遍赞誉。

第四节　文明新风

一、助人为乐

乐于奉献的李健学　庙灯村第4村民小组的李健学自参加工作后，积极向上，乐于进取。2008—2017年，参与周火生组织的希望工程扶贫帮困团队，开展爱心助学公益活动。担任昆山市周火生希望工程志愿者协会副秘书长后，他坚持每年2次结对资助助学2名贫困学生，先后与安徽大别山贫困地区、鄂豫贫困地区等地区的贫困学生进行结对捐资助学，由他个人捐助的贫困学生有20多人。他还组织志愿者到学校义卖图书30多次，捐助贫困地区学校爱心图书室28所等。李健学不但身体力行捐资助学，而且经常发动身边的亲朋好友一起参与周火生希望工程扶贫帮困团队。

大爱精神的张卫宏　庙灯村第10村民小组的张卫宏自踏上工作岗位后，积极上进，乐于参加各种社会公益性活动。2003年"非典"和2008年四川汶川特大地震，他都主动在公司发起捐款捐物活动。2010年，他在同村好友李健学的推荐下参加了周火生希望工程扶贫帮困团队。2010—2016年，他先后多次捐款参与对安徽、湖北、河南、青海等省份贫困地区的爱心助学活动。他还利用自己公司的资源，帮助贫困地区推销贫困家庭的土特产。张卫宏热衷于公益事业的行动，使他获得了昆山市周火生希望工程志愿者协会颁发的证书。

无私奉献的唐洁玉　庙灯村第22村民小组的唐洁玉踏上工作岗位后，热衷于参加社会志愿者公益性活动。2016年，她参加了爱德基金会的公益活动，捐款资助云南省会泽县火红乡中学校的一名学生。该生父母离异，母亲改嫁，祖父、祖母先后过世，全靠一个辍学的哥哥在外打工维持家庭生活。唐洁玉得知这一情况后，主动把他在校学习的费用承担下来，直到该生完成中学学业。唐洁玉大爱之心令人敬佩，也值得大家学习。

二、爱岗敬业

热心公益的共产党员沈琴　沈琴退休前担任村"两委"委员，任村妇女主任。退休后，她仍然积极参加公益性社会活动。疫情防控中她主动积极投入到防控第一线，不计较个人得失，坚持每天起早摸黑在小区出入门口帮助村民测量体温，还亲自做好外来人员入住登记工作。她除了本人无私做好公益活动外，还叫自己的儿子报名加入志愿者队伍，一起参加社会公益性服务活动。她的大爱无私奉献精神，展示了一个共产党员先锋模范形象，受到村民的一致好评。

"好管家"吕宗泉　庙灯村第13村民小组的吕宗泉，原是一名大队机务人员，有水电维护的一技之长。退休后村委会聘他为村和集居小区的物管员，帮助处理日常水、电、消防、卫生等事项。吕宗泉不负村委会的期望，以敬业、勤劳、踏实、细致、认真的态度，默默地做好"管家"事务工作，且从不抱怨，对村里的部分公共设施能在第一时间内做好维护，对仓库管理能从零开始推进工作，为会所管理甘愿放弃节假日，对消防勤检查，尽心细致，确保无隐患等。他以敬业务实的精神，被大家称为"好管家"。

三、敬老爱幼

好女婿王雪峰　庙灯村第8村民小组的王雪峰，是村民陆勤妹家的女婿。他与妻子恩爱和睦，邻里乡亲关系融洽。他将家里的老人照顾得无微不至，特别是将患有白血病的岳母、患有哮喘的岳父及爷爷一直照顾到病故，如今还日复一日地精心照顾瘫痪在床的年迈的奶奶。王雪峰对每个家庭成员精心照料、从无怨言的大爱精神，获得村民称赞。

好媳妇张玉梅　庙灯村第18村民小组的张玉梅，是个勤俭节约、孝顺公婆的好人，与邻里和睦相处。她家里年迈的婆婆患关节炎20多年，关节变形，行动很不方便。张玉梅常常帮婆婆洗脚、擦身子、剪指甲、梳头等，照顾得无微不至。她对80多岁的奶奶也精心照料，十几年如一日，从无怨言。她的孝心获得了婆婆、奶奶的满口称赞，也得到小区群众的一致好评。

好媳妇杨小根 庙灯村第15村民小组的杨小根，2017年丈夫因患心脏病去世后，她一个人独自支撑整个家庭。经常帮患有心脏病和风湿性关节炎等多种疾病的婆婆洗脚、擦身、梳头等。除了精心照顾婆婆，她还担起全部的家务。杨小根敬老爱家，得到社区内群众的赞赏。

第六章　教育卫生

庙灯村的教育事业从村民无学可上,到九年制义务教育普及,村民文化程度从文盲居多,到有大学文凭的人过百,卫生事业从缺医少药,到小病不出村、大病能医治、人人有医保,发生了翻天覆地的变化。2019年,境域内19.73%的家庭有了大学生,137人获得大学本科文凭;新农合和社会医疗保障制度实施,村里医疗服务水平大大提升,村民看病贵的问题基本得到解决。

第一节 教 育

　　1917年，李源来在庙墩开办私塾，有20多名学生，从此境域内有了教育事业。虽然村里办学历史较长，但也只有经济条件较好的家庭的孩子能读村里的私塾，认一点字，但也只是相当于小学三、四年级的水平。绝大多数贫困人家的孩子根本上不了学。到1949年，98%的村民仍是文盲。

　　中华人民共和国成立后，在县、乡政府的领导和支持下，村里人力、物力、财力"三管齐下"发展教育。通过办扫盲班进行成人扫盲，办幼托班开展学龄前教育，建办小校、中学让学龄儿童进学校学习。特别是改革开放后，境域的教育事业成绩斐然。2011年，昆山高新区投资8520万元，建造占地80多亩，建筑面积2.8万平方米，各项设施都现代化的庙灯学校（后改名为吴淞江学校）。至2019年，65岁以下村民都有初中以上的文化程度，19.73%的家庭都有本科生或大中专生，有的家庭几个孩子都是本科生；全村培育出了本科生及以上学历者137人，其中硕士生4人。

一、私塾

　　1917年，李源来在庙墩村中心地段办起庙墩私塾，一位先生教20多名学生。1938年8月，祝墩台自然村有5位家长请了一位先生，先生由于收入太低，教了一年不到就辞职了。后另请了一位道士先生，道士有时忙不过来，就拉几个大一点的、聪明一点的孩子，简单教一下敲木鱼、敲锣、敲钹的方法去充数，如此一年不到私塾就停办了。1938年，庙墩私塾改为学校。当时的经济条件较差，有许多家长想让孩子读书，但没钱没米付学费；有的家长要求很低，只要孩子能写自己和家人的名字就满足了；很多孩子由于要帮大人干活，读了几个月就辍学。

二、幼儿教育

20世纪50年代初，为让妇女们安心参加农业劳动，庙墩高级社创办幼托班，解决妇女的后顾之忧。1956年，庙墩高级社有农户244户，人口929人，耕地面积3 100亩；劳动力375人，其中男185人、女190人。全社有7周岁以下儿童218人，高级社创办6个幼托班，每个班收儿童33人。

1956年4月，教育部、卫生部、全国妇联发表《关于渔西乡三个高级社幼托工作的调查报告》。报告中专题介绍渔西乡大公高级社、庙墩高级社、民主高级社幼托工作经验。经验主要有五个方面：托儿组的建立，解决因妇女参加农事劳动家中无人带小孩的问题，使妇女安心劳动；托儿组保姆延长看小孩的工作时间，确保妇女有时间学习文化知识，保证扫盲工作顺利推进；庙墩托儿组和大公托儿组进行横向联合，便于妇女接送小孩；庙墩托儿组成立后，制定托儿公约和工作制度，使托儿组工作得以不断改进；托儿组为保证儿童能吃到热饭热菜，允许母亲接回家吃或到时热好后再给儿童吃，方法灵活。

1959年9月，庙墩大队借社员张凤澡家的一间平房，开办首家幼儿班，对幼儿进行一些简易的识字教育和数字教育。教师为谢妙英，招收幼儿20多人。1961年，谢妙英调任大队保健员，由张月英任教师。

1979年，白渔潭大队在白渔潭礼堂开办幼儿园，徐兰芳任教师，学生18人。1983年，庙灯村幼儿班改为幼儿园，教室搬至大队部，学生32人。1998年，陆秀勤担任幼儿园教师。

2003年9月，原庙灯、白渔潭、灯塔、火炬、新南5个村的幼儿园合并，借用庙灯小学4间平房，组建新的幼儿园，有教师4人、学生100多人。2007年，火炬、灯塔、新南的学生被划入枫景苑幼儿园，庙灯村幼儿园迁至庙灯路北、华祝桥东堍新建的平房里，有教师2人、学生60多人，定名为庙灯幼儿园。

2009年9月1日，庙灯村开始动迁，庙灯幼儿园撤销，学生被安置在大公翔艺幼儿园读书。该幼儿园有班级12个，教职工39人，其中专任教师24人，有学生500多人。

三、小学教育

1938年，庙墩私塾改为学校后，由顾礼候担任校长，聘请2名教师，开设一至四年级课程。1946年，由陆铭德担任校长。1951年，庙墩学校由昆山人民政府接管，定名为"庙墩小学"，由陆铭德担任校长，有教师4人，开设4个年级课程，有学生80多名。五六年级学生步行到南星渎中心小学就读。

1952年，白渔潭大队开办白渔潭小学，开设一至四年级课程，配1名教师，有30多名学生。

1956年，庙墩初小开始增设五六年级课程，成为完全小学，更名为"庙墩小学"。庙墩小学教师增加到5人，增收白渔潭、新南、大公3个高级社五六年级的学生，共有学生100多人。

1958年5月16日，中共八大二次会议召开，"大跃进"运动全面展开，庙墩小学搬到祝墩台，学生集体吃食堂、集体住宿、集体学习、集体学农（当时称"四集体"）。三、四年级学生课外到校外割草，开展养兔、养羊等学农活动。五六年级学生还参加大炼钢铁。1959年2月，庙墩小学又搬回庙墩村原址。

1964年，庙墩大队增设3个耕读班，每班配1名教师，上午上课，下午参加劳动，称为"耕读小学"。1969年，3个耕读班撤销，并入小学总部。是年，庙灯小学属城南中心校管理，校长为吴伯仁，有教师7人。学校设有6个班级，招收150名学生，学制由四二制改为五年一贯制，学生在庙灯小学读完五年就小学毕业。

1964年，在下央自然村、漕潭自然村分设两所小学，招收一至四年级学生，每个年级学生平均20多人。在六家湾自然村开设1个班，招收五六年级学生，配一名教师，有30多名学生。1991年，白渔潭村内4所小学合并，在白渔潭自然村东200米、大瀔河东岸，新建4间标准教室、1间办公室、3间辅助房，建筑面积300多平方米，操场400多平方米。招收一至五年级的学生（六年级学生到庙灯小学上课），全校有教师3名，学生80多人。

1992年9月，玉山镇政府在庙灯中学西100米处，投资50多万元，建造了一所全新的庙灯小学，面积超过1.3公顷，建有教育楼、食堂、图书室、操场等设施。1996年，庙灯小学共设有班级8个，学生300多人，其中五六年级为双轨。下辖6所村小学，包括火炬小学、灯塔小学、新南小学、白渔潭小学、青淞小学和大同小学。

1997年,玉山镇政府投入45万元,为庙灯小学增建一幢教学楼,配备电脑房、自然实验室、图书室等。下辖的6所村小学撤销,并入庙灯小学。全校学生增加到500多人,教职工32人,开设12个教学班,成为规模较大的一所完全的小学校。庙灯小学被昆山市教育局评为市首批常规管理优秀学校。

1997年,白渔潭小学并入庙灯小学。

四、中学教育

1964年7月,庙墩大队开办农业中学(简称"农中"),有3间教室,3名教师。农中第一年设初一、初二各1个班,招收新南、灯塔、庙灯3个大队的学生,共42人。1969年,庙灯农中响应上级"学校办到家门口"的号召,搬到小学部新建的教室里,为庙灯小学附设初中班,也称"戴帽子中学",招收庙灯、白渔潭、路南、大公4个大队的学生,庙灯小学更名为庙灯学校。1974年以前,庙灯学校中学部每班只有10多名学生。1975年,初一学生有38人,初二学生有43人,教师增加到5人。

1977年,国家规定初中恢复三年制教学。是年,庙灯学校的初中学生开始实行双毕业制;读完初二成绩合格的学生,发初中毕业证书;要求读初三的学生到城南中学重新考试,成绩合格的才能继续就读初三,初三毕业成绩合格的学生,重新颁发初中毕业证。

1978年,新南"五七"学校初中部撤销,并入庙灯学校中学部。中学部学生增加到138人,教师增加到7人。1980年,为增加学校收入,中小学联合开办校办厂庙灯学校刺绣厂,招收职工35人。1993年,又增开庙灯学校帽子厂,职工报酬均实行计件制。1997年,校办厂关停。

1984年,庙灯学校中小学管理分离,中学部改称为庙灯中学,学校的人事和业务由城南中学管理。1986年,玉山镇规划庙灯中学与毛巷中学合并,校名为"庙灯中学"。玉山镇政府出资6万元,庙灯、新南、灯塔、火炬、白渔潭各村出资5000元,在庙灯村南300米处,建庙灯中学新校区。新的学校建有5间大教室,每间可容纳50多名学生,还建有2间食堂、1间办公室。学校占地16亩,东部为教育区,西部为操场。1987年9月,学生在新校上课,因当年小学由五年一贯制恢复为六年制，初一轮空一年，故庙灯中学设初二、初三各 2 个班，有学生 223 人、教师 11 人。当时条件十分艰苦，校内都是烂泥地。建造教室时，庙灯、毛巷两所学校的老师定时带领学生到工地搬砖头、拎水泥，体验生活。校长吴瑞华带领全体教师，利用暑假、星期天等节假日，扛泥筑路，请熟人到昆山化肥厂等单位讨煤渣铺路。学生都是步行到校，有的学生要步行 1 个多小时。为此，校长带头，教师轮番起早到玉山镇上去买大饼油条到校，解决部分学生的早餐问题。学校每年养三四头大白猪，用来改善师生的伙食。

庙灯中学条件虽艰苦，但师生同舟共济，教育教学质量一炮打响。1988 年，庙灯中学第一届初三毕业生，合格率、优秀率、平均分均进入昆山市前五名。此后连续 15 年，教育质量保持在昆山市前列。在庙灯中学工作一二年及以上的教师，调到市区玉山中学、葛江中学、市一中、市二中等校任教的有 30 多人。这些教师在新的学校里都是骨干，有的是学科、学术带头人，有的担任教研组长，有的担任教科主任，有的担任教导主任，有的担任校长，还有的担任昆山市教育局副局长。庙灯中学因此被称为"教师进修学校"。

1989 年，玉山镇投资 20 多万元，建造一座五上五下的教育大楼，改造食堂，增造 4 间教师宿舍、1 间门卫室。1991 年，校长吴瑞华调任群益中学校长，陶建桢任校长。1995 年，玉山镇为庙灯中学增添电脑室和化学、物理实验室。2001 年 7 月，庙灯中、小学合并为九年一贯制学校，新校名为庙灯学校，奚伯明任校长，陶建桢任校党支部书记。2004 年，高学期任校长。2007 年，张文来任校长。2010 年，朱建国任校长。

2011 年，昆山高新区投资 8 520 万元，在江浦路西 300 米，与中华园路交会处，给庙灯中学新建一座校舍，占地 80 亩，建筑面积为 2.8 万平方米，现代化教育设施齐全。周育明任校长，邹雪林任校党支部书记兼副校长。是年，学校改名为吴淞江学校。2017 年 7 月，邱凯任校长兼校党总支副书记。2018 年 9 月，全校共有教学班 57 个、学生 2 603 人、在编教职工 166 人，其中昆山市学科、学术带头人 5 人，骨干教师占 28.5%。

2019 年，吴淞江学校学区涵盖昆山高新区整个城南区，小学部开设 6 轨 36 个班，初中部开设 8 轨 24 个班，全校共有教学班 50 个、学生 2 305 人、教职工 151 人，其中教师有 148 人，包括小学部教师 86 名、中学部教师 62 名。在 148

名教师中，本科以上学历的有 137 人，其中有硕士研究生 18 人；一级职称以上的有 66 人，其中高级职称的有 10 人；骨干教师 44 人，占教师总数的 29.73%。

五、成人扫盲

1955 年初，境域内的青壮年 60 余人自觉要求补习文化知识，他们主动利用空闲时间，每天晚上到大队礼堂听课识字。后来，按照城南人民公社团委扫盲工作领导小组的指示，大队团支部接管扫盲工作，开办青年扫盲夜校，有课本和教学要求，学生识字 800 个可以毕业。1967 年，庙灯大队团支部获得城南人民公社团委颁发的"扫盲工作先进单位"证书。

 ## 第二节　卫　生

一、血吸虫病防治

1949 年前，庙墩村和白渔潭村的祖辈有一个传统的生活习惯，各家各户都有一个露天粪缸，把粪便当宝贝一样积在粪缸里，用来浇菜地、浇油菜、浇三麦。但马桶都是在河边、溇边刷干净的，而这正是血吸虫病滋生传染的重要途径之一。境域又属水网地区，尤受血吸虫危害。村里人感染了血吸虫病，小孩发育不良，智力减退，面黄肌瘦，"三根筋挑个头"（形容血吸虫病"侏儒症"）；青壮年丧失劳动力；好多妇女不能生育。到了晚期，患者腹大如鼓，浑身无力，以致死亡。得了此病，村民不要说无钱医治，就是有钱治，也没人能治愈，只知道这是治不好的恶病。

中华人民共和国成立初期，庙墩村有 85% 村民患血吸虫病，白渔潭村的村民患血吸虫病率超过 90%。当时国家号召适龄青年入伍当兵，在体检时很多村

里的青年因患血吸虫病而被淘汰。境域内感染血吸虫病死去的人有20多。村里的老年人还记得，有一户人家所养的两个儿子都是患血吸虫病而死的。

1953年，以自然村为单位防治血吸虫病，村民被要求把空马桶放到指定的地方，派一到两名村民把马桶刷干净，不准村民在河里、溇里刷马桶，防止血吸虫钉螺滋生。

1964年，根据城南卫生院的要求，庙墩大队派陆咬根、白渔潭大队派徐锁香参加乡里组织的学习班，专门学习防治血吸虫病的业务知识。学习班结束后，他们主要负责村里的血吸虫病防治工作。两个大队还分别从各生产队抽调一名有点文化的青年当保健员，配合城南卫生院做好查螺、灭螺、化验大便和治疗血吸虫病等卫生管理工作。生产队保健员组织村民每天到田边、河边、阴沟边查钉螺，查到钉螺后，就用乌碌粉喷杀，大面积的地方就用石灰氮泼浇。冬季，每个生产队一边整修沟渠，一边拉港滩，把消灭钉螺纳入农田基本建设规划，发起消灭钉螺的人民战争。这项工作持续近20年时间。

同时期，城南卫生院每年组织医务人员下乡为广大群众化验大便，大队保健员积极配合，大人小孩都要验。凡是查出患有血吸虫病的人，先在大队里分期分批进行治疗。病情特别严重的血吸虫病患者，安排到县血防站治疗，所有的医疗费由政府承担。经过多年的不懈努力，到1980年左右，境域内的血吸虫病基本消灭。

二、合作医疗

1965年12月，昆山县卫生局要求每个大队派一名有初中以上学历的保健员，参加县卫生局组织的统一考试，选取50名成绩优秀者，对他们进行半年的业务培训。经过考试，成绩合格的人获得医生资格证书。庙灯大队陆咬良，白渔潭大队唐宗泉参加培训班学习。1966年9月，他俩结业后，分别回到大队为社员看病，被称为"赤脚医生"。社员开始时对他们不太信任，后来他们经过实践，不负众望，业务水平不断提高，社员对他们逐渐信赖。1968年，庙灯大队陆咬根由大队保健员转为赤脚医生，白渔潭大队增加徐锁香、李凤生为赤脚医生。

1969年5月，为贯彻"把医疗卫生工作的重点放到农村去"的口号，改变农村缺医少药的状况，各个大队开始建立合作医疗制度，其形式为"队筹队管"，即由大队筹集资金，大队进行管理。当年，庙灯、白渔潭两个大队都建立了卫生室，每个卫生室配备1~2名赤脚医生，为全大队社员看病，病得轻的吃药打针，小病不出大队，病得较重的转到公社卫生院，患疑难杂症的转到县医院就诊，大队看病不收诊疗费，医药费的70%由大队集体负担，30%自负，在年终分配结算时收取。

1977年，公社成立合作医疗办公室，资金四级（公社、大队、生产队和社员个人）筹集，每人全年3.5元，其中公社、大队、生产队各出1元，社员个人出0.5元。合作医疗资金管理实行"队办社管"，凡属于大队农村户口的，以户为单位参加合作医疗，看病先到卫生室就诊，或公社卫生院门诊室就诊，费用在大队基金中报销；在公社医院住院的或转上级医院治疗的费用，在公社基金中报销；自投医院的不报销，如遇特大病情，报销最高限额为5 000元。

2000年后，白渔潭村、灯塔村合作医疗卫生室并入庙灯村，成立金光社区卫生服务站。卫生服务站按照"六位一体"要求，集医疗、保健、康复、计划生育、健康宣传和体检于一体，并在卫生主管部门注册，获得相关职业许可证，医务人员也持有相应上岗资格合格证书，从

金光社区卫生服务站（2019年，罗英摄）

业人员有专业职称资格证书。2019年，金光社区卫生服务站拥有120平方米的场地，设施有输液室、治疗室、预防保健室、全科医疗室、收费药房室、观察室，设床一张，输液椅10把，药品200余种，站内工作全部实行联网信息化程序。医务人员还为小区内的村民安排每年定期健康体检活动，做到村民小病不出门，极大地方便村民的就医，全年帮助村民看病不少于1 200人次。

2004年1月1日，昆山市政府印发《昆山市新型合作医疗实施意见》，在全市范围统一实行新型合作医疗制度，扩大参保范围，基本标准为每人每年110元，个人缴纳40元，市、镇财政各负担35元，患者看病报销60%左右的费用，

此后收缴基金的标准逐年提高，报销率相应提高。至 2019 年，庙灯村参加农村合作医疗的有 300 人。

三、医疗补助

2018 年，庙灯村制定《庙灯村医疗普惠实施办法》，将因病、因残致贫，以及突发重病的本村村民列为帮扶对象，对于社保报销以外的部分，按比例补助。另外对当年患病住院的辖区内居民，除医保报销外，个人自负金在 2 000 元以上的，按比例进行补助；被列为低保边缘重病困难对象的村民如需住院，当年可享受 45 天 40 元/天的护工补贴。2018 年补助 102 人，补助金额达 18.53 万元。2019 年补助 157 人，补助金额达 42.81 万元。当年低保户、低保边缘户、一户多残家庭的全体人员，住院期间的护工补贴还可另增 60 元/天。持有残疾人证、80 周岁以上老人、重点优抚对象、困难党员、劳模、失独父母的村民本人住院的，住院护工补贴还可另增 90 元/天。庙灯村户籍人员死亡慰问费为 1 000 元。

2019 年，玉山镇政府为 65 周岁以上的村民购买意外伤害险，如有因跌伤骨折等住院的，可由保险公司理赔。

一系列惠民医疗政策，使得庙灯村的村民小病有村医生关心，大病有村集体、政府帮扶，村民中流传的"70 小弟弟、80 多的是、90 不稀奇"成为现实。人的寿命越来越长。

第七章　乡土文化

　　庙灯村的一方水土养育了一方人，也孕育了庙灯村的一方乡土文化。中华人民共和国成立前，村民的文化生活贫乏。中华人民共和国成立后，随着村民生活水平的提升，村民对文化娱乐的需求也逐步上升，打连厢、扭秧歌、唱山歌、摇荡船等文娱活动兴起，很多村民特别是年轻人都参与其中。"文化大革命"期间，庙灯大队和白渔潭大队成立毛泽东思想宣传队，除了演唱革命歌曲外，还组织排练《红灯记》《智取威虎山》《沙家浜》等样板戏。宣传队不仅在本大队演出，还到昆山、吴县的其他大队交流演出，受到大家的称赞。随着时代的发展，村民儿时经常玩的吃硬糕、抛镰刀、滚铜钿、打菱角等一些有趣的游戏项目，虽然在现实中已消失，但还存在于村民记忆之中；村里流传的传说故事、山歌民谣、境域习俗也随着生活环境的变化而慢慢失传。保护为数不多的文化遗存，成了庙灯人的重要责任。2007年，村里成立老年文娱队，排练演出竹板舞、扇子舞、打腰鼓和地方戏沪剧、锡剧片段，参加昆山高新区的群众文娱活动和文娱比赛，村民文化生活丰富多彩。

第一节　群众文化

一、文艺活动

旧时，境域内的村民诚实善良、勤俭持家、安分守己，日出而作、日落而息，向天地要生活，不是没有文艺人才，而是没有文艺的环境，也没有文艺的带头人，更没有任何文化设施。玉山镇上虽有戏馆、书场、茶馆等娱乐场所，但境域内民众大都无钱去享受。一年中，唯有农历三月二十八日，村民们赶到张浦镇参加姜里（俗称"老庙"）举行的庙会。村里的青年男女摇着两撸船，载着满船的村民去看不花钱的戏。姜里庙会，内容丰富，有舞狮、调龙灯、打连厢、挑花篮、摇荡船等活动，还会临河搭好戏台，演出民众喜闻乐见的滩簧、锡剧、宣卷等。

境域内传统娱乐项目比较少，村民在庙会上学到一些娱乐项目，有些妇女农闲时就在村里一起跳跳秧歌舞，学学打连厢。虽动作不太协调，姿势不太优美，但还是觉得其乐无穷。有些男青年聚在一起，自制高跷、龙灯，随便玩耍，自娱自乐。

中华人民共和国成立后，境域内一些喜欢文艺活动的青年人，特别是一些女青年，农闲时邀请邻近几个村落的爱好者，一起打连厢、扭秧歌、唱山歌、摇荡船。在参加庙会时，她们也跃跃欲试，主动上去表演一番。村里的男青年们则会把自己制作的龙灯拿到空地上去舞。1952年秋，张北泾、祝墩台、严村3个自然村联合举行舞龙灯比赛，共有4支队伍参赛，祝墩台舞龙灯队获得比赛第一名。

改革开放后，村民的观念有很大的变化，群众文艺活动掀起新的高潮，组织形式、活动内容也有所改变。参加文艺活动的人数变多，年轻人、老年人都积极参加，组织形式自由灵活，内容丰富多彩。有很多家长对子女的兴趣爱好十分重视，有的甚至还会送子女到昆山专业培训班去学跳舞、画画、钢琴、书法、二胡等，让孩子的特长得以充分发挥，为境域的文艺工作增添新的活力。特别是2000年后，很多村民参加文化娱乐活动是为了健身和活跃身心。每到晴天的夜晚，村的公场上、小区的花园里，都有村民在活动，这里几人，那里几十人，有的在跳舞，有的在打拳，有的在唱戏。

二、大队宣传队

1966年以后，境域掀起大搞群众文艺活动的高潮。庙灯大队和白渔潭大队成立毛泽东思想宣传队，宣传毛泽东思想，唱革命歌曲，演革命样板戏。庙灯大队宣传队排演沪剧《红灯记》《红色娘子军》和《智取威虎山》全场、小戏《再等两年》、三句半《一粒米》等节目。白渔潭大队宣传队排演锡剧《沙家浜》《红灯记》全场，还有舞蹈、演唱革命歌曲、表演唱等节目。

庙灯大队和白渔潭大队宣传队为提高演出水平，组织队员加强排练，队员之间相互学习，取长补短，不断提高。庙灯大队宣传队队员到太仓、花桥等地去拜师学习，聘请城南人民公社负责文艺的干部到大队指导。那一时期，社员看戏的热情十分高涨，庙灯大队搭好的草台长期不拆。白渔潭大队挑土筑台，四周用砖围牢，上面铺好砖，再加上一层木板。各大队还会组织交流演出活动，先是在庙灯周边的5个大队之间交流演出，然后到其他大队、其他公社甚至到其他县交流演出。庙灯大队宣传队曾经被城南人民公社景王大队、合兴大队、新庄大队，张浦人民公社金华大队、赵林大队，吴县胜浦人民公社第20大队、第13大队等邀请，去他们那儿演出。演出场场爆满，演出结束后，观众余兴未尽，久久不肯散场。

1973年10月，昆山县妇联委托城南人民公社成立计划生育宣传队。这支宣传队包括编剧、导演、伴奏、演员，共13人，庙灯大队有2名社员参加，庙灯大队唐惠良担任副队长。计划生育宣传队经过半个多月的紧张排练，首场为参加昆山县三级干部会议的干部做汇报演出，演出自编的相声《多子女的苦》、沪剧小戏《再等两年》、三句半《一粒米》等节目。演出过程中，场内不时爆发出热烈的掌声。后在昆山县妇联要求下，在人民剧场为玉山镇居民开放演出3场，场场爆满。又安排到各公社演出,也是场场爆满。计划生育宣传队以文艺表演形式,宣传提倡晚婚和计划生育,取得了很好的教育效果。

三、老年文娱队

2007年,庙灯村组建老年文娱队,有队员13人,由玉山镇文化体育站统一领导,2012年改由昆山高新区文化体育站统一领导。2019年,老年文娱队组织队员精心排练,按照昆山高新区文化体育站演出计划,参加"村村互动,情系乡村""欢乐星期天""中老年晨(晚)练健身队联谊会""五联杯新农村特色健身邀请赛"和"一村一品"等活动,表演打腰鼓、太极拳、竹板舞、扇子舞、溜溜球等节目。庙灯村老年文娱队表演内容丰富多彩,各种交流活动比较多,后又增加唱地方戏沪剧、锡剧片段,深受广大群众欢迎。

 ## 第二节　山歌民谣

一、庙灯山歌

庙灯村历来以农耕为主,虽然没有戏班子,没有大型的文娱活动,但在长期的农业劳动和农村生活中,充满江南水乡气息的民间山歌成为庙灯村民文娱生活中最喜欢、最重要的一部分。即使一个字也不识的人,也能在耘稻、耥稻时,扯开喉咙喊上几段,对上几句,用山歌来减轻身心疲乏,反映心声,抒发情怀。山歌内容丰富多彩,有的直白,有的含蓄,有的抒发内心的困苦,有的寄托对爱情的美好祝愿、对美好生活的向往。

山歌之一

唱唱山歌散散心,人人话我快活人,

不晓得我苦处无法诉，掇忐苦处寻开心。

山歌之二
山歌好唱口难开，白米饭好吃田难种。
面朝黄土背朝天，热晒雨淋寒风刮。
起早摸黑泥里爬，蚊子叮来蚂蟥咬。
穷人种田吃米糠，富人白米吃不光。

山歌之三
春季里来是新春，家家户户点红灯。
男来女往跑亲眷，阖家团圆乐天伦。
夏季里来秧苗青，只只西瓜甜津津。
黄昏出外乘风凉，摇摇扇子讲讲山海经。
秋季里来杏花黄，割稻掼稻收棉忙。
纺纱织布做新衣裳，黄花姑娘做新娘。
冬季里来孵太阳，杀猪宰羊腌肉忙。
牵粉蒸糕过新年，年夜饭吃得甜又香。

山歌之四
耘稻要唱耘稻歌，两膀弯弯泥里拖，
两眼关关稞里稗，双手爬泥耘六棵。

山歌之五
头通耘耥稻来垄，垄稻要垄三寸深，
每勒要垄五榶耙，垄掉杂草翻转根。
二通耘耥是耘稻，耘稻必须腰弯倒，
每棵稻上耘两把，耘得稻边无小草。
三通耘耥是耥稻，耥稻可以不弯腰，
如果连耥两日天，脚趾要生水滚爪。
四通耘耥又耘稻，板耥耘稻真苦恼，
稻叶长来刺眼睛，背上日头辣辣叫。
四通生活做完成，烂手烂脚岸上登，
烂仔手脚勿用药，要搽矾水割人藤。

二、乡土民谣

百岁诀

想要活到一百岁，牢记人老先老腿。

想要活到一百岁，清晨郊外走一走。

想要活到一百岁，慢跑快走甩开手。

想要活到一百岁，吃粥吃饭不过头。

想要活到一百岁，荤菜蔬菜要搭配。

想要活到一百岁，亲朋宴会不贪杯。

想要活到一百岁，再好香烟不接受。

想要活到一百岁，饭后慢慢百步兜。

想要活到一百岁，望望野景赏花卉。

想要活到一百岁，抛开烦恼和忧愁。

笑话常常不离口，人人都能超百岁。

第三节　传统习俗

在社会发展的历史长河中，庙灯村从古至今逐渐形成了约定俗成的生产习俗、生活习俗、婚嫁习俗、岁时习俗等，代代相传。中华人民共和国成立后，随着社会制度的变化，新旧风俗互相渗透、转化，社会风俗逐渐起了质的变化。国家提倡破除迷信、移风易俗，一些恶习和陋俗逐渐被人们抛弃，新的良好风俗风尚逐渐被人们接受。

一、岁时习俗

春节　农历正月初一，俗称"大年初一"，村民过去也称此日为"元旦"。春节是重要的传统节日，村民在大年初一的清晨开门要燃放"开门爆仗"，以图吉利。开门时先把扫把往里扫一扫，意为把财气扫进门，有的村民自取红纸书写"万事大吉""万事亨通""年年有余""恭喜发财"等字样贴于室内。这一日，村里的男女老幼穿戴一新，有钱人家将"老寿星"图像挂于中堂墙上，像前的供桌上安放香炉、烛台、供品（水果、糕点、糖果），点燃香烛，全家跪拜。嗣后，小辈向长辈拜年，长辈给予"压岁钱"（红包）。大年初一的早餐花色众多，根据各家习俗而异，有的吃小圆子（俗称"年朝团子"），以求福寿团圆；有的吃年糕，以祈生活"节节高"；有的吃糕团汤，以图甜蜜团圆；有的吃面条，以求长寿。早点后，泡橄榄茶、果子茶，也有吉利之意。遇亲人、熟人相互道贺，拱手互祝"新年快乐""恭喜发财"。旧时，是日不用刀、剪，不扫地，不倒垃圾，谓之"聚财"。中华人民共和国成立后，村里的领导有在春节期间向烈士军属、先进生产者、离退休老党员老干部拜年习俗。村民在春节期间走亲访友、互相拜年、馈赠礼品、互请吃年酒等成为风俗，体现出欢乐祥和的节日气氛。

接财神　农历正月初五，传说是"五路财神"诞辰，是日财神降临人间赐福，迎得财神即可发财。尤其是店主、企业主，他们争接财神，称之"接路头"。因此，于年初五凌晨、子夜燃放鞭炮迎接财神。

元宵节　农历正月十五（正月半）系新年第一个月圆之夜，又名"上元节"，民间夜有张灯之举，故又称"灯节"。旧时，是日民间敲锣打鼓，有舞龙灯、踏高跷等娱乐活动，孩子们提兔子、鱼、鸟等千姿百态、色彩缤纷的灯，追逐游戏，所谓"闹元宵"。村民们有吃汤圆、馄饨之习俗。过去，村内家家户户焚香点烛，陈设供品，迎接灶君。晚饭后，还进行"燂田角落"（村民们用燃着的稻草火把烧农田四角），边燃边喊"燂燂田角落家里养的大猪猪"，祈求当年能够取得好收成。改革开放后，村镇建设开发，土地规范使用，农村"燂田角落"习俗逐渐消失。

二月二　农历二月初二，村民有吃年糕的习俗，俗称"撑腰糕"。传说吃了撑腰糕，腰背挺直，做耘稻、插秧等农活不感腰酸。

清明节 一年中第五个节气，一般在公历4月5日前后。清明期间，民间有扫墓（上坟）、踏青习俗。凡是在清明节前一年内有新亡人的人家，要过"正清明"。亲朋好友带着一只装满锡箔锭的袋子，来吃"清明饭"，自家要摆上酒饭祭祀亡灵，然后家人与亲朋好友一起吃中饭，饭后到新坟上扫墓，此谓"正清明"；其余人家一般在清明节后选择一天到坟上去扫墓（上坟）。20世纪60年代末提倡火葬，火化后直接将骨灰盒埋在公墓，但随着时间的推移，早埋的墓穴或陈旧需要更新改造，或地势不理想需要重新选择好点的墓穴，一般选在"清明"或"大寒"期间埋葬。清明期间，各级党政机关、企事业单位、共青团组织、学校集体组织扫墓，在烈士陵园内举行悼念活动，进行革命传统教育。

立夏 一年中第七个节气，在公历5月6日左右，标志着进入夏季。旧时是日，民间有"尝三鲜"的习俗，吃黄鱼、蚕豆、竹笋、咸蛋、酒酿等。小孩取煮熟的鸡蛋在门槛上滚过后剥壳淡吃，谓之一个夏天能安然度过。此外，还有用秤称体重的习俗，可以防止"疰夏"。

端午节 农历五月初五为端午节，民间均有吃粽子的习俗，相传是为了纪念爱国诗人、战国时期楚国大夫屈原。旧时民间还有"端午不吃粽，死人无人送"的说法。此日，家家户户门上挂菖蒲、艾蓬、大蒜头，意在驱瘟辟邪。

七月七 农历七月初七，称为"巧日"，也有人称之为中国的情人节，是古代神话中牛郎、织女鹊桥相会之期。旧时，村民们将糖、面粉、芝麻拌和后擀薄，切成小片，再打成结，入油锅炸之，名为"树结"，家人分食，馈赠亲友。解放后，此俗逐步淡化。

七月半 农历七月十五为中元节，又称"鬼节"。旧时，除有新亡人家于是日祭祀祖宗，谓"新七月半"外，其余人家一般均在七月半前进行祭祀，叫"过时节"。此俗虽有，然已日衰。

中秋节 农历八月十五为中秋节，俗称"八月半"，又称"团圆节"。是日，民间普遍煮糖芋艿。1949年前，大户人家晚上在庭院内安放供桌，上置月饼、菱、藕、石榴、柿子、糖芋艿等时令果品，点燃蜡烛，焚烧香斗，全家团聚拜月，俗称"斋月宫"。祭毕，食月饼，吃糖芋艿。中华人民共和国成立后，节前亲友间互赠月饼、吃月饼、吃糖芋艿等习俗流传至今。

重阳节 农历九月初九为重阳节,"九"为阳数,故名"重阳节"。是日,本地有吃重阳糕和登高习俗,据说此日登高可避灾,此习俗沿袭至今。1988年,省政府定重阳节为敬老日,全社会于此日开展敬老尊老活动,成社会新风。

十月朝 农历十月初一,俗称"十月朝",为祭祖之日。旧时,村里已嫁女儿于此日备菜、香烛、纸锭,回娘家祭祀,称"十月朝"。

冬至 公历12月22日前后为冬至,是一年中夜间最长的一夜,民间有"逢冬起九"说法,也是数九寒天的开始。古时有"冬至大如年"之说,故村民们重视吃冬至夜饭。冬至前后有祭祀祖先、宴请亲朋习俗,但也有"有么吃一夜,无么冻一夜"之说,说明贫富不同,冬至夜过得也不同。又相传,是日能预测天气,谓"干净冬至邋遢年"。

腊八节 农历十二月初八,谓之"腊八"。旧时,寺僧于是日煮七宝五味粥,名"腊八粥",供斋之用。后民间仿效,村民们用多种干果、豆子与米煮成腊八粥,相传吃腊八粥可祛病延年。

除夕 农历十二月三十(小月二十九当作三十)为除夕,俗称"大年夜"。在民间,除夕至为重要,在外的亲人必赶回家,入晚时合家欢聚一堂,吃年夜饭,菜肴丰盛。旧时,年夜饭菜中,必有青菜(安乐菜)、黄豆芽(如意菜),取意来年"安乐、如意"。席间,晚辈向长辈祝福,长辈给小辈发"压岁钱",家人围在一起嗑瓜子、吃水果、吃花生,叙谈取乐,直至午夜,谓"守岁"。午夜前,地面扫净,水缸盛满,门上换对联,放"关门爆仗",以示闭门辞岁,此俗沿袭至今。

二、婚嫁习俗

境域内传统的婚姻礼节甚多,主要有定亲、送彩礼、迎娶、婚嫁、回门等。随着时代进步,在保持传统婚姻礼节的同时,内容也有了一些变化。

定亲 1949年前,男女婚姻不能自主,全凭"父母之命,媒妁之言"。男女15~16岁时,男方父母相中人家,就请媒婆说亲,若女方父母同意,则将女子"年庚八字",亦称"生辰八字",交媒人送至男方家,供在灶笼里,九日后连男子生辰八字一起给算命先生,"排八字"定夺,合则定,不合则退。如八字合,男方即择吉日,备彩礼、首饰、衣服、食品等装盘送往女家,称之为"行小盘"

"下聘礼"。女方受礼,则示允诺,称"定亲"。是日,男方宴请媒人、长辈、至亲,俗称"子夜饭"。男女定亲一般讲究"门当户对",有的还在襁褓中已定亲,是谓"摇篮亲"。更有"指腹为婚",即人未出世,双方家庭即已定亲,如双方出生一男一女即结为夫妇。中华人民共和国成立后,国家提倡男女婚姻自由、婚姻自主。男女双方自由谈恋爱,也有靠熟人牵线搭桥自由相看,到时双方家长一同吃顿晚饭即算定亲。

送彩礼 定亲后,男方再选结婚日,告知女方(称"担日脚")。到日子后,男方备鸡、猪腿、鱼、蛋、吉糕、寿桃、糖果、烟酒等八盘及礼金送往女家,是谓"行大盘"。

迎娶 男方婚娶一般三天,即"开厨""正日""荡厨"。正日大摆宴席,备花轿迎娶新娘,也有用喜船迎嫁妆,条件好的用两艘船。20世纪80年代后期,启用面包车、轿车迎亲。花轿进门后新人行拜堂礼,一拜天地、二拜高堂(父母)、夫妻对拜,礼毕送入洞房。新郎、新娘脚踏红地毯,由花烛引入洞房,新娘头披方巾坐在床沿,新郎用秤杆挑去新娘方巾。至夜,新婚夫妇同入厅堂祭祖,然后由伴娘请新娘与男方父母及亲戚长辈等一一见礼。礼毕新婚夫妇回房,亲友随入新房,向新郎讨取喜果、红蛋、喜烟、喜糖、欢笑逗趣、热闹非凡,新婚夫妇概不见外,民间有"三朝无大小"之说,客人至深夜方散,此为"闹洞房"。"闹洞房"已渐渐淡出人们生活。

婚嫁 女方受彩礼后,置办嫁妆,至男方迎娶日,新娘梳妆打扮,穿着一新,并受父母有关敬公婆、敬丈夫、睦和四邻等教诲。花轿一到新娘戴方巾,告别双亲,挥泪上轿,俗称"过门"。中华人民共和国成立后,除不用花轿外,余俗均存。

回门 婚后第二天,新娘携新郎回娘家省亲,谓"双回门"。但需当日返回。有日不空房之说,此俗一直延至今日。中华人民共和国成立后,婚事从简,取消一切烦琐礼仪。但近年,操办婚事不仅又趋于繁复,且要求越来越高。

三、丧葬习俗

旧时丧葬,一般经历如下过程:人临危时,子女、家人等侍奉在侧,外地子女赶回家中;人气绝后,家属跪地哀哭,焚烧纸锭,点燃"提灯蜡烛",将蜡烛插在萝卜切片上，从床前一直递送到门处，意为将亡灵送到门处，此为"送终"；尔后用热水清洗遗体，此为"暖尸"；再将床铺卸去，将蚊帐丢在屋顶上，在厅堂中搁置门板，移尸于上，头南脚北，换上寿衣，件数逢单，穿鞋戴帽，面蒙白布，是谓"小殓"；遗体前挂白幔称"孝帘"，上挂遗像及挽联，前设供桌，上设各色祭品，点油灯一盏，昼夜不息，孝帘后死者家属身穿白衣，伏两旁恸哭。如此厅堂谓之"孝堂"，也称"灵堂"。

在外的子女至亲闻得噩耗，连夜赶回见死者一面，并料理丧事，是谓"奔丧"。亲友吊唁时，馈赠素幛、挽联等，并在供桌前向死者跪拜鞠躬，并由家属委托相帮人赠送白束腰或白布、黑纱，丢在地上不直接授予吊唁者。按习俗孝堂不可无人守候，一般子女要一直守夜，亦有至亲好友或乡邻在遗体旁轮流守夜（俗称"陪夜"）。当天要请佛婆念佛，晚上请道士吹打，如此停尸三天（有特殊原因，停尸时间可延长）后入殓，由长子抱头，次子等扶脚，将尸体放入棺中，是称"大殓"。是时，子女、家族至亲逐一向遗体磕头告别。告别结束后，由4人或8人抬棺上灵车，鼓手奏哀乐，子女穿麻衣、孝服，头披长布，长子捧灵位（牌位），头戴白帽，手拿竹骨棒，意是继承死者的遗产，其小辈身穿孝服，至亲腰穿白布，随灵柩，之后列队缓步送殡仪馆火化。

1966年，境域内开始逐渐改土葬为火葬，单位或个人可举办追悼会，致追悼词或举行"告别仪式"。等火化结束，将骨灰盒送入公墓墓地，墓前放上一桌酒菜，子女、至亲等在墓前鞠躬，送葬结束回家吃"回丧饭"。回丧前设灵台，在家中的亲人，或邻里，或宣卷先生，在厅堂西北角设一座台，台后墙上挂遗像，西侧挂挽联，台前沿置"七灯"一盏，彻夜不息。台后沿墙处放置灵位，灵位前供上祭品，至此，丧事基本结束。

自死之日算，每七天一段，计七段，即"七个七"，逢七必祭，以"五七"为重，叫"做七"。"五七"这天亲朋好友到场，子女请人造库房（由纸、芦苇构成），库内有家具、床、电器等。直系亲属送"道场"一场，出嫁女儿烧一桌斋饭，祭祀死者。"七七"为"断七"。脱孝后，准备死者生前好的衣服、鞋帽、物品，以及银屑、冥币，一起放入库内，用铁链绕库拖三圈，并由道士举行仪仗仪式，所有家属逐一磕头作揖，仪毕，将所有物品全部焚烧。到第二年的清明节，将灵位、灵台拆除，所有祭品清除干净，放在一箩筐内，拿到村边全部烧掉，子女、亲属一起哀哭。

四、生活习俗

生育习俗 村里孕妇产前个把月，有催生的习俗。女方父母备好尿布、草瓜、苦草、蛋、糖等送到女儿家。孕妇产后叫"舍母娘"。婴儿出生后数天，男方就要办"三朝酒"，两家的至亲都要到男方家贺喜饮酒，并随上红蛋、糕团、糖、食品及红包（现金），男方家要给邻居分送红蛋、糕点等食物。婴儿出生一个月叫"满月"，也得办"满月酒"。孩子周岁后要过"周岁"，村民称为"搭纪"，亲友送喜面、衣服、饰品、压岁钱等，以祝贺生日，主人要设宴招待。这些传统习俗一直流传下来。

庆寿习俗 1949年前，村里年满60岁的老人，家庭经济较宽裕的，生日那一天有"庆寿"的风俗。这一天，一般在客厅内设寿堂，客堂北面中挂寿星像，两边挂寿联，上联"福如东海长流水"，下联"寿比南山不老松"。客堂中间摆设两只八仙台，红烛高照，放满子女送来的寿面、糯米粉做成的寿桃，至亲好友备的寿烛、寿香、寿面、糕点。庆寿老人要接受晚辈跪拜，并设酒欢聚，预祝老人长命百岁。中华人民共和国成立后，村民有为子女做10岁、30岁、50岁生日庆典的，也有子女为老年人过80岁生日的。

建房习俗 旧时，村民建房较迷信，选宅基前先要请风水先生看风水、择日期、定地点。泥水木匠动工之日要备"开工酒"。上正梁那天，要办"上梁酒"，主人设酒水请客。上梁前，正梁上贴有红纸对联，上联"立柱喜逢黄道日"，下联"上梁巧遇紫微星"，横批"福星高照"，以图吉利。上梁时，木匠、泥水匠两人将红绿被面披在正梁中，开始"抛梁"，象征着"登高""发络"，抛喜糖、馒头、糕点、铜钱，说吉利话，还要放鞭炮，意为兴旺发达、家业兴旺、步步高升。新屋落成后，主人迁入新居，亲友前来道贺，主人设酒席宴请，俗称"围屋酒"。

庙会习俗 旧时，庙墩村村民每逢农历初一、十五都要进庙朝拜。寺庙祭祀之日香客云集，邻近摊贩纷至沓来，形成庙会，俗称"节场"。庙会一年一次，一般在农历四月或七八月进行。在庙会开始前，要把菩萨全部新漆镏金、穿新袍、插新旗再把菩萨抬到大场上，搭棚摆香案供香客跪拜，在离台五六米处搭一个戏台，请戏班演戏，还有宣卷。到了正日，年轻力壮的男青年抬菩萨在大场上"朝老爷"（四人抬菩萨猛跑）。每逢庙会，小商贩云集，卖艺说唱的、武术表演的、耍猴的也赶来参会，除本村香客外，周边村落甚至更远的外地赶来烧香拜佛的善男信女络绎不绝，自发到庙烧香拜佛，场面非常热闹。整个庙会持续一天。送佛仪式完毕后，所有祭品烧干净，所有人散会结束。

五、旧时陋习

旧时，村民迷信，家里有人生病或出现不吉利之事，总靠算命、求签、关亡类迷信活动，求全家平安无事，而不相信科学。个别村民还有赌博恶习，会推牌九、打麻将，尤其在春节、婚丧喜庆期间，赌风更盛，嗜赌者通宵达旦赌博，导致家庭不和，有的甚至倾家荡产或偷窃作盗。民间有吸鸦片的，也有吸海洛因的，吸者吸足时精神抖擞，断吸时泪涕并流，丑态百出，痛苦万分，吸毒后骨瘦如柴，多数吸毒者欲罢不能，为了购买毒品往往倾家荡产，甚至卖掉自己的妻子和田地。中华人民共和国成立后，特别是21世纪后，境域内开展争创"五好家庭"及社会主义精神文明建设，赌博几乎很少，吸毒也绝迹，不再发生。

 ## 第四节　童趣游艺

庙灯村传统游戏有吃硬糕、捉迷藏等，曾代代相传，一度时兴。1990年以后，传统的童趣游戏逐步被电脑、手机中的电子游戏替代，村民儿时的"土"游戏大多已消失。

吃硬糕　这种游戏玩法复杂，对人有较高的要求。一般是两人为一组，对抗另外两人。每人准备一块10厘米见方的小砖头，再一起准备两块公砖。在地上画两条线，相隔 5 米左右。一条线上竖两块公砖，另一条线则是孩子站的起点线。活动分五步进行，难度逐步加大。两组先各派一名代表，用"催东里催"（猜拳）的办法决出赢家开始比赛。第一步，两人同时站在起点线上，用手抛砖，把另一条线上竖着的砖击倒算赢。第二步，用两脚夹住砖，蹦起抛砖，把竖着的砖击倒算赢。第三步，用双膝夹住砖，蹦起抛砖，把竖着的砖击倒算赢。第四步，把小砖放在脚板上踢，把竖着的砖击倒算赢。第五步，把砖放在肩上，跑过去把竖着的砖击倒算赢。这五步全赢了，算赢了一局。如果某一步输了，就换对方活动。活动看似简单，但乐趣无穷。

捉迷藏 不要道具，随便几人，分成两组就可以玩。一方先藏身，另一方后寻找。藏的一方要考虑藏在对方想不到的地方，柴堆旁、门旮旯、树丛里，都是藏身的理想之处。寻找的一方要考虑对方可能会藏在哪些地方，以便尽快找出对方。

抛镰刀 几个孩子在放学后，或是假期里，拿着镰刀、篮子到野外去割草，割马兰头。累了，就聚在田间休息，每人拿出一把草作为赢家的报酬。把镰刀抛出去，镰刀尖刺进泥土里，镰刀竖直就算赢了；镰刀躺在地上就算输了。（危险动作，请勿模仿）草归赢家所有。

放风筝 放风筝是民间重要娱乐活动之一。每年清明前后，是大地春回、草木放青的大好时光，大人小孩都喜欢在郊外兴致勃勃地踏青、游玩、放风筝。风筝的品种多，有蝴蝶风筝、兔子风筝等，糊的纸也色彩鲜艳。放风筝既锻炼了身体、增强了体质，又陶冶了情操，还可利用放风筝进行亲子互动，至今仍有体育部门组织放风筝比赛。

踢毽子 毽子是将公鸡的长羽毛和圆形铜钿，用线缝制而成的玩具。踢毽子比赛有个人赛和集体赛，踢毽子以下肢的协调运动为主，功夫在脚上。髋关节、踝关节、脊椎各关节都要活动，腿部、腰背部肌肉都能得到有效锻炼，有利于人体健康，至今仍积极提倡。

挑绷绷 取一根一米不到的线扎底线，把线的两头打结拴牢，然后一人绷好一个基础图形，另一个人或勾或挑，变换出许多不同的图形，有"大方格""梭子块""大手巾"等，变幻无穷，让人目不暇接，至今仍有人玩耍。

滚铜钿 先在地上斜支一块砖，在砖前五六米处设一道障碍，然后用大拇指扣着铜板，在砖面上用力一磕，铜板就"叮"的一声落在砖上并弹离砖面，顺着地面一路往前滚，滚得远的人为赢家。

跳皮筋　也称"跳牛皮筋"，是女孩子特别喜欢的游戏。街头巷尾、弄堂院落，经常可看到女孩们哼着童谣，随着节奏在跳牛皮筋，特别是冬天，可让身体发热，是冬季一项有利身体健康的体育活动。

打棱角　用一硬质木块，做成一个直径5厘米、高5厘米左右的橄榄型棱角，上部比下部略长，上端留有倒凸型端子，便于绕绳、不易滑落。然后用一根细绳沿棱角端子有规则地绕入，倒捏棱角于手中，手指用力抽绳并将棱角丢在地上，棱角自然立正，在地上很快地旋转，旋转时间越长就越有成就感。这一游戏风靡一时，男孩特别喜欢玩。

学演戏　孩子们看到一场电影后，就想模仿学习。如看了电影《追鱼》后，第二天晚上，好多孩子聚在空场上，年龄大一点的充当导演，分配角色，这个扮演张郎，那个扮演鲤鱼精，那个扮演王母娘娘等。孩子们像模像样学演戏，从中寻找乐趣。

打铜板　是多人（两个人以上）玩的一项活动，参与者以男孩为主。地上放一块砖，每个参与者拿出一个或数个铜板，叠放在砖面上，通过猜拳形式，决出出场次序。出场者用自己手中的铜板，瞄准砖面上的铜板用力击打，打掉几个拿几个，砖面铜板打完为一局结束。

打弹子　这一游戏操作起来较为简便，从市场买来玻璃球，将球用大拇指和食指弹出，通常是"打老虎洞"，即在场地上挖比弹子大一点的6个坑，依次逐一打向6个坑，全部打进为胜。

杜老开　这一游戏男女老少都喜欢。凑满四个人，拿一副打乱的扑克牌，平均分发，拿到黑桃3的先出牌，后面的人必须出同花色、数字更大的牌，如没有符合要求的牌，就不出，最后出完的人就是"杜老开"，算是输了，其他人就要刮他鼻子几下。

翻牌片　牌片是彩色的卡片，市场上有售，画面多为《三国演义》《水浒传》《西游记》中的故事人物，小摊、货郎担通常整套或分条售出，小孩买回将它剪成单张藏好。学生利用放假玩这一游戏，有时课间也要过一下瘾。牌片放在地上，手掌扇动产生风力，将牌片扇翻。参与者一人拿出一张牌片，轮流去扇，扇翻几张就赢取几张。

叉铁箍 20世纪五六十年代，几乎乡下男孩都会玩，一般利用木箱或木桶上废弃的铁箍作为滚转的器材，然后用粗铁丝弯成一个一头弯一头直的铁钩，直的一头插入细竹竿当手柄，弯的一头勾住铁箍，借助铁钩推着铁箍往前滚动，叉着铁箍飞奔，发出"哐啷啷"的响声，十分有趣。80年代后基本消失。

拍大麦 两个小孩相互拍手，你拍我一下，我拍你一下，口中哼着儿歌，如：你拍一，我拍一，一个小孩坐飞机；你拍二，我拍二，两个小孩丢手绢；你拍三，我拍三，三个小孩来搬砖；你拍四，我拍四，四个小孩写大字；你拍五，我拍五，五个小孩敲锣鼓；你拍六，我拍六，六个小孩捡豆豆；你拍七，我拍七，七个小孩穿新衣；你拍八，我拍八，八个小孩吃西瓜；你拍九，我拍九，九个小孩齐步走；你拍十，我拍十，十个小孩在学习。

搭铁子 这个游戏的活动范围比较广，人数可多可少，主要培养人的协调能力和动作的灵活性。参加的人要备好六只铁子，铁子是用旧布做成的大约3厘米见方的小袋，里面装满黄豆或米或干泥，然后缝严，袋里的东西不能漏出来。玩的时候，先把五个铁子不规则地抛在台子上，再把另一个铁子单独往上抛，此时要把台上一个铁子拿掉，然后接住抛上去的那个铁子，算是成功。第二次抛则要拿台上两个铁子，第三次要取三个，第四次要取四个，第五次要取五个。连续成功算是赢家。只要有一次失败就要换人玩。

 ## 第五节　文化遗存

一、古桥

益后桥 建于1912年，位于庙灯自然村，横跨庙堂河。益后桥为东西走向，石质台阶，桥墩桥面由 3 块金山石铺成，每块石条长 6 米、宽 0.6 米、厚 0.3 米。桥长 17.4 米、高 2.8 米、宽 2 米、跨度 6 米。1940 年 7 月，被日军飞机炸断 2 块桥面，后由当时的保长陆定华到玉山半山桥那里，通过朋友讨要到两块巨石桥面，用两只大船运到境内，村民们一起用盘索安装到桥上修复还原。2009 年，益后桥被列为昆山市文物保护单位。

益后桥（2019 年，罗英摄）

庙堂桥（一） 建于明万历三十五年（1607），桥位于白渔潭自然村，北靠长寿庙，南跨门前河。庙堂桥（一）最初是一座石质台阶木桥，桥长 14 米、高 2.2 米、宽 1.5 米、跨度 4 米。1967 年春，为了农船进出方便，由白渔潭大队第 5 生产队泥水匠徐金生在原二端桥墩的基础上，用砖混加高 0.3 米，并在现场用钢筋混凝土预浇 3 条长 4.5 米的重型桥梁，搁在两面桥墩上，上面铺设长 1.5 米、宽 0.5 米的钢筋水泥板 8 块，用混凝土做平。同时在桥面两边做好水泥钢筋桥栏杆，桥高为 2.5 米。2003 年 5 月，庙堂桥北桥墩部分倒塌，由第 18 村民小组泥水匠俞先良在原址重建，北桥墩全部拆到底，再用石头砌好。南桥墩拆到一半高度，再用石头砌上来，桥面用的是城南预制场生产的长 4.5 米、宽 0.5 米的 4 块重型楼板。重修后的桥长 14 米、高 1.5 米、宽 2 米、跨度 4 米；桥面两边安装预制水泥栏杆。2017 年初，此桥在昆山高新区白渔潭生态农业产业园工程建设中被拆除。

二、古庙

集庵寺　《昆山佛教志》记载，原名集福庵（庙墩寺庙），在小㳡河西、南星㳇镇东庙墩村内。原只是草屋，明万历年间建，清乾隆三十八年（1773）改建成瓦房，由僧侣募建。光绪年间里人顾瑞华复集资扩建前埭3间，前石库门、东西两间厢房，中间一个天井，东西两棵柏树。

集庵寺示意图（2019年，庙灯村村委会提供）

长寿庙　原名长寿庵，始建于明万历二十五年（1597），距今有400多年历史。长寿庙位于白渔潭自然村中心，南靠门前河，西边为姚家浜河，北至村民唐玉林场地，东邻村民朱兴根民房。长寿庙前后两进，各三间瓦房，共有建筑面积151平方米。寺内有城隍主殿，主殿供奉城隍三公子、孟将、惠元等；前一进东西各一尊宋卫像，中间供奉弥勒佛等。清雍正五年（1727），村民李德虞等人扩充偏殿东西两厢房4间50平方米，西厢房有观音等佛像。旧时寺庙祭祀之日，香客云集，各地摊贩纷至沓来，形成庙会，俗称"节场"。白渔潭村香民每年农历二月十九（观音）娘娘诞辰日、四月十四城隍庙会、四月十六将军庙会、孟将庙会等重大纪念日和庙会开光日（一般在农历四月），都会前往长寿庙烧香拜佛，求"菩萨保佑"驱瘟免疫、风调雨顺、五谷丰登、六畜兴旺、国泰民安。

三、古坟遗迹

柴家坟　位于庙灯村西南，总面积约3000平方米。遗址中心为上墩，四面环水呈正方形，南北东西均长100米左右，最高处有5米左右。遗址堆积主要为宋元时期遗存，早期堆积的则是新石器时代良渚文化时期典型遗址。遗址挖掘时，收集到石斧、石锛4件，长形骨头针1支和大量灰陶、夹砂、陶残器，并有良渚人骨暴露，系先民墓葬和生活区。2009年被公布为昆山市文物保护单位。

陆家坟　在原白渔潭村西漕潭自然村东北角有一条东西走向的溇，名为"园溇"，溇北有一条凹字形东西走向的长溇河，在长溇南岸中间位置的一座坟叫陆家坟。据老人张思孝口述，在清同治四年（1865）本村有一家姓陆的富豪。因连续9年为事都不顺，有败落的趋势，遂请了风水先生来看风水，企图改变"败状"。根据风水先生的指点筑了陆家坟。该坟东西长130米，南北宽40米，高出地面1米，占地5 200平方米。坟上有石人、石马、石羊、石龟各一只，还有一根石旗杆。坟墓北边有对小坟。这座大坟墓造好没有几年，陆家非但没有旺起来，反而彻底败落了。陆家迁移别处，坟也无人管了。1956年，村里把这块坟地划给了社员作为自由地种植蔬菜，直至2000年冬被平整为农田。

第八章　物产美食

庙灯村地处长江三角洲阳澄湖地区，属亚热带季风气候，雨量充沛，气候宜人，成片农田与网状河道组成富有特色的田园风光，是典型的江南鱼米之乡。境域内物产丰富，出产稻米、麦谷和油料，还有四季蔬菜等，村民除了自己食用，每年或者出售给国家，或者直接供应市场。境域内还盛产鱼虾、螃蟹、螺蛳等水产品，鸡鹅鸭、猪牛羊等家禽家畜产品。丰富的物产成为村民的四季食材，在长期的生活实践中，村民做出各种各样的美味佳肴，既有走油蹄子、红烧鳝筒、白切羊肉羊糕、清蒸白丝鱼、腌笃鲜等美味菜肴，又有馄饨、乳结、定胜糕、酒酿饼、青团子等传统小吃。一代代传承，一代代发展，传递着世代村民饮食生活的密码。丰富的物产，美味的菜肴，使村民生活愈加甜蜜。

第一节 物　产

一、粮油类

稻　村民种植的水稻，分粳稻、籼稻、糯稻。糯稻产量低，村民种得比较少。粳米人们通常做米饭吃，不容易饿。糯米米粒较小且光滑，淘干净晾干，然后用磨子磨成粉，可以做团子吃，吃起来比较软糯。糯米也可以做饭，有白糯米饭，还有赤豆糯米饭，糯米饭放些白糖，吃起来更加甜糯。籼米的口感比较差，吃籼米饭容易饿。

麦　麦子分大麦、小麦、元麦，人民公社时期生产队按比例种植这三种麦。因小麦产量高，在种植比例中占大头，元麦、大麦则适当种植。元麦、大麦成熟后收割、脱粒放在生产队仓库里，当作猪饲料。小麦是人们夏季的主粮，小麦成熟后收割、脱粒，按国家规定出售预粮，多余部分分给社员。社员把分到的小麦运到昆山天丰面粉厂换面粉，面粉可以做面条、馒头、大饼、油条吃，还可以包饺子，大、小馄饨吃。

油料　境域内主要种植油菜，因此油菜籽是村民的主要油料来源，炒菜、烹鱼必不可少。另外，村民家庭也种植少量花生，可以作为油料，但花生出油率比较低。

二、水产类

鱼　境域内出产的鱼，种类比较多，有鲢鱼、鳜鱼、草鱼、黑鱼、塘鳢鱼等。鲢鱼最多，是大众品种，有花鲢和白鲢两种。鳜鱼是较贵的一种鱼，可做成清蒸鳜鱼。草鱼是逢年过节的主要食材，家家户户到了过年总要购一条大草鱼，炸一点爆鱼。煮黑鱼则是村民的家常菜。塘鳢鱼吃起来鲜美可口。

鳝鳗　境域内黄鳝比较多，水田里、河边都可以捕到。红烧黄鳝是老少皆爱的菜肴。境域内还出产河鳗，红烧鳗鱼的做法与红烧黄鳝大致相同。类似的还有泥鳅，旧时，村民一般不大吃泥鳅。

河蚌　境域内河多，河蚌也多。咸菜炒蚌肉是村民喜欢的菜肴。

螺蛳　境域内常年都有螺蛳，村民在清明前后特别喜欢吃炒螺蛳，吃后有助于明亮眼睛。此外，境域内的水田里还有田螺，田螺与螺蛳是一样的炒法。

蟹　蟹不仅出在昆山阳澄湖，庙灯村也出产蟹。村民九月里吃雌蟹的多，十月里购雄蟹的多，因为九月雌蟹肚子里有丰满的蟹黄，味道特别鲜美，十月里购雄蟹是因其肚子里油膏厚实而肥。一碗面拖蟹，热气腾腾，吃起来又鲜又可口，是一道江南名菜。

草虾　境域内草虾比较多，村民也喜欢吃草虾，每家每户都将它作为家常菜来吃。

小龙虾　20世纪90年代以前一般不吃小龙虾。90年代后，随着江苏盱眙小龙虾的出名，村民也开始流行吃小龙虾。

草虾（2019年，罗英摄）

三、禽畜类

猪牛羊　村民家庭和村集体都养猪、养牛、养羊。生产队养猪养得比较多，主要是为了踏猪窠，增加自然肥料，农忙时宰1~2头猪，分给社员吃，其余运售给国家，增加生产队收入。村民家庭养猪也是为生产队积肥，一般一个家庭每年养1~2头猪，能宰头猪过年是村民最开心的事。养牛主要是为了耕作，一般都是生产队养。20世纪50—60年代，每个生产队养2~3头牛，农忙时驭使牛犁田、翻田、打水。羊一般是村民家庭养的，或卖或自己宰着吃。

鸡鸭鹅　鸡鸭鹅一般都是村民自己养的，也有少数生产队养鸭鹅，规模为200~300只。改革开放前，村民家庭养鸡鸭鹅时，散养的比较多，当时鸡鸭鹅满天飞，鸡屎、鸭屎、鹅屎到处都有，村庄面貌很差。改革开放后村民家庭很少养了。养鸡鸭主要为了禽蛋，到了春节杀只鸡鸭则是为了改善生活，个别村民把鸡鸭到市场上卖掉，换猪肉吃。

四、时令蔬菜类

茭白 茭白列于"水八仙"之首，带壳的茭白，壳为青绿色，剥了壳如同一支白色的蜡烛。最典型的茭白烹制方法莫过于茭白炒毛豆，如此"清清白白"地一配，素净、爽白，透着隐隐的甘甜，是一道美味的江南菜。村民喜欢在河岸边、水沟边种上两三棵茭白苗，在稻熟时茭白就可以采摘了，据不完全统计，每年可以收 8 000 斤。

莲藕 莲藕分为莲子和藕，买来莲藕，剥着吃莲子是件有趣的事。莲子里还有一枚极细的芯，是一味中药，使莲子多了一丝隐隐的苦，还有人专门取莲子泡水喝，能败火。莲子老了还可以剥出来入菜，最出名的菜肴是银耳莲子羹。而藕可以切成片，既可以当水果吃，也可以做成菜肴，可拌可炒，甘甜鲜洁，唇齿清爽。还可以把一节藕洗净，一头切开，每个孔里塞进糯米，放在锅里烧，同时放上糖，煮熟后吃，叫糖烧糯米藕，小孩特别喜欢吃。

水芹 旧时，文人常以"芹献"一词自谦，形容自己送的礼物菲薄如乡野地随处可见的水芹。其实，水芹分明有美人之相，美得青葱淳朴。水芹的做法有许多种，最好的做法是凉拌，摘掉老叶清洗，过水焯一下，切成一寸左右的段，在盘子里码成整齐的一垛，浇上酱油、香油，有了深色的酱油衬托，水芹更见活色，一碟青翠的江南菜就可以上桌了。

芡实 "水八仙"中名声最显赫的要数芡实，芡实的花是紫蓝色的，形状如鸡头，也因此得了个俗气的诨名"鸡头米"。鸡头米是时鲜食品，剥出来就得赶紧食用，而清水煮是最好的吃法。吃现剥的鸡头米是江南人才有的口福。

慈姑 慈姑的质感粉糯，但有一股苦味。不过慈姑的苦，苦得有分寸，更像是"清雅"的一种极致，这一点和百合很像。慈姑可入菜肴，典型的便是红烧肉烧慈姑。还可以切片油炸，撒点盐水，便成了慈姑片，这时，苦味已无影无踪，吃起又香又脆，比薯片还美味。

荸荠 和藕相比，荸荠很小，荸荠脆嫩，淡而有味。以前江浙一带的街市常有小贩将荸荠剥了皮，一根竹签串起八个、十个，论串出售。

菱角 境域内出产的菱角有两种，一种是三角菱，另一种是四角菱。绝大多数人家水塘边种上半亩左右的菱，秋天收集起来有300斤左右。通常采菱是女孩的事，拿一只大的木盆当作小船，盘腿而坐，以手做桨，在菱塘里划来划去。有一首《采红菱》的歌，唱出了女孩采菱的生动情趣。菱角宜生食，爽爽脆脆，一嚼都是水，还带有甜味。老的菱角宜煮食，有栗子的风味，丰厚饱满。

马兰头 有野生的，也有人工种的。野生马兰头生长在田岸上、河岸边，不施肥料，自然生长；人工种马兰头，即把野生马兰头移栽过来，但要施肥。烹制马兰头的步骤一般是先将马兰头剪下来，洗净，然后放在铁锅里焯水，绞干后，放凉，待一小时后切细，放在盆里，加上盐、糖、味精，熟菜油浇上去，拌均匀，吃起来清凉可口。还可以将马兰头洗净，用沸水焯了之后，绞干、晒干，与腊肉一起烧，马兰头干的清香与腊肉鲜味融为一体，独具风味。

荠菜 荠菜是一种原生态野生菜，一般生长在野外高地，棵小。食用方法：把荠菜洗净、晾干，然后与鲜肉同时剁烂，加上佐料，做成馅心，馅可以用来包馄饨、包饺子。这种馅荤素搭配，野味十足，鲜香可口。

外国芋头 形状像生姜，因此又名"洋生姜"。洋生姜一般用来做腌菜苋，做法如下：待菜苋抽薹时，摘好洗净晒一下，再用盐腌制，晒到一定程度，收起来，再把洋生姜同样洗净晒干，加上盐腌，出缸，在竹帘上晒到呈黑枣状；两样食材都备好后，一层菜苋一层洋生姜叠放在瓮中，把瓮口密封，3~4月后开瓮食用。这是一种可口的吃粥菜，入口鲜嫩、香脆，带有自然的甜味，是一道不折不扣的农家菜。

第二节 美食佳肴

一、菜肴

随着物质生活水平不断提高，村民在饮食方面求上档次、高品质。如逢年过节，制作红烧东坡肉、走油蹄子、松鼠鳜鱼、红烧鳝筒、阳澄湖大闸蟹、羊肉羊糕、清蒸白丝鱼、腌笃鲜、猪头糕等大菜，这些已成人们所喜爱的美食。

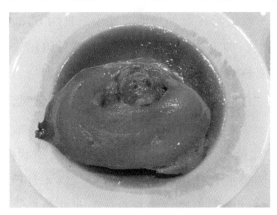

走油蹄子（2019年，罗英摄）

走油蹄子 这道菜是村民操办婚丧喜事的主菜。蹄子选择2～2.5斤的，将蹄子刮净洗净，再把蹄子的坯料放在沸水中焯一把，捞起坯料沥干水分，然后放入油锅内炸制，炸到肉皮发黄时，捞起晾干，然后放进锅内，加水、盐、姜、黄酒、糖等作料，先用高火，后用文火，直至烧熟、烧酥为止。这样走油蹄子吃起来肥而不腻，入口齿颊留香。蹄子也可以红烧，做法与东坡肉相同。

东坡肉 选择2斤左右的五花肉，肉质肥瘦恰当，锅底放上不粘锅的旧竹篮底，加入水、茴香、生姜、黄酒、海鲜酱油，先高火烧煮，后用文火慢炖，最后加适量糖、味精，将肉烧烂透后出锅，达到筷戳皮破，外肥内瘦，皮脂毫无肥腻之感，入口即化，遇齿则烂。东坡肉也可以与走油蹄子一样制作，吃起来别有风味。

松鼠鳜鱼 中共十一届三中全会以来，村民生活水平不断提高，在吃的方面更讲究档次。从前在婚丧喜事桌面上才有的鲢鱼如今已经不上台面了，星级酒店的松鼠鳜鱼等高档菜肴也开始出现在农村餐桌上，由于其制作工艺特别，色香味俱全，成为村中的一道土特名菜。鳜鱼制作方法：选鳜鱼一条，开肚除鳞清洗，在鱼背上用刀切几道，呈小十字形，然后将油锅烧烫，把备好的鳜鱼放入油锅里炸，切开的鱼肉随油煎出的样子像松鼠，捞出后加入番茄酱，便是一道既好看又好吃的菜肴，别有风味，香甜可口，深受人们的喜爱。

红烧鳝筒　取重半斤左右的黄鳝，开肚去肠，用热水洗净身上滑黏的污物，切成3厘米左右的段块，放在加热的油锅里煸炒，加入黄酒、生姜、大蒜头、酱油，烧熟后放入适量的糖，稍微收汁，端上餐桌后老少皆喜。村民也吃鳗鱼，或者清蒸或者红烧，红烧鳗鱼的做法与红烧鳝筒大致相同。

羊肉羊糕　因羊肉性温滋补，味甘而不腻，具有利肾壮阳、暖中去寒、温补气血、开胃健脾之效，冬天吃羊肉既能抵御风寒，又能滋补身体，实在一举两得，所以羊肉深受百姓的喜欢。羊糕是把羊肉煮熟后捞起，放一些高汤冷冻后切片而成的。村民用羊糕作为下酒菜。

清蒸白丝鱼　白丝鱼通体银白，体修长、扁薄，鳞细，故肉质肥嫩，鲜美可口，是水产之珍品。清蒸白丝鱼是菜肴中的名菜，也是农家办事必备的一味菜肴。具体制作方法：将鱼去鳞、去鳃、去内脏，洗净晾干，用适量的盐擦遍鱼身，存放在容器内，待其入味，农家称之为"跑腌鱼"；然后将腌好的白丝鱼放在相应的瓷盒内，加上老姜丝、小葱、黄酒入锅清蒸。清蒸白丝鱼，鱼体银白，生姜金黄，小葱碧绿，香气扑鼻，口感极佳，肥而不腻，其美味令人难忘。

腌笃鲜　将腌制的腊肉与新鲜的鲜肉切块，加入调料，与竹笋或毛竹笋一起煮熟，香味四溢，鲜美可口。农家有"吃腌笃鲜打耳光勿肯放"的说法。

红烧猪头糕　进入腊月后，餐饮比较讲究的人家喜欢吃猪头糕。具体制作方法：将烧熟的猪头去骨，洗净切块，放在大一点的锅里加适量清水烧煮，烧透后，放入适量酱油、盐、黄酒、生姜、小葱、红糖等调料及茴香、桂皮等香料，然后文火焖煮，待猪肉酥烂，汤汁浓稠后，将香料取出，将出锅的猪头肉倒入浅平的方盘中，任其自行冷却，见猪肉凝胶成糕，色泽红亮透明，就用刀将肉划切成片食用。猪头糕口感富有弹性，口嚼即化，清香鲜美，收口有一点甜意，色香味俱佳，含有胶原蛋白，老少皆宜，是农家时令土产美味。

二、传统小吃

大饼油条 大饼以火炉子烘制而成,油条是放油锅里炸制而成,深受上班族欢迎。买一副大饼油条,托在手里边走边吃,再配杯豆浆,正是干湿搭配、风味极佳的一顿小吃早点,既实惠又省时。

馄饨 选用面粉为食材,和好面后用轧面机轧成薄的皮子,切成10厘米左右的正方形,将猪肉、蔬菜剁成末,制成馅,再用皮子包裹起来,煮熟后味道鲜美无比。小馄饨的制作方法:皮子要小一点,放在手心里,用筷子蘸点肉末,放在皮子中心,然后用手指一勾成型。操作要有技巧,操作不好,放进锅里会散开不成型。

乳结 也称为"树结",以面粉为原料。20世纪六七十年代,村民家庭的经济条件差,家长舍不得花钱为小孩买零食吃,便利用空闲时间,用家里的食材做一些乳结给孩子们吃,经济实惠,操作也不复杂。将面团用擀面杖擀成薄薄的皮子,用刀切成长方形小块,在中间划一道口子,把一端穿入孔内,完成后,放进滚烫的油锅内,炸成金黄色捞出便成,吃口香松脆,深受孩子们的喜爱。

红白汤面 红汤、白汤面自古以来就是村民最享受的一顿早餐。吃面很有讲究,首先是面汤和浇头,红汤配以爆鱼、大排、焖肉、鳝丝,白汤则配卤鸭、虾仁、青椒肉丝。再撒上一点大蒜叶末,端到面前香喷喷的。面的味道好坏,关键是一锅汤,汤的配料很讲究,里面放着许多鲜味食材,黄鳝骨头、肉骨头、鸡骨头,讲究人家还放鱼鳞片,这样才能完美呈现一碗正宗好吃的面汤。具体的配比都属秘方,一般不外传,这样才能使面店长兴不衰。中山路上天香馆面馆、亭林路上的百年老店奥灶馆面店等颇有名声。另外,也有店吃和打包两种形式,所谓店吃,就是在店里吃,打包即是自带餐具,将生面或下好的面带回家。因带回去可能不止一个人吃,因此面店会考虑多给一点面和汤,这是一般面店的常情、规矩。

定胜糕 以米粉为食材,由模具制作而成,属于松糕一类。"定胜糕"意味着步步高升,心想事成,十分吉利,所以村里一般谁家有过生日、建房、乔迁等庆祝活动,都准备定胜糕待客或馈赠亲朋好友。

酒酿饼 以面粉和酒酿为原料,以豆沙、玫瑰等甜馅为主,其特点是甜而不腻、油润晶莹、色泽鲜艳、口味分明，热吃口感更佳。酒酿饼现已成为清明时节扫墓、缅怀先人必备的一种祭品。正宗酒酿饼的做法是先将适量的酒酿、糖、温水混合，倒入面粉拌匀，慢慢淋入温水，揉成光滑的面团，盖上湿布，放在温暖处使其发酵，大约需要一上午；待发酵胀成双倍大时，搓成长条状，按饼的大小切成小块，每块嵌入馅心，先搓圆再压扁，然后将平底锅烧热，抹少量油，再放入酒酿饼小火烧约15分钟，正反两面金黄色时取出。关于酒酿饼的来历，有一个传说故事。相传元朝末年，农民起义领袖张士诚因误伤人命，带着老母亲逃亡。当时正逢青黄不接时期，由于几天没有进食，他的老母亲饿得晕了过去，张士诚伤心得号啕大哭起来。一位老人见张士诚母子十分可怜，就取出家中仅有的一点酒糟，做了饼送给他，张士诚的母亲吃了以后，终于得救了。几年后，张士诚在苏州称王，想起了当年的救命恩人，为了不忘记此事，张士诚下令，在清明时节用酒糟做饼吃，并命名为"救娘饼"，即流传至后世的酒酿饼。酒酿本身也是村民喜欢的一种美食。

青团子 青团子历来是江南一带清明扫墓时的必备祭品，现也会上桌面作为点心。青团子的制作方法：将浆麦草捣烂取汁，加少量石灰稀液点浆，用清水澄清后，按一定比例倒入糯米粉中，揉成粉面，捏成团壳，加入各种馅心做成团子，上笼蒸熟，出笼后涂上熟菜油，使团子鲜艳光亮，其味醇美，细腻可口。

青团子（2019年，罗英摄）

粽子（2019年，罗英摄）

粽子 在端午时节，村里每家每户都要包粽子，粽子式样也越来越多，有三角粽、长方形粽，味道有咸、有甜、有淡，一般白粽和赤豆粽蘸白糖，咸的有鲜肉、腊肉、咸蛋黄粽。制作方法：糯米淘净后静置泡发，然后将备好的泡软的粽叶卷在手里塞满糯米，用线捆扎成不同形状的粽子，放在锅内煮，一直煮至熟为止，也有用压力锅蒸的，待粽子蒸熟蒸醒，方

能食用。

南瓜饼 临近春节，村里家家户户都要做南瓜饼。制作方法：将南瓜洗净后刮掉皮，切成一小片一小片，放在锅里煮烂，取出后沥水，放在面盆里，倒入适量的糯米粉揉成粉团，然后用手捏成一个团壳，加进各种馅心，先揉成圆团再压扁成塌饼状，即可上蒸笼，也可以在油锅里煎至颜色金黄，还可以用小的平底铁锅，浇上油，南瓜饼放进平底铁锅里文火烧2分钟后再翻身烘，烘得南瓜饼既不起黑盖又不焦。

第九章　方言土语

　　庙灯村的方言土语是庙灯村的乡音，也是庙灯村独特的文化印记。庙灯村的方言土语，传递了家乡的文化信息，庙灯人无论走到哪里，听到乡音都会感到特别亲切。改革开放以后，年轻人在学校普遍学习普通话，大量外来人员到村里来，与村里人的交流增多。这些对境域内方言土语的传承带来了一定的挑战，但方言土语是一方水土养育一方人的文化积淀，是割舍不断的乡愁、乡思和乡情的无形载体，经口口相传，将生生不息。

第一节 俗语俚语

一、人际称谓

好公：祖父
太公：父亲的祖父
好婆：祖母
太婆：父亲的祖母
爹爹：父亲
恩妈：母亲
丈人：妻子的父亲
丈母娘：妻子的母亲
好爹：干爹（过房亲）
好娘：干妈（过房亲）
老伯伯：父亲的哥哥（背称）
妈妈：老伯伯的妻子（背称）
爷叔：父亲的弟弟
外甥、外甥囡：亲姐妹的子女
娘舅：母亲的兄弟
舅妈：母亲兄弟的妻子
家主婆：妻子
姨夫：母亲姐妹的丈夫

老娘：丈夫的母亲
孙子、孙囡：儿子的儿女
姨娘：母亲的姐妹
阿哥：哥哥
大佬官：长兄
兄弟：弟弟
兄弟娘子：弟弟的妻子
姑娘：丈夫的妹妹
堂房兄弟：父亲同辈的儿子
伲子：儿子
新妇：儿子的妻子
女婿：女儿的丈夫
阿侄：兄弟的儿子
婶娘：父亲弟弟的妻子
新相公：新婚的男人
新娘子：新婚的女人
老相公：新婚男子的父亲
外孙、外孙囡：女儿的子女

二、天文气象

日头：太阳

呃亮：月亮

阴头里：太阳照不到的地方

天好：晴天

迷露：雾

长雨：连续不断地下雨

雷响：打雷

冰排：冰雹

冰冰阴：寒冷

冰凌堂：屋檐前的冰锥

阴丝天：阴天

麻花雨：毛毛雨

阵头雨：阵雨

起阵头：雷阵雨

霍现：闪电

劈风斜雨：狂风暴雨

褐色热：闷热

作冷：寒潮来

三、时令时间

今朝：今天

明朝：明天

早上：早晨

夜头：夜里、晚上

垂夜快：傍晚

日里：白天

格夜里：前天

格年子：前年

着格年子：大前年

热天式：夏天

寒场里：冬天

二三月里：春天

热昼性：中午

论更半夜：半夜里

夜快、黄昏头：傍晚

旧年：去年

冷天式：冬季

上趟：上次

下趟：下次

秋场里：秋天

开年：明年

冷天：冬天

辰光：时间

日脚：日子

下昼：下午

上昼：上午

年夜隔壁：近年底

四、动物植物

猡猡：猪
老猪娘：老母猪
鸭连连：鸭子
白乌龟：鹅
蚕宝宝：蚕
田鸡：青蛙
谢菜：荠菜
番茄：西红柿
番瓜：南瓜
别桃：葡萄
铃眼树：银杏树
扇子树：棕榈树
呆鹅：大雁
子老全：蝉
鹁鸽：鸽子
机扇夹：鸡翅
癞团：癞蛤蟆
众牲：畜生的总称
胡羊：绵羊
偷瓜畜：刺猬
菊蜘：蜘蛛
麻将：麻雀

老婆鸡：老母鸡
羊妈妈：羊
长生果：花生
寒豆：蚕豆
洋山芋：马铃薯、土豆
大草：金花菜
花草：紫云英
黄芽菜：大白菜
居鱼：鳜鱼
在绩：蟋蟀
戳鳝：蚯蚓
番麦：玉米
老虫：老鼠
麦湿头：麦穗
辣茄：辣椒
类麦：元麦
稻湿头：稻穗
地粟：马蹄
小寒、水寒：豌豆
鱼鳞片：鱼鳞
百脚：蜈蚣
裙带鱼：带鱼

五、生活物料

料作、料头：衣料
短出手：短袖

饭单头、雨扇头：腰围巾
鱼巾：围巾

堆头布：包头布

干面：面粉

饭除：锅巴

斩烂肉：肉糜

腰子：肾脏

肚里老朝：动物内脏

桁条：梁

柱头：柱子

乌槛：门槛

阶沿石：台阶

客堂：客厅

窗盘：窗户

碗盏橱：碗橱

灶郎刀：菜刀

抄：汤匙

笼格：笼屉

头绳：毛线

绢头：手帕

长出手：长袖

化面：下面条

面老虫：面疙瘩

索粉：粉丝

杂碎：禽类的肫

门腔：猪舌头

下脚：猪、牛、羊内脏

扎底针：纳鞋针

拖簪：拖把

筷箸笼：筷笼

砧墩板：砧板

灶番布：灶上用的抹布

白席：席子

墙篱：篱笆

六、人体体态

颗郎头：头

头螺：头发的旋儿

眼咪毛：眉毛

鼻头管：鼻子

牙须：胡须

颈骨：颈

眼见毛：睫毛

肋棚骨：肋骨

筋：血管

身坯：身材形态

块头、块张：个头

头皮骨：头骨

额角头：额头

后脑宅子：后脑部分

肚皮眼：肚脐

小肚皮：小腹

背心：背部

面见骨：颊、颧骨

眼乌珠：眼睛

眼堂：眼眶

嘴层皮：嘴唇

肩架：肩膀

手介子：手腕
脚馒头：膝盖
顺手、顺脚：右手、右脚
济手、济脚：左手、左脚
节咯指：指甲
天平盖：脑门
脚节头：脚趾

面孔：脸
面架子：脸型
面墩肉：两侧腮帮的肉
塌鼻梁：鼻梁低而扁平
大膀：大腿
小膀：小腿

七、人际交往

黄牛肩胛：不负责任
死样怪气：慢吞吞
拆烂污：马虎了事
有亲头：乖巧、懂事
拉倒：终止
象肚皮：按个人意志办
结棍：厉害
勿搭界：不相关
出洋相：出丑
龊心：对某人心怀不快
投五投六：忙得团团转
靠牌头：依托某人地位权势达到
　　　　目的
杨树头：两面派
搭浆：差劲
巴结：勤劳
戳壁脚：背后说坏话
相打：打架

想骂：吵嘴
推板：很差劲
出客：漂亮
吊牢：挂念
显世：难为情
下作：下流
吃排头：挨训斥
搭讪头：搭讪
尖头把戏：贪小利
看面子：徇私情
现世：坍台
小八腊子：小人物
看冷波：袖手旁观
空过门：虚假应付
王伯伯：不可信托的人
坍肩架：推卸责任
乌拉不出：有苦说不出

八、其他

揩面：洗脸
汏浴：洗澡
落起来：起床
做生活：干活
困觉：睡觉
吹风凉：纳凉
赤骨里：赤膊
阿做啥：是否有空
阿勒浪：是否在
啥场合：在何处
勒浪模样：差不多
歇角落：停止
一塌刮子：全部
阿来三：是否可以
混淘淘：很多
打霍显：打哈欠

勿适意、勿受用：生病
肚皮拆：腹泻
发寒热：发烧
脸腮胀：流行性腮腺炎
吃伤：积食不消
脚子斑：雀斑
风瘫：瘫痪
阴车：晕车
黑纱：中暑
瘪罗痧：霍乱
猪狗臭：狐臭
小肠气：疝气
羊痫疯：癫痫
死血：冻疮
委水：遗尿

第二节 谚 语

一、生活谚语

嘴上没毛，办事不牢

人在人情在，人死一笔勾

聪明一世，糊涂一时

人不可貌相，海水不可斗量

真话好说，谎言难编

花有重开日，人无再少年

临睡洗洗脚，胜过吃补药

一个篱笆三个桩，一个好汉三个帮

不听老人言，吃苦在眼前

良药苦口利于病，忠言逆耳利于行

越吃越馋，越困越懒

有意栽花花不发，无心栽柳柳成荫

棒头上出孝子，筷头上出逆子

画虎画皮难画骨，知人知面不知心

养子防老，积谷防荒

酒逢知己千杯少，话不投机半句多

小洞不补，大洞吃苦

吃人家嘴软，拿人家手短

人往高处走，水往低处流

叫人不蚀本，舌头上打个滚

三个臭皮匠，顶一个诸葛亮

村上有个好嫂嫂，全村姑娘都学好

在家靠父母，出门靠朋友

吃不穷，穿不穷，算计不着一世穷

浇花浇根，交人交心

吃尽滋味盐好，走尽天边娘好

人人要脸，树树要皮

冷粥冷饭好吃，冷言冷语难受

八仙过海，各显神通

为人不做亏心事，半夜敲门心不惊

二、气象谚语

春天孩儿脸，一日变三变

早西夜东风，日日好天空

蚂蚁搬家，必有雨下

清明断雪，谷雨断霜

乌头风，白头雨（乌云风，白云雨）

来吃端午粽，寒衣不可送

九月南风两日半，十月南风当日转

吃了端午粽，还要冻三冻

迷露开，晒得呆

夏雨隔田生

朝看天顶穿，夜看四脚远

小暑一声雷，颠倒做黄梅（霉）

雨落黄梅头，四十五天无日头

日没胭脂红，无雨定是风

雨落黄梅脚，四十五天赤刮刮

东北风，雨太公

开门落一阵,关门落一夜

东风两头大,西风腰里粗

一落一个泡,落过就天好

日界风,夜界雨,界里无星连夜雨

六月初三做一阵,上昼耘稻下昼困

三朝迷露起西风

三、农业谚语

植树造林,莫过清明

人在岸上跳,稻在田里笑

清明前后,种瓜种豆

六月风潮,稻象粪浇

娘好囡好,秧好稻好

七月风潮,稻象火烧

做天难做四月天,秧要日头麻要雨

稻要养,麦要抢,菜籽在胛上

麦秀风来掼,稻秀雨来淋

六月勿热,五谷勿结

立冬不见叶,到老没有荚

三百六十行,种田第一行

靠天好种田,靠手好吃饭

三分种七分管

宁除草芽,不除草爷

庄稼一枝花,全靠肥当家

人误地一时(农时),地饿人一年

麦熟抢,稻熟养

寸麦不怕尺水,尺麦怕寸水

冬雪如浇,春雪如刀

三月三晒得沟底白,莎草也变麦

黄秧搁一搁,到老不发落

寒露无青稻,霜降一齐倒

十月勿见叶,蚕豆没有吃

腊肥一滴,春肥一勺

 第三节　惯常用语

一、歇后语

蜻蜓咬尾巴——自吃自

癞蛤蟆跳在秤盘里——自称自赞

老孵鸡生疮——毛里有病

癞蛤蟆想吃天鹅肉——瞎想

痴痴头儿子——自家好

戴着笠帽亲嘴——差远了

十五个吊桶打水——七上八下

老和尚念经——句句真言

顶着石臼做戏——吃力不讨好

城头上出棺材——远兜远转

猫哭老鼠——假慈悲

肉骨头敲鼓——荤(昏)咚咚

聋子的耳朵——摆设

驼子跌跟头——两头勿着实

八仙过海——各显神通

棺材里伸手——死要钱

黄鼠狼给鸡拜年——不安好心

风箱里老鼠——两头受气

泥菩萨过河——自身难保

卫生口罩——嘴上一套

狗拿耗子——多管闲事

过街老鼠——人人喊打

老虎头上拍苍蝇——胆大包天

造屋请箍桶匠——不对路

三个指头掐田螺——稳笃笃

小满里的热头——后娘的拳头

白墙头上刷白水——白说（刷）

牯牛身上拔根毛——小意思

脱裤子放屁——多此一举

瘌痢头打架——无抓手

弄堂里拔木头——直来直去

鸭吃砻糠——空欢喜

秃子头上的虱子——明摆着

脚踏西瓜皮——滑到哪里是哪里

肚里吃萤火虫——自肚里明白

急来抱佛脚——早点不想着

竹篮子打水——一场空

螺蛳壳里做道场——面积太小

额角头上搁扁担——头挑

老汉娶亲——力不从心

王婆卖瓜——自卖自夸

乌龟请客——全是王八

关公吃酒——面不改色

包公审案——铁面无私

孔明借箭——满载而归

敲锣卖糖——各干各行

鸡吃百脚——死对头

兔子尾巴——长不了

蛇吃黄鳝——找死（一起死）

豆腐肩架——不牢靠

芝麻开花——节节高

恶人先告状——反咬一口

月亮里点灯——空好看

丢掉西瓜捡芝麻——因小失大

飞机上吊蟹——悬空八只脚

二、惯用语

八九不离十——接近

人心隔肚皮——人的内心世界不容易被人看清

吃力不讨好——即使付出努力，也不讨人喜欢

吃软不吃硬——解决问题需要以柔克刚

好人有好报——善良人做善事会得到回报

吃死人不留骨头——人贪心到极致

不知天高地厚——骄狂无知，不可一世

强扭的瓜不甜——条件不成熟勉强去做，不会有好的结果

家丑不可外扬——家中隐私不宜对外宣扬

有眼不识泰山——不识事物真面目

临时上轿穿耳朵——事到临头才去做准备

死要面子活受累——虚荣心重，要面子甘心受苦

心急吃不得热粥——做事不能急于求成

近水楼台先得月——比喻因地处近便，获得优先机会

身正不怕影子斜——只要心正，不怕别人说三道四

狗嘴里吐不出象牙——胡言乱语

门缝里看人——看扁，不全面

芦席上爬到地上——差不多

第十章　乡村人物

　　庙灯村人世世代代勤奋劳作、善良淳朴。中华人民共和国成立后，村民们在党的领导下，为建设社会主义，改变家乡面貌艰苦奋斗。改革开放后，在党的政策指引下，全村干部群众解放思想，开拓创新，奋力推进村域经济和社会事业协调发展，村民过上了小康生活。在村域经济和社会事业的发展进程中，涌现了一批佼佼者，他们中有的是长期扎根家乡，为家乡发展做出重要贡献的村干部；有的是艰苦创业，成就事业的开拓者；有的是在农业科技领域，刻苦攻关、成果显著的科技人员；也有的是从村里走出来，担任职务的领导干部。从中华人民共和国成立到2019年，村里有59人参军入伍，另有退役军人46人，为国家的国防建设做出贡献；137人有大学本科及以上学历，其中4人为硕士生；培育出12名医务人员、42名教师、18名在外担任职务的领导干部；有76人学成手艺，其中木匠28人、泥水匠29人、漆匠7人、裁缝6人、理发师3人，还有铁匠、水电工、电焊工各1人，他们默默为建设家乡、服务村民做出了贡献。

第一节 人物传略

龚炜 1704年出生，卒年不详。字巢林，自号"巢林散人""际熙老民"，江苏昆山白渔潭人。他出身宦门，明经史，工诗文，善丝竹，习武艺，好游历，却屡败科场。后来，家道中落，自云："廿年制义，抛却半生有用功夫；三黜乡闱，落得九册无名败纸。"于是，他沉于蓼怀阁书斋，潜心读书，撰有《屑金集》《虫灾志》《续虫灾志》《翰薮探奇》《湖山纪游》和《阮途志历》以及《巢林笔谈》及续编。其《巢林笔记》及续编，记清初史实及吴中掌故，以及山水园林之胜，以龚炜自身日常生活展开，寄寓身世感怀，反映阶级特性，颇具日常生活史、地域社会史的资料价值。龚炜的书斋环境清幽，乾隆年间，太仓诗人陆远迈被龚氏旧宅周边的旖旎风光吸引，作诗《白滬潭龚氏幽居》，云："一夜桃花雨，春流直到门。花间惟钓艇，屋外见渔村。"龚炜的家庭，不仅男子享受读书的权利，女子也同样出类拔萃。他的姑姑能歌善诗，他的妹妹们皆通文义。其中对龚炜影响较大的，乃其母葛氏，葛氏颇知诗书，讲究理法，雅好文史，常与后辈讲论。龚炜的妻子王氏出身娄东望族，夫妻均好音乐，琴瑟和谐，感情笃深。龚炜对妻道刚柔有自己的看法，不赞同一味要求妻柔的观点，初具男女平等的思想。龚炜认同清朝统治，他说："数十年来，国家深仁厚泽，休养生息，安耕凿而不扰，忘帝力于何有？村中气色日新，视昔日之卉木池台仅夸美丽者，不大相悬绝哉！"他赋予家乡自然景观变化以政治含义。

吕福泉 1944年7月出生，祝墩台自然村人。从小读书认真，刻苦用心，成绩优良，考上昆山第一中学，初中毕业后，响应祖国号召光荣加入中国人民解放军。1979年，参加对越自卫反击战时在广西失踪，1983年按烈士处理。

第二节 人物简介

徐玉良 1950年1月出生，中共党员，庙灯自然村人。1966年，从庙灯农业中学毕业后回村务农。他在工作中积极肯干、勤劳刻苦。1968年，任庙灯大队团支部书记；1973年，任庙灯大队党支部副书记；1983年，任庙灯村党支部书记。在担任大队党支部副书记和村党支部书记期间，大公无私、团结同志、工作出色，庙灯村被城南人民公社评为先进村，他本人被选为昆山市第六次党代会代表。1984年，村里实行家庭联产承包责任制后，为解决村民卖粮难题，他想方设法让粮库收粮，得到村民们的称赞，当年被选为昆山市第十三届人民代表大会代表。1991年，苏南地区遭遇历史罕见的洪涝灾害，他带领党员群众抢救险、攻险段，为保堤，不顾自身生命安危，只身跳入河中并坚持7个多小时，使城南乡新北片2万多亩农田免遭灾害损失，当年被省政府评为抗洪救灾先进工作者。1998年，因工作需要被调入玉山镇农副基地担任书记、场长。为确保市政府"菜篮子"工程，他日夜坚守在基地精心培育良种，推广无公害生产技术，"玉叶"牌蔬菜品牌打入苏州、上海等地超市，昆山市"菜篮子"工程取得可喜成就。2001年，他被评为昆山市农业产业结构调整带头人。

徐锁香 1952年7月出生，漕潭自然村人。1968年初中毕业后就从事大队赤脚医生工作。1968—1989年，他以一颗大爱的心，热心帮助辖区村民看病，对患疑难杂症的人精心治疗，因工作出色于1989年调到城南卫生院工作。他不仅刻苦钻研医术，不断提升医疗服务水平，而且经常无偿献血，为社会付出大爱。1997—2006年，先后四次获得中国红十字会颁发的无偿献血奉献奖金奖。2008年，被评为昆山市优秀共产党员。2009年，入选苏州市卫生行业"百名医德医风标兵"。

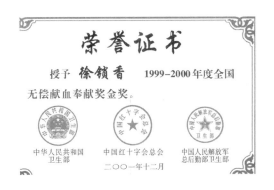

徐友明 1964年5月出生，中共党员，漕潭自然村人。他1985年高中毕业后踏上工作岗位，在公社从事农副业生产，任城南人民公社多服公司渔业技术员。1987年，他负责组建昆山首个养鱼研究会。1993年9月，任昆山市玉山镇农副基地场长，参与基地申请注册"玉叶"牌蔬菜商标的工作，积极拓展销售渠道，把绿色农副产品打入大中城市超市。1997年12月，担任玉山水产场副场长。1998年5月，由玉山镇政府派遣到日本进行农业科研进修，进修结束回国后被调入玉山镇农副基地。他把在日本学到的知识转化到蔬菜种植实践中，先后承担"蔬菜名特优新品引进试验推广""无污染蔬菜高效栽培配套技术试验与推广""设施茄果类蔬菜连作障碍克服与生态修复"等科技项目，并取得可喜成效，为昆山市科技兴农做出重要贡献。1992年，被江苏团省委、省农林厅、省科委评为江苏省科技兴农带头人。2001年，荣获苏州市科技局、人事局等单位授予的三等功。2006年，获苏州市政府科技进步奖。

洪卫明 1965年4月出生，中共党员，六家湾自然村人。1984年，应征入伍，在部队期间他刻苦训练、表现突出，加入中国共产党。1989年退伍后入职昆山蓝羚实业有限公司。1999年，组织安排他担任白渔潭村党支部书记，他勇挑重担，带领村民发展经济，使得白渔潭村摘掉经济薄弱村的帽子。2001年7月，庙灯村与白渔潭村合并后，他担任庙灯村党总支书记，同村"两委"干部群策群力，整合有效资源，利用沿路沿线区位优势发展村级经济，积极推进农业产业规模经营，组织集体资产租赁发包，建标准厂房，建菜场，开辟村级经济发展新途径。2013年，实现村集体年可支配收入超500万元，集体资产超3000万元，农民年人均纯收入超2.5万元。在他的带领下，庙灯村先后获得"昆山市卫生村""昆山市土地执法示范村""昆山市农村精神文明建设先进集体""昆山市金乡邻"和苏州市先锋村、生态村等荣誉，为强村富民做出重要贡献。

宋国强 1965年8月出生，庙灯自然村人。1981年7月毕业于昆山县城南中学，毕业后回村务农，跟师傅学习木工技能。1985—1988年，就职于昆山市昆南建筑安装工程公司，并负责单位建筑装潢工程，得到较好评价。1989年，他自己创办企业并挂靠业内知名公司，1998年独立注册公司。2000年，他创办的昆山市强成装饰木业有限公司，依托建筑装潢技能优势，主打轻钢龙骨的功能建筑主体，开发精品装潢产品，形成产供销"一条龙"，公司形成规模化、集约化经营。2002年，他投资360万元在昆山千灯镇购置工业用地36亩，建造标准厂房2500平方米，并于2003年创办江苏麒强家具有限公司，生产高档宾馆酒店的装饰材料和精品家具。公司生产的家具产品分别于2005年和2006年获得第七届、第八届中国家具设计大赛铜奖和银奖，产品打入美国、日本等国外市场。2010年5月，他投入3000多万元，在昆山震川西路建造22层商住楼，建筑面积2.45万平方米，开办瀛颂国际酒店。至2019年，他创办的企业固定资产和年营销额均创超亿元的佳绩，同时他始终不忘回报社会，积极参加慈善活动，累计捐款15万元救助弱势群体。

宋德强 1966年10月出生，中共党员，庙灯自然村人。1984年，毕业于江苏省洛社师范学校，毕业后他先从事教育事业。1992年6月，调入昆山市经贸委工作，先后担任经贸委办公室副主任和主任、党委委员。2001年7月，任昆山市委办公室副主任兼保密办主任。2003年6月，任昆山市委副秘书长、昆山市政策研究室主任。2007年6月，任昆山市淀山湖镇党委书记。2007年12月，任昆山旅游度假区管委会副主任。2011年6月，任昆山市发改委主任、党委副书记。2017年12月，任昆山市副市长。多年来，他从教育岗位到党政机关，从乡镇基层一线到昆山市政府领导岗位，始终坚持解放思想、开拓创新，不断创造新业绩；始终坚持心系群众、服务大局，为昆山发展做贡献。

王建华 1968年10月出生，中共党员，白渔潭自然村人。1990年7月，毕业于南京化工学院化工设备与机械专业。大学毕业后被分配到国营昆山化工厂，先后担任国营昆山化工厂车间团支部书记、厂部团委副书记。1997年2月，调昆山市团委任副书记。2001年4月，任昆山市工业资产经营有限责任公司副总经理。2002年12月，任昆山市经贸委副主任。2007年11月起，先后任昆山市安全生产监督管理局党组副书记、书记、局长及昆山市青年联合会副主席等职；2011年3月起，先后任张浦镇党委副书记、镇长、书记。2020年9月，任江苏省昆山花桥经济开发区（江苏国际商务中心）管理委员会副主任。自踏上工作岗位，他干一行爱一行，兢兢业业，一步一个脚印，工作中始终保持"不忘初心、牢记使命"的满腔热忱。

袁振红 1969年1月出生，庙灯自然村人。1982年7月，他从城南庙灯中学毕业后，先在家务农，后经人介绍学木匠手艺，到城南农机厂工作，先后从事机械翻砂、模具翻砂和设计工作。1996年，他开始转行做装饰设计，承接玉山管理所下属的天丰装饰公司业务，并实行单独核算、自负盈亏。他经过多年的工作实践和积累，1997年开始独立创业，1998年创立昆山华鼎装饰有限公司。他广招人才，攻克装潢设计，不断拓展业务渠道，坚持守法经营，逐步把企业做大做强，企业的科技创新成果多次获国家级的设计奖、创新奖，2015年11月获中国建筑工程"鲁班奖"。经过10多年艰苦创业，企业规模不断扩大，至2019年，他的公司拥有商业大楼2幢，建筑面积达2.2万平方米，企业员工有2 200多人，公司资产超亿元，年前销售额突破6亿元。他创业成功后积极回报社会，每年捐献救助弱势群体资金30万元。

张美峰 1972年4月出生，中共党员，庙灯自然村人。他1991年从昆山市第一中学毕业后回家务农。1993年，在昆山日出纺织制品有限公司工作。1996年3月，在盐城耐久鞋材有限公司工作并担任企业科长。1998年，任苏州唯亭八马鞋材有限公司①厂长。2002年，在昆山城西派出所当辅警。2004年，在昆山波力牧场工作。2006年，任庙灯村会计。2013年，任昆山高新集团财务部资产管理部副部长。2018年，任庙灯村党总支书记。在近30年的工作历程中，他自强不息、勇于拼搏的劲头不减，2009—2012年连续4年被昆山高新区党工委评为优秀共产党员。在担任庙灯村党总支书记后，带领村"两委"班子务实奋进，加强村域治理，全心全意服务村民群众，努力为村民排忧解难，得到全村干部、群众的好评。

季春华 1986年2月出生，中共党员，七家自然村人。他于2004年考入中国人民解放军理工大学气象学院空间工程专业，2008年入党，同年大学毕业，被分配到空军某部队从事气象预报保障工作。其间他忠于职守、刻苦钻研、兢兢业业做好气象预报保障工作。在10多年的工作中，研究成果丰硕，先后撰写60余篇关于气象预报保障工作的论文，其中5篇论文在军队内外的刊物发表，3篇论文获战区空军优秀气象科研论文三等奖。2016年，他代表军队参加福建省气象学会学术年会。在部队期间，他先后被评为优秀基层干部、优秀共产党员，荣获个人三等功一次、嘉奖二次。2018年3月，他从部队转业，被安排到昆山市公安局交通警察大队玉山中队工作，干一行、爱一行、钻一行，在新的岗位上他也做出了新的成绩。

---

① 该公司已注销。

第三节　人物名录

中华人民共和国成立后，在社会主义建设事业中，不同的岗位上涌现出一批批爱国、爱家、爱民的乡村优秀人物。他们中有的报名参军、立功受奖，或入党提干，或复员后在各个不同岗位上踏实工作，成为各行各业的中坚力量。有的成为机关和事业单位的党员干部，有的成为学校的教师，有的成为治病救人的医生，有的成为能工巧匠。他们为乡村振兴起到推动和引领作用，更为国家和地方建设奉献青春年华，为造福一方做出了贡献。详见表10-1至表10-8。

表10-1　2019年庙灯村"光荣在党50年"党员名录

姓名	性别	民族	出生年份	入党年份	党龄/年
李小弟	男	汉族	1933	1957	62
季梅桂	女	汉族	1933	1959	60
谢妹茹	女	汉族	1940	1960	59
杜阿宗	男	汉族	1940	1966	53
申分喜	男	汉族	1942	1966	53
张思孝	男	汉族	1934	1966	53
沈林宝	女	汉族	1932	1966	53
王林秀	女	汉族	1941	1966	53
李根林	男	汉族	1942	1966	53
顾小妹	女	汉族	1948	1966	53
李桂山	男	汉族	1946	1966	53

表 10-2　2019 年庙灯村在外担任领导职务人员名录

姓名	组别	出生年份	工作单位	职务
李瑞华	19	1942	昆山市堤闸管理所	所长（退休）
陆云风	8	1947	玉山镇建设管理所	所长（退休）
强乐虎	16	1950	（原）昆山市新镇镇人武部	部长（退休）
沈小根	24	1955	昆山市畜牧兽医站	党支部书记（退休）
朱纪明	19	1962	昆山经济技术开发区社会事业局	副局长
洪卫明	16	1965	昆山高新区绿化路灯管理所	党支部书记、所长
张小林	14	1966	昆山市红十字会血站	科长
宋德强	5	1966	昆山市人民政府	副市长
王建华	17	1968	昆山市张浦镇人民政府	党委书记
李　冰	19	1969	国网江苏省电力有限公司苏州供电分公司	科长
徐国旗	1	1970	昆山市司法局	科长
陈冬林	9	1970	昆山市市级机关事务管理中心	科长
朱志刚	19	1971	昆山市工商行政管理局	副局长
石方珺	5	1972	昆山市自然资源局和规划局	科长
徐正威	4	1973	昆山市教育局	科长
李　锋	18	1975	中国农业银行昆山分行	科长
徐进华	8	1978	远轻铝业（中国）有限公司	科长
张继龙	14	1985	中国邮政储蓄银行昆山开发区支行	副行长

表 10-3　2019 年庙灯村籍医务人员名录

姓名	组别	性别	出生年份	工作单位及职务	就职年份	备注
杜红发	11	男	1946	庙灯大队赤脚医生	1970	退休
陆咬良	8	男	1948	昆山城南卫生院赤脚医生	1975	退休
李凤生	20	男	1951	白渔潭大队赤脚医生	1967	退休
朱金虎	19	男	1951	昆山市第一人民医院高级药剂师	1978	退休留用

续表

姓名	组别	性别	出生年份	工作单位及职务	就职年份	备注
徐花姐	22	女	1952	白渔潭大队赤脚医生	1976	退休
徐锁香	14	男	1952	白渔潭大队赤脚医生 市红十字会血站医生	1968	退休
赵勤男	24	男	1972	昆山市第一人民医院医生	1997	
袁琦	10	男	1982	昆山市第一人民医院友谊医院副主任医师	2005	
吴梦婷	15	女	1987	昆山市巴城镇正仪医院全科医生	2013	
王佳	2	男	1988	昆山市淀山湖人民医院全科医生	2010	
石方臻	5	男	1990	昆山市张浦人民医院主治医师	2012	
季梦婷	24	女	1992	昆山市第二人民医院护士	2017	

表10-4 1953—2018年庙灯村应征入伍军人名录

序号	姓名	组别	入伍年份	退伍年份	备注
1	李水生	1	1951	1953	抗美援朝
2	李根林	20	1951	1953	抗美援朝，1952年入党
3	毛俊根	23	1951	1953	抗美援朝
4	张兴生	21	1953	1957	
5	赵元生	24	1954	1982	党员
6	李小弟	20	1955	1958	1957年入党
7	吕福泉	7	1963		在广西失踪，1983年按烈士处理
8	陆云凤	8	1965	1969	1967年入党
9	王荣林	1	1968	1973	
10	朱金虎	19	1969	1973	
11	苏阿林	20	1969	1973	1971年入党
12	强乐虎	16	1969	1976	
13	朱金根	22	1970	1975	1972年入党
14	赵传根	14	1970	1975	1971年入党

续表

序号	姓名	组别	入伍年份	退伍年份	备注
15	李招根	1	1971	1975	1975年入党
16	丁友福	12	1973	1976	
17	张德良	4	1973	1976	
18	张金生	11	1975	1978	
19	徐雪勤	12	1976	1981	1980年入党
20	李凤鸣	20	1976	1980	
21	朱梅根	22	1976	1979	1972年入党
22	陆瑞根	8	1978	1981	1979年入党
23	顾金良	24	1978	1981	
24	曹加宾	18	1978	1982	
25	沈惠明	17	1979	1982	
26	李凤鸣	17	1979	1983	1983年入党
27	周卫国	1	1980	1987	1984年入党
28	何运明	21	1980	1986	1984年入党
29	毛春华	23	1981	1986	1984年入党
30	李兴元	21	1981	1986	1985年入党
31	钟惠明	11	1981	1987	1986年入党
32	洪卫明	16	1984	1989	1987年入党
33	吕福勤	13	1984	1989	1988年入党
34	张士山	7	1984	1986	
35	徐小根	17	1984	1989	1988年入党
36	唐菊忠	7	1984	1989	
37	张凤根	14	1985	1989	
38	吕勤福	13	1985	1990	
39	陆明华	12	1985	1990	1991年入党
40	李建春	20	1986	1990	1989年入党
41	陆振华	12	1986	1990	1990年入党

续表

序号	姓名	组别	入伍年份	退伍年份	备注
42	杨桂龙	13	1989	1991	
43	李玉明	11	1989	1991	
44	杨 志	15	1996	1999	1998年入党
45	李文俊	17	1998	2000	2005年入党
46	毛雪忠	23	2001	2003	
47	吴春荣	14	2002	2004	
48	张 勇	11	2003	2008	2008年入党
49	朱春明	22	2004	2006	
50	季春华	17	2004	2018	2008年入党
51	孙 韦	18	2007	2009	2009年入党
52	李彦斐	21	2011	2013	2013年入党
53	张 扬	11	2013	2015	2015年入党
54	李吴子频	19	2014	2016	2017年入党
55	陆易成	16	2015	2017	
56	李家明	22	2017	2019	
57	赵家恒	7	2017		现役
58	周宇捷	1	2017	2019	
59	何建辉	14	2018		现役

表10-5　2019年庙灯村在籍退役军人名录

序号	姓名	性别	出生年份	政治面貌	入伍年份	服役职务	退伍时间
1	张兴生	男	1931	群众	1953	班长	1957
2	李小弟	男	1933	党员	1955	班长	1958
3	陆云凤	男	1947	群众	1965	战士	1969
4	苏阿林	男	1948	党员	1969	班长	1973
5	朱金根	男	1948	党员	1970	班长	1975
6	赵传根	男	1949	党员	1970	班长	1975

续表

序号	姓名	性别	出生年份	政治面貌	入伍年份	服役职务	退伍时间
7	王荣林	男	1949	群众	1968	班长	1973
8	李招根	男	1951	党员	1971	班长	1975
9	张德良	男	1954	群众	1973	战士	1976
10	丁友福	男	1954	群众	1973	战士	1976
11	张金生	男	1955	党员	1975	战士	1978
12	朱梅根	男	1956	党员	1976	副班长	1979
13	徐雪勤	男	1957	党员	1976	班长	1981
14	沈惠明	男	1958	群众	1979	战士	1982
15	陆瑞根	男	1958	党员	1978	战士	1981
16	曹加宾	男	1959	群众	1978	战士	1982
17	顾金良	男	1959	群众	1978	战士	1981
18	钟惠明	男	1962	党员	1981	班长	1987
19	周卫国	男	1962	党员	1980	班长	1987
20	毛春华	男	1962	群众	1981	班长	1985
21	李兴元	男	1963	党员	1981	班长	1986
22	何运明	男	1964	党员	1980	战士	1986
23	洪卫明	男	1965	党员	1984	班长	1989
24	徐小根	男	1965	党员	1984	班长	1989
25	张士山	男	1965	群众	1984	战士	1986
26	吕福勤	男	1965	党员	1984	班长	1989
27	唐菊忠	男	1965	党员	1984	班长	1989
28	唐勤福	男	1965	群众	1985	班长	1990
29	陆明华	男	1966	党员	1985	班长	1990
30	张凤根	男	1967	群众	1985	班长	1989
31	李建春	男	1968	群众	1986	班长	1990
32	杨桂龙	男	1970	群众	1989	班长	1991
33	李玉明	男	1970	群众	1989	班长	1991

续表

序号	姓名	性别	出生年份	政治面貌	入伍年份	服役职务	退伍时间
34	李文俊	男	1979	群众	1998	战士	2000
35	杨志	男	1979	党员	1996	班长	1999
36	张勇	男	1981	党员	2003	战士	2008
37	毛雪忠	男	1981	党员	2001	班长	2003
38	朱春明	男	1984	群众	2004	战士	2006
39	孙韦	男	1986	党员	2007	战士	2009
40	季春华	男	1986	党员	2004	主任	2018
41	李彦斐	男	1990	党员	2011	战士	2013
42	陆易成	男	1992	群众	2015	战士	2017
43	张扬	男	1993	党员	2013	副班长	2015
44	李吴子频	男	1994	党员	2014	战士	2016
45	李家明	男	1997	群众	2017	班长	2019
46	周宇捷	男	1998	群众	2017	战士	2019

表10-6　2019年庙灯村能工巧匠名录

序号	姓名	性别	出生年份	出生自然村	职业行当
1	俞阿大	男	1932	白渔潭	泥水匠
2	唐栋良	男	1936	祝墩台	木匠
3	沈传根	男	1938	漕潭	泥水匠
4	骆德凤	男	1939	六家湾	电焊工
5	李伯芹	男	1940	白渔潭	铁匠
6	吕兆辉	男	1942	祝墩台	泥水匠
7	赵云飞	男	1944	下央	水电工
8	李叙良	男	1945	白渔潭	泥水匠
9	徐阿四	男	1945	祝墩台	木匠
10	李伯泉	男	1946	白渔潭	泥水匠
11	周妹琴	女	1947	庙墩	裁缝

续表

序号	姓名	性别	出生年份	出生自然村	职业行当
12	丁仲德	男	1947	白渔潭	木匠
13	徐雪明	男	1950	祝墩台	木匠
14	吴义林	男	1950	白渔潭	泥水匠
15	徐云生	男	1950	庙墩	木匠
16	于学海	男	1950	白渔潭	裁缝
17	袁学忠	男	1952	庙墩	木匠
18	张文明	男	1953	庙墩	漆匠
19	徐雪忠	男	1953	祝墩台	木匠
20	陆兴生	男	1953	庙墩	泥水匠
21	吕宗泉	男	1954	祝墩台	泥水匠
22	王罗生	男	1954	白渔潭	木匠
23	邹春根	男	1954	庙墩	木匠
24	夏四宝	男	1954	漕潭	木匠
25	高炳东	男	1954	下央	裁缝
26	徐家云	男	1957	白渔潭	木匠
27	高小龙	男	1957	庙墩	理发师
28	张金龙	男	1957	庙墩	泥水匠
29	袁培忠	男	1957	庙墩	理发师
30	徐水芹	男	1957	白渔潭	泥水匠
31	俞先良	男	1958	白渔潭	泥水匠
32	王昌明	男	1959	白渔潭	木匠
33	何长林	男	1960	漕潭	漆匠
34	唐炳其	男	1962	祝墩台	泥水匠
35	夏佩杰	男	1962	漕潭	木匠
36	支巧良	男	1963	庙墩	漆匠
37	邹金龙	男	1963	庙墩	泥水匠
38	邹冬根	男	1963	庙墩	木匠

续表

序号	姓名	性别	出生年份	出生自然村	职业行当
39	袁超良	男	1963	庙墩	木匠
40	沈小良	男	1964	庙墩	木匠
41	陈 杰	男	1965	漕潭	木匠
42	龚卫根	男	1965	白渔潭	木匠
43	陆兴良	男	1965	庙墩	泥水匠
44	李建良	男	1965	白渔潭	泥水匠
45	周卫龙	男	1965	庙墩	木匠
46	毛永青	男	1965	下央	泥水匠
47	孙水发	男	1965	白渔潭	漆匠
48	徐洪芹	男	1965	白渔潭	泥水匠
49	王健春	男	1965	白渔潭	泥水匠
50	钟卫国	男	1966	庙墩	木匠
51	张 琴	女	1966	白渔潭	裁缝
52	李根法	男	1966	白渔潭	木匠
53	沈培良	男	1966	漕潭	泥水匠
54	毛振华	男	1966	下央	木匠
55	徐引良	男	1966	庙墩	木匠
56	徐云良	男	1966	庙墩	泥水匠
57	朱惠良	男	1967	庙墩	泥水匠
58	严永根	男	1967	庙墩	漆匠
59	张佰良	男	1967	庙墩	泥水匠
60	吕国强	男	1967	祝墩台	木匠
61	吴文忠	男	1967	漕潭	木匠
62	杜 平	男	1967	庙灯	漆匠
63	张卫国	男	1967	庙灯	泥水匠
64	李惠良	男	1967	白渔潭	泥水匠
65	李雪明	男	1967	白渔潭	木匠

续表

序号	姓名	性别	出生年份	出生自然村	职业行当
66	徐东根	男	1968	漕潭	裁缝
67	李末元	男	1968	白渔潭	泥水匠
68	李 平	男	1968	白渔潭	泥水匠
69	陆明法	男	1968	白渔潭	泥水匠
70	毛永忠	男	1968	下央	泥水匠
71	俞建珍	女	1968	漕潭	裁缝
72	储巧弟	男	1969	七家	木匠
73	张文忠	男	1969	庙灯	泥水匠
74	赵秀岳	男	1969	祝墩台	理发师
75	王玉林	男	1970	白渔潭	木匠
76	王正青	男	1970	白渔潭	泥水匠

表10-7　2019年庙灯村本科及以上学历人员名录

姓名	组别	性别	出生年份	入校年份	学校名称	毕业年份
朱金虎	19	男	1951	1974	南京中医药大学	1977
朱纪明	19	男	1962	1979	陆军指挥学院	1982
杨勤发	3	男	1966	1983	东南大学	1987
王建华	17	男	1968	1986	南京化工学院	1990
李 冰	19	男	1969	2015	南京师范大学	2019
徐国旗	1	男	1970	1989	中南财经大学	1993
李剑波	22	男	1970	1988	扬州大学	2012
毛学东	23	男	1971	1990	江苏石油化工学院	1994
夏雪峰	14	男	1973	1994	扬州大学	1998
陆 松	8	男	1973	1991	北京大学	1996
李 锋	18	男	1975	1993	南京经济学院	1997
陈美芳	18	女	1975	1993	苏州大学	1997
于志华	21	男	1976	1995	苏州大学	1999
邹建友	23	男	1977	1996	扬州大学	2000

续表

姓名	组别	性别	出生年份	入校年份	学校名称	毕业年份
张水平	9	男	1977	1994	南京大学	1998
唐国华	1	男	1977	1994	南通工学院	1998
龚芳英	23	女	1977	2004	南京审计学院	2006
邹渊	2	男	1977	1995	东南大学	1999
徐进华	8	男	1978	2000	淮海工学院	2004
沈美娟	15	女	1978	2000	西南财经大学	2004
毛勤华	23	男	1979	1999	南京大学	2003
杜兰芳	9	女	1979	2007	北京理工大学	2012
陆桦	16	男	1979	1996	扬州大学	2001
方英	9	女	1979	1996	苏州大学	1999
张秀丽	5	女	1980	2000	苏州大学	2004
顾萍英	20	女	1981	2001	苏州大学	2005
陆秋龙	8	男	1981	1999	中国矿业大学	2003
袁琦	10	男	1982	2000	扬州大学	2004
俞冬林	18	男	1981	2001	苏州科技学院	2005
徐方敏	12	男	1982	1999	南京林业大学	2003
陈容	23	女	1982	1999	武汉理工大学	2003
陆文顺	8	男	1983	2002	淮海工学院	2006
沈军	10	男	1983	2001	扬州大学	2005
李一	18	男	1984	2012	南京晓庄学院	2016
王美庆	20	女	1984	2004	南通大学	2008
徐敏芳	12	女	1984	2000	南京工业大学	2004
唐晓红	1	女	1985	2004	徐州师范大学	2008
沈娟	11	女	1985	2009	南京中医药大学	2013
李俏颖	22	女	1985	2004	苏州大学	2008
张继龙	14	男	1985	2004	南京大学	2008
王斌	11	男	1985	2004	南京工程学院	2008
陆剑	3	男	1985	2003	澳门科技大学	2007
赵倩	24	女	1985	2008	苏州大学	2012

续表

姓名	组别	性别	出生年份	入校年份	学校名称	毕业年份
姜丽丽	17	女	1985	2011	湖南农业大学	2015
张夏秀	16	女	1985	2004	苏州大学	2008
高利明	24	男	1986	2010	徐州医学院	2014
唐婧寅	5	女	1986	2005	华东理工大学	2009
吕张斌	13	男	1986	2004	徐州师范大学	2008
田秋明	16	男	1986	2005	南京航空航天大学	2009
邹凤娟	12	女	1986	2004	东北师范大学	2008
季春华	17	男	1986	2004	中国人民解放军理工大学	2008
沈燕萍	15	女	1986	2004	南通大学	2008
徐燕萍	17	女	1986	2004	南通大学	2008
陈寿吉	9	男	1986	2011	苏州大学	2015
赵燕斌	23	女	1986	2005	复旦大学	2009
赵霞芳	24	女	1986	2010	复旦大学	2014
李冰心	18	女	1986	2006	苏州大学应用技术学院	2010
钟 华	11	男	1987	2005	淮阴师范学院	2010
李 军	19	男	1987	2005	扬州大学	2009
陆 丹	8	女	1987	2005	南通大学	2009
蔡 清	10	女	1987	2005	江南大学	2009
李思惠	20	女	1987	2006	江苏科技大学	2010
吴 蓉	22	女	1987	2005	苏州大学	2009
赵红霞	23	女	1987	2006	淮海工学院	2010
李林峰	22	男	1988	2007	常州大学	2011
张 杰	9	男	1988	2006	苏州大学	2010
王 佳	2	男	1988	2006	南通大学	2010
吴梦婷	15	女	1988	2008	南京医科大学	2013
丁 丽	12	女	1988	2013	苏州科技大学	2017
沈霞萍	24	女	1988	2006	扬州大学	2010

续表

姓名	组别	性别	出生年份	入校年份	学校名称	毕业年份
徐敬文	16	男	1988	2010	苏州大学	2014
李竹青	20	女	1988	2007	苏州大学	2009
陆 静	3	女	1988	2006	淮阴师范学院	2010
王丽哲	20	女	1989	2006	南京师范大学	2010
唐铮铮	1	女	1989	2007	南京师范大学	2011
顾丽微	8	女	1989	2007	南京理工大学	2011
申 琳	16	女	1989	2009	南京师范大学	2004
苏 凯	20	男	1989	2007	淮阴工学院	2011
李玉萍	20	女	1989	2007	扬州大学	2011
丁明华	18	男	1989	2008	大连理工大学	2012
吴学敏	4	男	1989	2010	英国考文垂大学	2014
李敬文	22	男	1989	2008	扬州大学	2012
李文涛	18	男	1989	2010	南京审计大学	2014
陆逸尘	8	男	1989	2008	南京师范大学泰州学院	2013
洪 彦	16	女	1989	2008	南京航空航天大学金城学院	2012
沈徐康	17	男	1990	2014	南京中医药大学	2018
石方臻	5	男	1990	2007	南京中医药大学	2012
唐晓君	18	男	1990	2009	南通大学	2013
王钲云	17	男	1990	2008	南京航空航天大学	2015
赵 煜	7	男	1991	2009	苏州科技学院	2013
周 膻	1	女	1991	2009	苏州大学	2014
毛惠娟	23	女	1991	2011	江苏师范大学	2015
陆徐星	8	女	1991	2012	淮海工学院	2015
王文斌	17	男	1991	2010	江苏师范大学	2014
李 悦	21	男	1991	2011	南京大学	2016
唐一峰	7	男	1991	2011	淮海工学院	2005
张 毅	5	男	1991	2010	徐州医学院	2014
陆易成	16	男	1992	2010	常州工学院	2014
张晓依	5	女	1992	2010	南京工业大学	2014

续表

姓名	组别	性别	出生年份	入校年份	学校名称	毕业年份
董少睿	7	女	1992	2009	南京中医药大学	2013
季梦婷	24	女	1992	2010	江苏大学	2014
杨 成	3	男	1993	2012	扬州大学	2016
张 扬	11	男	1993	2015	国家开放大学	在读
陆 贤	3	男	1993	2014	南京大学	2018
李毓雯	22	女	1994	2013	常州大学	2017
顾 利	24	女	1994	2012	苏州大学	2016
李 雯	20	女	1994	2013	常州大学	2017
赵 君	23	女	1994	2013	南京大学	2017
李诗甜	19	女	1994	2013	澳大利亚昆士兰大学	2017
顾 利	20	男	1994	2012	苏州大学	2016
陆依晖	8	女	1994	2012	上海交通大学	2019
杨 杨	3	男	1994	2012	盐城师范学院	2016
邹宇杰	8	男	1994	2012	南京邮电大学	2016
张晨喻	9	女	1994	2018	南京师范大学	在读
王 晶	17	女	1994	2013	苏州大学	2017
吴佳伟	3	男	1994	2013	南京中医药大学	2017
李星煜	19	男	1994	2013	淮阴理工学院	2017
张艳婷	4	女	1995	2015	淮安师范学院	2019
张祎丽	11	女	1995	2014	南京师范大学	2018
张雅婷	14	女	1995	2013	南京晓庄学院	2017
王镇云	17	男	1995	2015	南京航空航天大学	2019
张静仪	11	女	1996	2014	南通大学	2019
田旭泽	16	男	1996	2013	南京大学	2016
徐 宁	8	男	1996	2015	扬州大学	2018
张贞盈	9	女	1996	2016	盐城师范学院	在读
黄 伟	5	男	1996	2013	三江学院	2017
李 斌	9	男	1996	2014	湖北第二师范学院	2018
陆毅闻	2	男	1996	2014	南通师范高等专科学校（专升本）	2019

续表

姓名	组别	性别	出生年份	入校年份	学校名称	毕业年份
高思韵	16	女	1996	2014	南京师范大学泰州学院	2018
徐美琴	12	女	1996	2015	南京理工大学	2019
陆心怡	8	女	1997	2015	金陵科技大学	2019
朱天伦	19	男	1997	2018	哈尔滨工业大学	在读
黄蕙莉	11	女	1997	2015	南京晓庄学院	2019
唐钰	1	男	1998	2015	南京师范大学	2019
李康力	22	男	1999	2018	宿迁学院	在读
陈皓杰	9	男	1999	2016	南京师范大学	在读
赵杰凯	7	男	2000	2018	南京大学	在读

表10-8　2019年庙灯村籍教师名录表

姓名	性别	出生年份	工作单位	就职年份
陆铭德	男	1919	昆山高新区吴淞江学校（原庙灯学校）	1948
吴佰城	男	1936	昆山高新区吴淞江学校（原庙灯学校）	1966
季伟伯	男	1936	昆山高新区吴淞江学校（原白渔潭小学）	1963
杨俊伟	男	1942	昆山高新区吴淞江学校（原庙灯学校）	1966
陆素娟	女	1945	昆山市玉山中学	1966
朱兴根	男	1946	昆山市玉山镇第三中心小学校	1967
陆敖根	男	1947	昆山高新区吴淞江学校（原庙灯学校）	1972
吕金良	男	1948	昆山高新区吴淞江学校（原庙灯学校）	1973
唐惠良	男	1949	昆山高新区吴淞江学校（原庙灯学校）	1973
张仁林	男	1954	昆山市玉山镇朝阳小学	1979
张存洪	男	1955	昆山市玉山镇第三中心小学校	1976
李凤高	男	1957	昆山高新区吴淞江学校（原庙灯学校）	1976
张月珍	女	1957	昆山高新区吴淞江学校（原庙灯学校）	1975
唐雪明	男	1962	昆山市爱心学校	1989

续表

姓名	性别	出生年份	工作单位	就职年份
李 春	男	1963	昆山玉山成人教育中心校	1991
吴裕良	男	1967	南通市第一初级中学	1990
杨建良	男	1967	苏州相城区幼儿师范高等专科学校	2016
周纯梅	女	1971	昆山开发区实验小学	1994
唐彩霞	女	1972	昆山开发区群益幼儿园	1991
杨群妹	女	1974	昆山市玉山镇朝阳小学	1997
于志华	男	1976	昆山震川高级中学	1999
赵佩芳	女	1978	昆山市玉山镇朝阳小学	1998
王美庆	女	1981	昆山市玉山中学	2004
唐晓红	女	1985	昆山高新区吴淞江学校	2008
汪 静	女	1986	昆山市实验幼儿园	2009
陆 静	女	1988	昆山市城北中心小学校	2010
李玉萍	女	1989	昆山市城北中心小学校	2012
唐亚峻	男	1990	昆山市玉山镇同心小学	2014
陆昕怡	女	1991	昆山高新区振华实验幼儿园	2014
朱佳俞	女	1992	昆山市红峰幼儿园	2011
张 静	女	1993	昆山开发区东部新城幼儿园	2013
杨立新	男	1993	苏州市甪直实验小学	2017
骆 叶	女	1993	昆山高新区鹿城幼儿园	2015
张贞盈	女	1994	昆山城北富士康幼儿园	2017
林智益	女	1994	昆山国际学校	2019
杨 杨	男	1994	昆山市玉山镇新城域小学	2017
张晨喻	女	1994	昆山市花桥国际商务城花溪幼儿园	2016
陈喜皓	男	1995	苏州叶圣陶实验小学	2018
张祎丽	女	1995	昆山市陆家中心小学校	2019
李 斌	男	1996	昆山墨彩教育科技有限公司	2018
陆毅闻	男	1996	昆山高新区姜巷小学	2019
李清云	女	1997	昆山市实验小学	2019
陆寅之	男	1998	昆山市陆家中心幼儿园	2019

第四节 集体荣誉[①]

2000年，庙灯村被昆山市民政局评为昆山市村民自治模范村。

2001年，庙灯村被江苏省爱国卫生运动委员会评为江苏省卫生村。

2006年，庙灯村被昆山市精神文明建设委员会评为昆山市农村精神文明建设先进村。

2007年，庙灯村被昆山市关心下一代工作委员会评为"五有五好"先进单位。

2007年，庙灯村被中共昆山市委员会评为实践"三个代表"，实现"两个率先"先锋村。

2008年，庙灯村被江苏省环保厅评为江苏省生态村。

2009年，庙灯村被苏州生态市建设领导小组办公室评为苏州市生态村。

2011年，庙灯村的档案工作经江苏省档案局评定，达到《江苏省机关团体企业事业单位档案工作规范》二星级标准。

---

① 2001年被评为江苏省卫生村，2007年被评为"五有五好"先进单位，2008年被评为江苏省生态村，相关资料和荣誉证书因多次搬迁已遗失，此三条根据村民回忆录入。

第十一章　乡村记忆

　　庙灯村自古至今，有许多村史典故和人物事件值得人们去回忆。村民们每当讲起唐庄的兴衰、柴家坟的传奇故事、白渔潭的人文特色，都会感受到庙灯村历史的厚重。中华人民共和国成立后，庙灯村的发展变化都是同国家大局紧密联系的。20世纪50年代的抗美援朝、大炼钢铁，60年代的"四清"运动和"破四旧、立四新"，70年代的"割资本主义尾巴"，都与村庄的发展和村民生活息息相关。农耕生活时期的各种用具，计划经济时期的各种票证，生产生活实践中的传统技艺，过去岁月中村集体和村民个人的首举，好多往事历历在目。村民回想起过去村里的人和事，总是感慨万千。往事虽已成历史，但很多都深深地扎根在村民的记忆里。

 ## 第一节 传说故事

一、唐庄兴衰

庙灯村最早有庙墩、祝墩台和唐庄3个自然村。唐庄自然村离庙墩自然村有2公里路，东靠小漍河，南临吴淞江。据老人讲，唐庄曾经兴旺过。在明朝崇祯年间，有一位姓袁的将军，不愿降清，就带了家眷及十多名心腹将领逃到此地，隐姓埋名，垦地造房。稳定后，心腹将领的家属、亲戚随之搬过来一起生活，也有其他人逃过来定居，从而形成有40多户人家的村庄。因将军向往唐朝，就取名为唐庄。

从唐庄到昆山县城，依陆路算路程只有3公里，但要过4条河。将军请人遇河造桥，先后建造了益后桥、华祝桥、严村桥、张北泾桥4座桥，大大方便了村民出行。将军也可以骑着白马到县城。

将军过世后，唐庄开始衰落。一方面，强盗经常抢掠，住在那里没有安全感；另一方面，尤其是日军入侵后，到唐庄奸淫掳掠，还放火烧了一大半的房子。此外，村里血吸虫病盛行。有一个叫张客人的村民养了两个儿子都因得大肚子病（血吸虫病）而死亡。种种原因，使得唐庄的村民各奔东西，有的迁到庙墩自然村，有的迁到新南等地。至1949年，村里最后一户人家也搬到庙墩自然村。于是唐庄在1949年就消失了。1958年，庙墩大队在原唐庄的地址上建起副业基地，并从各生产队抽调社员负责养猪、养羊，种植各类蔬菜。

二、柴家坟传奇

庙灯村西南部，有一座坟叫柴家坟。据两次考古挖掘考证，柴家坟为新石器时代和宋元时期文化遗存堆积而成，2009年被列为昆山市文物保护单位。

柴家坟东西、南北均长100多米，最高处有5米多，周长400米，而且三面环水，仅有30多米与外部相连。据村里的老人说，柴家坟的主人姓柴，本打算绕坟挖一条河，不让人轻易到坟上去。他先是征集上百名劳工，到最后留下十多名劳工，一方面要他们安置坟内棺木，把石马、石羊、石龟运到坟上；另一方面，还要把剩下30多米的河道挖通。在建筑工程将要结束的前几天，一名劳工头获悉，坟主人准备在坟墓工程全部完工后，把这些劳工全部杀死。于是，十多名劳工连夜逃走，使得这最后的30多米河道始终没有挖通。

柴家坟上有石马、石羊、石龟，附近很多村民小时候都去骑石马等玩耍。1966年破"四旧"时，这些石马、石羊、石龟都被敲碎了。1969年，庙灯大队第8生产队的社员在坟上挖掘黄土，给家里砌猪圈、造平房，在挖土时发现地下有棺木。后来，生产队长就派人来挖掘，发现下面是一个长5米多、宽4米多、高1.5米的大箱子，外面用明矾加石灰混成的胶密封。撬开封胶，露出一个大箱，其木板都是长5米、宽0.5米、厚0.2米的硬木，木板都用榫头拼得严密不漏水。撬开木盖，里面是两具棺材，放在不知名的液体里，棺材南边有一块刻满篆体字的石碑。打开棺材，一具棺材里躺着一位50多岁的老头，衣着考究，身边放着好多书，还有写满篆字的绢；另一具棺材里躺着一位十七八岁的姑娘，面色红润，身材丰满，衣着华丽，像是睡着一样。第8生产队用撬出来的棺木造了一条大木船。但由于缺乏文物保护意识，柴家坟许多有文物价值的东西未保存下来。

三、话说白渔潭

白渔潭村在昆山市区西南侧，南有吴淞江，北有娄江河。村域内原有七十二溇与潭，最著名的溇潭是鹳嘴、鹤颈、尧仁、齐可、荷花、花瓶等，溪水清澈、景色秀美，具有典型的江南水乡特色。史料记载，元代末期的吴王张士诚曾在这里构筑园林馆舍、歌舞宴厅，纵情欢乐。明嘉靖十八年（1539），时任礼部尚书兼文渊阁大学士的昆山籍人士顾鼎臣奏请朝廷批准，希望将昆山城区周边的东、南、西、北城墙由土城墙改为砖砌城墙。为兴建昆山砖城墙，他带头捐出皇帝给他的一笔赏赐，昆山地方的老百姓也纷纷有钱出钱、有力出力，"入木于土、累石于足、封砖于表"。

白渔潭村域西侧，有绰墩山遗址，与朱墓墩遥相呼应。白渔潭村人杰地灵，人文荟萃。《巢林笔谈》的作者龚炜是白渔潭村人，龚炜在《巢林笔谈》中记载了许多其家庭的耕读传统。他在《曾祖父有智》等文中记载，其曾祖龚时升处变不惊、富有智慧、以德报怨、大仁大义。《白鱼段补志》中记载，龚时升原居住在昆山城之丽泽门，因居所毁于战火，迁居白渔潭。初来白渔潭时，这里是田地贫乏、茅舍零落。于是他修筑圩岸、疏浚支河，积极从事农业生产，同时推崇儒家道德规范。由此，白渔潭土地肥沃、民风淳朴。龚氏家族在垂范后世方面，对白渔潭有着重要影响。

清龚炜《巢林笔谈》卷三《白鱼段补志》：

> 白鱼段在邑之西南，距城不数里，相传张氏据吴时，为幸姬构园亭于此。今莲河浜，即其池也。而前志多不载，何欤？盖兵火之后，馆宇烟沉，村墟寥落，二三野人，莫有知文字者，遂使佳丽之地，湮没不传耳。自葛慎节、陈刑部墓于斯，而陆翁承、李完素复以文学交名流，白鱼段之名，稍稍见于杂集，顾白鱼之义未详。按白鱼状似鲤，出海中，此何以称焉？岂以伪吴尝驻跸，附会白鱼之瑞耶？古有段谷、段溪，水乡之称段或以此，抑亦有分段之义？而形诸笔墨，见之题咏，则又称白漍或漍溪，以其水源大漍浦而名之，然于白义何取乎？称漍溪者近是。溪有七十二溇，最著者有鹳嘴、鹤颈、尧仁、花瓶之名，其水清冽，颇有秀色。东港为石家堰，西港为陆家湾，此溪之界也。亦不知因何人得名？予家旧居丽泽门，有丽泽书屋，毁于兵燹，先曾祖西圃公始卜筑于此。见夫瘠田茅舍，犹然一寥落村墟也。为之筑圩岸，浚支河，励以服田力穑，敦以孝友睦姻，于是地沃俗淳，于诸村中称仁里焉。数十年来，国家深仁厚泽，休养生息，安耕凿而不扰，忘帝力于何有？村中气色日新，视昔日之卉木池台仅夸美丽者，不大相悬绝哉！书之以补前志之阙。

龚炜《巢林笔谈》卷一《漍溪》：

> 漍溪旧称七十二溇，家于斯，而未竟其处。今夜棹一野艇，随湾荡漾，秋清月朗，风淡波澄，渔唱灯微，犬嘷村静，佳境也。疏其可名者得半，而尧仁、齐可、鹤颈、鹳嘴、荷花、花瓶，其最著云。己酉中秋前二日记。

在白渔潭村除龚氏家族外，还有一些长寿老人及烈妇的故事被载入地方志，如马龙颈等民间传说，葛慎节和陈儒的墓，以及陆翁承和李完素等人以文交友的故事等。

 ## 第二节　农事活动

一、农活杂事

摇稻索　稻索是收稻和收麦必备的劳动用具，在冬季一、二月农闲时，生产队派几位妇女（也有男劳力），一般5~6人，3个人把稻草刷净，然后用木榔头锤软，1个人用手摇车，两个人将锤软的稻草边扎在摇钩上边向后退，每一股摇至约2米，再把两股合起来，就成为稻索。每年摇400~500副稻索。稻索主要用于捆扎收割的稻麦等。

打草包　中华人民共和国成立初期，浸稻种和催芽都要用到草包。打草包的方法：在一张长凳上放一块木板，再在木板上三四寸宽的地方钉两根毛竹片，将两根绳子夹在竹片中，然后把刷干净的稻草颠倒放置于两绳的中间进行编织，两头为稻尾，中间全部是稻草硬秆。草包长约1.2米，用时把稻谷放入草包里，编织余绳将它扎实，然后放到水里浸，三四天后捞起来堆好，盖好发芽。

搓绳　生产队用草绳的地方很多，所以在农闲时，妇女和部分男劳力开始搓绳，或者利用下雨天搓绳。方法是先把稻草（一般用麻劲糯草）捶软，使其有韧劲、不易断。草绳分两股，一般2~3根草，用双手搓。搓好后自己妥善保管，待用的时候拿出来并按质量好坏及规定长度来给工分，绳子用来捆草、捆柴等。

农具维修　20世纪70年代前，农村一般仍用旧式农具，如犁、耙、牛车、踏水车、风车，在春天之前利用冬闲季节全面整修，确保各种农具春天都能使用，不能临时抱佛脚。至80年代，推广新农机，在农忙前也必须对新农机进行维修保养，保证农忙时不耽误。

二、积肥生产

肥料是农作物的食粮，没有肥料农作物则生长不好，肥料是个宝，庄稼不可少。开泥潭、罱泥、拖泥、割野草、制草塘泥、罱黑泥、翻潭、堆猪牛窠、积人粪尿、捉狗粪、种绿肥、秸秆还田等积肥生产，是村民在农闲时的主要工作。20世纪80年代前，村民为了积造农家肥料，做到河底没有淤泥、河中看不到水草、河岸边没有荒草、人畜禽粪全部下田。

开泥潭 罱泥须有存放河泥的地方，即泥潭。罱泥前，须先开好泥潭。泥潭有长方形和正方形2种，一般长、宽在3米左右，深1.2~1.4米，岸宽度为1米。泥潭一般开在稻田的四角，这样两边已有潭岸，还有两边用开潭的泥筑起来。挖出的泥摆放要有序，不能漏空，否则会漏水，因此，潭岸要拍结实，四边铲光、潭底铲平、四周岸也要做平、做实，便于翻潭时放潭泥。一个男劳力一天按量只能开一只潭，泥潭数量按田的亩数来定，如2亩田一个泥潭，一个生产队有多少田，须按比例开多少泥潭。

罱泥 河泥历来是水稻、小麦生长需要的一种有机肥，一般多以草塘泥为主。旧时正月半开始罱泥，罱泥是一项既要有技巧，又要有体力的农活。一只泥潭需要由3吨船运5舱泥，再加300斤稻草拌和而成。整个流程需要一个人添潭、一个人罱泥、一个人撑船，罱满一舱泥的船停靠在距离泥潭最近的河边，罱泥人将泥捞到泥潭里，同时添潭人把锄断的稻草撒在捞上来的河泥里，使泥和稻草混合，罱泥人捞完后再去罱，添潭人则把混合好的泥从潭口匀到潭深处。捞泥比较吃力，技术好、体力强的人一天捞5舱泥，能很早就息夜（收工休息），白渔潭的罱泥能手吴进发、庙墩的陆银泉就是如此。陆银泉罱泥身上没有一点泥水，并且不用穿草编的围裙，脚上穿的鞋子也不湿，息夜时把船洗得干干净净，青年人看了都表示要向他学习。每个生产队有2~3条船用来罱泥，一个春天下来基本能完成罱泥任务。罱泥工具由网杆和网袋组成，网袋要做得细密；网杆由2根毛巾竹组成一组，挺杆粗一点，豁杆细一点，2根毛巾竹的下端用火烤弯，长度约 50~60 厘米，和网袋袋口的周长相等。制作罱泥工具也要有一定技术。

拖泥 在河中罱不到泥的情况下，会用拖泥袋拖泥，拖泥袋是一种工具，由三部分组成，一是麻袋（水巾布做成的袋），二是铁链条（用来绑牢袋口，使它易进泥），三是用白麻摇成的粗绳，三样组合起来就是拖泥工具。拖泥袋有两种，一种叫蹲坑袋，另一种叫捉猪袋（也叫"竹子袋"），一般是为拖草塘泥用，但在做秧田播种时，将拖的泥浇在秧板上落谷，或者种菜籽，可壮秧，使油菜提早成活。拖泥一般 2 人一组，一人摇船，一人拖泥。拖泥的人要有一定技巧，更要有一定力气，因为要将拖袋尽量往船后甩，甩得越后越好（也叫"扔后袋"）。在拖袋起水倒泥时，船就开始摇动；待拖袋沉下去，船已启动。因此拖的时候船速度要快，这样进袋快，起袋也快，这对摇船人的技术也是一个考验。像白渔潭毛进发、庙墩徐文标都是拖泥老手，力气大，拖袋技术高，每天都是率先完成拖泥任务，且脸不红气不喘，不湿双脚，成为青年人的榜样。

割野草 20 世纪 60 年代缺乏化学肥料，农业生产要夺取粮食丰收只有靠有机肥料。由于当时红花草、绿肥种植面积有限，需要野草充当有机肥料以提高肥力，当时不少生产队派劳力在昆山周边、苏州郊外以及去上海郊区等地割野草，积造有机肥料，从而提升耕地肥力，提高农产量。70 年代，掀起"农业学大寨"高潮时，各生产队为了大造有机肥料，以割野草方式搞"三面光"（岸边丛草割光，渠道岸杂草削光，河道边野草铲光）。把野草和河泥相拌发酵后，形成有机肥料，放到农田后，既壮苗又改良土壤。

制草塘泥 境域内水面较多，河道成网，河底淤泥厚、水草丰富，是传统肥源之一。20 世纪 50 年代，农民主要以河泥与稻草、青草、红花草等混合制成草塘泥。特别是提出以粮为纲后，大队大力组织男劳力罱河泥，大积自然肥料，两亩田挖一个泥潭，用料刀把稻草铡细，和红花草、青草拌成草塘泥，到莳秧时，每亩田至少要有 40 担草塘泥。

罱黑泥 20 世纪 70 年代"农业学大寨"期间，去上海苏州河老港和在苏州娄门塘罱黑泥是常有的农活。黑泥是增加稻麦生长的有机肥料，上海苏州河老港是最佳罱黑泥的地方。去上海罱黑泥，生产队用一艘 5~7 吨农船，派 3 个人 2~3 天可回，带好米、柴、菜、蓬索，从境内出发往东南方向行驶，路程全长

50多公里，全靠人力摇船。经过吴淞江，如果顺风时扯篷可加快速度；如果遇逆风，只能用橹摇船或者拉纤，这样到上海苏州河老港已将近夜里，因此罱泥只能在夜里罱。老港里的泥墨黑，一股腥臭味（当时老港无人清理，居民的垃圾基本都往港里倒，这些垃圾腐烂后在水中发酵发黑，形成黑泥），罱网插到河底，立即泛起泡泡，罱网向上浮起，所以一船泥很快罱满，罱满即开船回来。如果遇到涨潮，船顺着潮水直出老港，如要加快速度则还要拉纤，到家一般在第二天傍晚，这期间基本上没有休息时间，如肥料短缺，连夜把黑泥挑掉，第二天，又派人再去罱黑泥。

翻潭 翻潭历来是农村主要农事之一，村民从潭里用尖齿铁搭把草塘泥垡牢吊起来放潭岸上（在起吊前先检查泥潭四周是否有漏水的地方，有就把它锤实夯牢），然后再一层一层地捣和，使花草、野草和潭泥混在一起。因为潭里有水，花草、野草都是新鲜的，一般10天左右就会腐烂、发酵，这时走到潭边可嗅到臭味，这才有效果。如果泥潭漏水，花草、野草没有水就不能发酵，就必须找出漏水的地方把它堵好，再烧上水，重新发酵。一般三四个男女劳力搭配翻潭，一天能翻三四个潭。

积人粪尿 旧时村民家里都有粪缸，大多数人家搭有粪缸棚，存放粪尿。20世纪50—60年代，村民家的马桶由生产队专人倒清，粪缸集中管理，粪便就也集中管理，大粪主要用于秧田的追肥和油菜的基肥。60年代后期，有了水泥后，粪缸由水泥和砖砌成两格，既能成粪又灭血吸虫。肥料缺乏时村民还到上海去运粪。

堆猪牛窠 20世纪50年代，境域内的村民家庭几乎都养猪，养猪主要是为了增加家庭经济收入，同时，也为了踏猪窠。农家的有机垃圾全部入圈，和猪吃剩下的青草、水草，垫圈用的稻草踏混在一起，是优质有机肥，能为水稻、三麦、油菜施好基肥。猪窠肥效长而高，农民有"养好三年蚀本猪，垩肥田里不得知"的谚语。牛窠是耕牛在牛棚里踏成的牛粪和稻草混合而成的有机肥料，农家将它堆放在牛棚基的场角边，发酵后挑入田里，或是掺入草塘泥中做拌料，或直接用作小麦基肥。

捉狗屎 旧时村民为了积农肥，连狗屎也要收集，尤其在寒冬与开春，勤俭人家的小孩，清晨冒着严寒，一手持三角簸箕，一手持小铁耙，到田野收集狗屎，俗称"捉狗屎"。此外，农民家养的鸡、鸭、鹅等家禽的粪肥，也是农家宝贵的肥源，用于瓜果、蔬菜的种植。

种绿肥　绿肥主要有红花草、青草、青蚕豆其等。20世纪60年代，开始放养"三水一绿"（水浮莲、水葫芦、水花生、绿萍）。70年代，种植双季稻后，肥料需求量剧增，因此，生产队大面积种植红花草，而使三麦面积减少。1983年3月，庙灯大队、白渔潭大队实行家庭联产承包责任制后，扩大三麦和油菜的种植面积，种植主要以三麦、油菜为主，绿肥种植基本消失。

秸秆还田　20世纪80年代，传统积肥消失后，境域内推广秸秆还田，把油菜秆直接打碎入油菜田里。原来烧掉菜籽壳，后来强调菜籽壳还田，因此，油菜秆和菜籽壳全部被还田，起到松土和增加肥力的作用。90年代开始，特别是并村后，农民用联合收割机割稻、割麦，把稻草和麦秆直接打碎入田里，增加了农田的有机肥料。

 ## 第三节　往事印记

一、历史事件

抗美援朝　1950年6月，美帝国主义入侵朝鲜，把战火燃烧到鸭绿江边，同年10月，党中央毅然做出"抗美援朝，保家卫国"的重大决策，全国人民积极响应。庙墩村和白渔潭村的村民也不例外，积极投入抗美援朝行动中。1951年，祝墩台自然村的李水生，白渔潭自然村的李根林、下央自然村的毛俊根3位村民报名参军后直接奔赴抗美援朝前线。

"大炼钢铁"　1958年，在社会主义建设高潮中，全国掀起"大炼钢铁"运动。庙墩大队和白渔潭大队积极响应党的号召，开展"大炼钢铁"运动。大队组织发动群众一起行动起来，村民家家户户捐献旧铁锅、旧铁器等铁制品，大力支持"大炼钢铁"运动。

"四清"运动 1963年至1966年初，全国开展社会主义教育运动，也称为"四清"运动。城南人民公社派"四清"工作队到大队，并进驻到生产队。先在大队和生产队开展清账目、清仓库、清财物、清工分工作，后全面开展清政治、清经济、清组织、清思想工作。庙墩大队和白渔潭大队的会计也接受了审查。

学"毛选" 1966年，城南人民公社党委和社会主义教育工作队联合召开学习毛主席著作动员大会，在全公社掀起学"毛选"高潮。在会上还通过宣讲报告、典型介绍、学习交流等方式交流学"毛选"经验。

"破四旧、立四新" "文化大革命"时期，庙灯大队、白渔潭大队按照中央的要求和昆山县的统一部署，开展"破旧思想、旧文化、旧风俗、旧习惯，立新思想、新文化、新风俗、新习惯"运动，即"破四旧、立四新"。凡是1949年前留下的书画、工艺品、雕塑、古书、古庙等，都作为"四旧"的东西，有的被销毁，有的被撤除。

"割尾巴" 20世纪70年代初，党中央在农村推行以粮为纲。为了"保护"粮食生产，在实践中出现了种种偏差。生产大队把农民开展多种经营、家庭副业作为资本主义"尾巴"来割，规定每家农户只能两个人养一只鸡，超过就要杀掉鸡。以前村里有"三间一转头，全靠山芋大蒜头"的说法，村民把自留地上种植的山芋、大蒜头拿到市场去卖，来增加家庭收入，筹备起来造房子，在当时也被视为资本主义"尾巴"的反面典型。

"上山下乡" 1968年12月，毛主席发出"知识青年到农村去，接受贫下中农的再教育，很有必要"的号召。当时城镇的知识青年陆续到农村插队落户。是年，庙灯大队接收苏州的22名知识青年插队落户，白渔潭大队接收苏州的34名知识青年插队落户，这些插队知识青年到农村后与农民同吃、同住、同劳动。由于当时农村农民文化知识缺乏，这批知识青年插队到各生产队后，对帮助农民提高文化水平起到了一定作用。在这批知识青年中，有的当上了小学、初中教师，有的加入中国共产党，有的当上了村干部，为建设社会主义新农村做出了这一代年轻人的贡献。20世纪80年代初，大多数知青回城工作。

安家落户 1960年，为贯彻"调整、巩固、充实、提高"方针，昆山县按照要求着手精简城镇职工，压缩城镇人口，动员下放一批城镇职工到农村安家落户。1963年，庙墩大队、白渔潭大队各接收5个苏州城镇籍家庭。1987年，根据省政府办公厅《关于处理60年代初城镇下放老居民户粮问题的通知》精神，乡成立户粮领导小组，由城南乡党委一名副书记任组长，分别由派出所、民政科、粮管所、卫生院等7家相关单位组成。户粮登记工作于1987年3—5月开展，其间实行"农转非"政策，原落户庙灯村的全部安排回原籍，原落户白渔潭村的除朱天佑长子朱文安家庭2人因扎根在白渔潭村，至今仍在庙灯村定居落户外，其他4户全安排回原籍。

二、购物票证

中华人民共和国成立后，国家一度实行计划经济体制。20世纪50年代，国家实行粮食统购统销，全国和地方使用粮食票证。后来，计划供应的生活资料越来越多，村民家庭的购物票证也越来越多。直到八九十年代，随着市场经济的发展和市场物资的丰富，生活物资的供应市场全部放开，购物票证成为历史。

全国粮票 20世纪60年代开始使用，凭全国粮票可以在全国各地购粮或食品。在计划经济年代，人们出差或旅游到全国任意一个地方，凭全国粮票可就地购买食品，解决外出吃饭问题。1993年，粮食敞开供应，正式宣告全国粮票作废。

全国粮票（2019年，罗英摄）

江苏粮票 20世纪70年代开始发放江苏省地方粮票。凭江苏地方粮票可以在江苏省内任一地方购粮食或购食品，方便人们出差或旅游之用。1993年，取消粮食供应计划后，江苏粮票停用。

昆山县粮券 20世纪70年代开始发放,供昆山城乡居民在县内购粮或食品之用。票证粮券的发放,使城乡居民计划用粮。1993年,该粮券作废停用。

昆山市粮油供应证 20世纪80年代开始发放,供昆山居民购粮之用,也可兑换油券。此购粮证既是购粮的凭证,又是计划用粮的依据。1993年,该证作废停用。

昆山居民购粮证封面
(2019年,罗英摄)

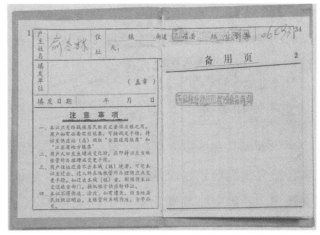

昆山居民购粮证内页
(2019年,罗英摄)

昆山县煤球券 20世纪70年代初开始发放,昆山城乡居民凭此票购煤球,做烹饪饭菜的燃料用。90年代初停止使用。

昆山县豆制品票 20世纪80年代开始发放,昆山城乡居民凭此券购豆制品。90年代初作废。

江苏布票 20世纪60—80年代发放,江苏省范围内城乡居民可凭此票扯布做衣服。1993年,取消棉布计划供应的同时停止使用江苏布票。

江苏絮棉票 20世纪60—80年代发放,江苏省范围内城乡居民可凭此票购棉花做棉衣或购棉花胎。1993年,作废停用。

昆山地方油票 20世纪60年代开始发放,昆山城乡居民凭粮油券购食油。油券的发放,使城乡居民计划用食油。1993年,食油敞开供应,昆山地方油票停止使用。

三、生活用具

村民的生活用具是村民生活方式的组成部分。随着时代的发展，特别是农民变成市民以后，村民生活方式发生了很大变化，一些生活用具也在生活中慢慢消失了，有些生活用品被新的用品替代。

灶头　人们用来烧饭的灶具。用砖头砌在灶间，有 1~4 眼灶和通到屋面的烟囱。2015 年后消失。

铁锅　人们用来煮粥、煮饭、炒菜用的锅子。20 世纪 80 年代起，用电饭锅煮饭、粥兴起。2015 年后消失。

锅盖　人们用来罩铁锅的盖子，使铁锅不漏出蒸汽。2015 年后消失。

火钳　人们用来夹住稻草、树柴等燃料，将其放入灶具内的工具，不烫手、安全。2015 年后不再使用。

汤罐　人们放在灶面上作储藏温水之用。2015 年后消失。

水缸　人们用来储存、过滤河水、井水，以防水污染。1994 年村里通了自来水后不再用作盛水，如今部分村民用来腌鱼、肉等。

提桶　人们用来装水的工具，用手提，方便简易。20 世纪 70 年代后逐渐消失。

脚桶　人们用来洗脚。20 世纪 90 年代后逐渐减少。

立桶　不会走路的小孩站在桶里以策安全。20 世纪 70 年代后被童车替代。

提桶（2019 年，罗英摄）

马桶　供人们大小便之用，既安全又卫生。20 世纪 90 年代后逐渐消失。2015 年，100% 的村民用冲水马桶。

吊桶　人们用绳子绑住吊桶放入井里吊水。2015 年后不再使用。

摇篮　婴儿卧床，以保护婴儿健康成长。20 世纪 70 年代后消失。

摇篮（2019 年，罗英摄）

坐车 小孩坐的小车。20世纪70年代后逐渐消失,被童车替代。

脚炉 人们冬天用来暖脚。20世纪70年代初逐渐减少,先是用汤婆子,后又被热水袋替代。

汤婆子 冬天放入热水取暖用,可暖手、暖脚、暖身。20世纪80年代后消失,人们逐渐使用热水袋、电热毯。

热水袋 放入热水后用于冬天取暖。20世纪90年代后逐渐被电热毯、空调替代。

电热毯 人们冬天铺在床上取暖用。20世纪90年代后逐渐被空调替代,少数村民仍在使用。

双推磨 由两人一起推动来碾粉的磨。20世纪80年代后消失,使用粉碎机。

手摇磨 手摇式石磨工具,碾米粉、碾豆粉,可改善食品品质。1990年后消失,由打浆机替代。

粪缸 人们用来如厕,积粪。堆积的粪便可以作为有机肥。1994年后消失,人们使用冲水马桶如厕,用水泥格化粪池积粪。

石臼 石制碾磨工具,用来碾或捣米粉、豆粉。1950年初消失,被轧米机替代。

木床 人们晚上用来睡觉的床具。现仍有极少数老人在使用。

方凳 人们用来招待客人入座的坐具。现仍有极少数家庭在使用。

方台 人们用来就餐的桌具。2003年后逐渐减少,现仍有少数村民家在使用。

火油灯 人们晚上用来照明的灯具。1976年后消失,被电灯替代。

竹壳热水瓶 人们给沸水保暖的器皿。1970年后被铁壳、塑料壳、不锈钢壳热水瓶替代。

木面盆 人们用来洗脸的木制用具。1970年后消失。后多用搪瓷、塑料、铝、不锈钢制面盆。

饭桶 人们用来装米饭的器皿,起保暖作用。1970年后消失,被保温桶替代。

四、传统技艺

在生产生活过程中，村民们充分发挥聪明才智，在总结实践经验的基础上，不断改进生产、生活方式和技能，推出省柴灶、摇快船、十字绣、编织等技艺。

省柴灶 1990年前，白渔潭村村民烧饭、烧菜、烧水都是用灶头烧的。灶头的种类很多，有砖砌的一眼、两眼、三眼和四眼灶；有用泥涂的泥涂灶；用小缸做的，可移动的叫行灶；还有临时用砖叠成的，叫方便灶。不管什么灶，燃料都是稻柴、麦柴、废木料和树枝，最大的缺点是用的燃料多，烧饭用时长。白渔潭村有位泥瓦匠俞阿大，手艺高超，特别擅长砌灶头。他看到多数村民柴火不够烧，要去割野草、拾树枝烧，就反复研究，在家里试验，研究出一种"省柴灶"。省柴灶在传统的灶膛上进行创新，用铁条或铁皮把传统灶膛分隔成上下两层，上层放燃料，下层通风、存放柴灰。在烧同样数量饭的情况下，省柴灶要比传统灶节省30%的稻柴，减少35%的时间。这种灶还可以用煤当燃料。在当时柴草紧缺的情况下，省柴灶深受广大村民的欢迎。在他的带领下，邻近的村庄都改用省柴灶。1990年后，土灶头逐渐被电灶、液化气灶替代。

摇快船 摇快船是一项考验速度、技术的竞赛项目，是庙灯村域内特有的传统技艺，远近闻名。庙灯村域内村民结婚有一个传统——不管男女双方是同村的，还是邻村的，或是远村的，男方必须要用船去迎新娘，女方要用船去送嫁妆。普通的农船，一条船一支橹，一两人就可摇，村民大多都会摇；但摇结婚的船要求极高，一条船两支橹，四人把橹，四人扭绷，八人同时用力。摇结婚船的师傅必须具备三个条件：一是摇船技术要求特别高，二是年轻力壮，三是动作协调性极强。1950年，庙墩村唐姓女青年嫁给张浦金华村的汤姓男青年，下午送亲时，女方的船把男方的迎亲船远远甩在后面，晚宴时，男方船夫感觉酒不香饭无味（旧时认为，男方的迎亲船必须比女方的快，否则就没面子）。当时，庙墩村结婚摇快船的名声大振。

刺绣 刺绣是一项技术含量极高的手工技艺。庙灯村域内虽没有刺绣方面出类拔萃的人才，没有高层次的作品，但刺绣确实是村民喜爱的传统技艺之一。大多女青年会在鞋头上、肚兜上、衬衫上，绣上几朵花、几样小动物，作为装饰和点缀，自娱自乐。现在喜欢刺绣的女青年，都改绣十字绣，绣成后用镜框裱起来，挂在墙上，作为装饰。

编织　旧时的庙灯村域内，很多人家在家宅边种一些竹子（竹子种了一年后，来年会越长越多），将竹子劈成篾，编织成各种家用器具，如篮子、淘米箩、针线扁等。这种手艺简单、易学、实用，所以能代代相传。还有一项编织技艺更为突出，就是用干芦苇秆编织成箱子、房子、轿子、汽车等，糊上彩纸，惟妙惟肖。用麦秆编织成宝塔、花卉，可供人欣赏。后来，这些编织物发展成专为纪念已故亲人的祭品。

第四节　首举之事

一、新生事物

20世纪80年代，曾涌现出一批率先致富的"万元户"。"万元户"是这一个特定年代的新生事物。1982年，白渔潭大队第14生产队张锁陆，通过收废铁，成为白渔潭大队第一个"万元户"；1985年，庙灯村第5村民小组宋国强，承揽昆山赛露达有限公司的厂房维修工作，是年，经营性收入为3万元左右，净收入为2万元左右，成为庙灯村第一个"万元户"。

二、集体第一

1958年，庙墩大队购置域内第一条抽水机船，对农田灌溉起到一定的作用。同年，白渔潭大队购置境域内第一条流动打水船，为农田灌溉创造条件。1970年后，此类船不再使用，由电灌站替代抽水灌溉。

1958年，庙墩大队安装域内第一部手摇电话机。同年，白渔潭大队也装上了手摇电话机。从此，两大队联系事情及通知会议更加方便。

1959年，庙墩大队创办境域内第一个百头养猪场，发展集体养猪事业。同年，白渔潭大队在七家村创办全大队第一个副业基地，也为发展养猪业打下基础。

1960年，庙墩大队第10生产队、白渔潭大队第2生产队被评为昆山县农业先进集体，成为境域内第一批被县委县政府表彰的先进集体。

1963年，白渔潭大队在庙墩西白淹口建境域内第一座排灌站，解决部分排灌难题，为旱涝保丰收打下基础。

1964年，庙墩大队创办境域内第一所农业中学，解决周围大队的学生上中学问题。

1965年，庙墩大队安装接通境域内第一只高音喇叭，同年，白渔潭大队也安装接通了高音喇叭，方便两个大队农业生产、政策宣传等信息传播。

1966年，庙灯大队建立境域内第一个合作医疗卫生所，为村民看病配药创造了条件。同年，白渔潭大队也成立了合作医疗卫生所，方便社员治病配药。

1968年，白渔潭大队建成境域内第一座能容纳百人以上的大礼堂，供社员开大会用。

1971年，白渔潭大队购置境域内第一台小型手扶拖拉机替代耕牛犁、耙田。

1972年，庙灯大队第一次开通有线广播。同年，白渔潭大队也开通有线广播。社员们第一次能通过广播收听到国家和地方的大事。

1972年，白渔潭大队创办白渔潭化工厂，该厂成为境域内第一家队办企业，开启大队办工业的新篇章。

1973年3月，庙灯大队在南高头建境域内第一座机灌站。

1973年，白渔潭大队第一次用230亩自然河流水面进行人工养鱼，为大队发展养鱼业打下基础。

1973年，庙灯大队创办了境域内第一家集体队办企业瓦坯厂，庙灯大队队办企业之路由此开始。

1981年，庙灯大队在大礼堂内开办了境域内第一所幼儿园。同年，白渔潭大队也开办了一所幼儿园，缓解社员幼托困难。

1990年，白渔潭村在第7村民小组西侧兴建境域内第一幢办公大楼，占地350平方米，大大改善村"两委"的办公条件。

1992年，庙灯村购置境域内第一台大型拖拉机，可一次完成收割、脱粒作业。同年，白渔潭村也购置了一台大型拖拉机，实现收割、脱粒"一条龙"。村里人工割稻、脱粒的繁重体力劳动消失。

1994年5月，庙灯村第一次通上自来水。同年8月，白渔潭村也接通自来水，结束了村民世世代代用河水和井水的历史。

2003年，庙灯村在庙灯路南侧建境域内第一幢标准厂房，占地500平方米，对外出租，增加村集体收入。

2005年，昆山市公交公司在庙灯村白渔潭排灌站南侧江浦路段设庙灯村59路公交车站台，线路从南星渎客运站向北至北门路八字桥终点站，此站为庙灯村的第一座公交站台，方便了村民的出行。

2005年，庙灯村在庙灯路北侧建立境域内第一个菜市场，解决村民买菜难问题。

2017年，庙灯村第一次实现全村域管理网格化、信息网络化、治理智能化。

三、个人第一

1951年，庙墩村李水生为境域内第一个参加抗美援朝的村民。同年，境域内参加抗美援朝的村民还有白渔潭村李根林、毛俊根。

1956年，白渔潭村张思孝为境域内第一位赤脚兽医。

1958年，庙墩大队第8生产队的陆志仁为庙墩大队第一位抽水机机工。同年，白渔潭大队第2生产队沈梅根为白渔潭大队第一位打水机机工。

1960年，庙墩大队第10生产队陈秀英、白渔潭大队第4生产队李素珍均为境域内第一批被评为昆山县三八红旗手的社员。

1966年，庙灯大队第8生产队陆咬良和白渔潭大队第5生产队唐宗泉，为境域内第一批赤脚医生。

1971年，白渔潭大队第1生产队张存孝为境域内第一位购买"永久"牌自行车的社员。

1976年，白渔潭大队第3生产队张锁同为白渔潭大队第一位购买电视机的社员。

1977年，白渔潭大队第6生产队朱金虎为白渔潭大队第一位大学毕业生。

1977年，庙灯大队第12生产队吴玉歧为庙灯大队第一位购买电视机的社员。

1979年，白渔潭大队第7生产队王小林承包鱼潭83亩，为境域内第一位规模化养鱼的社员。

1982年，白渔潭大队第2生产队张锁陆家庭为白渔潭大队第一户"万元户"。

1982年，白渔潭大队第5生产队孙凤林家庭为白渔潭大队第一个自建楼房户。

1983年，庙灯大队第12生产队吴玉歧家庭为庙灯大队第一个自建楼房户。

1991年，庙灯村第4村民小组徐玉良为庙灯村第一位获评江苏省1991年抗洪救灾先进工作者的村民。

1993年，庙灯村第5村民小组宋国强家庭为庙灯村第一家购置汽车的家庭。

1994年，庙灯村第10村民小组袁学忠为庙灯村第一位购置商品房的村民。

1995年，庙灯村第5村民小组李士兴和白渔潭村第7村民小组张玉勤，为境域内第一批农业大户（大农户）。

1997年，白渔潭村第1村民小组徐锁香为境域内第一位参加全国无偿献血表彰奖励大会，并获得无偿献血奉献奖金奖的村民。

庙灯村志

跋

庙灯村历史悠久，境域内七十二溇的故事传说、柴家坟的传奇、唐庄的兴衰，印证了其深厚的历史底蕴。在国事艰难、战事频发、灾害连连的年代，庙灯人不屈不挠，组织"抗丁、抗粮、抗捐"斗争，迎来了革命胜利。

中华人民共和国成立后，庙灯人在党的领导下艰苦奋斗、自强不息，探索出一条摆脱贫困、强村富民的发展之路。特别是改革开放后，境域内的企业星罗棋布、产销两旺，一座座时尚商业建筑拔地而起，一栋栋现代高层住宅傲然耸立，村强民富，面貌巨变。境域内影视室里观众笑逐颜开，图书室里读者津津有味，市民学校内反响非凡，广场上人们翩翩起舞，到处洋溢着祥和的气氛，庙灯人的生活乐陶陶。

盛世修志，家兴立谱。一部村志，记载着一方水土的文明传承，记述着村落文化的历史渊源。修志不仅为过往而修，更为未来而修。在村"两委"的高度重视下，在昆山市地方志编纂委员会办公室和昆山高新区村志编纂办公室的关心指导下，编纂工作人员为庙灯村编纂出一部融通古今、记载翔实、文风质朴的《庙灯村志》，为庙灯儿女留下一部永远不忘的历史典籍。《庙灯村志》的编纂出版可庆可贺。

祝庙灯村在新时代实现新跨越，书写出振兴发展新篇章。

昆山市人民政府副市长
2022 年 10 月

编后记

在昆山高新区党工委、管委会的直接领导下，在昆山市地方志编纂委员会办公室和昆山高新区村志编纂办公室的精心指导下，《庙灯村志》编纂工作于2019年7月正式启动，历时两年多，在编纂人员的努力下，数易其稿，终于问世。

庙灯村党总支、村委会对村志编纂高度重视，建立庙灯村村志编纂工作领导小组和庙灯村村志编纂工作小组，庙灯村"两委"在财力上也给予了充分支持和保证。2020年10月，《庙灯村志》初稿完成。

《庙灯村志》的编纂，始终坚持"记述历史真实、记述内容可读、给后人以传承性"的原则。村志编纂组人员通过到昆山市档案馆查资料，在县志、镇志上找资料，走访座谈做口述资料等，多方面筹集村志资料，并多次请村"两委"班子成员和村老干部、老军人、老党员、老教师、老村民代表"五老"人员进行反复论证，为村志编纂奠定坚实的资料基础。

为求客观真实地记载庙灯村的历史，编纂组人员对把握不准、史料不清、记载模糊的内容，尽最大的努力进行调查考证，不给历史留下遗憾，不给子孙予以误导，力求内容丰富，史料翔实。编纂组人员严格按照村志写作要求，努力做到文笔清晰，通俗易懂。《庙灯村志》采取图文并茂的形式，向读者展现一幅既有传统村庄的原貌，又有新时代中国特色社会主义新农村景象的画卷。

村志编纂的时间跨度长，涉及面广，加之区域调整，人员变动，部分材料匮乏，致使部分章节记述不详，加上编写人员水平有限，不到之处敬请读者批评指正。

《庙灯村志》编纂组

2022年10月

昆山高新区（玉山镇）村志系列丛书

庙灯村志

村民家庭记载

MIAODENG CUNZHI CUNMIN JIATING JIZAI

昆山高新区（玉山镇）村志系列丛书编纂委员会 编

图书在版编目(CIP)数据

庙灯村志. 村民家庭记载 / 张美峰主编；昆山高新区(玉山镇)村志系列丛书编纂委员会编. — 苏州：苏州大学出版社，2022.12

(昆山高新区(玉山镇)村志系列丛书)

ISBN 978-7-5672-4150-3

Ⅰ. ①庙… Ⅱ. ①张… ②昆… Ⅲ. ①村史-昆山 Ⅳ. ①K295.35

中国版本图书馆 CIP 数据核字(2022)第 240871 号

庙灯村志　村民家庭记载

主　　编	张美峰
编　　者	昆山高新区(玉山镇)村志系列丛书编纂委员会
责任编辑	严瑶婷
装帧设计	刘　俊
出版发行	苏州大学出版社
地　　址	苏州市十梓街 1 号
邮　　编	215006
电　　话	0512-67481020
网　　址	http://www.sudapress.com
邮　　箱	sdcbs@suda.edu.cn
印　　刷	苏州市深广印刷有限公司
开　　本	787 mm×1 092 mm　1/16　插页 16　印张 31.5(共两册)　字数 517 千
版　　次	2022 年 12 月第 1 版
印　　次	2022 年 12 月第 1 次印刷
书　　号	ISBN 978-7-5672-4150-3
定　　价	120.00 元(共两册)

版权所有　侵权必究

目 录

001 / **村民家庭记载**
002 / 庙灯村第 1 村民小组
012 / 庙灯村第 2 村民小组
021 / 庙灯村第 3 村民小组
028 / 庙灯村第 4 村民小组
037 / 庙灯村第 5 村民小组
045 / 庙灯村第 6 村民小组
052 / 庙灯村第 7 村民小组
059 / 庙灯村第 8 村民小组
070 / 庙灯村第 9 村民小组
078 / 庙灯村第 10 村民小组
091 / 庙灯村第 11 村民小组
101 / 庙灯村第 12 村民小组

109 / 庙灯村第 13 村民小组
115 / 庙灯村第 14 村民小组
126 / 庙灯村第 15 村民小组
136 / 庙灯村第 16 村民小组
147 / 庙灯村第 17 村民小组
157 / 庙灯村第 18 村民小组
166 / 庙灯村第 19 村民小组
172 / 庙灯村第 20 村民小组
184 / 庙灯村第 21 村民小组
193 / 庙灯村第 22 村民小组
201 / 庙灯村第 23 村民小组
208 / 庙灯村第 24 村民小组

村民家庭记载

本家庭记载所录村民，世代分别居住在庙灯（墩）、祝墩台、白渔潭、下央、七家、六家湾、漕潭7个自然村，在此繁衍生息。至2015年，7个自然村已全部完成动迁，村民分别迁入大公花园、万丰苑、万欣苑居住。

至2019年6月，庙灯村辖24个村民小组，673户村民。其中，有的家庭父子分离为2户，本家庭记载仍收录为1户；离婚户、迁入户，也根据实际情况，有选择地收录进本家庭记载中；还有不少空白户，不愿被记载，故不予以收录。所以，本家庭记载实际收录的总户数为595户，人数为2 547人，其中，男性为1 232人，女性为1 315人。

本家庭记载将595户村民归并列表为595户，收录每户村民家庭人员信息、家庭大事，反映每户村民家庭的现状和历史片段，以求上可告慰祖宗，下可惠及子孙。所载"家庭人员"以常住户籍登记为准，不包括部分迁出户籍的家庭人员；所载"家庭大事"部分展现了中华人民共和国成立以来每个家庭所发生的变化，个别家庭因各种缘由留白。

一、庙灯村村民小组户数、人数一览表

庙灯村各村民小组户数、人数一览表

组别	户数/户	人数/人	组别	户数/户	人数/人
1组	30	100	4组	24	106
2组	20	109	5组	24	99
3组	19	82	6组	20	84

续表

组别	户数/户	人数/人	组别	户数/户	人数/人
7组	19	74	16组	32	126
8组	31	141	17组	31	129
9组	22	93	18组	25	77
10组	38	153	19组	14	101
11组	23	121	20组	41	157
12组	22	82	21组	24	101
13组	16	72	22组	21	91
14组	33	135	23组	18	89
15组	29	127	24组	19	98

二、庙灯村村民家庭记载

庙灯村第1村民小组

	姓名	与户主关系	性别	出生年月	民族	备注
家庭人员	李招根	户主	男	1951年3月	汉族	
	谢菊英	妻子	女	1953年10月	汉族	
	李 明	儿子	男	1978年5月	汉族	
家庭大事	1971年，李招根入伍当兵，于1975年加入中国共产党； 1983年，建平房3间，80平方米。					

	姓名	与户主关系	性别	出生年月	民族	备注
家庭人员	唐炳荣	户主	男	1966年1月	汉族	
	浦密香	妻子	女	1966年8月	汉族	
	唐亚峻	儿子	男	1990年9月	汉族	
家庭大事	1998年，建楼房2层，140平方米； 2014年，唐亚峻大学毕业，任昆山市玉山镇同心小学教师。					

家庭人员	姓名	与户主关系	性别	出生年月	民族	备注
	唐品良	户主	男	1951年12月	汉族	
	谢秀英	妻子	女	1949年12月	汉族	
	唐国华	儿子	男	1977年10月	汉族	

家庭大事	1986年，建楼房2层，225平方米； 1994—1998年，唐国华就读于南通工学院。

家庭人员	姓名	与户主关系	性别	出生年月	民族	备注
	唐新中	户主	男	1952年11月	汉族	
	唐建华	儿子	男	1977年9月	汉族	
	唐志一	孙子	男	2001年1月	汉族	

家庭大事	1991年，建楼房2层，281平方米。

家庭人员	姓名	与户主关系	性别	出生年月	民族	备注
	唐炳玉	户主	女	1967年1月	汉族	
	王培龙	丈夫	男	1965年2月	汉族	
	唐莲宝	母亲	女	1942年4月	汉族	
	唐铮铮	女儿	女	1989年3月	汉族	

家庭大事	1988年，建楼房2层，250平方米； 2009年，唐铮铮毕业于南京师范大学。

	姓名	与户主关系	性别	出生年月	民族	备注
家庭人员	唐金虎	户主	男	1962年11月	汉族	
	徐良珍	妻子	女	1963年11月	汉族	
	唐月桂	母亲	女	1931年9月	汉族	
	唐　斌	儿子	男	1985年11月	汉族	
	蔡金香	儿媳	女	1985年12月	汉族	
家庭大事	1991年，建楼房2层，260平方米； 2000年，购商品房60平方米； 2012年，购汽车1辆。					

	姓名	与户主关系	性别	出生年月	民族	备注
家庭人员	王荣林	户主	男	1949年6月	汉族	
	唐惠珍	妻子	女	1952年9月	汉族	
	唐明华	儿子	男	1976年2月	汉族	
	徐桃凤	儿媳	女	1975年6月	汉族	
	唐　钰	孙女	女	1998年10月	汉族	
家庭大事	1968年，王荣林入伍当兵； 1995年，建楼房2层，270平方米； 2001年，购商品房60平方米。					

	姓名	与户主关系	性别	出生年月	民族	备注
家庭人员	徐文贤	户主	男	1948年4月	汉族	
	吕水珍	妻子	女	1950年5月	汉族	
	徐国旗	儿子	男	1970年6月	汉族	
	徐国清	儿子	男	1973年12月	汉族	
家庭大事	1993年，徐国旗毕业于中南财经大学，现任职于昆山司法局； 1996年，建平房3间，100平方米。					

家庭人员	姓名	与户主关系	性别	出生年月	民族	备注
	周妹金	户主	女	1949年9月	汉族	
	殷 勇	儿子	男	1976年11月	汉族	
	荀会娟	儿媳	女	1980年3月	汉族	
	殷佳琪	孙子	男	2002年2月	汉族	

家庭大事	1984年,建楼房2层,250平方米。

家庭人员	姓名	与户主关系	性别	出生年月	民族	备注
	唐金龙	户主	男	1956年7月	汉族	
	吕玉英	妻子	女	1957年12月	汉族	

家庭大事	1988年,建楼房2层,280平方米; 1991年,唐金龙加入中国共产党; 2010年,购汽车1辆。

家庭人员	姓名	与户主关系	性别	出生年月	民族	备注
	徐良法	户主	男	1954年8月	汉族	
	周黑妹	妻子	女	1953年11月	汉族	
	徐萍华	儿子	男	1978年2月	汉族	
	高凉英	儿媳	女	1970年10月	汉族	
	徐奕鑫	孙子	男	2001年3月	汉族	
	徐 鑫	孙子	男	2012年2月	汉族	

家庭大事	1983年,建楼房2层,231平方米; 2003年,购汽车1辆; 2007年,购商品房94平方米。

	姓名	与户主关系	性别	出生年月	民族	备注
家庭人员	唐品德	户主	男	1961年12月	汉族	
	杨素花	妻子	女	1962年1月	汉族	
	唐 亮	儿子	男	1985年8月	汉族	
	陈 娟	儿媳	女	1989年11月	汉族	
家庭大事	1990年，建楼房2层，249平方米。					

	姓名	与户主关系	性别	出生年月	民族	备注
家庭人员	唐建国	户主	男	1965年11月	汉族	
	沙阳花	妻子	女	1966年8月	汉族	
	徐阿四	父亲	男	1945年5月	汉族	
	唐妹珍	母亲	女	1943年1月	汉族	
	唐 君	儿子	男	1989年3月	汉族	
家庭大事	1983年，建楼房2层，260平方米。					

	姓名	与户主关系	性别	出生年月	民族	备注
家庭人员	林玉坤	户主	男	1971年2月	汉族	
	叶秀芳	妻子	女	1973年10月	汉族	
	陆小妹	母亲	女	1945年2月	汉族	
	林智溢	女儿	女	1994年4月	汉族	
家庭大事	1992年，建楼房2层，270平方米； 2009年，购汽车1辆； 2012年，林玉坤加入中国共产党。					

家庭人员	姓名	与户主关系	性别	出生年月	民族	备注
	唐建林	户主	男	1968 年 3 月	汉族	
	徐福英	妻子	女	1969 年 4 月	汉族	
	唐 晨	儿子	男	1992 年 9 月	汉族	

家庭大事	1986 年，建楼房 2 层，250 平方米。

家庭人员	姓名	与户主关系	性别	出生年月	民族	备注
	吕全发	户主	男	1956 年 9 月	汉族	
	李招花	妻子	女	1957 年 10 月	汉族	
	吕秋霞	女儿	女	1983 年 11 月	汉族	

家庭大事	1995 年，建平房 3 间，130 平方米。

家庭人员	姓名	与户主关系	性别	出生年月	民族	备注
	唐炳其	户主	男	1962 年 3 月	汉族	
	唐晓红	女儿	女	1985 年 11 月	汉族	

家庭大事	1978 年，建平房 3 间，120 平方米； 2008 年，唐晓红于徐州师范大学毕业。

家庭人员	姓名	与户主关系	性别	出生年月	民族	备注
	周 斌	户主	男	1981 年	汉族	
	唐 燕	妻子	女	1983 年 1 月	汉族	
	苏小珍	母亲	女	1958 年 11 月	汉族	

家庭大事	1998 年，建楼房 2 层，280 平方米； 2018 年，购汽车 1 辆。

家庭人员	姓名	与户主关系	性别	出生年月	民族	备注
	吕福良	户主	男	1956年6月	汉族	
	徐雪珍	妻子	女	1956年8月	汉族	
	吕财生	父亲	男	1935年9月	汉族	
	吕国平	儿子	男	1981年6月	汉族	

家庭大事	1994年，建楼房2层，260平方米； 1997年，购商品房85平方米； 2016年，购汽车1辆。

家庭人员	姓名	与户主关系	性别	出生年月	民族	备注
	唐雪根	户主	男	1957年2月	汉族	
	杨素珍	妻子	女	1957年5月	汉族	

家庭大事	1995年，建楼房2层，155平方米。

家庭人员	姓名	与户主关系	性别	出生年月	民族	备注
	唐品花	户主	女	1965年8月	汉族	
	周卫国	丈夫	男	1965年2月	汉族	

家庭大事	1980年，周卫国入伍当兵，于1984年加入中国共产党； 1996年，建楼房2层，190平方米； 2001年，购商品房65平方米。

家庭人员	姓名	与户主关系	性别	出生年月	民族	备注
	吴法根	户主	男	1955年12月	汉族	
	陈玉芳	妻子	女	1961年12月	汉族	
	吴月花	女儿	女	1982年1月	汉族	

家庭大事	1994年,建楼房2层,250平方米。

家庭人员	姓名	与户主关系	性别	出生年月	民族	备注
	周金木	户主	男	1943年5月	汉族	

家庭大事	1987年,建楼房2层,250平方米。

家庭人员	姓名	与户主关系	性别	出生年月	民族	备注
	周惠龙	户主	男	1964年8月	汉族	
	张玉荣	妻子	女	1968年12月	汉族	
	黄阿二	母亲	女	1926年3月	汉族	
	周磊	儿子	男	1997年12月	汉族	

家庭大事	1990年,建楼房2层,240平方米。

家庭人员	姓名	与户主关系	性别	出生年月	民族	备注
	周惠中	户主	男	1951年2月	汉族	
	徐惠珍	妻子	女	1951年3月	汉族	
	周　燕	儿子	男	1974年7月	汉族	
	王明容	儿媳	女	1975年7月	汉族	
	周宇捷	孙子	男	1998年9月	汉族	

家庭大事	1987年，建楼房2层，250平方米； 2017年，周宇捷入伍当兵。

家庭人员	姓名	与户主关系	性别	出生年月	民族	备注
	唐雪良	户主	男	1956年10月	汉族	
	叶素珍	妻子	女	1956年9月	汉族	
	唐振芳	父亲	男	1936年7月	汉族	
	唐　峰	儿子	男	1981年9月	汉族	

家庭大事	1983年，购商品房80平方米。

家庭人员	姓名	与户主关系	性别	出生年月	民族	备注
	唐雪明	户主	男	1962年12月	汉族	
	杨建珍	妻子	女	1962年7月	汉族	

家庭大事	1987年，唐雪明于南京特殊教育师范学校毕业，现任昆山市爱心学校教师； 1995年，建楼房2层，155平方米。

家庭人员	姓名	与户主关系	性别	出生年月	民族	备注
	唐惠良	户主	男	1949年8月	汉族	
	周白妹	妻子	女	1949年10月	汉族	
	唐彩霞	女儿	女	1972年1月	汉族	
	唐春霞	女儿	女	1975年3月	汉族	
	唐 怡	孙女	女	1996年5月	汉族	
	王铮锴	孙子	男	1998年11月	汉族	

家庭大事	1976年，建平房3间，89平方米； 1983年，唐彩霞于苏州大学毕业； 1997年，唐惠良加入中国共产党； 2004年，购商品房56平方米； 2008年，购汽车1辆。

家庭人员	姓名	与户主关系	性别	出生年月	民族	备注
	唐菊珍	户主	女	1946年5月	汉族	
	吕亚芬	女儿	女	1967年10月	汉族	
	吕亚英	女儿	女	1972年9月	汉族	
	吕佳文	孙子	男	1999年3月	汉族	

家庭大事	1987年，建楼房2层，250平方米。

家庭人员	姓名	与户主关系	性别	出生年月	民族	备注
	唐金娥	户主	女	1955年2月	汉族	
	吕春燕	女儿	女	1970年2月	汉族	

家庭大事	1988年，建楼房2层，250平方米。

庙灯村第 2 村民小组

	姓名	与户主关系	性别	出生年月	民族	备注
家庭人员	王福林	户主	男	1955 年 1 月	汉族	
	丁秋英	妻子	女	1954 年 1 月	汉族	
	丁阿二	岳母	女	1933 年 8 月	汉族	
	丁国华	儿子	男	1979 年 9 月	汉族	
	赵惠珍	儿媳	女	1979 年 4 月	汉族	
	丁国平	儿子	男	1986 年 6 月	汉族	
	丁旭琪	孙子	男	2003 年 7 月	汉族	
	丁文沙	孙女	女	2013 年 8 月	汉族	
家庭大事	1983 年,建楼房 2 层,295 平方米; 1987 年,购商品房 106 平方米; 2015 年,购汽车 1 辆。					

	姓名	与户主关系	性别	出生年月	民族	备注
家庭人员	蒋宝林	户主	男	1945 年 1 月	汉族	
	顾金妹	妻子	女	1949 年 1 月	汉族	
	顾蒋红	儿子	男	1969 年 10 月	汉族	
	冯建红	儿媳	女	1967 年 8 月	汉族	
	顾进红	儿子	男	1971 年 11 月	汉族	
	朱 软	儿媳	女	1974 年 10 月	汉族	
	顾红芳	女儿	女	1974 年 6 月	汉族	
	张龙祥	女婿	男	1968 年 4 月	汉族	
	顾颖其	孙女	女	1992 年 6 月	汉族	
	张佳琪	孙女	女	1996 年 8 月	汉族	
家庭大事	1983 年,建楼房 2 层,270 平方米; 2001 年,购商品房 150 平方米; 2015 年,购汽车 1 辆。					

	姓名	与户主关系	性别	出生年月	民族	备注
家庭人员	吴金弟	户主	男	1964年6月	汉族	
	陆雪萍	妻子	女	1966年7月	汉族	
	陆雪花	妻姐	女	1964年2月	汉族	
	陆倩	女儿	女	1987年4月	汉族	
	刁秀文	女婿	男	1986年10月	汉族	
	陆宇萱	孙女	女	2010年2月	汉族	
	陆宇辰	孙女	女	2014年2月	汉族	
家庭大事	1991年，建楼房2层，248平方米； 2001年，购商品房83平方米； 2011年，购汽车1辆。					

	姓名	与户主关系	性别	出生年月	民族	备注
家庭人员	陆根弟	户主	男	1957年11月	汉族	
	杨素花	妻子	女	1957年6月	汉族	
	陆勇	儿子	男	1981年5月	汉族	
	邵秋芬	儿媳	女	1981年9月	汉族	
	陆妍	孙女	女	2004年6月	汉族	
家庭大事	1997年，建楼房2层，275平方米； 2000年，购商品房100平方米。					

庙灯村志·村民家庭记载

家庭人员	姓名	与户主关系	性别	出生年月	民族	备注
	陆根男	户主	男	1954年12月	汉族	
	徐玲妹	妻子	女	1953年6月	汉族	
	陆丽青	女儿	女	1978年1月	汉族	
	陆丽娟	女儿	女	1980年12月	汉族	
	顾顺鑫	孙子	男	2003年1月	汉族	
	陆顺奕	孙子	男	2008年11月	汉族	

家庭大事	1990年，建楼房2层，252平方米； 2010年，购商品房180平方米； 2017年，购汽车1辆。

家庭人员	姓名	与户主关系	性别	出生年月	民族	备注
	陆火男	户主	男	1949年8月	汉族	
	叶银娥	妻子	女	1950年12月	汉族	
	陆菊明	儿子	男	1972年4月	汉族	
	唐卫琴	儿媳	女	1971年4月	汉族	
	陆毅闻	孙子	男	1996年7月	汉族	

家庭大事	1986年，建楼房2层，260平方米； 2018年，购汽车1辆； 2019年，陆毅闻任昆山高新区姜巷小学教师。

家庭人员	姓名	与户主关系	性别	出生年月	民族	备注
	陆根花	户主	女	1970年6月	汉族	
	陆银寿	母亲	女	1939年8月	汉族	

家庭大事	2010年，购商品房92平方米。

	姓名	与户主关系	性别	出生年月	民族	备注
家庭人员	金桂珍	户主	女	1946年12月	汉族	
	陆建卫	儿子	男	1968年9月	汉族	
	赵雪花	儿媳	女	1968年3月	汉族	
	陆 晶	孙子	男	1991年11月	汉族	
	陆睿蒽	曾孙子	男	2014年10月	汉族	
	陆熙蒽	曾孙女	女	2018年9月	汉族	
家庭大事	1986年，建楼房2层，260平方米； 1996年，购商品房100平方米； 2014年，购汽车1辆。					

	姓名	与户主关系	性别	出生年月	民族	备注
家庭人员	陆兴良	户主	男	1965年1月	汉族	
	陆雪珍	妻子	女	1968年1月	汉族	
	毛翠英	母亲	女	1948年8月	汉族	
	陆 城	女儿	女	1989年11月	汉族	
	陆米悦	孙女	女	2016年6月	汉族	
家庭大事	1989年，建楼房2层，283平方米； 2008年，购商品房143平方米； 2015年，购汽车1辆。					

	姓名	与户主关系	性别	出生年月	民族	备注
家庭人员	陆兴生	户主	男	1953年12月	汉族	
	蔡水花	妻子	女	1955年3月	汉族	
	陆彩虹	女儿	女	1979年10月	汉族	
	陆彩萍	女儿	女	1981年6月	汉族	
	陆 琦	孙子	男	2002年10月	汉族	
家庭大事	1991年，建楼房2层，296平方米； 2006年，购商品房141平方米； 2012年，购汽车1辆； 2013年，陆彩虹加入中国共产党。					

	姓名	与户主关系	性别	出生年月	民族	备注
家庭人员	陆凤明	户主	男	1970年12月	汉族	
	徐进芬	妻子	女	1970年4月	汉族	
	陆林珍	母亲	女	1947年11月	汉族	
	许海燕	儿媳	女	1993年2月	汉族	
	陆 军	儿子	男	1993年11月	汉族	
	陆远新	孙子	男	2018年11月	汉族	
家庭大事	1986年，建楼房2层，257平方米； 2006年，购商品房102平方米。					

	姓名	与户主关系	性别	出生年月	民族	备注
家庭人员	吴林生	户主	男	1951年8月	汉族	
	高丽英	妻子	女	1953年10月	汉族	
	吴琼	儿子	男	1976年11月	汉族	
	冯水英	儿媳	女	1979年1月	汉族	
	吴敏	儿子	男	1980年1月	汉族	
	吴心怡	孙女	女	2002年11月	汉族	
家庭大事	1986年，建楼房240平方米。					

	姓名	与户主关系	性别	出生年月	民族	备注
家庭人员	吴新官	户主	男	1946年8月	汉族	
	朱巧女	妻子	女	1945年6月	汉族	
	吴雪鸣	儿子	男	1972年9月	汉族	
	陈国芳	儿媳	女	1974年9月	汉族	
	吴雪妹	女儿	女	1969年1月	汉族	
	吴倩云	孙女	女	1995年11月	汉族	
家庭大事	1987年，楼房266平方米； 1999年，购商品房128平方米； 2007年，购汽车1辆。					

	姓名	与户主关系	性别	出生年月	民族	备注
家庭人员	赵志龙	户主	男	1978年10月	汉族	
	汪岐丽	妻子	女	1979年2月	汉族	
	陆凤珍	母亲	女	1954年11月	汉族	
	赵懿	儿子	男	2001年11月	汉族	
家庭大事	1988年，建楼房2层，254平方米； 2017年，购汽车1辆。					

	姓名	与户主关系	性别	出生年月	民族	备注
家庭人员	邹伯良	户主	男	1964年11月	汉族	
	唐林花	妻子	女	1965年9月	汉族	
	邹雪根	父亲	男	1943年12月	汉族	
	李招花	母亲	女	1945年8月	汉族	
	邹丽	女儿	女	1988年10月	汉族	
	邹宇泽	孙子	男	2014年12月	汉族	
家庭大事	1981年，邹雪根加入中国共产党； 1992年，建楼房2层，280平方米； 2015年，购商品房130平方米。					

	姓名	与户主关系	性别	出生年月	民族	备注
家庭人员	邹建良	户主	男	1966年10月	汉族	
	马凤妹	妻子	女	1967年12月	汉族	
	邹文	儿子	男	1992年11月	汉族	
	吴星	儿媳	女	1992年8月	汉族	
	邹欣诺	孙女	女	2016年6月	汉族	
	邹伯钧	孙子	男	2018年11月	汉族	
家庭大事	1999年，建楼房2层，255平方米； 2013年，吴星加入中国共产党，现任震川社区卫生服务中心护师； 2013年，购汽车1辆。					

	姓名	与户主关系	性别	出生年月	民族	备注
家庭人员	王勤良	户主	男	1965年9月	汉族	
	张秀英	妻子	女	1964年10月	汉族	
	王 佳	儿子	男	1988年10月	汉族	
	王奕心	孙女	女	2012年11月	汉族	
家庭大事	1991年，建楼房2层，275平方米； 1993年，王勤良加入中国共产党； 1996年，购商品房92平方米； 2015年，购汽车1辆。					

	姓名	与户主关系	性别	出生年月	民族	备注
家庭人员	邹冬根	户主	男	1963年9月	汉族	
	王勤花	妻子	女	1963年8月	汉族	
	邹 叶	儿子	男	1986年9月	汉族	
	邹明诺	孙子	男	2011年9月	汉族	
	范芯伊	孙女	女	2014年6月	汉族	
家庭大事	1991年，建楼房2层，370平方米； 1997年，邹冬根加入中国共产党； 2006年，购商品房210平方米。					

	姓名	与户主关系	性别	出生年月	民族	备注
家庭人员	邹 渊	户主	男	1977年1月	汉族	
	戴丽萍	妻子	女	1976年6月	汉族	
	邹春根	父亲	男	1954年2月	汉族	
	陆招仙	母亲	女	1952年4月	汉族	
	邹天易	女儿	女	2002年11月	汉族	
家庭大事	1985年，建楼房2层，200平方米； 1999年，邹渊于东南大学毕业； 2005年，购商品房250平方米。					

	姓名	与户主关系	性别	出生年月	民族	备注
家庭人员	邹生根	户主	男	1957年9月	汉族	
	朱密珍	妻子	女	1964年8月	汉族	
	邹玉琼	女儿	女	1986年3月	汉族	
	汤承佑	外孙	男	2016年7月	汉族	
家庭大事	1998年,购商品房83平方米; 2001年,建平房150平方米; 2015年,购汽车1辆。					

庙灯村第 3 村民小组

	姓名	与户主关系	性别	出生年月	民族	备注
家庭人员	李梅花	户主	女	1958 年 6 月	汉族	
	徐挺芳	女儿	女	1981 年 10 月	汉族	
	刘永林	女婿	男	1979 年 9 月	汉族	
	徐晓芳	女儿	女	1988 年 9 月	汉族	
	徐佳峰	孙子	男	2004 年 2 月	汉族	

家庭大事	1990 年，建楼房 2 层，264 平方米； 2012 年，购汽车 1 辆。

	姓名	与户主关系	性别	出生年月	民族	备注
家庭人员	陆咬根	户主	男	1947 年 1 月	汉族	
	陆阿二	父亲	男	1922 年 2 月	汉族	
	陆勤惠	儿子	男	1976 年 4 月	汉族	

家庭大事	1989 年，建楼房 2 层，248 平方米； 2001 年，购商品房 130 平方米； 2012—2022 年，购汽车 2 辆。

	姓名	与户主关系	性别	出生年月	民族	备注
家庭人员	陆勤根	户主	男	1966 年 10 月	汉族	
	唐雪琴	妻子	女	1968 年 10 月	汉族	
	季梅桂	母亲	女	1933 年 2 月	汉族	
	陆毅青	儿子	男	1992 年 2 月	汉族	

家庭大事	1987 年，建楼房 2 层，234 平方米； 2007 年，购商品房 92.5 平方米； 2017 年，购汽车 1 辆。

	姓名	与户主关系	性别	出生年月	民族	备注
家庭人员	陆祖根	户主	男	1949年8月	汉族	
	陆密花	妻子	女	1949年10月	汉族	
	陆勤芳	女儿	女	1970年11月	汉族	
	张佰良	女婿	男	1967年6月	汉族	
	陆贤	孙子	男	1992年1月	汉族	
家庭大事	1987年,建楼房2层,285平方米; 1998年,购商品房92平方米; 2003年,购汽车1辆。					

	姓名	与户主关系	性别	出生年月	民族	备注
家庭人员	邵国兴	户主	男	1955年6月	汉族	
	杨素凤	妻子	女	1954年8月	汉族	
	杨伯年	父亲	男	1930年12月	汉族	
	杨娟	女儿	女	1976年1月	汉族	
家庭大事	1987年,建楼房2层,280平方米; 1990年,购商品房107平方米; 2014年,购汽车1辆。					

	姓名	与户主关系	性别	出生年月	民族	备注
家庭人员	吴凤良	户主	男	1954年12月	汉族	
	徐云凤	妻子	女	1954年10月	汉族	
	吴瑞英	女儿	女	1973年11月	汉族	
	殷菊良	女婿	男	1971年3月	汉族	
	吴佳伟	孙子	男	1994年10月	汉族	
家庭大事	1991年,建楼房2层,308平方米; 2002年,购商品房98平方米; 2006年,购汽车1辆; 2012年,殷菊良加入中国共产党; 2013年,吴佳伟考上南京中医药大学。					

家庭人员	姓名	与户主关系	性别	出生年月	民族	备注
	张小良	户主	男	1964年9月	汉族	
	吴杏仙	妻子	女	1965年3月	汉族	
	吴三妹	岳母	女	1927年7月	汉族	
	吴雄勇	儿子	男	1989年4月	汉族	
	吴 哲	孙子	男	2014年5月	汉族	

家庭大事	1990年，建楼房265平方米。

家庭人员	姓名	与户主关系	性别	出生年月	民族	备注
	吴根良	户主	男	1963年11月	汉族	
	朱秀凤	妻子	女	1964年9月	汉族	
	吴 琴	女儿	女	1986年12月	汉族	
	吴菲尔	孙女	女	2008年11月	汉族	

家庭大事	1991年，建楼房2层，300平方米； 2001年，购汽车1辆。

家庭人员	姓名	与户主关系	性别	出生年月	民族	备注
	吴良根	户主	男	1968年6月	汉族	
	徐桂凤	妻子	女	1967年9月	汉族	
	吴丹婷	女儿	女	1991年5月	汉族	

家庭大事	1989年，建楼房2层，288平方米； 2007年，购商品房93平方米。

	姓名	与户主关系	性别	出生年月	民族	备注
家庭人员	吴玉林	户主	男	1957年2月	汉族	
	李梅英	妻子	女	1957年6月	汉族	
	吴　平	儿子	男	1981年10月	汉族	

家庭大事	1987年，建楼房2层，268平方米； 2005年，购商品房84平方米； 2012年，购汽车1辆。

	姓名	与户主关系	性别	出生年月	民族	备注
家庭人员	徐云生	户主	男	1950年5月	汉族	
	徐秀云	妻子	女	1950年11月	汉族	

家庭大事	1986年，建楼房2层，290平方米。

	姓名	与户主关系	性别	出生年月	民族	备注
家庭人员	杨俊文	户主	男	1941年10月	汉族	
	陆祥花	妻子	女	1939年3月	汉族	
	杨惠良	儿子	男	1966年2月	汉族	
	邹金凤	儿媳	女	1965年11月	汉族	
	杨　佳	孙子	男	1988年11月	汉族	
	杨予浠	曾孙女	女	2018年5月	汉族	
	杨予涵	曾孙子	男	2018年5月	汉族	

家庭大事	1986年，建楼房2层，273平方米； 2000年，购商品房100平方米； 2014年，购汽车1辆；

	姓名	与户主关系	性别	出生年月	民族	备注
家庭人员	杨素良	户主	男	1957年8月	汉族	
	杜勤珍	妻子	女	1957年2月	汉族	
	杨林妹	母亲	女	1927年9月	汉族	
	杨 刚	儿子	男	1981年11月	汉族	
	汤建芳	儿媳	女	1981年10月	汉族	
	杨丞玥	孙女	女	2003年8月	汉族	
	杨子成	孙子	男	2015年8月	汉族	
家庭大事	1990年，建楼房2层，275平方米。					

	姓名	与户主关系	性别	出生年月	民族	备注
家庭人员	杨宗林	户主	男	1947年10月	汉族	
	吴玉珍	妻子	女	1949年10月	汉族	
	杨忠裕	儿子	男	1968年7月	汉族	
	杨小忠	儿子	男	1971年2月	汉族	
	杨 成	孙子	男	1993年3月	汉族	
	杨立新	孙子	男	1993年5月	汉族	
家庭大事	1980年，建楼房2层，276平方米； 2017年，杨立新任苏州市甪直实验小学教师。					

	姓名	与户主关系	性别	出生年月	民族	备注
家庭人员	杨俊伟	户主	男	1942年10月	汉族	
	吕林花	妻子	女	1945年5月	汉族	
	杨勤发	长子	男	1966年3月	汉族	
	杨勤华	次子	男	1970年3月	汉族	
家庭大事	1990年，建楼房2层，268平方米； 1987年，杨勤发东南大学毕业后，分配到江苏常熟发电厂工作。					

	姓名	与户主关系	性别	出生年月	民族	备注
家庭人员	陆梅花	户主	女	1954年6月	汉族	
	沈 卫	儿子	男	1973年9月	汉族	
	沈 健	儿子	男	1977年10月	汉族	
家庭大事	1949年前，建平房100平方米。					

	姓名	与户主关系	性别	出生年月	民族	备注
家庭人员	陆俊中	户主	男	1961年10月	汉族	
	杨素妹	妻子	女	1962年8月	汉族	
	陆 剑	儿子	男	1985年7月	汉族	
	汪 静	儿媳	女	1986年3月	汉族	
	汪一秀	孙女	女	2010年10月	汉族	
	陆奕晨	孙子	男	2013年5月	汉族	
家庭大事	1986年，建楼房2层，300平方米； 2002年，购商品房220平方米； 2004年，陆俊中创办昆山市五环建设有限公司； 2007年，陆剑于澳门科技大学毕业； 2009年，汪静任昆山市实验幼儿园教师； 2013年、2017年、2021年，各购汽车1辆。					

家庭人员	姓名	与户主关系	性别	出生年月	民族	备注
	陆俊良	户主	男	1966年1月	汉族	
	顾月琴	妻子	女	1967年10月	汉族	
	陆　静	女儿	女	1988年9月	汉族	

家庭大事	1986年，建楼房2层，242平方米； 1998年，购商品房90平方米； 2010年，陆静任昆山市城北中心小学教师。

家庭人员	姓名	与户主关系	性别	出生年月	民族	备注
	石敏娟	户主	女	1973年1月	汉族	
	杨　扬	儿子	男	1994年9月	汉族	

家庭大事	1988年，建楼房2层，260平方米。

庙灯村第 4 村民小组

家庭人员	姓名	与户主关系	性别	出生年月	民族	备注
	李志元	户主	男	1951 年 12 月	汉族	
	张白妹	妻子	女	1951 年 12 月	汉族	

家庭大事	1992 年，建楼房 2 层，270 平方米。

家庭人员	姓名	与户主关系	性别	出生年月	民族	备注
	陆兴华	户主	男	1965 年 5 月	汉族	
	梅红艳	妻子	女	1979 年 6 月	汉族	
	陆俊龙	儿子	男	2006 年 9 月	汉族	

家庭大事	2010 年，购经济适用房 79 平方米。

家庭人员	姓名	与户主关系	性别	出生年月	民族	备注
	徐玉良	户主	男	1950 年 1 月	汉族	
	杨素英	妻子	女	1950 年 8 月	汉族	
	张仙英	母亲	女	1932 年 8 月	汉族	
	徐正国	儿子	男	1971 年 9 月	汉族	
	辛建珍	儿媳	女	1972 年 1 月	汉族	
	徐正威	儿子	男	1973 年 12 月	汉族	
	全 婷	儿媳	女	1974 年 8 月	汉族	
	徐 辛	孙女	女	1994 年 9 月	汉族	
	徐笑然	孙子	男	2002 年 9 月	汉族	

家庭大事	1973 年，徐玉良加入中国共产党； 1993 年，建楼房 2 层，273 平方米； 1994 年，被评为玉山镇新风户。

家庭人员	姓名	与户主关系	性别	出生年月	民族	备注
	顾士良	户主	男	1953年11月	汉族	
	唐祥花	妻子	女	1954年6月	汉族	
	顾　华	儿子	男	1977年12月	汉族	
	顾馨月	孙女	女	2006年11月	汉族	

家庭大事	1983年，建楼房2层，250平方米； 1998年，购商品房121平方米。

家庭人员	姓名	与户主关系	性别	出生年月	民族	备注
	顾二良	户主	男	1956年6月	汉族	
	杨建英	妻子	女	1959年7月	汉族	
	顾　萍	女儿	女	1982年1月	汉族	
	顾李易	孙女	女	2003年12月	汉族	

家庭大事	1990年，建楼房2层，270平方米。

家庭人员	姓名	与户主关系	性别	出生年月	民族	备注
	陆考林	户主	男	1950年11月	汉族	
	陈阿根	妻子	女	1951年10月	汉族	
	陆卫红	儿子	男	1976年10月	汉族	
	刘艳玲	儿媳	女	1982年7月	汉族	
	陆歆怡	孙女	女	2000年8月	汉族	
	陆翊嘉	孙子	男	2008年8月	汉族	

家庭大事	1987年，建楼房2层，260平房； 2013年，购汽车1辆。

	姓名	与户主关系	性别	出生年月	民族	备注
家庭人员	陆小男	户主	男	1947年11月	汉族	
	张桂宝	妻子	女	1948年3月	汉族	
	陆玉国	儿子	男	1970年12月	汉族	
	沈建芬	儿媳	女	1969年7月	汉族	
	陆玉英	女儿	女	1973年12月	汉族	
	陆静忆	孙女	女	1993年7月	汉族	
	陆润龙	外孙	男	1996年11月	汉族	
家庭大事	1990年，建楼房2层，260平方米； 1998年，购商品房88平方米； 1999年，购汽车1辆。					

	姓名	与户主关系	性别	出生年月	民族	备注
家庭人员	毛元良	户主	男	1947年11月	汉族	
	张引仙	妻子	女	1947年12月	汉族	
	毛阿二	姐姐	女	1944年10月	汉族	
	毛红青	女儿	女	1970年12月	汉族	
	毛燕波	孙子	男	1992年7月	汉族	
家庭大事	1989年，建楼房2层，300平方米； 1998年，购商品房84平方米； 1998年，毛红青加入中国共产党； 2016年，购汽车1辆。					

	姓名	与户主关系	性别	出生年月	民族	备注
家庭人员	沈桃妹	户主	女	1937年8月	汉族	
	吴爱良	儿子	男	1966年7月	汉族	
	徐美娟	儿媳	女	1965年10月	汉族	
	吴学敏	孙子	男	1989年7月	汉族	

家庭大事	1988年，建楼房285平方米； 1995年，吴爱良创办昆山市天时装璜建材有限责任公司； 1995年，购商品房80平方米； 2008年，购汽车1辆； 2014年，吴学敏于英国考文垂大学毕业。

	姓名	与户主关系	性别	出生年月	民族	备注
家庭人员	张建国	户主	男	1946年12月	汉族	
	徐凤妹	妻子	女	1947年10月	汉族	

家庭大事	1974年，张建国加入中国共产党； 1988年，建楼房2层，265平方米。

	姓名	与户主关系	性别	出生年月	民族	备注
家庭人员	张仁良	户主	男	1956年6月	汉族	
	吴招仙	妻子	女	1953年3月	汉族	
	张月英	母亲	女	1938年7月	汉族	
	张丽花	女儿	女	1979年7月	汉族	
	张　静	孙女	女	1989年11月	汉族	
	唐心湉	孙女	女	2009年6月	汉族	

家庭大事	1989年，建楼房2层，250平方米； 2014年，购汽车1辆。

	姓名	与户主关系	性别	出生年月	民族	备注
家庭人员	张水宝	户主	女	1944年3月	汉族	
	朱巧芳	女儿	女	1969年8月	汉族	
	朱 骏	孙子	男	1990年7月	汉族	
	朱诗涵	孙女	女	2009年12月	汉族	
家庭大事	1995年,建楼房2层,284平方米。					

	姓名	与户主关系	性别	出生年月	民族	备注
家庭人员	张文明	户主	男	1955年8月	汉族	
	李琴花	妻子	女	1953年10月	汉族	
	张宪国	儿子	男	1981年5月	汉族	
	刘江平	儿媳	女	1980年8月	汉族	
	张钱妮	孙女	女	2004年10月	汉族	
	张楷峰	孙子	男	2016年3月	汉族	
家庭大事	1991年,建楼房2层,280平方米; 1999年,购商品房88平方米; 2016年,购汽车1辆。					

	姓名	与户主关系	性别	出生年月	民族	备注
家庭人员	杨阿伍	户主	男	1943年8月	汉族	
	陆杏珍	妻子	女	1948年2月	汉族	
	杨国英	女儿	女	1968年4月	汉族	
	王光才	女婿	男	1968年4月	汉族	
	杨家豪	孙子	男	2005年10月	汉族	
家庭大事	1988年,建楼房2层,240平方米; 2000年,杨国英加入中国共产党; 2002年,购商品房98平方米; 2007年,王光才加入中国共产党; 2014年,购汽车1辆。					

家庭人员	姓名	与户主关系	性别	出生年月	民族	备注
	张德良	户主	男	1954年9月	汉族	
	杜勤花	妻子	女	1955年10月	汉族	
	张玲芬	女儿	女	1977年3月	汉族	
	盛菊明	女婿	男	1976年11月	汉族	
	张 涛	孙子	男	2000年3月	汉族	

家庭大事	1973年，张德良入伍当兵并于1976年退伍； 1986年，建楼房2层，270平方米； 1999年，购商品房94平方米； 2014年，购汽车1辆。

家庭人员	姓名	与户主关系	性别	出生年月	民族	备注
	张文忠	户主	男	1969年3月	汉族	
	吴冬梅	妻子	女	1965年12月	汉族	
	张阿桃	母亲	女	1935年4月	汉族	
	张 燕	女儿	女	1994年9月	汉族	

家庭大事	1992年，建楼房2层，200平方米； 2011年，购商品房91平方米。

家庭人员	姓名	与户主关系	性别	出生年月	民族	备注
	张和平	户主	男	1951年4月	汉族	
	张梅珍	妻子	女	1952年1月	汉族	
	张玉和	儿子	男	1972年12月	汉族	
	张素珍	儿媳	女	1974年2月	汉族	
	张艳婷	孙女	女	1995年12月	汉族	

家庭大事	1993年，建楼房2层，250平方米； 2019年，张艳婷于淮安师范学院毕业； 2019年，购汽车1辆。

家庭人员	姓名	与户主关系	性别	出生年月	民族	备注
	张 宏	户主	男	1968年10月	汉族	
	苏方英	妻子	女	1967年5月	汉族	
	张苏婷	女儿	女	1991年10月	汉族	
	孙华彬	女婿	男	1989年7月	汉族	
	张梦瑶	孙女	女	2014年7月	汉族	
	孙梦棋	孙女	女	2017年2月	汉族	

家庭大事	2009年，购汽车1辆； 2011年，孙华彬加入中国共产党； 2012年，张宏加入中国共产党。

家庭人员	姓名	与户主关系	性别	出生年月	民族	备注
	潘素华	户主	男	1968年2月	汉族	
	赵梦佳	女儿	女	1995年5月	汉族	

家庭大事	

家庭人员	姓名	与户主关系	性别	出生年月	民族	备注
	张 徐	户主	男	1971年6月	汉族	
	王 芬	妻子	女	1972年5月	汉族	
	张家军	儿子	男	1991年1月	汉族	

家庭大事	1995年，购商品房92平方米； 2014年，购汽车1辆。

家庭人员	姓名	与户主关系	性别	出生年月	民族	备注
	杨建勇	户主	男	1972年9月	汉族	
	杨 英	女儿	女	1995年3月	汉族	

家庭大事	1989年,建楼房2层,270平方米; 2017年,购汽车1辆。

家庭人员	姓名	与户主关系	性别	出生年月	民族	备注
	王贤勇	户主	男	1967年9月	汉族	
	李翠云	妻子	女	1972年12月	汉族	
	王旭东	儿子	男	1993年8月	汉族	

家庭大事	2019年,购汽车1辆。

家庭人员	姓名	与户主关系	性别	出生年月	民族	备注
	陆兆平	户主	男	1942年7月	汉族	
	张凤珠	妻子	女	1942年8月	汉族	
	陆祥国	儿子	男	1968年8月	汉族	
	陆 怡	孙子	男	1989年6月	汉族	
	陆旭尧	孙子	男	2010年4月	汉族	

家庭大事	1987年,建楼房2层,260平方米; 2017年,购汽车1辆。

	姓名	与户主关系	性别	出生年月	民族	备注
家庭人员	张水英	户主	女	1951年2月	汉族	
	朱冬平	儿子	男	1975年1月	汉族	
	陈菊芳	儿媳	女	1973年11月	汉族	
	朱敏华	孙子	男	1997年10月	汉族	
家庭大事	1985年，建楼房2层，280平方米； 2019年，购商品房140平方米； 2020年，购汽车1辆。					

庙灯村第 5 村民小组

家庭人员	姓名	与户主关系	性别	出生年月	民族	备注
	张卫明	户主	男	1969 年 1 月	汉族	
	陈雪芳	妻子	女	1971 年 6 月	汉族	
	张晓依	女儿	女	1992 年 8 月	汉族	

家庭大事	1996 年，建楼房 2 层，252 平方米； 2011 年，购汽车 1 辆； 2014 年，张晓依于南京工业大学毕业。

家庭人员	姓名	与户主关系	性别	出生年月	民族	备注
	黄志洪	户主	男	1957 年 7 月	汉族	
	支密珍	妻子	女	1958 年 4 月	汉族	
	黄杜娟	女儿	女	1984 年 12 月	汉族	

家庭大事	1998 年，建楼房 2 层，295 平方米； 2013 年，购汽车 1 辆。

家庭人员	姓名	与户主关系	性别	出生年月	民族	备注
	李士兴	户主	男	1953 年 3 月	汉族	
	沈卫珍	妻子	女	1951 年 3 月	汉族	
	李 峰	儿子	男	1978 年 6 月	汉族	
	李雨洁	孙女	女	2003 年 4 月	汉族	

家庭大事	1995 年，建楼房 2 层，250 平方米。

家庭人员	姓名	与户主关系	性别	出生年月	民族	备注
	丁泉荣	户主	男	1944年12月	汉族	
	徐凤珍	妻子	女	1948年2月	汉族	
	丁雪华	儿子	男	1971年8月	汉族	
	沈雅英	儿媳	女	1972年2月	汉族	
	丁怡萍	孙女	女	1998年12月	汉族	

家庭大事	1975年,丁泉荣加入中国共产党; 1998年,建楼房2层,280平方米; 2016年,丁怡萍于连云港师范高等专科学校毕业。

家庭人员	姓名	与户主关系	性别	出生年月	民族	备注
	丁丙荣	户主	男	1939年9月	汉族	
	余梅香	妻子	女	1943年12月	汉族	
	丁凤弟	儿子	男	1968年3月	汉族	
	丁艳玲	女儿	女	1999年2月	汉族	

家庭大事	1983年,建平房6间,135平方米。

家庭人员	姓名	与户主关系	性别	出生年月	民族	备注
	张文龙	户主	男	1945年10月	汉族	

家庭大事	1979年,建平房3间,100平方米。

	姓名	与户主关系	性别	出生年月	民族	备注
家庭人员	黄宗桃	户主	男	1949年9月	汉族	
	宋菊花	妻子	女	1950年11月	汉族	
	黄 鹤	儿子	男	1972年10月	汉族	
	徐勤芳	儿媳	女	1972年11月	汉族	
	黄 伟	孙子	男	1996年10月	汉族	
家庭大事	1988年,建楼房2层,275平方米; 2004年,购商品房92平方米。					

	姓名	与户主关系	性别	出生年月	民族	备注
家庭人员	毛其林	户主	男	1956年3月	汉族	
	杜林秀	妻子	女	1964年4月	汉族	
	毛阿桃	母亲	女	1937年7月	汉族	
	毛建新	儿子	男	1985年1月	汉族	
	毛建依	孙子	男	2013年12月	汉族	
家庭大事	1995年,建平房3间,200平方米。					

	姓名	与户主关系	性别	出生年月	民族	备注
家庭人员	石路生	户主	男	1950年1月	汉族	
	石福妹	妻子	女	1949年8月	汉族	
	石永青	儿子	男	1972年10月	汉族	
	金月芬	儿媳	女	1972年3月	汉族	
	石静婷	孙女	女	1993年4月	汉族	
家庭大事	1985年,建楼房2层,238平方米; 2015年,购商品房135平方米。					

家庭人员	姓名	与户主关系	性别	出生年月	民族	备注
	石龙宝	户主	男	1940年8月	汉族	
	匡凤珍	妻子	女	1949年2月	汉族	
	石卫星	儿子	男	1970年4月	汉族	
	石铭奕	孙女	女	1999年8月	汉族	

家庭大事	1970年，建平房4间，110平方米。

家庭人员	姓名	与户主关系	性别	出生年月	民族	备注
	石士良	户主	男	1954年9月	汉族	
	张小花	妻子	女	1953年11月	汉族	
	石春英	女儿	女	1976年2月	汉族	

家庭大事	1992年，建楼房2层，250平方米。

家庭人员	姓名	与户主关系	性别	出生年月	民族	备注
	石士明	户主	男	1952年11月	汉族	
	石洪强	儿子	男	1981年10月	汉族	

家庭大事	1990年，建楼房2层，250平方米； 2008年，购汽车1辆。

家庭人员	姓名	与户主关系	性别	出生年月	民族	备注
	宋巧英	户主	女	1950年8月	汉族	
	支定良	丈夫	男	1952年4月	汉族	
	宋雪峰	儿子	男	1975年12月	汉族	
	陶凤芹	儿媳	女	1977年7月	汉族	
	宋支峰	儿子	男	1979年4月	汉族	
	宋佳雯	孙女	女	2000年9月	汉族	

家庭大事	1989年，建楼房2层，260平方米； 2016年，购汽车1辆。

家庭人员	姓名	与户主关系	性别	出生年月	民族	备注
	宋晓明	户主	男	1943年2月	汉族	
	袁金仙	妻子	女	1944年9月	汉族	

家庭大事	1972年，宋晓明加入中国共产党； 1986年，建楼房2层，320平方米； 1995年，购商品房72.3平方米。

家庭人员	姓名	与户主关系	性别	出生年月	民族	备注
	张金龙	户主	男	1956年9月	汉族	
	毛林秀	妻子	女	1956年9月	汉族	
	张秀丽	女儿	女	1980年10月	汉族	
	周文鑫	孙女	女	2007年10月	汉族	
	张周舟	孙子	男	2013年11月	汉族	

家庭大事	1985年，建楼房2层，269平方米； 2000年，购商品房100平方米； 2010年，购汽车1辆。

	姓名	与户主关系	性别	出生年月	民族	备注
家庭人员	张水龙	户主	男	1950年8月	汉族	
	陆金珍	妻子	女	1952年2月	汉族	
	张玉秀	女儿	女	1972年3月	汉族	
	夏佩庆	女婿	男	1970年9月	汉族	
	张佳星	孙女	女	1992年4月	汉族	
家庭大事	1988年,建楼房2层,250平方米; 2016年,购汽车1辆。					

	姓名	与户主关系	性别	出生年月	民族	备注
家庭人员	张跃良	户主	男	1958年1月	汉族	
	顾玉妹	妻子	女	1964年8月	汉族	
	张黎明	儿子	男	1986年9月	汉族	
	邹雪琴	儿媳	女	1985年10月	汉族	
	张诗宇	孙女	女	2008年7月	汉族	
家庭大事	1996年,建楼房2层,260平方米; 2018年,购汽车1辆。					

	姓名	与户主关系	性别	出生年月	民族	备注
家庭人员	张振良	户主	男	1954年10月	汉族	
	金瑞香	妻子	女	1954年8月	汉族	
	张益强	儿子	男	1979年4月	汉族	
	张诗芊	孙女	女	2003年11月	汉族	
	张 翎	孙女	女	2010年2月	汉族	
家庭大事	1989年,建楼房2层,266平方米; 2004年,购商品房114平方米; 2010年,购汽车1辆。					

家庭人员	姓名	与户主关系	性别	出生年月	民族	备注
	宋国强	户主	男	1965 年 8 月	汉族	
	陆仙花	妻子	女	1964 年 8 月	汉族	
	宋　晨	儿子	男	1987 年 10 月	汉族	
	唐婧寅	儿媳	女	1986 年 10 月	汉族	
	宋学熙	孙子	男	2013 年 6 月	汉族	

家庭大事	1989 年，购商品房 95 平方米； 1998 年，宋国强创办昆山市强成装饰木业有限公司； 1993 年，购汽车 1 辆； 2009 年，唐婧寅毕业于华东理工大学。

家庭人员	姓名	与户主关系	性别	出生年月	民族	备注
	杜勤男	户主	男	1953 年 7 月	汉族	
	丁彩英	妻子	女	1953 年 12 月	汉族	
	杜维华	儿子	男	1979 年 6 月	汉族	
	杜奕玟	孙女	女	2002 年 8 月	汉族	
	杜奕辰	孙子	男	2013 年 9 月	汉族	

家庭大事	1986 年，建楼房 2 层，243 平方米； 1990 年，杜勤男加入中国共产党； 1997 年，购商品房 90 平方米； 2005 年、2008 年，各购汽车 1 辆。

家庭人员	姓名	与户主关系	性别	出生年月	民族	备注
	石文勤	户主	男	1949 年 12 月	汉族	
	陆金秀	妻子	女	1963 年 8 月	汉族	
	石方君	儿子	男	1972 年 1 月	汉族	
	石方臻	儿子	男	1990 年 5 月	汉族	

家庭大事	1982 年，建楼房 2 层，280 平方米； 2008 年，购汽车 1 辆； 2012 年，石方臻于南京中医药大学毕业； 2018 年，购别墅 350 平方米。

	姓名	与户主关系	性别	出生年月	民族	备注
家庭人员	张卫国	户主	男	1967 年 7 月	汉族	
	张雪珍	妻子	女	1969 年 10 月	汉族	
	张　毅	儿子	男	1991 年 12 月	汉族	

家庭大事	1994 年，建楼房 2 层，380 平方米； 2004 年，张毅于徐州医学院毕业； 2005 年，购汽车 1 辆。

	姓名	与户主关系	性别	出生年月	民族	备注
家庭人员	张　满	户主	男	1964 年 10 月	汉族	
	王娟妹	妻子	女	1967 年 3 月	汉族	
	张益斌	儿子	男	1988 年 2 月	汉族	
	黄雅仙	儿媳	女	1988 年 2 月	汉族	
	张校铭	孙子	男	2013 年 10 月	汉族	
	黄钰恒	孙子	男	2016 年 11 月	汉族	

家庭大事	1978 年，建平房 3 间，105 平方米； 2012 年，购汽车 1 辆。

	姓名	与户主关系	性别	出生年月	民族	备注
家庭人员	张　健	户主	男	1962 年 3 月	汉族	
	张梅花	妻子	女	1963 年 7 月	汉族	
	顾佳珍	母亲	女	1933 年 1 月	汉族	
	张　丽	女儿	女	1988 年 10 月	汉族	

家庭大事	1978 年，建平房 3 间，105 平方米。

庙灯村第 6 村民小组

	姓名	与户主关系	性别	出生年月	民族	备注
家庭人员	黄宗贤	户主	男	1947 年 7 月	汉族	
	杨秀珍	妻子	女	1949 年 4 月	汉族	
	黄 芳	女儿	女	1972 年 1 月	汉族	
	谢勇峰	女婿	男	1970 年 3 月	汉族	
	黄枭婷	孙女	女	1992 年 7 月	汉族	
家庭大事	1980 年,黄宗贤加入中国共产党; 1989 年,建楼房 2 层,275 平方米; 2004 年,购商品房 120 平方米; 2012 年,购面包车 1 辆。					

	姓名	与户主关系	性别	出生年月	民族	备注
家庭人员	沈裕良	户主	男	1952 年 8 月	汉族	
	支引花	妻子	女	1953 年 11 月	汉族	
	沈国庆	儿子	男	1977 年 12 月	汉族	
	方红梅	儿媳	女	1977 年 5 月	汉族	
	沈俊杰	孙子	男	2001 年 3 月	汉族	
家庭大事	1987 年,建楼房 2 层,265 平方米; 2012 年,购汽车 1 辆。					

	姓名	与户主关系	性别	出生年月	民族	备注
家庭人员	张多根	户主	男	1963年12月	汉族	
	邵金仙	妻子	女	1966年2月	汉族	
	张 静	女儿	女	1987年1月	汉族	
	陈羿睿	外孙女	女	2007年9月	汉族	
家庭大事	1990年，建楼房2层，250平方米； 2015年，购汽车1辆； 2019年，购汽车1辆。					

	姓名	与户主关系	性别	出生年月	民族	备注
家庭人员	黄凤林	户主	男	1953年12月	汉族	
	沈金珍	妻子	女	1956年6月	汉族	
	黄 强	儿子	男	1979年11月	汉族	
	黄 青	儿子	男	1981年8月	汉族	
	徐亚平	儿媳	女	1981年12月	汉族	
	黄乐菲	孙女	女	2004年5月	汉族	
家庭大事	1989年，建楼房2层，270平方米； 2005年，购汽车1辆。					

	姓名	与户主关系	性别	出生年月	民族	备注
家庭人员	杨引良	户主	男	1954年6月	汉族	
	张梅仙	妻子	女	1954年10月	汉族	
	张杨红	女儿	女	1978年6月	汉族	
	张小红	女儿	女	1987年1月	汉族	
	张馨允	孙女	女	2010年6月	汉族	
家庭大事	1988年，建楼房2层，270平方米； 2010年，购商品房1 000平方米。					

	姓名	与户主关系	性别	出生年月	民族	备注
家庭人员	李珍英	户主	女	1949年10月	汉族	
	杜国华	儿子	男	1972年10月	汉族	
	邵志兰	儿媳	女	1972年11月	汉族	
	杜思佳	孙女	女	1995年7月	汉族	
家庭大事	1989年，建楼房2层，260平方米； 2005年，购商品房105平方米； 2017年，购汽车1辆。					

	姓名	与户主关系	性别	出生年月	民族	备注
家庭人员	沈近仁	户主	男	1946年2月	汉族	
	俞小花	妻子	女	1951年11月	汉族	
	沈华	儿子	男	1974年5月	汉族	
	季春勤	儿媳	女	1976年6月	汉族	
	沈佳俊	孙子	男	1997年4月	汉族	
家庭大事	1989年，建楼房2层，310平方米； 2010年，购商品房250平方米； 2013年，购汽车1辆。					

	姓名	与户主关系	性别	出生年月	民族	备注
家庭人员	沈仕仁	户主	男	1944年2月	汉族	
	沈峰	儿子	男	1973年8月	汉族	
	沈佳怡	孙女	女	2005年3月	汉族	
家庭大事	1989年，建楼房2层，285平方米。					

	姓名	与户主关系	性别	出生年月	民族	备注
家庭人员	张小根	户主	男	1956年4月	汉族	
	顾永仙	妻子	女	1957年11月	汉族	
	张亚青	女儿	女	1983年3月	汉族	
	王为峰	女婿	男	1979年10月	汉族	
	张晨兮	孙女	女	2012年4月	汉族	
家庭大事	1989年,建楼房2层,260平方米; 2010年,购商品房102平方米; 2015年,购汽车1辆。					

	姓名	与户主关系	性别	出生年月	民族	备注
家庭人员	钟伟国	户主	男	1966年1月	汉族	
	沈建花	妻子	女	1967年3月	汉族	
	钟文瑞	父亲	男	1937年12月	汉族	
	钟 莉	女儿	女	1988年12月	汉族	
	吴钟轩	孙子	男	2013年1月	汉族	
家庭大事	1989年,建楼房2层,285平方米; 2010年,购商品房102平方米; 2013年,购汽车1辆。					

	姓名	与户主关系	性别	出生年月	民族	备注
家庭人员	杜 平	户主	男	1967年10月	汉族	
	杨长花	妻子	女	1969年3月	汉族	
	杜红贵	父亲	男	1942年2月	汉族	
	杜丽亚	女儿	女	1991年9月	汉族	
家庭大事	1990年,建楼房2层,285平方米; 1996年,被昆山高新区评为第一届新风户; 2010年,购商品房102平方米; 2015年,购汽车1辆。					

家庭人员	姓名	与户主关系	性别	出生年月	民族	备注
	支惠忠	户主	男	1948年2月	汉族	
	张学兰	妻子	女	1946年12月	汉族	
	支建明	儿子	男	1969年11月	汉族	
	宋雪芳	儿媳	女	1968年3月	汉族	
	支英杰	孙子	男	1992年1月	汉族	

家庭大事	1989年，建楼房2层，250平方米； 2001年，购商品房110平方米。

家庭人员	姓名	与户主关系	性别	出生年月	民族	备注
	张月素	户主	女	1957年1月	汉族	
	沈伟	儿子	男	1981年5月	汉族	

家庭大事	1989年，建楼房2层，238平方米； 2015年，购汽车1辆。

家庭人员	姓名	与户主关系	性别	出生年月	民族	备注
	苏学平	户主	男	1952年2月	汉族	
	沈梅花	妻子	女	1952年11月	汉族	
	苏方红	女儿	女	1977年2月	汉族	
	朱林峰	女婿	男	1973年12月	汉族	
	苏诗琴	孙女	女	1998年3月	汉族	

家庭大事	1987年，建楼房2层，236平方米； 2000年，购商品房160平方米； 2012年，被昆山高新区评为第二届文明和谐家庭； 2013年，购汽车1辆。

家庭人员	姓名	与户主关系	性别	出生年月	民族	备注
	黄甫根	户主	男	1954年10月	汉族	
	陈招仙	妻子	女	1955年2月	汉族	
	朱凤仙	母亲	女	1930年5月	汉族	
	黄 敏	儿子	男	1979年10月	汉族	
	黄旭浩	孙子	男	2006年9月	汉族	
家庭大事	1988年，建楼房2层，260平方米； 2005年，购商品房100平方米； 2005年，黄敏加入中国共产党； 2010年，购汽车1辆。					

家庭人员	姓名	与户主关系	性别	出生年月	民族	备注
	苏素妹	户主	女	1949年1月	汉族	
	苏方勤	儿子	男	1969年9月	汉族	
	杜雅芳	儿媳	女	1969年1月	汉族	
	苏 磊	孙子	男	1992年6月	汉族	
家庭大事	1988年，建楼房2层，260平方米； 2000年，购商品房160平方米； 2015年，购汽车1辆。					

家庭人员	姓名	与户主关系	性别	出生年月	民族	备注
	张月花	户主	女	1952年8月	汉族	
	季小笑	丈夫	男	1949年11月	汉族	
	张国勤	儿子	男	1973年10月	汉族	
	沈瑞芳	儿媳	女	1974年10月	汉族	
	张 洁	孙女	女	1996年9月	汉族	
	张 悦	孙女	女	2006年6月	汉族	
家庭大事	1998年，建楼房2层，260平方米； 2001年，购商品房120平方米； 2014年，购汽车1辆； 2019年，购汽车1辆。					

家庭人员	姓名	与户主关系	性别	出生年月	民族	备注
	沈小良	户主	男	1964年7月	汉族	

家庭大事	

家庭人员	姓名	与户主关系	性别	出生年月	民族	备注
	王丽华	户主	女	1963年2月	汉族	
	王晟超	儿子	男	1988年4月	汉族	

家庭大事	
	1992年，建楼房2层，300平方米； 2010年，购汽车1辆； 2013年，购商品房120平方米； 2019年，购汽车1辆。

家庭人员	姓名	与户主关系	性别	出生年月	民族	备注
	黄凤贤	户主	男	1950年12月	汉族	
	唐金媛	妻子	女	1952年3月	汉族	
	黄丽华	儿子	男	1975年11月	汉族	
	黄素雅	孙女	女	1994年10月	汉族	

家庭大事	
	1989年，建楼房2层，235平方米； 2003年，购商品房115平方米； 2019年，购汽车1辆。

庙灯村第 7 村民小组

家庭人员	姓名	与户主关系	性别	出生年月	民族	备注
	吕勇奇	户主	男	1969 年 11 月	汉族	
	吴建芬	妻子	女	1968 年 4 月	汉族	
	吕耀忠	父亲	男	1947 年 10 月	汉族	
	陆玲花	母亲	女	1950 年 2 月	汉族	
	吕　超	儿子	男	1992 年 6 月	汉族	
	钱丽佳	儿媳	女	1991 年 11 月	汉族	

家庭大事	1989 年，建楼房 2 层，250 平方米； 2019 年，购汽车 1 辆。

家庭人员	姓名	与户主关系	性别	出生年月	民族	备注
	龚美金	户主	女	1965 年 7 月	汉族	

家庭大事	1998 年，购商品房 89 平方米。

家庭人员	姓名	与户主关系	性别	出生年月	民族	备注
	赵秀伟	户主	男	1950 年 7 月	汉族	
	唐雪珍	妻子	女	1949 年 12 月	汉族	
	赵东清	儿子	男	1973 年 1 月	汉族	
	陈亚琴	儿媳	女	1975 年 8 月	汉族	
	赵家恒	孙子	男	1996 年 11 月	汉族	

家庭大事	1986 年，建楼房 2 层，248 平方米； 1990 年，被庙灯村委会评为新风户； 2017 年，赵家恒于苏州农业职业技术学院毕业，并于当年入伍当兵； 2017 年，购汽车 1 辆； 2019 年，赵家恒加入中国共产党。

家庭人员	姓名	与户主关系	性别	出生年月	民族	备注
	吕素珍	户主	女	1953年1月	汉族	

家庭大事	1985年，建楼房2层，240平方米。

家庭人员	姓名	与户主关系	性别	出生年月	民族	备注
	赵秀华	户主	男	1954年12月	汉族	
	周仙花	妻子	女	1954年1月	汉族	
	赵国洪	儿子	男	1978年9月	汉族	
	赵诗曼	孙女	女	2011年5月	汉族	

家庭大事	1988年，建楼房2层，225平方米； 2000年，购商品房90平方米； 2015年，购汽车1辆。

家庭人员	姓名	与户主关系	性别	出生年月	民族	备注
	赵秀龙	户主	男	1964年9月	汉族	
	余琼姐	妻子	女	1954年9月	汉族	
	赵煜	儿子	男	1991年1月	汉族	

家庭大事	1998年，建楼房2层，285平方米。

	姓名	与户主关系	性别	出生年月	民族	备注
家庭人员	唐栋良	户主	男	1936年8月	汉族	
	吕金秀	妻子	女	1938年8月	汉族	
	唐勤福	儿子	男	1965年7月	汉族	
	唐一峰	孙子	男	1991年10月	汉族	
家庭大事	1985年,唐勤福入伍当兵; 1988年,建楼房2层,260平方米; 1996年,购商品房90平方米; 2016年,购汽车1辆。					

	姓名	与户主关系	性别	出生年月	民族	备注
家庭人员	吕小林	户主	男	1956年1月	汉族	
	周惠萍	妻子	女	1958年5月	汉族	
	吕 晴	儿子	男	1982年2月	汉族	
家庭大事	1990年,建楼房2层,250平方米。					

	姓名	与户主关系	性别	出生年月	民族	备注
家庭人员	赵素良	户主	男	1965年5月	汉族	
	薛末仙	妻子	女	1965年9月	汉族	
	赵林伯	父亲	男	1934年4月	汉族	
	赵 洁	女儿	女	1988年9月	汉族	
	赵怡博	孙子	男	2015年5月	汉族	
	濮 桐	孙女	女	2018年5月	汉族	
家庭大事	1985年,建楼房2层,240平方米。					

家庭人员	姓名	与户主关系	性别	出生年月	民族	备注
	赵芬清	户主	女	1975年5月	汉族	

家庭大事	2008年，购商品房121平方米。

家庭人员	姓名	与户主关系	性别	出生年月	民族	备注
	张士山	户主	男	1965年1月	汉族	
	徐良仙	妻子	女	1966年7月	汉族	
	张巍	儿子	男	1981年11月	汉族	
	张峻熙	孙子	男	2010年3月	汉族	
	张峻泽	孙子	男	2017年8月	汉族	

家庭大事	1984年，张士山入伍当兵； 1992年，建楼房2层，278平方米； 2013年，购商品房93平方米。

家庭人员	姓名	与户主关系	性别	出生年月	民族	备注
	唐小忠	户主	男	1967年10月	汉族	
	胡礼红	妻子	女	1972年5月	汉族	
	唐振良	父亲	男	1942年11月	汉族	
	徐招仙	母亲	女	1944年9月	汉族	
	唐旭	儿子	男	1991年8月	汉族	
	唐振浩	孙子	男	2017年1月	汉族	

家庭大事	1989年，建楼房2层，252平方米。

	姓名	与户主关系	性别	出生年月	民族	备注
家庭人员	徐雪明	户主	男	1950年1月	汉族	
	赵秀珍	妻子	女	1949年8月	汉族	
	徐建青	儿子	男	1972年3月	汉族	
	唐新华	儿媳	女	1973年12月	汉族	
	徐紫薇	孙女	女	1997年1月	汉族	

家庭大事	1986年,建楼房2层,347平方米; 1990年,被庙灯村评为文明户; 2013年,购汽车1辆; 2015年,购汽车1辆。

	姓名	与户主关系	性别	出生年月	民族	备注
家庭人员	赵秀岳	户主	男	1969年11月	汉族	
	陈清琴	妻子	女	1976年7月	汉族	

家庭大事	1980年,建平房3间,80平方米。

	姓名	与户主关系	性别	出生年月	民族	备注
家庭人员	唐菊忠	户主	男	1965年10月	汉族	
	王 林	妻子	女	1972年12月	汉族	
	唐丽静	女儿	女	1990年12月	汉族	
	唐 敏	儿子	男	1998年6月	汉族	
	唐舒晴	女儿	女	2008年9月	汉族	

家庭大事	1984年,唐菊忠入伍当兵。

家庭人员	姓名	与户主关系	性别	出生年月	民族	备注
	赵秀贤	户主	男	1946年1月	汉族	
	杨妹妹	妻子	女	1948年1月	汉族	
	赵永青	儿子	男	1973年1月	汉族	
	李建英	儿媳	女	1974年1月	汉族	
	赵杰凯	孙子	男	2000年4月	汉族	

家庭大事	1985年，建楼房2层，280平方米； 1995年，购商品房80平方米； 2010年，购汽车1辆。

家庭人员	姓名	与户主关系	性别	出生年月	民族	备注
	赵桂琴	户主	女	1968年4月	汉族	
	董益华	丈夫	男	1969年6月	汉族	
	董少睿	女儿	女	1992年5月	汉族	

家庭大事	1997年，购商品房92平方米； 2013年，董少睿于南京中医药大学毕业。

家庭人员	姓名	与户主关系	性别	出生年月	民族	备注
	徐建华	户主	男	1973年6月	汉族	
	曹来芳	妻子	女	1975年5月	汉族	
	曹 奕	女儿	女	1999年2月	汉族	

家庭大事	1997年，购商品房74平方米； 2015年，购汽车1辆； 2020年，曹奕于徐州幼儿师范高等专科学校毕业。

	姓名	与户主关系	性别	出生年月	民族	备注
家庭人员	徐雪忠	户主	男	1953年2月	汉族	
	唐金莲	妻子	女	1953年9月	汉族	
	徐和英	母亲	女	1929年9月	汉族	
	徐　建	儿子	男	1980年11月	汉族	
	王　伟	儿媳	女	1982年9月	汉族	
	徐奕铭	孙子	男	2008年5月	汉族	
家庭大事	1984年，建楼房2层，287平方米。					

庙灯村第 8 村民小组

	姓名	与户主关系	性别	出生年月	民族	备注
家庭人员	陆小龙	户主	男	1964 年 4 月	汉族	
	袁建珍	妻子	女	1963 年 8 月	汉族	
	陆敏杰	儿子	男	1986 年 11 月	汉族	
	王宁宁	儿媳	女	1988 年 8 月	汉族	
	陆晓婷	孙女	女	2010 年 4 月	汉族	
	陆晓宇	孙子	男	2015 年 1 月	汉族	

家庭大事	1991 年，建楼房 2 层，316 平方米； 2004 年，购汽车 1 辆； 2009 年，购商品房 120 平方米。

	姓名	与户主关系	性别	出生年月	民族	备注
家庭人员	陆云岳	户主	男	1941 年 3 月	汉族	
	张月琴	妻子	女	1945 年 10 月	汉族	
	陆建花	女儿	女	1964 年 3 月	汉族	
	徐雪林	女婿	男	1964 年 1 月	汉族	
	陆建英	女儿	女	1965 年 1 月	汉族	
	陆徐艳	孙女	女	1987 年 1 月	汉族	
	陆徐星	孙女	女	1991 年 5 月	汉族	
	陆天行	曾孙	男	2010 年 11 月	汉族	

家庭大事	1998 年，建楼房 2 层，290 平方米； 2002 年，购商品房 70 平方米； 2015 年，陆徐星于淮海工学院毕业； 2017 年，购汽车 1 辆。

	姓名	与户主关系	性别	出生年月	民族	备注
家庭人员	陆勤龙	户主	男	1964年10月	汉族	
	杜秀萍	妻子	女	1964年8月	汉族	
	杨宗伯	父亲	男	1945年1月	汉族	
	陆大妹	母亲	女	1946年3月	汉族	
	陆 丹	女儿	女	1987年3月	汉族	

家庭大事	1993年，建单体别墅200平方米； 2001年，购汽车1辆； 2009年，陆丹于南通大学毕业。

	姓名	与户主关系	性别	出生年月	民族	备注
家庭人员	陈金秀	户主	女	1946年1月	汉族	
	陆秀芳	女儿	女	1967年2月	汉族	
	陆雨青	女儿	女	1969年3月	汉族	
	陆 静	女儿	女	1972年3月	汉族	
	陆逸尘	孙子	男	1989年9月	汉族	

家庭大事	1985年，建楼房2层，260平方米； 2001年，购商品房125平方米； 2013年，陆逸尘于南京师范大学泰州学院毕业。

	姓名	与户主关系	性别	出生年月	民族	备注
家庭人员	龚宗良	户主	男	1950年9月	汉族	
	邹凤英	妻子	女	1951年9月	汉族	
	徐正荣	女婿	男	1971年6月	汉族	
	邹宇杰	孙子	男	1994年9月	汉族	

家庭大事	1986年，建楼房2层，283平方米； 2005年，购商品房121平方米； 2016年，邹宇杰于南京邮电大学毕业。

	姓名	与户主关系	性别	出生年月	民族	备注
家庭人员	陆佰生	户主	男	1951 年 10 月	汉族	
	陆 濒	妻子	女	1953 年 1 月	汉族	
	陆 松	儿子	男	1973 年 5 月	汉族	
	陆建兰	女儿	女	1976 年 1 月	汉族	
家庭大事	1986 年，建楼房 2 层，242 平方米； 1996 年，陆松于北京大学毕业。					

	姓名	与户主关系	性别	出生年月	民族	备注
家庭人员	陆素勤	户主	男	1949 年 3 月	汉族	
	杜凤金	妻子	女	1949 年 8 月	汉族	
	陆文武	儿子	男	1971 年 11 月	汉族	
	陆文霞	女儿	女	1973 年 12 月	汉族	
家庭大事	1986 年，建楼房 2 层，245 平方米； 1996 年，陆文武于沙洲职业工学院毕业。					

	姓名	与户主关系	性别	出生年月	民族	备注
家庭人员	陆 敏	户主	男	1973 年 12 月	汉族	
	丁永妹	妻子	女	1976 年 9 月	汉族	
	王红兰	母亲	女	1947 年 2 月	汉族	
	陆芬芳	姐姐	女	1970 年 1 月	汉族	
	陆心怡	女儿	女	1997 年 11 月	汉族	
	顾雨洁	外甥女	女	1996 年 12 月	汉族	
家庭大事	1982 年，建楼房 2 层，230 平方米； 2016 年，购商品房 143 平方米； 2017 年，购汽车 1 辆； 2019 年，陆心怡于金陵科技大学毕业； 2019 年，购汽车 1 辆。					

	姓名	与户主关系	性别	出生年月	民族	备注
家庭人员	陆宗良	户主	男	1948年12月	汉族	
	徐阿玉	妻子	女	1952年3月	汉族	
	陆红卫	儿子	男	1969年11月	汉族	
	徐丽芳	儿媳	女	1970年4月	汉族	
	陆 伊	孙女	女	1994年1月	汉族	
家庭大事	1988年，建楼房2层，250平方米； 2000年，购商品房92平方米。					

	姓名	与户主关系	性别	出生年月	民族	备注
家庭人员	徐林苟	户主	男	1950年12月	汉族	
	石祥花	妻子	女	1952年4月	汉族	
	徐华勤	女儿	女	1975年2月	汉族	
	丁惠明	女婿	男	1971年7月	汉族	
	徐 宁	孙子	男	1996年3月	汉族	
家庭大事	1987年，徐林苟加入中国共产党； 1988年，建楼房2层，240平方米； 1999年，购商品房103平方米； 2014年，徐华勤创办茶叶销售店； 2015年，购汽车1辆； 2018年，徐宁于扬州大学毕业。					

	姓名	与户主关系	性别	出生年月	民族	备注
家庭人员	徐林男	户主	男	1954年11月	汉族	
	张裕花	妻子	女	1954年11月	汉族	
	徐进华	儿子	男	1978年11月	汉族	
	杨雪芹	儿媳	女	1978年9月	汉族	
	徐思游	孙女	女	2004年5月	汉族	
	徐思甜	孙女	女	2004年5月	汉族	
家庭大事	1983年，建楼房2层，248平方米； 1993年，徐林男加入中国共产党； 2004年，徐进华于淮海工学院毕业； 2008年，购商品房96平方米； 2009年，购汽车1辆。					

	姓名	与户主关系	性别	出生年月	民族	备注
家庭人员	徐小弟	户主	男	1953年5月	汉族	
	陆咬秀	妻子	女	1953年10月	汉族	
	徐 鸣	儿子	男	1974年3月	汉族	
	徐 芳	女儿	女	1977年6月	汉族	
家庭大事	1983年，建楼房2层，250平方米。					

	姓名	与户主关系	性别	出生年月	民族	备注
家庭人员	陆素根	户主	男	1952年7月	汉族	
	张裕花	妻子	女	1952年10月	汉族	
	陆秀勤	女儿	女	1978年2月	汉族	
	陆 勤	女儿	女	1975年5月	汉族	
家庭大事	1987年，建楼房2层，250平方米。					

	姓名	与户主关系	性别	出生年月	民族	备注
家庭人员	陆志良	户主	男	1955年5月	汉族	
	邵六妹	妻子	女	1958年4月	汉族	
	陆秋龙	儿子	男	1981年9月	汉族	
家庭大事	1990年，建楼房2层，278平方米； 2003年，陆秋龙于中国矿业大学毕业。					

	姓名	与户主关系	性别	出生年月	民族	备注
家庭人员	王雪峰	户主	男	1977年9月	汉族	
	陆勤妹	妻子	女	1977年10月	汉族	
	陆艺君	儿子	男	1999年12月	汉族	
家庭大事	1988年，建楼房2层，256平方米。					

	姓名	与户主关系	性别	出生年月	民族	备注
家庭人员	徐林勤	户主	男	1959年1月	汉族	
	袁康妹	妻子	女	1960年2月	汉族	
	徐春洪	儿子	男	1982年3月	汉族	
	陈辉	儿媳	女	1981年8月	汉族	
	徐蕾	孙女	女	2014年7月	汉族	
家庭大事	1990年，建楼房2层，250平方米； 2010年，购汽车1辆； 2015年，购商品房126平方米。					

家庭人员	姓名	与户主关系	性别	出生年月	民族	备注
	陆瑞根	户主	男	1958年2月	汉族	
	李夫妹	妻子	女	1962年7月	汉族	
	陆丽花	女儿	女	1984年8月	汉族	
	陆罗翼	孙女	女	2003年11月	汉族	
	陆罗添浩	孙子	男	2011年8月	汉族	

家庭大事	1978年,陆瑞根入伍当兵; 1979年,陆瑞根加入中国共产党; 1992年,建楼房2层,305平方米。

家庭人员	姓名	与户主关系	性别	出生年月	民族	备注
	陆文勤	户主	男	1965年4月	汉族	
	陆祥珍	妻子	女	1965年5月	汉族	
	陆志德	父亲	男	1941年11月	汉族	
	徐凤娥	母亲	女	1945年10月	汉族	
	陆 纯	女儿	女	1988年5月	汉族	

家庭大事	1994年,建楼房2层,260平方米; 2010年,购商品房129平方米; 2016年,购汽车1辆。

家庭人员	姓名	与户主关系	性别	出生年月	民族	备注
	陆喜龙	户主	男	1954年9月	汉族	
	陆梅珍	妻子	女	1956年2月	汉族	
	陆进峰	儿子	男	1979年3月	汉族	
	陆 萌	孙女	女	2008年2月	汉族	

家庭大事	1988年,建楼房2层,245平方米; 2012年,购汽车1辆。

家庭人员	姓名	与户主关系	性别	出生年月	民族	备注
	陆裕良	户主	男	1967年12月	汉族	
	李小妹	妻子	女	1966年3月	汉族	
	张甫英	母亲	女	1943年12月	汉族	
	陆晓丽	女儿	女	1991年9月	汉族	

家庭大事	1986年，建楼房2层，265平方米； 2004年，购商品房130平方米； 2012年，购汽车1辆。

家庭人员	姓名	与户主关系	性别	出生年月	民族	备注
	顾永军	户主	男	1968年5月	汉族	
	陆巧芳	妻子	女	1968年2月	汉族	
	陆玲珍	母亲	女	1947年6月	汉族	
	陆晓文	儿子	男	1992年4月	汉族	
	陆泽睿	孙子	男	2018年3月	汉族	

家庭大事	1986年，建楼房2层，230平方米； 2017年，购汽车1辆。

家庭人员	姓名	与户主关系	性别	出生年月	民族	备注
	陆考圣	户主	男	1946年11月	汉族	
	陆小白	妻子	女	1949年10月	汉族	
	陆建华	儿子	男	1968年1月	汉族	
	陆秋芳	儿媳	女	1969年9月	汉族	
	陆兴华	儿子	男	1970年4月	汉族	
	陆昕怡	孙女	女	1991年3月	汉族	

家庭大事	1986年，建楼房2层，220平方米； 2012年，陆昕怡于苏州幼儿师范高等专科学校毕业。

家庭人员	姓名	与户主关系	性别	出生年月	民族	备注
	顾秀根	户主	男	1965年4月	汉族	
	唐巧花	妻子	女	1965年2月	汉族	
	顾丽微	女儿	女	1989年3月	汉族	

家庭大事	1995年，建楼房2层，265平方米； 2013年，顾丽薇于南京理工大学紫金学院毕业； 2017年，购汽车1辆。

家庭人员	姓名	与户主关系	性别	出生年月	民族	备注
	陆云凤	户主	男	1947年8月	汉族	
	徐林花	妻子	女	1947年9月	汉族	
	陆建明	儿子	男	1970年3月	汉族	
	陆建萍	女儿	女	1971年12月	汉族	

家庭大事	1965年，陆云凤入伍当兵； 1967年，加入中国共产党； 1987年，建楼房2层，250平方米； 1996年，购商品房120平方米。

家庭人员	姓名	与户主关系	性别	出生年月	民族	备注
	陆巧英	户主	女	1959年1月	汉族	
	朱岚	女儿	女	1978年10月	汉族	

家庭大事	

家庭人员	姓名	与户主关系	性别	出生年月	民族	备注
	陆伟明	户主	男	1965年6月	汉族	

家庭大事	

家庭人员	姓名	与户主关系	性别	出生年月	民族	备注
	陆文龙	户主	男	1963年9月	汉族	
	陆　斌	儿子	男	1986年6月	汉族	
	陆雨瞳	孙女	女	2009年12月	汉族	

家庭大事	1989年，建楼房2层，267平方米； 1998年，购商品房79平方米。

家庭人员	姓名	与户主关系	性别	出生年月	民族	备注
	陆咬良	户主	男	1948年7月	汉族	
	陆素娟	妻子	女	1945年11月	汉族	
	陆文元	儿子	男	1970年4月	汉族	
	陆文洪	儿子	男	1973年10月	汉族	
	陆依晖	孙女	女	1994年8月	汉族	
	陆清昊	孙子	男	1999年8月	汉族	

家庭大事	1966年，陆咬良任庙灯大队赤脚医生； 1974年，陆咬良到城南卫生院任职； 1976年，陆咬良加入中国共产党； 1982年，陆素娟于江苏师范大学毕业； 1988年，在庙灯村建楼房2层285平方米； 2019年，陆依晖于上海交通大学硕士研究生毕业。

家庭人员	姓名	与户主关系	性别	出生年月	民族	备注
	陆咬根	户主	男	1947年12月	汉族	
	陆秋明	儿子	男	1972年9月	汉族	
	陆寅文	孙子	男	1998年12月	汉族	

家庭大事	1972年，陆咬根任庙灯学校教师； 1988年，建楼房2层，270平方米； 1995年，陆秋明于苏州教育学院毕业； 2019年，陆寅文于苏州幼儿师范高等专科学校毕业。

家庭人员	姓名	与户主关系	性别	出生年月	民族	备注
	徐雪芬	户主	女	1958年6月	汉族	
	陆文顺	儿子	男	1983年10月	汉族	

家庭大事	1990年，购商品房60平方米； 2006年，陆文顺加入中国共产党； 2006年，陆文顺于淮海工学院毕业； 2009年，购汽车1辆。

家庭人员	姓名	与户主关系	性别	出生年月	民族	备注
	陆云花	户主	女	1963年5月	汉族	

家庭大事	2016年，购商品房120平方米。

庙灯村第 9 村民小组

	姓名	与户主关系	性别	出生年月	民族	备注
家庭人员	张文林	户主	男	1958 年 1 月	汉族	
	殷菊英	妻子	女	1958 年 5 月	汉族	
	张险华	儿子	男	1982 年 12 月	汉族	
	张　艳	儿媳	女	1982 年 1 月	汉族	
	张嘉芮	孙女	女	2006 年 12 月	汉族	
	张嘉文	孙女	女	2019 年 5 月	汉族	
家庭大事	1990 年，建楼房 2 层，265 平方米； 2000 年，购商品房 85 平方米； 2002 年，张艳于南京财经大学毕业； 2014 年，购汽车 1 辆。					

	姓名	与户主关系	性别	出生年月	民族	备注
家庭人员	陈　俊	户主	男	1958 年 4 月	汉族	
	陈春花	妻子	女	1958 年 2 月	汉族	
	陈根生	父亲	男	1932 年 9 月	汉族	
	陈　磊	儿子	男	1983 年 5 月	汉族	
家庭大事	1990 年，建楼房 2 层，272 平方米； 1998 年，购商品房 90 平方米； 2006 年，购汽车 1 辆。					

	姓名	与户主关系	性别	出生年月	民族	备注
家庭人员	陈招生	户主	男	1941年11月	汉族	
	赵小花	妻子	女	1945年3月	汉族	
	陈雪凤	女儿	女	1964年6月	汉族	
	龚发良	女婿	男	1963年6月	汉族	
	陈寿吉	孙子	男	1986年7月	汉族	

家庭大事
1972年，陈招生加入中国共产党；
1988年，建楼房2层，256平方米；
1996年、1997年、1998年、1999年，都被评为庙灯村新风户；
2018年，购汽车1辆，
2019年，购汽车1辆。

	姓名	与户主关系	性别	出生年月	民族	备注
家庭人员	张品良	户主	男	1936年7月	汉族	
	王梅宝	妻子	女	1945年12月	汉族	
	张美峰	儿子	男	1972年4月	汉族	
	唐士芳	儿媳	女	1975年7月	汉族	
	张贞盈	孙女	女	1996年6月	汉族	

家庭大事
1990年，建楼房2层，230平方米；
1998年，被评为庙灯村新风户；
2007年，购商品房102平方米；
2009年，张美峰加入中国共产党；
2015年，张贞盈于盐城师范学院毕业；
2017年，购汽车1辆。

	姓名	与户主关系	性别	出生年月	民族	备注
家庭人员	张伯筠	户主	男	1949年12月	汉族	
	周纪珍	妻子	女	1953年12月	汉族	
	张亚萍	女儿	女	1975年11月	汉族	
	张水平	儿子	男	1977年7月	汉族	
	方英	儿媳	女	1979年9月	汉族	
	张琳婕	孙女	女	2004年11月	汉族	
家庭大事	1988年，建楼房2层，263平方米； 1998年，张水平于南京大学大学毕业； 2002年，张水平加入中国共产党； 2003年，购商品房97平方米； 2010年，方英于苏州大学毕业； 2010年，购汽车1辆； 2012年，方英加入中国共产党。					

	姓名	与户主关系	性别	出生年月	民族	备注
家庭人员	张建东	户主	男	1966年2月	汉族	
	袁英	妻子	女	1966年12月	汉族	
	张文渊	父亲	男	1944年10月	汉族	
	支水花	母亲	女	1946年1月	汉族	
	张杰	儿子	男	1988年8月	汉族	
	周霞	儿媳	女	1988年1月	汉族	
	张涵姿	孙女	女	2012年8月	汉族	
	周庭逸	孙子	男	2015年1月	汉族	
家庭大事	1987年，建楼房2层，295平方米； 1999年，购商品房92平方米； 2018年，购汽车1辆。					

	姓名	与户主关系	性别	出生年月	民族	备注
家庭人员	杜春良	户主	男	1965年4月	汉族	
	陈东芳	妻子	女	1968年1月	汉族	
	杜心怡	女儿	女	1988年8月	汉族	
	杜俊颖	孙子	男	2015年12月	汉族	
家庭大事	1995年,建楼房2层,100平方米。					

	姓名	与户主关系	性别	出生年月	民族	备注
家庭人员	张文明	户主	男	1952年1月	汉族	
	吴招荣	妻子	女	1953年12月	汉族	
	张建华	儿子	男	1976年11月	汉族	
	张建国	儿子	男	1978年4月	汉族	
家庭大事	1986年,建楼房2层,250平方米。					

	姓名	与户主关系	性别	出生年月	民族	备注
家庭人员	张文云	户主	男	1949年9月	汉族	
	张险峰	儿子	男	1969年12月	汉族	
	王祥英	儿媳	女	1969年11月	汉族	
	张晨喻	孙女	女	1994年9月	汉族	
家庭大事	1986年,建楼房2层,250平方米; 1995年,购商品房75平方米; 2010年,购汽车1辆; 2016年,购汽车1辆。					

	姓名	与户主关系	性别	出生年月	民族	备注
家庭人员	徐玉林	户主	男	1952年9月	汉族	
	沈金珍	妻子	女	1952年11月	汉族	
	徐春洪	儿子	男	1976年1月	汉族	
	王锦云	儿媳	女	1976年2月	汉族	
	徐东进	孙子	男	2002年11月	汉族	
	徐妙龄	孙女	女	2009年11月	汉族	
家庭大事	1986年，建楼房2层，228平方米；2012年，购汽车1辆。					

	姓名	与户主关系	性别	出生年月	民族	备注
家庭人员	李小龙	户主	男	1963年9月	汉族	
	石士英	妻子	女	1963年5月	汉族	
	李　萍	女儿	女	1987年5月	汉族	
家庭大事	1999年，建楼房2层，266平方米。					

	姓名	与户主关系	性别	出生年月	民族	备注
家庭人员	严瑞珍	户主	女	1953年10月	汉族	
	杨霄艳	女儿	女	1978年10月	汉族	
	杨忻男	孙子	男	1997年7月	汉族	
家庭大事	1985年，建楼房2层，250平方米。					

家庭人员	姓名	与户主关系	性别	出生年月	民族	备注
	陈生龙	户主	男	1949年12月	汉族	
	张招妹	妻子	女	1948年6月	汉族	
	陈小明	儿子	男	1974年10月	汉族	
	万丽	儿媳	女	1974年9月	汉族	
	陈浩杰	孙子	男	1998年2月	汉族	

家庭大事	1987年,建楼房2层,227平方米; 2017年,购汽车1辆。

家庭人员	姓名	与户主关系	性别	出生年月	民族	备注
	杨建荣	户主	男	1957年2月	汉族	
	吴杏金	妻子	女	1957年6月	汉族	
	杨飞飞	女儿	女	1981年10月	汉族	
	辛建	女婿	男	1979年1月	汉族	
	杨嘉辛	孙子	男	2004年9月	汉族	

家庭大事	1988年,建楼房2层,200平方米; 2001年,购汽车1辆。

家庭人员	姓名	与户主关系	性别	出生年月	民族	备注
	刘素林	户主	男	1952年10月	汉族	
	陈佩珍	妻子	女	1954年8月	汉族	

家庭大事	1984年,建楼房2层,242平方米。

家庭人员	姓名	与户主关系	性别	出生年月	民族	备注
	陈生元	户主	男	1947年1月	汉族	
	张小白	妻子	女	1945年11月	汉族	
家庭大事	1986年，建楼房2层，280平方米。					

家庭人员	姓名	与户主关系	性别	出生年月	民族	备注
	陆卫珍	户主	女	1973年10月	汉族	
	征兆宗	丈夫	男	1972年3月	汉族	
家庭大事						

家庭人员	姓名	与户主关系	性别	出生年月	民族	备注
	杜德良	户主	男	1955年4月	汉族	
	杜兰芳	女儿	女	1979年9月	汉族	
	余若青	女婿	男	1976年6月	汉族	
	杜芷晴	孙女	女	2003年4月	汉族	
家庭大事	1993年，建楼房2层，260平方米。					

家庭人员	姓名	与户主关系	性别	出生年月	民族	备注
	李全龙	户主	男	1951年4月	汉族	
	黄甫英	妻子	女	1951年11月	汉族	
	李文青	儿子	男	1973年7月	汉族	
	李 英	女儿	女	1976年3月	汉族	
	李 斌	孙子	男	1996年4月	汉族	
	李铭浩	孙子	男	2013年3月	汉族	
家庭大事	1987年，建楼房2层，241平方米； 2018年，李斌于湖北第二师范学院毕业； 2019年，购汽车1辆。					

家庭人员	姓名	与户主关系	性别	出生年月	民族	备注
	陈文龙	户主	男	1957 年 3 月	汉族	
	徐爱珍	妻子	女	1957 年 6 月	汉族	

家庭大事	1989 年，建楼房 2 层，268 平方米。

家庭人员	姓名	与户主关系	性别	出生年月	民族	备注
	赵裕禄	户主	男	1952 年 10 月	汉族	
	薛阿仙	妻子	女	1953 年 12 月	汉族	
	赵志强	儿子	男	1976 年 10 月	汉族	
	邵春兰	儿媳	女	1978 年 4 月	汉族	
	赵旻瑀	孙女	女	2000 年 9 月	汉族	

家庭大事	1995 年，建楼房 2 层，250 平方米； 1999 年，购商品房 92 平方米； 2005 年，购汽车 1 辆； 2008 年，赵志强加入中国共产党； 2008 年，购商品房 143 平方米。

家庭人员	姓名	与户主关系	性别	出生年月	民族	备注
	丁小根	户主	男	1968 年 4 月	汉族	
	丁　李	女儿	女	1992 年 2 月	汉族	

家庭大事	1986 年，建楼房 2 层，250 平方米。

庙灯村第 10 村民小组

家庭人员	姓名	与户主关系	性别	出生年月	民族	备注
	张末良	户主	男	1969 年 8 月	汉族	
	沈冬珍	妻子	女	1969 年 3 月	汉族	
	沈哲宇	孙子	男	2016 年 5 月	汉族	
家庭大事	1977 年，建平房 3 间，80 平方米。					

家庭人员	姓名	与户主关系	性别	出生年月	民族	备注
	袁振红	户主	男	1969 年 1 月	汉族	
家庭大事	1989 年，建楼房 2 层，298 平方米。					

家庭人员	姓名	与户主关系	性别	出生年月	民族	备注
	袁学忠	户主	男	1953 年 4 月	汉族	
	赵祥花	妻子	女	1953 年 10 月	汉族	
	袁建华	儿子	男	1976 年 4 月	汉族	
家庭大事	1983 年，建楼房 2 层，230 平方米； 1994 年，购商品房 118 平方米。					

家庭人员	姓名	与户主关系	性别	出生年月	民族	备注
	吴卫东	户主	男	1969 年 6 月	汉族	
	吕香琴	妻子	女	1970 月 12 月	汉族	
	杜密仙	母亲	女	1947 年 11 月	汉族	
	吴佳妮	女儿	女	1992 月 8 月	汉族	
家庭大事	1977 年，建平房 3 间，120 平方米； 1999 年，购商品房 81 平方米； 2009 年，购汽车 1 辆。					

家庭人员	姓名	与户主关系	性别	出生年月	民族	备注
	支巧良	户主	男	1963年4月	汉族	
	葛连英	妻子	女	1964年12月	汉族	
	支　洁	女儿	女	1989年10月	汉族	

家庭大事	1985年，建楼房2层，230平方米。

家庭人员	姓名	与户主关系	性别	出生年月	民族	备注
	袁佑忠	户主	男	1947年9月	汉族	
	朱水仙	妻子	女	1946年2月	汉族	

家庭大事	2013年，购商品房110平方米。

家庭人员	姓名	与户主关系	性别	出生年月	民族	备注
	张雪良	户主	男	1964年1月	汉族	

家庭大事	

家庭人员	姓名	与户主关系	性别	出生年月	民族	备注
	徐学根	户主	男	1970年6月	汉族	
	袁正花	妻子	女	1971年2月	汉族	
	徐　愉	长女	女	1993年3月	汉族	
	徐　晨	次女	女	1993年3月	汉族	

家庭大事	1980年，建平房3间，100平方米； 1996年，购商品房70平方米； 2013年，购汽车1辆。

家庭人员	姓名	与户主关系	性别	出生年月	民族	备注
	袁正龙	户主	男	1974年7月	汉族	
	陶亚萍	妻子	女	1975年9月	汉族	
	袁顺杰	儿子	男	1997年9月	汉族	

家庭大事	1992年，建楼房2层，300平方米； 2000年，在森林别墅小区购商品房120平方米。

家庭人员	姓名	与户主关系	性别	出生年月	民族	备注
	袁建国	户主	男	1967年12月	汉族	
	陶雪琴	妻子	女	1968年3月	汉族	
	袁嗣超	儿子	男	1990年12月	汉族	

家庭大事	1994年，建楼房2层，268平方米。

家庭人员	姓名	与户主关系	性别	出生年月	民族	备注
	袁培忠	户主	男	1958年7月	汉族	
	罗秀珍	妻子	女	1961年2月	汉族	

家庭大事	1988年，建楼房2层，222平方米； 1997年，购商品房110平方米。

	姓名	与户主关系	性别	出生年月	民族	备注
家庭人员	袁玉生	户主	男	1950年7月	汉族	
	石凤英	妻子	女	1953年3月	汉族	
	袁振良	儿子	男	1973年3月	汉族	
	王杏琴	儿媳	女	1973年9月	汉族	
	袁梦霏	孙子	男	1996年6月	汉族	
家庭大事	1992年，建楼房2层，304平方米； 2003年，购商品房95平方米； 2011年，购汽车1辆； 2015年，袁梦霏入伍当兵； 2019年，购汽车1辆。					

	姓名	与户主关系	性别	出生年月	民族	备注
家庭人员	沈建平	户主	男	1958年4月	汉族	
	袁耀萍	妻子	女	1958年5月	汉族	
	沈 军	儿子	男	1983年7月	汉族	
家庭大事	1979年，建平房3间，115平方米； 1989年，购商品房72平方米； 2009年，购汽车1辆。					

	姓名	与户主关系	性别	出生年月	民族	备注
家庭人员	张裕明	户主	男	1956年4月	汉族	
	徐相平	妻子	女	1964年11月	汉族	
	张 健	儿子	男	1985年9月	汉族	
家庭大事	2001年，建楼房2层，247平方米。					

	姓名	与户主关系	性别	出生年月	民族	备注
家庭人员	支水发	户主	男	1943年4月	汉族	
	支玲花	妻子	女	1948年10月	汉族	
	支国林	儿子	男	1970年1月	汉族	
	支密秀	女儿	女	1975年8月	汉族	
	支晓雯	孙女	女	1994年1月	汉族	
家庭大事	1980年,建楼房2层,266平方米。					

	姓名	与户主关系	性别	出生年月	民族	备注
家庭人员	蔡水良	户主	男	1963年6月	汉族	
	沈琴花	妻子	女	1963年3月	汉族	
	蔡 清	女儿	女	1987年4月	汉族	
	李荣超	女婿	男	1984年4月	汉族	
	蔡曦瀚	孙子	男	2013年8月	汉族	
	李曦灏	孙子	男	2017年7月	汉族	
家庭大事	1992年,建楼房2层,298平方米; 2009年,蔡清于江南大学毕业。					

	姓名	与户主关系	性别	出生年月	民族	备注
家庭人员	朱纪良	户主	男	1960年3月	汉族	
	汤抱妹	妻子	女	1962年1月	汉族	
	朱永奇	儿子	男	1983年1月	汉族	
	朱淼吉	孙女	女	2009年2月	汉族	
	朱白北	孙子	男	2014年5月	汉族	
家庭大事	1992年,建楼房2层,250平方米; 2012年,购汽车1辆。					

	姓名	与户主关系	性别	出生年月	民族	备注
家庭人员	支国良	户主	男	1970年6月	汉族	
	黄 英	妻子	女	1975年3月	汉族	
	支佳煜	女儿	女	1999年8月	汉族	
家庭大事	1990年，支国良创办贸易公司； 1992年，购商品房74平方米（已出售）； 1992年，购汽车1辆。					

	姓名	与户主关系	性别	出生年月	民族	备注
家庭人员	杜阿宗	户主	男	1940年1月	汉族	
	杜雪林	儿子	男	1970年10月	汉族	
	盛继红	儿媳	女	1970年10月	汉族	
	杜佳英	孙女	女	1993年3月	汉族	
家庭大事	1965年，杜阿宗加入中国共产党。					

	姓名	与户主关系	性别	出生年月	民族	备注
家庭人员	高小龙	户主	男	1957年8月	汉族	
	邢爱娟	妻子	女	1970年2月	汉族	
	高 萍	女儿	女	1998年3月	汉族	
家庭大事						

	姓名	与户主关系	性别	出生年月	民族	备注
家庭人员	李月娣	户主	女	1941年11月	汉族	
	宋惠良	儿子	男	1971年3月	汉族	
	陆敏芬	儿媳	女	1972年2月	汉族	
	宋英杰	孙子	男	1994年6月	汉族	
家庭大事	2011年,购商品房132平方米。					

	姓名	与户主关系	性别	出生年月	民族	备注
家庭人员	朱小明	户主	男	1961年4月	汉族	
	邹玉英	妻子	女	1961年9月	汉族	
	朱　琴	女儿	女	1985年5月	汉族	
	朱於子轩	孙子	男	2006年6月	汉族	
家庭大事	1992年,建楼房2层,320平方米; 2004年,购商品房130平方米; 2014年,购汽车1辆。					

	姓名	与户主关系	性别	出生年月	民族	备注
家庭人员	周宏兰	户主	女	1952年9月	汉族	
	王小林	女儿	女	1977年7月	汉族	
	王小明	儿子	男	1980年2月	汉族	
	陈春云	儿媳	女	1983年6月	汉族	
	王　璐	孙女	女	2002年5月	汉族	
	王　婧	孙女	女	2013年9月	汉族	
家庭大事	2015年,购汽车1辆。					

	姓名	与户主关系	性别	出生年月	民族	备注
家庭人员	陆友林	户主	男	1954年12月	汉族	
	陆妹花	妻子	女	1955年2月	汉族	
	陆海英	女儿	女	1977年10月	汉族	
	陆海姑	女儿	女	1980年9月	汉族	
	陆艺文	孙女	女	2006年12月	汉族	
	陆星宇	孙女	女	2016年5月	汉族	
家庭大事	1992年，建楼房2层，276平方米； 1998年，购商品房95平方米。					

	姓名	与户主关系	性别	出生年月	民族	备注
家庭人员	沈花妹	户主	女	1964年9月	汉族	
	李建国	妻子	男	1954年10月	汉族	
	朱红英	女儿	女	1990年11月	汉族	
	丁　唯	女婿	男	1988年3月	汉族	
	朱亦辰	孙子	男	2015年7月	汉族	
家庭大事	1998年，建平房3间，110平方米； 2015年，购汽车1辆。					

	姓名	与户主关系	性别	出生年月	民族	备注
家庭人员	袁建良	户主	男	1954年10月	汉族	
	陆友英	妻子	男	1956年3月	汉族	
	袁 琴	女儿	女	1978年6月	汉族	
	袁小琴	女儿	女	1981年1月	汉族	
	程迎军	女婿	男	1982年2月	汉族	
	袁程乐	孙子	男	2005年12月	汉族	
	程元睿	孙子	男	2014年3月	汉族	
家庭大事	1990年，建楼房2层，321平方米。					

	姓名	与户主关系	性别	出生年月	民族	备注
家庭人员	张保良	户主	男	1949年8月	汉族	
	何如美	妻子	女	1953年11月	汉族	
家庭大事	1989年，建楼房2层，250平方米。					

	姓名	与户主关系	性别	出生年月	民族	备注
家庭人员	石凤良	户主	男	1963年5月	汉族	
	邬凤妹	妻子	女	1964年4月	汉族	
家庭大事	1997年，购旧楼房230平方米。					

	姓名	与户主关系	性别	出生年月	民族	备注
家庭人员	李火金	户主	男	1942年1月	汉族	
	张金妹	妻子	女	1946年1月	汉族	
	李菊英	女儿	女	1967年2月	汉族	
	朱秋良	女婿	男	1963年8月	汉族	
	朱 红	孙女	女	1998年6月	汉族	
家庭大事	1987年,建平房3间,139平方米; 2009年,购汽车1辆; 2016年,购商品房120平方米; 2019年,购商品房190平方米。					

	姓名	与户主关系	性别	出生年月	民族	备注
家庭人员	袁志毅	户主	男	1948年2月	汉族	
	袁芳英	女儿	女	1971年1月	汉族	
	丁俊付	女婿	男	1969年12月	汉族	
	袁昕刚	孙子	男	1992年6月	汉族	
	陆 燕	孙媳	女	1990年2月	汉族	
	袁奕轩	曾孙	男	2019年3月	汉族	
家庭大事	1990年,建楼房2层,250平方米。					

	姓名	与户主关系	性别	出生年月	民族	备注
家庭人员	蔡世忠	户主	男	1953年2月	汉族	
	蔡瑞花	妻子	女	1953年11月	汉族	
	蔡红芳	女儿	女	1977年11月	汉族	
	蔡红伟	儿子	男	1980年12月	汉族	
家庭大事	1998年,建楼房2层,250平方米。					

庙灯村志·村民家庭记载

	姓名	与户主关系	性别	出生年月	民族	备注
家庭人员	徐云良	户主	男	1966年7月	汉族	
	张美玉	妻子	女	1969年10月	汉族	
	徐　凯	儿子	男	1990年10月	汉族	
	孙琳琪	儿媳	女	1990年5月	汉族	
	徐睿哲	孙子	男	2013年5月	汉族	
	孙睿斯	孙女	女	2015年10月	汉族	
家庭大事	1989年，建楼房2层，235平方米； 2013年，购商品房137平方米； 2013年，购汽车1辆。					

	姓名	与户主关系	性别	出生年月	民族	备注
家庭人员	袁林生	户主	男	1952年7月	汉族	
	沈雪珍	妻子	女	1952年5月	汉族	
	袁金伟	儿子	男	1980年4月	汉族	
	戴先玲	儿媳	女	1981年2月	汉族	
	袁子涵	孙女	女	2005年12月	汉族	
	袁一鸣	孙子	男	2017年5月	汉族	
家庭大事	1990年，建楼房2层； 2007年，购商品房114平方米； 2009年，购汽车1辆。					

	姓名	与户主关系	性别	出生年月	民族	备注
家庭人员	袁素良	户主	男	1955年6月	汉族	
	徐金英	妻子	女	1954年10月	汉族	
	袁 萌	儿子	男	1979年10月	汉族	
	王玉兰	儿媳	女	1982年2月	汉族	
	袁睿秋	孙女	女	2011年11月	汉族	
家庭大事	1985年,建楼房2层,249平方米; 2008年,购商品房84平方米; 2014年,购汽车1辆。					

	姓名	与户主关系	性别	出生年月	民族	备注
家庭人员	谢玉生	户主	男	1957年2月	汉族	
	陆友珍	妻子	女	1959年9月	汉族	
	谢金华	儿子	男	1981年4月	汉族	
	徐 洁	儿媳	女	1988年7月	汉族	
	谢书云	孙女	女	2015年9月	汉族	
家庭大事	1994年,建楼房2层,260平方米; 1996年,被庙灯村评为文明家庭; 2015年,购商品房80平方米; 2015年,购汽车1辆。					

	姓名	与户主关系	性别	出生年月	民族	备注
家庭人员	张裕良	户主	男	1949年8月	汉族	
	朱勤仙	妻子	女	1951年11月	汉族	
	张俭凤	女儿	女	1975年1月	汉族	
	朱金毛	女婿	男	1974年6月	汉族	
	张 琪	孙女	女	1997年1月	汉族	
家庭大事	1987年,建楼房2层,260平方米; 2007年,购商品房250平方米。					

家庭人员	姓名	与户主关系	性别	出生年月	民族	备注
	袁超良	户主	男	1963年2月	汉族	
	陆素珍	妻子	女	1963年8月	汉族	
	袁婷婷	女儿	女	1986年9月	汉族	

家庭大事	1985年,陆素珍加入中国共产党; 1990年,建楼房2层,298平方米; 1998年,购商品房130平方米。

家庭人员	姓名	与户主关系	性别	出生年月	民族	备注
	袁志范	户主	男	1943年3月	汉族	
	宋杏英	妻子	女	1947年3月	汉族	
	袁振东	儿子	男	1969年1月	汉族	
	丁雪芬	儿媳	女	1970年1月	汉族	
	袁昕宇	孙女	女	1991年11月	汉族	
	袁子淑	曾孙女	女	2019年6月	汉族	

家庭大事	1989年,建楼房2层,260平方米; 2003年,购商品房135平方米; 2003年,购汽车1辆。

庙灯村第 11 村民小组

	姓名	与户主关系	性别	出生年月	民族	备注
家庭人员	张济国	户主	男	1944 年 12 月	汉族	
	李金凤	妻子	女	1941 年 5 月	汉族	
	张雪良	儿子	男	1971 年 11 月	汉族	
	沈小芬	儿媳	女	1972 年 1 月	汉族	
	张沈燕	孙女	女	1994 年 6 月	汉族	

家庭大事
1986 年，建楼房 2 层，250 平方米；
2001 年，购商品房 120 平方米；
2006 年，购汽车 1 辆。

	姓名	与户主关系	性别	出生年月	民族	备注
家庭人员	沈引弟	户主	男	1959 年 6 月	汉族	
	沈瑞华	儿子	男	1976 年 8 月	汉族	
	黄 琴	儿媳	女	1981 年 5 月	汉族	
	沈炜刚	孙子	男	2003 年 10 月	汉族	

家庭大事
1992 年，建楼房 2 层，282 平方米；
1993 年，被庙灯村评为新风户；
2019 年，购汽车 1 辆。

庙灯村志·村民家庭记载

	姓名	与户主关系	性别	出生年月	民族	备注
家庭人员	张水林	户主	男	1954 年 10 月	汉族	
	沈国芳	妻子	女	1962 年 7 月	汉族	
	张　伟	儿子	男	1983 年 12 月	汉族	
	徐春兰	儿媳	女	1983 年 3 月	汉族	
	张嘉骏	孙子	男	2014 年 6 月	汉族	
	张嘉芸	孙女	女	2017 年 3 月	汉族	

家庭大事	1990 年，建楼房 2 层，245 平方米； 2006 年，购商品房 100 平方米； 2013 年，购汽车 1 辆。

	姓名	与户主关系	性别	出生年月	民族	备注
家庭人员	季兰娣	户主	女	1955 年 9 月	汉族	
	张　勇	儿子	男	1981 年 11 月	汉族	
	李小娟	儿媳	女	1981 年 9 月	汉族	
	张子涵	孙女	女	2008 年 11 月	汉族	

家庭大事	1990 年，建楼房 2 层，260 平方米； 2003 年，张勇入伍当兵，并于 2008 年加入中国共产党； 2012 年，购商品房 95 平方米； 2013 年，购汽车 1 辆。

家庭人员	姓名	与户主关系	性别	出生年月	民族	备注
	杜林男	户主	男	1952年8月	汉族	
	杜金仙	妻子	女	1952年5月	汉族	
	杜永青	儿子	男	1977年5月	汉族	
	冯紫君	儿媳	女	1976年7月	汉族	
	杜永明	儿子	男	1979年2月	汉族	
	杜佳燕	孙女	女	2001年8月	汉族	

家庭大事	1989年，建楼房2层，264平方米； 2012年，购汽车1辆。

家庭人员	姓名	与户主关系	性别	出生年月	民族	备注
	黄宗泉	户主	男	1945年12月	汉族	
	沈引花	妻子	女	1949年3月	汉族	
	黄春英	女儿	女	1973年1月	汉族	
	李玉明	女婿	男	1970年2月	汉族	
	黄蕙莉	孙女	女	1997年3月	汉族	

家庭大事	1989年，李玉明入伍当兵； 1990年，建楼房2层，275平方米； 1992年，被庙灯村评为新风户； 2019年，黄蕙莉于南京晓庄学院毕业。

	姓名	与户主关系	性别	出生年月	民族	备注
家庭人员	张济云	户主	男	1943年9月	汉族	
	张小学	妻子	女	1947年12月	汉族	
	张卫民	儿子	男	1966年10月	汉族	
	杨素芳	儿媳	女	1966年4月	汉族	
	张 燕	孙女	女	1989年7月	汉族	
	王 飞	孙女婿	男	1988年8月	汉族	
	张欣祺	曾孙女	女	2013年2月	汉族	
	王欣怡	曾孙女	女	2013年2月	汉族	
家庭大事	1988年，建楼房2层，240平方米； 2002年，购商品房100平方米； 2009年，张燕于苏州市职业大学毕业； 2010年，购汽车1辆。					

	姓名	与户主关系	性别	出生年月	民族	备注
家庭人员	王凤泉	户主	男	1964年3月	汉族	
	殷秋英	妻子	女	1964年7月	汉族	
	徐凤仙	母亲	女	1928年9月	汉族	
	王 虹	女儿	女	1988年1月	汉族	
	陆艺涵	外孙女	女	2014年10月	汉族	
	王逸轩	外孙	男	2018年8月	汉族	
家庭大事	1990年，建楼房2层，292平方米； 2003年，购商品房100平方米； 2008年，王虹于江苏广播电视大学昆山学院毕业； 2013年，购汽车1辆。					

	姓名	与户主关系	性别	出生年月	民族	备注
家庭人员	朱惠良	户主	男	1967年11月	汉族	
	周琴花	妻子	女	1966年10月	汉族	
	朱雪娇	女儿	女	1990年7月	汉族	

家庭大事	1998年，被庙灯村评为新风户； 1999年，建楼房2层，206平方米。

	姓名	与户主关系	性别	出生年月	民族	备注
家庭人员	王玉林	户主	男	1965年1月	汉族	
	谢雪花	妻子	女	1965年1月	汉族	
	陆妙英	母亲	女	1943年11月	汉族	
	王 茜	女儿	女	1985年10月	汉族	
	孙 涛	女婿	男	1986年2月	汉族	
	孙睿辰	外孙	男	2013年2月	汉族	

家庭大事	1986年，建楼房2层，245平方米； 2001年，购商品房110平方米。

	姓名	与户主关系	性别	出生年月	民族	备注
家庭人员	沈凤良	户主	男	1953年3月	汉族	
	王凤金	妻子	女	1955年10月	汉族	
	沈阿根	父亲	男	1933年6月	汉族	
	沈阿二	母亲	女	1933年8月	汉族	
	沈金华	儿子	男	1978年2月	汉族	
	朱 娟	儿媳	女	1979年4月	汉族	
	沈鹏宇	孙子	男	2002年2月	汉族	

家庭大事	1989年，建楼房2层，160平方米； 2007年，购商品房110平方米。

	姓名	与户主关系	性别	出生年月	民族	备注
家庭人员	钟惠明	户主	男	1962年12月	汉族	
	陆花珍	妻子	女	1964年6月	汉族	
	沈玲妹	母亲	女	1934年10月	汉族	
	钟　华	儿子	男	1987年12月	汉族	
	钟昱云	孙子	男	2016年5月	汉族	

家庭大事	1981年，钟惠明入伍当兵，并于1986年加入中国共产党； 1991年，建楼房2层，270平方米； 1993年，购商品房92平方米； 2004年，钟惠明创办鞋帽公司； 2010年，钟华于淮阴师范学院毕业； 2015年，购汽车1辆。

	姓名	与户主关系	性别	出生年月	民族	备注
家庭人员	张济强	户主	男	1947年5月	汉族	
	陈菊花	妻子	女	1951年3月	汉族	
	张文华	儿子	男	1971年9月	汉族	
	钱　英	儿媳	女	1970年12月	汉族	
	张文勇	儿子	男	1973年9月	汉族	
	王花萍	儿媳	女	1975年3月	汉族	
	张静仪	孙女	女	1996年11月	汉族	
	张静洁	孙女	女	1997年5月	汉族	

家庭大事	1989年，建楼房2层，242平方米； 2005年，购商品房132平方米； 2018年，张静洁于南通师范高等专科学校毕业。

家庭人员	姓名	与户主关系	性别	出生年月	民族	备注
	张素良	户主	男	1970年10月	汉族	
	杨菊英	妻子	女	1971年10月	汉族	
	张　扬	儿子	男	1993年6月	汉族	
	杨　倩	儿媳	女	1993年10月	汉族	

家庭大事	1991年，建楼房2层，325平方米； 1993年，购商品房150平方米； 2008年，购汽车1辆； 2013年，张扬入伍当兵； 2015年，张扬加入中国共产党； 2015年，被评为昆山市十佳军属家庭。

家庭人员	姓名	与户主关系	性别	出生年月	民族	备注
	杜红发	户主	男	1945年3月	汉族	
	周妹琴	妻子	女	1947年4月	汉族	
	杜建勇	儿子	男	1969年1月	汉族	
	杜梦霞	孙女	女	1994年11月	汉族	
	杜珮璸	孙女	女	2014年7月	汉族	

家庭大事	1989年，建楼房2层，286平方米； 2011年，购商品房132平方米； 2011年，购汽车1辆。

	姓名	与户主关系	性别	出生年月	民族	备注
家庭人员	杜林弟	户主	男	1958年7月	汉族	
	钟金花	妻子	女	1958年2月	汉族	
	杜　琦	儿子	男	1981年1月	汉族	
	杜文博	孙子	男	2009年2月	汉族	
	陈燕燕	儿媳	女	1984年8月	汉族	
	杜丽青	女儿	女	1987年2月	汉族	
	方小伟	女婿	男	1980年5月	汉族	
	方雅婷	外孙女	女	2010年1月	汉族	
家庭大事	1989年，建楼房2层，262平方米； 2005年，购商品房156平方米； 2015年，购汽车1辆。					

	姓名	与户主关系	性别	出生年月	民族	备注
家庭人员	张学苟	户主	男	1949年5月	汉族	
	唐桃妹	妻子	女	1949年4月	汉族	
	张素平	儿子	男	1972年11月	汉族	
	黄丽琴	儿媳	女	1972年12月	汉族	
	张祎丽	孙女	女	1995年7月	汉族	
家庭大事	1989年，建楼房2层，270平方米； 2000年，购商品房83平方米； 2016年，购汽车1辆； 2018年，张祎丽于南京师范大学毕业，为预备党员； 2019年，张祎丽于昆山陆家中心小学校任教。					

	姓名	与户主关系	性别	出生年月	民族	备注
家庭人员	张宏亮	户主	男	1969年10月	汉族	
	毛丽英	妻子	女	1973年2月	汉族	
	张富宝	母亲	女	1946年8月	汉族	
	张 宁	女儿	女	1998年4月	汉族	
家庭大事	1987年，张宏亮于苏州教育学院毕业； 1988年，建楼房2层，230平方米； 1996年，购商品房75平方米； 2003年，张宏亮创办昆山致丰塑胶包装用品有限公司； 2009年，购汽车1辆。					

	姓名	与户主关系	性别	出生年月	民族	备注
家庭人员	王水发	户主	男	1962年9月	汉族	
	谢秀珍	妻子	女	1963年3月	汉族	
	王密英	母亲	女	1934年5月	汉族	
	王 斌	儿子	男	1985年10月	汉族	
家庭大事	1990年，建楼房2层，280平方米； 2007年，购商品房132平方米； 2008年，王斌加入中国共产党，当年于南京工程学院毕业； 2014年，购汽车1辆。					

	姓名	与户主关系	性别	出生年月	民族	备注
家庭人员	陆友根	户主	男	1953年11月	汉族	
	沈梅花	妻子	女	1957年2月	汉族	
	沈 娟	女儿	女	1985年10月	汉族	
	沈桂林	女婿	男	1982年11月	汉族	
	沈佳鹏	外孙	男	2007年6月	汉族	
	沈佳怡	外孙女	女	2013年2月	汉族	
家庭大事	1990年，建楼房2层，279平方米； 2007年，购商品房160平方米； 2009年，购汽车1辆； 2013年，沈娟于南京中医药大学毕业； 2016年，沈桂林加入中国共产党。					

	姓名	与户主关系	性别	出生年月	民族	备注
家庭人员	张济勤	户主	男	1949年8月	汉族	
	杨桂英	妻子	女	1949年10月	汉族	
	张勤良	儿子	男	1973年5月	汉族	
	季美芳	儿媳	女	1973年5月	汉族	
	张炜健	孙子	男	1996年8月	汉族	
家庭大事	1990年，建楼房2层，294平方米； 2007年，购商品房79平方米； 2010年，购汽车1辆。					

	姓名	与户主关系	性别	出生年月	民族	备注
家庭人员	钟大男	户主	男	1952年10月	汉族	
	沈凤妹	妻子	女	1955年1月	汉族	
	钟春华	儿子	男	1977年10月	汉族	
	钟春芳	女儿	女	1979年9月	汉族	
	钟欣颐	孙女	女	2013年11月	汉族	
家庭大事	1988年，建楼房2层，260平方米； 2008年，购商品房126平方米； 2010年，购汽车1辆。					

	姓名	与户主关系	性别	出生年月	民族	备注
家庭人员	唐冬生	户主	男	1957年12月	汉族	
	石祥仙	妻子	女	1957年8月	汉族	
家庭大事	1990年，建楼房2层，280平方米。					

庙灯村第12村民小组

	姓名	与户主关系	性别	出生年月	民族	备注
家庭人员	徐宗法	户主	男	1955年4月	汉族	
	盛林秀	妻子	女	1953年7月	汉族	
	徐　洁	女儿	女	1978年5月	汉族	

家庭大事	1989年，建楼房2层，300平方米； 2003年，购商品房95平方米； 2016年，购汽车1辆。

	姓名	与户主关系	性别	出生年月	民族	备注
家庭人员	黄小菊	户主	男	1944年7月	汉族	
	陆素珍	妻子	女	1948年6月	汉族	

家庭大事	1991年，建楼房2层，280平方米； 2015年，购汽车1辆。

	姓名	与户主关系	性别	出生年月	民族	备注
家庭人员	周惠花	户主	女	1957年5月	汉族	
	丁　燕	女儿	女	1981年8月	汉族	

家庭大事	1989年，建楼房2层，250平方米； 2012年，购汽车1辆。

家庭人员	姓名	与户主关系	性别	出生年月	民族	备注
	陆小男	户主	男	1954年11月	汉族	
	张学珍	妻子	女	1963年9月	汉族	
	陆　斌	儿子	男	1985年5月	汉族	

家庭大事	1995年，建楼房2层，270平方米； 2017年，购汽车1辆。

家庭人员	姓名	与户主关系	性别	出生年月	民族	备注
	吴玉岐	户主	男	1933年10月	汉族	
	吴引仙	女儿	女	1954年3月	汉族	
	徐勤男	女婿	男	1954年9月	汉族	

家庭大事	1994年，建楼房2层，360平方米。

家庭人员	姓名	与户主关系	性别	出生年月	民族	备注
	徐根法	户主	男	1962年1月	汉族	
	陆瑞珍	妻子	女	1963年2月	汉族	
	徐美琴	女儿	女	1996年3月	汉族	
	徐　峰	儿子	男	1990年1月	汉族	
	徐树露	孙女	女	2011年4月	汉族	

家庭大事	1990年，建楼房2层，281平方米； 1995年，购商品房86平方米； 2006年，购汽车1辆； 2019年，徐美琴于南京理工大学毕业。

家庭人员	姓名	与户主关系	性别	出生年月	民族	备注
	陆大男	户主	男	1954年11月	汉族	
	周凤珍	妻子	女	1958年10月	汉族	
	陆志华	儿子	男	1980年1月	汉族	

家庭大事	1987年，建楼房2层，280平方米。

家庭人员	姓名	与户主关系	性别	出生年月	民族	备注
	陆素明	户主	男	1966年7月	汉族	
	丁碗琴	妻子	女	1966年8月	汉族	
	陆　恒	儿子	男	1989年10月	汉族	

家庭大事	1996年，建楼房2层，290平方米； 2016年，购汽车1辆。

家庭人员	姓名	与户主关系	性别	出生年月	民族	备注
	陆素林	户主	男	1952年2月	汉族	
	张　妹	妻子	女	1951年3月	汉族	
	陆美宏	女儿	女	1977年4月	汉族	
	陆美忠	儿子	男	1978年5月	汉族	
	许　盼	儿媳	女	1983年11月	汉族	
	陆鑫希	孙子	男	2009年12月	汉族	

家庭大事	1981年，建楼房2层，290平方米； 2008年，购商品房93平方米。

家庭人员	姓名	与户主关系	性别	出生年月	民族	备注
	陆昌达	户主	男	1948年1月	汉族	
	王凤英	妻子	女	1949年9月	汉族	
	陆卫勤	儿子	男	1970年12月	汉族	

家庭大事	1989年，建楼房2层，260平方米； 2008年，购商品房96平方米； 2016年，购汽车1辆。

家庭人员	姓名	与户主关系	性别	出生年月	民族	备注
	徐雪勤	户主	男	1957年2月	汉族	
	朱勤先	妻子	女	1963年6月	汉族	
	徐敏芳	女儿	女	1983年11月	汉族	
	徐子涵	孙女	女	2005年6月	汉族	
	徐锦萱	孙女	女	2014年11月	汉族	

家庭大事	1976年，徐雪勤入伍当兵，并于1980年加入中国共产党； 1989年，建楼房2层，338平方米； 1999年，购商品房90平方米； 2015年，购汽车1辆。

家庭人员	姓名	与户主关系	性别	出生年月	民族	备注
	陆小二	户主	男	1951年7月	汉族	
	朱宗宝	妻子	女	1954年1月	汉族	
	陆翠良	儿子	男	1974年12月	汉族	
	朱雪芳	儿媳	女	1974年9月	汉族	
	陆静雯	孙女	女	2000年6月	汉族	
	陆宇杰	孙子	男	2005年1月	汉族	

家庭大事	1998年，建楼房2层，267平方米； 2009年，购商品房133平方米； 2016年，购汽车1辆。

家庭人员	姓名	与户主关系	性别	出生年月	民族	备注
	丁火生	户主	男	1944年4月	汉族	
	陆妹英	妻子	女	1945年8月	汉族	
	丁碗良	儿子	男	1968年10月	汉族	
	沈藕英	儿媳	女	1967年7月	汉族	
	丁艳红	孙女	女	1992年2月	汉族	

家庭大事	1989年，建楼房2层，250平方米； 2001年，购商品房97平方米。

家庭人员	姓名	与户主关系	性别	出生年月	民族	备注
	吕宋林	户主	男	1941年6月	汉族	
	邹桂林	妻子	女	1943年10月	汉族	
	邹金龙	儿子	男	1963年7月	汉族	
	杜勤英	儿媳	女	1963年7月	汉族	
	邹凤娟	孙女	女	1986年3月	汉族	
	王　文	孙女婿	男	1985年10月	汉族	
	邹亭安	曾孙女	女	2015年6月	汉族	

家庭大事	1993年，建楼房2层，306平方米； 2002年，购商品房106平方米； 2004年，购汽车1辆。

家庭人员	姓名	与户主关系	性别	出生年月	民族	备注
	陆彩珍	户主	女	1954年4月	汉族	
	邵子杰	儿子	男	1996年1月	汉族	

家庭大事	1990年，建楼房2层，243平方米； 1998年，购商品房70平方米。

家庭人员	姓名	与户主关系	性别	出生年月	民族	备注
	陆小苟	户主	男	1946年5月	汉族	
	徐招花	妻子	女	1948年5月	汉族	
	陆明华	儿子	男	1966年12月	汉族	
	陆体艳	儿媳	女	1975年10月	汉族	
	陆　挺	孙子	男	1991年1月	汉族	
	陆禹骁	重孙	男	2019年2月	汉族	
	陆禹臣	重孙	男	2019年2月	汉族	

家庭大事	1985年，陆明华入伍当兵，并于1991年加入中国共产党； 1995年，建楼房2层，250平方米； 2016年，购汽车1辆。

家庭人员	姓名	与户主关系	性别	出生年月	民族	备注
	徐洋勤	户主	男	1952年9月	汉族	
	石文花	妻子	女	1953年8月	汉族	

家庭大事	1976年，徐洋勤加入中国共产党； 1987年，建楼房2层，285平方米； 1999年，购商品房90平方米。

家庭人员	姓名	与户主关系	性别	出生年月	民族	备注
	陆素龙	户主	男	1954年8月	汉族	

家庭大事	1995年，购商品房60平方米。

家庭人员	姓名	与户主关系	性别	出生年月	民族	备注
	吴春华	户主	男	1964年3月	汉族	
	石文仙	妻子	女	1963年5月	汉族	
	吴 蓉	女儿	女	1987年12月	汉族	
	徐勤英	母亲	女	1944年3月	汉族	

家庭大事	1991年，建楼房2层，280平方米； 1999年，购商品房92平方米； 2009年，吴蓉于苏州大学毕业； 2018年，购汽车1辆。

家庭人员	姓名	与户主关系	性别	出生年月	民族	备注
	丁雪良	户主	男	1959年7月	汉族	
	杨小英	妻子	女	1963年12月	汉族	
	丁 强	儿子	男	1985年4月	汉族	

家庭大事	1995年，建楼房2层，290平方米； 2012年，购汽车1辆。

家庭人员	姓名	与户主关系	性别	出生年月	民族	备注
	徐宗其	户主	男	1953年	汉族	
	金小妹	妻子	女	1953年1月	汉族	
	徐美琳	女儿	女	1979年5月	汉族	
	徐方敏	儿子	男	1982年1月	汉族	

家庭大事	1989年，建楼房2层，270平方米； 2003年，徐方敏于南京林业大学毕业。

家庭人员	姓名	与户主关系	性别	出生年月	民族	备注
	丁巧良	户主	男	1964年8月	汉族	
	周香妹	妻子	女	1963年1月	汉族	
	丁 丽	女儿	女	1988年5月	汉族	

家庭大事	1994年,建楼房2层,290平方米; 2017年,丁丽于苏州科技大学毕业; 2019年,购汽车1辆。

庙灯村第 13 村民小组

	姓名	与户主关系	性别	出生年月	民族	备注
家庭人员	吕良英	户主	女	1958 年 4 月	汉族	
	陆兴根	丈夫	男	1956 年 8 月	汉族	
	吕祥生	父亲	男	1936 年 10 月	汉族	
	吕水仙	母亲	女	1936 年 3 月	汉族	
	陆翠凤	女儿	女	1980 年 12 月	汉族	
	邵冬春	女婿	男	1976 年 11 月	汉族	
	邵 莹	孙女	女	2005 年 1 月	汉族	
	吕 茜	孙女	女	2010 年 12 月	汉族	
家庭大事	1989 年，建楼房 3 层，300 平方米； 2001 年，购商品房 100 平方米； 2007 年，购商品房 200 平方米。					

	姓名	与户主关系	性别	出生年月	民族	备注
家庭人员	吕福勤	户主	男	1963 年 7 月	汉族	
	魏玉英	妻子	女	1964 年 11 月	汉族	
	吕丹艺	女儿	女	1989 年 12 月	汉族	
家庭大事	1984 年，吕福勤入伍当兵，于 1988 年加入中国共产党； 2004 年，建楼房 2 层，140 平方米。					

	姓名	与户主关系	性别	出生年月	民族	备注
家庭人员	吕美英	户主	女	1947年11月	汉族	
	吕国强	儿子	男	1967年10月	汉族	
	李建芬	儿媳	女	1968年12月	汉族	
	吕文珏	孙女	女	1990年11月	汉族	
	顾淦超	曾外孙	男	2014年2月	汉族	
家庭大事	1987年，建楼房2层，285平方米； 1997年，购商品房84平方米； 2013年，购汽车1辆。					

	姓名	与户主关系	性别	出生年月	民族	备注
家庭人员	吕春芳	户主	女	1979年3月	汉族	
	何志连	丈夫	男	1975年1月	汉族	
	吕何斌	儿子	男	2000年9月	汉族	
	吕福根	父亲	男	1954年11月	汉族	
	周金珍	母亲	女	1954年11月	汉族	
家庭大事	1990年，建楼房2层6间。					

	姓名	与户主关系	性别	出生年月	民族	备注
家庭人员	杨桂龙	户主	男	1970年12月	汉族	
	傅羊珍	母亲	女	1948年8月	汉族	
	杨家欣	儿子	男	1999年2月	汉族	
家庭大事	1989年，杨桂龙入伍当兵； 1990年，在祝墩台村建楼房2层，270平方米。					

	姓名	与户主关系	性别	出生年月	民族	备注
家庭人员	张桂良	户主	男	1954年12月	汉族	
	吕美芳	妻子	女	1956年1月	汉族	
	吕张斌	儿子	男	1986年11月	汉族	
	聂晓娟	儿媳	女	1985年3月	汉族	
	吕嘉胤	孙子	男	2011年12月	汉族	
家庭大事	1992年，建楼房2层，250平方米； 2002年，购商品房120平方米； 2002年，吕张斌于徐州师范大学毕业； 2004年，吕张斌加入中国共产党； 2008年，购汽车1辆。					

	姓名	与户主关系	性别	出生年月	民族	备注
家庭人员	吕素玉	户主	男	1986年10月	汉族	
	毛冬妹	妻子	女	1968年1月	汉族	
	谢秒英	母亲	女	1943年7月	汉族	
	吕嘉宁	儿子	男	1989年7月	汉族	
家庭大事	1985年，建楼房3层，280平方米； 1997年，购商品房86平方米； 2015年，购汽车1辆。					

	姓名	与户主关系	性别	出生年月	民族	备注
家庭人员	吕玉平	户主	男	1962年3月	汉族	
	刘近英	妻子	女	1962年5月	汉族	
	陆小妹	母亲	女	1938年4月	汉族	
	吕敏	女儿	女	1985年11月	汉族	
	吕沐择	孙子	男	1999年12月	汉族	
	陆奕儒	孙女	女	2011年6月	汉族	
家庭大事	1990年，建楼房2层，390平方米； 2019年，购商品房155平方米。					

家庭人员	姓名	与户主关系	性别	出生年月	民族	备注
	谢梅茹	户主	女	1940年12月	汉族	
	谢 勤	儿子	男	1965年4月	汉族	

家庭大事	1983年，建楼房2层，220平方米； 1997年，购商品房98平方米。

家庭人员	姓名	与户主关系	性别	出生年月	民族	备注
	吕金良	户主	男	1948年11月	汉族	
	俞文花	妻子	女	1950年7月	汉族	
	吕正青	儿子	男	1975年8月	汉族	
	孙 侠	儿媳	女	1977年4月	汉族	
	吕 彬	孙子	男	2003年3月	汉族	

家庭大事	1987年，建平房3间，100平方米。

家庭人员	姓名	与户主关系	性别	出生年月	民族	备注
	吕宗泉	户主	男	1954年1月	汉族	
	徐雪英	妻子	女	1954年12月	汉族	
	吕秋芬	女儿	女	1979年11月	汉族	
	范金华	女婿	男	1979年2月	汉族	
	吕佳仪	外孙女	女	2001年12月	汉族	

家庭大事	1987年，建楼房2层； 1999年，购商品房101平方米； 2005年，购汽车1辆。

	姓名	与户主关系	性别	出生年月	民族	备注
家庭人员	陆友伯	户主	男	1955年1月	汉族	
	杨杏英	妻子	女	1953年3月	汉族	
	杨根翠	母亲	女	1926年8月	汉族	
	杨春磊	儿子	男	1977年4月	汉族	
	陆秀勤	儿媳	女	1978年2月	汉族	
	杨玮杰	孙子	男	2002年5月	汉族	
家庭大事	1988年,建楼房2层,246平方米; 2000年,购商品房86平方米。					

	姓名	与户主关系	性别	出生年月	民族	备注
家庭人员	吕雪龙	户主	男	1969年3月	汉族	
	何文霞	妻子	女	1964年3月	汉族	
	吕 强	儿子	男	1992年2月	汉族	
	沈 娟	儿媳	女	1992年9月	汉族	
	吕亦北	孙子	男	2019年2月	汉族	
家庭大事	1985年,建楼房2层,270平方米; 2002年,购商品房40平方米; 2010年,购汽车1辆。					

	姓名	与户主关系	性别	出生年月	民族	备注
家庭人员	许金龙	户主	男	1966年4月	汉族	
	蔡根梅	妻子	女	1970年5月	汉族	
	许翠英	母亲	女	1939年10月	汉族	
	许俊杰	儿子	男	1994年4月	汉族	
家庭大事	1991年,建楼房2层,252平方米。					

家庭人员	姓名	与户主关系	性别	出生年月	民族	备注
	杨小马	户主	男	1955年11月	汉族	
	周会珍	妻子	女	1959年10月	汉族	

家庭大事	1987年，被庙灯村评为新风户； 1989年，建楼房2层，238平方米。

家庭人员	姓名	与户主关系	性别	出生年月	民族	备注
	吕雪峰	户主	男	1971年3月	汉族	
	杨九丹	妻子	女	1972年9月	汉族	
	吕佳瑶	女儿	女	1995年2月	汉族	
	杨旭怡	女儿	女	2002年5月	汉族	非亲生，抚养

家庭大事	1994年，建楼房2层，350平方米； 1996年，购汽车1辆； 2002年，购商品房60平方米。

庙灯村第 14 村民小组

	姓名	与户主关系	性别	出生年月	民族	备注
家庭人员	沈抱英	户主	女	1954 年 8 月	汉族	
	刘华庭	儿子	男	1982 年 3 月	汉族	
	郭　藏	儿媳	女	1982 年 3 月	汉族	
	刘雯菲	孙女	女	2006 年 11 月	汉族	
	刘倚墨	孙子	男	2017 年 11 月	汉族	

家庭大事	1990 年，建楼房 6 间，242 平方米； 2009 年，购商品房； 2013 年，购汽车 1 辆。

	姓名	与户主关系	性别	出生年月	民族	备注
家庭人员	孙东生	户主	男	1971 年 12 月	汉族	
	孙　佳	女儿	女	1994 年 11 月	汉族	

家庭大事	1985 年，建楼房 6 间，240 平方米； 2018 年，购汽车 1 辆。

	姓名	与户主关系	性别	出生年月	民族	备注
家庭人员	吴林根	户主	男	1954 年 10 月	汉族	
	骆扣红	妻子	女	1957 年 11 月	汉族	
	吴春荣	儿子	男	1982 年 1 月	汉族	

家庭大事	1987 年，建楼房 241 平方米； 2001 年，购商品房 82 平方米； 2002 年，吴春荣入伍参军； 2013 年，购汽车 1 辆。

	姓名	与户主关系	性别	出生年月	民族	备注
家庭人员	夏卫国	户主	男	1963年7月	汉族	
	赵林秀	妻子	女	1962年9月	汉族	
	夏明宝	父亲	男	1940年9月	汉族	
	黄林宝	母亲	女	1940年4月	汉族	
	夏心刚	儿子	男	1986年10月	汉族	
	卜华丽	儿媳	女	1987年7月	汉族	
	夏希涵	孙子	男	2011年1月	汉族	
	夏希杨	孙女	女	2017年1月	汉族	
家庭大事	1989年，建楼房280平方米。					

	姓名	与户主关系	性别	出生年月	民族	备注
家庭人员	朱金仙	户主	女	1947年1月	汉族	
	夏雪峰	儿子	男	1975年12月	汉族	
家庭大事	1992年，建楼房6间，240平方米； 1994年，夏雪峰于扬州大学毕业； 2010年，购商品房； 2017年，购汽车1辆。					

	姓名	与户主关系	性别	出生年月	民族	备注
家庭人员	张存宝	户主	男	1946年8月	汉族	
	洪当珍	妻子	女	1946年3月	汉族	
	张友妹	女儿	女	1968年1月	汉族	
	盛伟根	女婿	男	1964年10月	汉族	
	张 敏	孙子	男	1988年6月	汉族	
	张雅荀	曾孙女	女	2017年12月	汉族	
家庭大事	1986年，楼房6间，245平方米； 2001年，购商品房100平方米； 2015年，购汽车1辆。					

	姓名	与户主关系	性别	出生年月	民族	备注
家庭人员	张存香	户主	男	1951年12月	汉族	
	吴金囡	妻子	女	1950年5月	汉族	
	张友国	儿子	男	1972年7月	汉族	
	胡庆亚	儿媳	女	1973年2月	汉族	
	张建国	儿子	男	1974年11月	汉族	
	张雅婷	孙女	女	1995年7月	汉族	
家庭大事	1986年，建楼房6间，248平方米； 1998年，购商品房102平方米； 1998年，张存香加入中国共产党； 2012年，购汽车1辆； 2017年，张雅婷于南京晓庄学院毕业。					

	姓名	与户主关系	性别	出生年月	民族	备注
家庭人员	刘云华	户主	男	1963年5月	汉族	
	高永珍	妻子	女	1967年7月	汉族	
	刘夏峰	儿子	男	1989年8月	汉族	
	马慧敏	儿媳	女	1989年12月	汉族	
	刘一亿	孙子	男	2018年2月	汉族	
	刘彦一	孙子	男	2018年	汉族	
家庭大事	1994年，建平房3间，100平方米。					

	姓名	与户主关系	性别	出生年月	民族	备注
家庭人员	张仁山	户主	男	1967年7月	汉族	
	孙雪凤	妻子	女	1966年1月	汉族	
	张英	女儿	女	1979年12月	汉族	
家庭大事	1987年，建楼房2层，250平方米。					

	姓名	与户主关系	性别	出生年月	民族	备注
家庭人员	张思孝	户主	男	1934年6月	汉族	
	申东喜	妻子	女	1938年2月	汉族	
	张锁良	儿子	男	1962年8月	汉族	
	周彩英	儿媳	女	1962年11月	汉族	

家庭大事	1963年，张思孝加入中国共产党； 1983年，建平房3间，90平方米； 2011年，购汽车1辆。

	姓名	与户主关系	性别	出生年月	民族	备注
家庭人员	张凤林	户主	男	1965年8月	汉族	
	陈雪华	妻子	女	1965年11月	汉族	
	张 莉	女儿	女	1988年10月	汉族	

家庭大事	1986年，建楼房6间，230平方米。

	姓名	与户主关系	性别	出生年月	民族	备注
家庭人员	张锁陆	户主	男	1954年4月	汉族	
	高小扣	妻子	女	1951年9月	汉族	
	张 健	儿子	男	1977年1月	汉族	
	阮佩琴	儿媳	女	1980年4月	汉族	

家庭大事	1985年，建楼房240平方米； 1996年，购商品房120平方米； 1997年，张健于南京电力高等专科学校毕业； 2003年，购汽车1辆； 2010年，张健创办机械制造公司。

家庭人员	姓名	与户主关系	性别	出生年月	民族	备注
	张仁良	户主	男	1960 年 7 月	汉族	
	顾藕仙	妻子	女	1961 年 10 月	汉族	
	周阿喜	母亲	女	1927 年 3 月	汉族	
	张继龙	儿子	男	1985 年 8 月	汉族	

家庭大事	2004 年，购汽车 1 辆； 2006 年，购商品房 90 平方米； 2008 年，张继龙于南京大学毕业。

家庭人员	姓名	与户主关系	性别	出生年月	民族	备注
	赵传根	户主	男	1949 年 1 月	汉族	
	蒋二妹	妻子	女	1947 年 7 月	汉族	
	赵永明	儿子	男	1975 年 1 月	汉族	
	赵金桃	儿媳	女	1975 年 2 月	汉族	
	赵永华	儿子	男	1978 年 7 月	汉族	
	赵 政	孙子	男	1998 年 11 月	汉族	

家庭大事	1970 年，赵传根入伍参军； 1971 年，赵传根加入中国共产党； 1991 年，建楼房 6 间，248 平方米； 2011 年，购拆迁房 121 平方米； 2014 年，购汽车 1 辆。

家庭人员	姓名	与户主关系	性别	出生年月	民族	备注
	赵泉根	户主	男	1952 年 10 月	汉族	
	赵 萍	女儿	女	1986 年 12 月	汉族	
	成 翔	女婿	男	1988 年 11 月	汉族	
	赵欣彤	孙女	女	2017 年 8 月	汉族	

家庭大事	1986 年，建平房 2 间，90 平方米。

家庭人员	姓名	与户主关系	性别	出生年月	民族	备注
	赵有根	户主	男	1963年6月	汉族	
	何杏妹	妻子	女	1962年11月	汉族	
	赵 俊	儿子	男	1987年10月	汉族	
	张 丹	儿媳	女	1989年11月	汉族	
	赵天佑	孙子	男	2010年11月	汉族	
家庭大事	1991年,建楼房241平方米; 2016年,购汽车1辆。					

家庭人员	姓名	与户主关系	性别	出生年月	民族	备注
	赵福根	户主	男	1950年10月	汉族	
	张存女	妻子	女	1953年7月	汉族	
	赵培芳	女儿	女	1978年6月	汉族	
家庭大事	1989年,建楼房240平方米。					

家庭人员	姓名	与户主关系	性别	出生年月	民族	备注
	胥爱春	户主	男	1953年8月	汉族	
	张素英	妻子	女	1955年7月	汉族	
	胥小兰	女儿	女	1977年12月	汉族	
	王 飞	女婿	男	1981年1月	汉族	
	胥佳俊	孙女	女	1999年7月	汉族	
	王佳慧	孙女	女	2007年9月	汉族	
家庭大事	1998年,购商品房86平方米。					

	姓名	与户主关系	性别	出生年月	民族	备注
家庭人员	胥爱法	户主	男	1964年1月	汉族	
	杨树玉	妻子	女	1967年10月	汉族	
	胥 杨	儿子	男	1989年7月	汉族	
	高 莹	儿媳	女	1990年1月	汉族	
	胥佳涵	孙女	女	2015年11月	汉族	
家庭大事	2004年，购商品房131平方米； 2005年，购汽车1辆。					

	姓名	与户主关系	性别	出生年月	民族	备注
家庭人员	胥爱夫	户主	男	1956年1月	汉族	
	申云喜	妻子	女	1956年10月	汉族	
	胥忠兴	父亲	男	1927年12月	汉族	
	朱金娣	母亲	女	1928年9月	汉族	
	胥 强	儿子	男	1981年9月	汉族	
	胥棠珺	孙女	女	2008年10月	汉族	
家庭大事	2015年，购汽车1辆。					

	姓名	与户主关系	性别	出生年月	民族	备注
家庭人员	夏佩庆	户主	男	1965年3月	汉族	
	张洪珍	妻子	女	1964年3月	汉族	
	夏 斌	儿子	男	1989年10月	汉族	
	夏夕涵	孙女	女	2013年8月	汉族	
家庭大事	1981年，建平房3间，90平方米； 2005年，夏佩庆加入中国共产党； 2007年，购商品房132平方米； 2017年，购汽车1辆。					

家庭人员	姓名	与户主关系	性别	出生年月	民族	备注
	张凤根	户主	男	1967年8月	汉族	
	夏卫琴	妻子	女	1967年5月	汉族	
	张庆文	女儿	女	1993年4月	汉族	
家庭大事	1985年,张凤根入伍; 1990年,建楼房240平方米。					

家庭人员	姓名	与户主关系	性别	出生年月	民族	备注
	孙东方	户主	男	1973年1月	汉族	
	杨玉花	妻子	女	1977年9月	汉族	
	黄素珍	母亲	女	1947年7月	汉族	
	孙伟	儿子	男	1999年6月	汉族	
家庭大事	1999年,购拆迁房86平方米。					

家庭人员	姓名	与户主关系	性别	出生年月	民族	备注
	朱陈杰	户主	男	1965年4月	汉族	
	夏卫珍	妻子	女	1964年9月	汉族	
	陈涛	女儿	女	1992年4月	汉族	
家庭大事	1986年,建平房3间,100平方米; 2010年,购汽车1辆。					

家庭人员	姓名	与户主关系	性别	出生年月	民族	备注
	徐锁香	户主	男	1952年7月	汉族	
	李林仙	妻子	女	1953年8月	汉族	
	徐　峰	儿子	男	1970年8月	汉族	
	徐玉兰	孙女	女	2004年11月	汉族	

家庭大事	1987年，建楼房240平方米； 1992年，徐锁香加入中国共产党； 1997—2006年，徐锁香四次获得全国无偿献血金奖，于2008年被评为昆山市优秀共产党员； 2009年，徐锁香被苏州市卫生行业"百名医德医风标兵"； 2011年，购汽车1辆； 2015年，购商品房100平方米； 2019年，购商品房190平方米。

家庭人员	姓名	与户主关系	性别	出生年月	民族	备注
	张仁洪	户主	男	1956年10月	汉族	
	田根妹	妻子	女	1958年6月	汉族	
	张雪莲	女儿	女	1981年11月	汉族	

家庭大事	1987年，建楼房220平方米； 1987年，张仁洪加入中国共产党； 2014年，购商品房120平方米； 2014年，购汽车1辆。

	姓名	与户主关系	性别	出生年月	民族	备注
家庭人员	张小林	户主	男	1966年4月	汉族	
	戴祥英	妻子	女	1967年6月	汉族	
	骆小妹	母亲	女	1928年1月	汉族	
	张晨毅	儿子	男	1989年7月	汉族	
	邬顺群	儿媳	女	1987年10月	汉族	
	张欣妍	孙女	女	2012年4月	汉族	
家庭大事	1992年,建楼房238平方米; 2001年,张小林加入中国共产党; 2016年,购汽车1辆。					

	姓名	与户主关系	性别	出生年月	民族	备注
家庭人员	张锁红	户主	男	1946年5月	汉族	
	王招弟	妻子	女	1945年8月	汉族	
家庭大事	1987年,张凤根入伍当兵; 1991年,建楼房2层,240平方米; 1992年,被庙灯村评为新风户。					

	姓名	与户主关系	性别	出生年月	民族	备注
家庭人员	何长林	户主	男	1960年4月	汉族	
	王津桂	妻子	女	1968年7月	汉族	
	何健辉	儿子	男	1997年10月	汉族	
家庭大事	2010年,购商品房101平方米; 2018年,何健辉入伍当兵。					

家庭人员	姓名	与户主关系	性别	出生年月	民族	备注
	何长生	户主	男	1965年8月	汉族	
	季敏芬	妻子	女	1969年8月	汉族	
	何　洁	女儿	女	1993年1月	汉族	

家庭大事	1983年,建楼房2层,200平方米; 1994年,何长生成为水产个体户; 2012年,购汽车1辆; 2015年,购商品房147平方米。

家庭人员	姓名	与户主关系	性别	出生年月	民族	备注
	张存孝	户主	男	1949年11月	汉族	
	张继文	儿子	男	1975年6月	汉族	

家庭大事	1986年,建楼房6间,210平方米。

家庭人员	姓名	与户主关系	性别	出生年月	民族	备注
	徐锁扣	户主	男	1948年12月	汉族	
	张芬英	妻子	女	1949年5月	汉族	

家庭大事	1987年,建楼房2层,250平方米。

家庭人员	姓名	与户主关系	性别	出生年月	民族	备注
	张存林	户主	男	1954年9月	汉族	
	宋米扣	妻子	女	1956年5月	汉族	
	张文斌	儿子	男	1979年8月	汉族	
	张俊矗	孙子	男	2003年1月	汉族	
	张佳浩	孙子	男	2012年8月	汉族	

家庭大事	1986年,建楼房2层,270平方米; 1999年,购商品房105平方米; 2010年,购商品房128平方米。

庙灯村第 15 村民小组

	姓名	与户主关系	性别	出生年月	民族	备注
家庭人员	龚彩娥	户主	女	1956 年 6 月	汉族	
	张志翔	儿子	男	1980 年 12 月	汉族	
	彭小丽	儿媳	女	1980 年 7 月	汉族	
	张 鹏	孙子	男	2004 年 10 月	汉族	
家庭大事	1984 年，建楼房 240 平方米。					

	姓名	与户主关系	性别	出生年月	民族	备注
家庭人员	龚卫生	户主	男	1965 年 11 月	汉族	
	张凤花	妻子	女	1966 年 2 月	汉族	
	龚 乾	儿子	男	1988 年 5 月	汉族	
	龚 显	孙子	男	2015 年 7 月	汉族	
	龚 盈	孙子	男	2018 年 8 月	汉族	
家庭大事	1987 年，建楼房 240 平方米； 2008 年，购商品房 118 平方米； 2013 年，购汽车 1 辆。					

	姓名	与户主关系	性别	出生年月	民族	备注
家庭人员	花秧根	户主	男	1946 年 6 月	汉族	
	严安珍	妻子	女	1952 年 6 月	汉族	
	花伟明	儿子	男	1973 年 7 月	汉族	
	唐香兰	儿媳	女	1976 年 7 月	汉族	
	花 蕾	孙女	女	1998 年 9 月	汉族	
家庭大事	1991 年，建楼房 245 平方米； 2007 年，购汽车 1 辆； 2016 年，建单体别墅 300 平方米；					

家庭人员	姓名	与户主关系	性别	出生年月	民族	备注
	许宝林	户主	男	1965年11月	汉族	
	智正琴	妻子	女	1964年6月	汉族	
	许燕冰	女儿	女	1990年2月	汉族	
	张配龙	女婿	男	1990年6月	汉族	
	张雨轩	孙子	男	2011年2月	汉族	
	许娟	侄女	女	1990年12月	汉族	

家庭大事	2018年，购400吨大铁船1艘。

家庭人员	姓名	与户主关系	性别	出生年月	民族	备注
	沈白男	户主	男	1952年9月	汉族	
	何金妹	妻子	女	1956年12月	汉族	
	沈小芳	女儿	女	1976年6月	汉族	
	沈美娟	女儿	女	1978年8月	汉族	

家庭大事	1988年，建楼房246平方米； 2004年，沈美娟于西南财经大学毕业。

家庭人员	姓名	与户主关系	性别	出生年月	民族	备注
	沈本忠	户主	男	1939年7月	汉族	
	许秀兰	妻子	女	1943年12月	汉族	
	沈友林	儿子	男	1969年9月	汉族	

家庭大事	1988年，建楼房260平方米； 1999年，购汽车1辆； 2014年，在城北建别墅1幢。

	姓名	与户主关系	性别	出生年月	民族	备注
家庭人员	沈培良	户主	男	1966年11月	汉族	
	姜根娣	妻子	女	1964年10月	汉族	
	沈　冬	儿子	男	1989年11月	汉族	
	沈曼青	孙女	女	2014年11月	汉族	
家庭大事	1990年，建楼房275平方米。					

	姓名	与户主关系	性别	出生年月	民族	备注
家庭人员	沈佩荣	户主	男	1964年1月	汉族	
	张巧依	妻子	女	1962年12月	汉族	
	沈传根	父亲	男	1938年7月	汉族	
	盛桂英	母亲	女	1939年9月	汉族	
	沈　佳	女儿	女	1986年9月	汉族	
家庭大事	1987年，建楼房280平方米； 2016年，购汽车1辆。					

	姓名	与户主关系	性别	出生年月	民族	备注
家庭人员	沈根元	户主	男	1946年10月	汉族	
	沈志明	儿子	男	1971年1月	汉族	
	祁淑珍	儿媳	女	1971年2月	汉族	
	沈志华	儿子	男	1975年9月	汉族	
	沈晓军	孙子	男	1993年11月	汉族	
家庭大事	1992年，建楼房250平方米； 2017年，购汽车1辆。					

家庭人员	姓名	与户主关系	性别	出生年月	民族	备注
	王明洪	户主	男	1979年1月	汉族	
	沈林萍	妻子	女	1983年4月	汉族	
	刘云红	岳母	女	1959年2月	汉族	
	沈子懿	女儿	女	2009年8月	汉族	
	王子灏	儿子	男	2016年4月	汉族	

家庭大事	1991年，建楼房260平方米； 1997年，购商品房75平方米； 2008年，购商品房105平方米； 2013年，购汽车1辆。

家庭人员	姓名	与户主关系	性别	出生年月	民族	备注
	张大依	户主	女	1952年3月	汉族	
	沈林芳	女儿	女	1978年8月	汉族	

家庭大事	1990年，建楼房6间，240平方米； 2014年，购汽车1辆。

家庭人员	姓名	与户主关系	性别	出生年月	民族	备注
	沈品玉	户主	男	1951年5月	汉族	
	张云秀	妻子	女	1953年4月	汉族	
	沈林泉	儿子	男	1968年11月	汉族	
	严亚红	儿媳	女	1969年10月	汉族	
	沈雨欣	孙女	女	2002年12月	汉族	
	沈雨好	孙女	女	2012年11月	汉族	

家庭大事	1987年，建楼房6间，240平方米； 2002年，购商品房70平方米。

	姓名	与户主关系	性别	出生年月	民族	备注
家庭人员	沈月明	户主	男	1958年6月	汉族	
	申红妹	妻子	女	1962年2月	汉族	
	沈志刚	儿子	男	1983年10月	汉族	
	章丹萍	儿媳	女	1985年11月	汉族	
	沈佳妮	孙女	女	2009年10月	汉族	
	沈佳航	孙子	男	2016年2月	汉族	
家庭大事	1990年，建楼房6间，258平方米； 2009年，购拆迁房90平方米； 2018年，购汽车1辆。					

	姓名	与户主关系	性别	出生年月	民族	备注
家庭人员	沈仁明	户主	男	1945年8月	汉族	
	徐菊仙	妻子	女	1946年5月	汉族	
	沈志勤	儿子	男	1966年2月	汉族	
	周凤花	儿媳	女	1967年6月	汉族	
	沈燕萍	孙女	女	1994年8月	汉族	
家庭大事	1988年，建楼房6间，240平方米； 2015年，沈燕萍于中国医科大学毕业； 2017年，购汽车1辆。					

	姓名	与户主关系	性别	出生年月	民族	备注
家庭人员	王林清	户主	男	1966年3月	汉族	
	王林吉	弟弟	男	1969年9月	汉族	
	王　彬	儿子	男	1990年12月	汉族	
家庭大事	2018年，购汽车1辆。					

家庭人员	姓名	与户主关系	性别	出生年月	民族	备注
	吴进发	户主	男	1943 年 2 月	汉族	
	吴妹妹	妻子	女	1946 年 11 月	汉族	
	杨小根	儿媳	女	1969 年 2 月	汉族	
	吴叶飞	孙子	男	1992 年 7 月	汉族	
	吴沭阳	曾孙	男	2019 年 7 月	汉族	

家庭大事	1989 年,建楼房 6 间,240 平方米; 2018 年,购汽车 1 辆。

家庭人员	姓名	与户主关系	性别	出生年月	民族	备注
	徐东根	户主	男	1968 年 1 月	汉族	
	张玉英	母亲	女	1935 年 10 月	汉族	
	徐 娇	女儿	女	1989 年 11 月	汉族	

家庭大事	1986 年,建楼房 6 间,240 平方米; 1998 年,购汽车库 2 间,75 平方米; 2017 年,购汽车 1 辆。

家庭人员	姓名	与户主关系	性别	出生年月	民族	备注
	徐祥生	户主	男	1942 年 5 月	汉族	
	张玉珍	妻子	女	1943 年 7 月	汉族	
	徐友明	儿子	男	1964 年 5 月	汉族	
	徐建明	儿子	男	1969 年 2 月	汉族	
	陈志英	儿媳	女	1971 年 4 月	汉族	
	徐 俊	孙子	男	1964 年 9 月	汉族	

家庭大事	1978 年,徐祥生加入中国共产党; 1986 年,建楼房 6 间,248 平方米; 1993 年,购商品房 60 平方米; 2004 年,购汽车 1 辆。

	姓名	与户主关系	性别	出生年月	民族	备注
家庭人员	杨阿毛	户主	男	1952年9月	汉族	
	杨惠芳	女儿	女	1981年9月	汉族	
	杨 志	女婿	男	1979年7月	汉族	
	杨 洋	外孙女	女	2004年1月	汉族	
家庭大事	1995年，建楼房6间，240平方米； 1996年，杨志入伍当兵； 1998年，杨志加入中国共产党； 2016年，购汽车1辆。					

	姓名	与户主关系	性别	出生年月	民族	备注
家庭人员	张根宝	户主	男	1967年9月	汉族	
	孙霞雯	妻子	女	1964年7月	汉族	
	徐兰英	母亲	女	1933年5月	汉族	
	张 洪	女儿	女	1990年1月	汉族	
	张弈辰	孙子	男	2013年7月	汉族	
	吴懿涵	孙女	女	2018年7月	汉族	
家庭大事	1996年，购白渔潭村第14村民小组张存孝楼房6间，240平方米； 2001年，张根宝创办加油站； 2009年，建连体别墅3层，180平方米； 2018年，购汽车1辆。					

	姓名	与户主关系	性别	出生年月	民族	备注
家庭人员	张锁明	户主	男	1952年4月	汉族	
	杜白妹	妻子	女	1955年4月	汉族	
	张志浩	儿子	男	1990年8月	汉族	
	潘 丽	儿媳	女	1991年12月	汉族	
	张铭其	孙子	男	2016年2月	汉族	
家庭大事	1982年，建楼房6间，275平方米； 1999年，购商品房75平方米； 2012年，张志浩于江海职业技术学院毕业； 2013年，购汽车1辆。					

	姓名	与户主关系	性别	出生年月	民族	备注
家庭人员	周自浩	户主	男	1948年10月	汉族	
	宋传英	妻子	女	1947年8月	汉族	
	周纯忠	儿子	男	1966年12月	汉族	
	周 易	孙子	男	1996年7月	汉族	
	王羊义	母亲	女	1931年7月	汉族	
家庭大事	1975年，周自浩加入中国共产党； 1986年，建楼房6间，200平方米； 1995年，建别墅1幢，250平方米； 2009年，购汽车1辆。					

	姓名	与户主关系	性别	出生年月	民族	备注
家庭人员	周春华	户主	男	1980年2月	汉族	
	朱 英	妻子	女	1981年12月	汉族	
	徐招妹	母亲	女	1957年6月	汉族	
	周 益	儿子	男	2005年3月	汉族	
	周 淼	女儿	女	2015年5月	汉族	
家庭大事	1991年，建楼房6间，250平方米； 2013年，购汽车1辆； 2017年，购商品房140平方米。					

	姓名	与户主关系	性别	出生年月	民族	备注
家庭人员	周四孝	户主	男	1958年8月	汉族	
	王金宝	妻子	女	1959年6月	汉族	
	周纯龙	儿子	男	1983年6月	汉族	
	王金华	儿媳	女	1984年12月	汉族	
	周玛檬	孙女	女	2007年6月	汉族	
	王玛桐	孙女	女	2011年4月	汉族	
家庭大事	1987年，建楼房6间，250平方米； 1992年，周四孝加入中国共产党； 1997年，购商品房110平方米。					

家庭人员	姓名	与户主关系	性别	出生年月	民族	备注
	吴文忠	户主	男	1964年1月	汉族	
	孙秀珍	妻子	女	1963年1月	汉族	
	吴梦婷	女儿	女	1988年7月	汉族	

家庭大事	1987年，建楼房6间，240平方米； 2013年，吴梦婷于南京医科大学康达学院毕业； 2016年，购汽车1辆。

家庭人员	姓名	与户主关系	性别	出生年月	民族	备注
	龚寒生	户主	男	1963年11月	汉族	
	徐巧珍	妻子	女	1961年3月	汉族	
	龚 蕾	女儿	女	1986年9月	汉族	
	张延捷	女婿	男	1981年12月	汉族	
	张家怡	孙女	女	2011年6月	汉族	
	龚家悦	孙女	女	2014年4月	汉族	

家庭大事	1992年，龚寒生加入中国共产党； 2007年、2009年、2017年各购汽车1辆； 2008年，购商品房142平方米； 2010年，建楼房143平方米。

家庭人员	姓名	与户主关系	性别	出生年月	民族	备注
	沈友良	户主	男	1966年10月	汉族	
	沈 宁	儿子	男	1989年11月	汉族	

家庭大事	1989年，沈友良加入中国共产党； 2014年，购汽车1辆。

家庭人员	姓名	与户主关系	性别	出生年月	民族	备注
	张龙宝	户主	男	1964年8月	汉族	
	张士浩	儿子	男	1987年8月	汉族	
家庭大事	1976年，建平房3间，90平方米。					

家庭人员	姓名	与户主关系	性别	出生年月	民族	备注
	沈中元	户主	男	1951年2月	汉族	
家庭大事	1994年，建平房2间，30平方米。					

庙灯村第 16 村民小组

	姓名	与户主关系	性别	出生年月	民族	备注
家庭人员	高小林	户主	男	1947 年 11 月	汉族	
	高冬明	儿子	男	1969 年 12 月	汉族	
	周红芬	儿媳	女	1970 年 11 月	汉族	
	高思韵	孙女	女	1996 年 4 月	汉族	
	林高麒	曾孙	男	2019 年 4 月	汉族	
家庭大事	1987 年，建楼房 6 间，245 平方米； 2015 年，购汽车 1 辆； 2018 年，高思韵于南京师范大学泰州学院毕业； 2018 年，购汽车 1 辆。					

	姓名	与户主关系	性别	出生年月	民族	备注
家庭人员	黄富才	户主	男	1950 年 10 月	汉族	
	申龙喜	妻子	女	1952 年 9 月	汉族	
	黄志良	儿子	男	1975 年 10 月	汉族	
	卜华萍	儿媳	女	1975 年 1 月	汉族	
	黄俊翔	孙子	男	1998 年 11 月	汉族	
家庭大事	1985 年，建楼房 6 间，240 平方米； 2009 年，购商品房 92 平方米。					

家庭人员	姓名	与户主关系	性别	出生年月	民族	备注
	强弟弟	户主	男	1947年12月	汉族	
	周芬玲	妻子	女	1949年7月	汉族	
	强惠根	儿子	男	1973年11月	汉族	
	吴桂芹	儿媳	女	1973年3月	汉族	
	强世伟	孙子	男	1997年10月	汉族	

家庭大事	1991年，建楼房6间，285平方米； 2018年，购汽车1辆。

家庭人员	姓名	与户主关系	性别	出生年月	民族	备注
	洪香珍	户主	女	1950年7月	汉族	
	陆 平	儿子	男	1969年12月	汉族	
	骆冬香	儿媳	女	1968年7月	汉族	
	陆易成	孙子	男	1992年10月	汉族	

家庭大事	1988年，建楼房6间，250平方米； 1998年，被评为新风户； 2001年，购商品房100平方米； 2002年，陆平加入中国共产党； 2014年，陆易成于常州工学院毕业； 2017年，陆易成入伍当兵； 2018年，购汽车1辆。

家庭人员	姓名	与户主关系	性别	出生年月	民族	备注
	骆德凤	户主	男	1939年6月	汉族	
	陈喜英	妻子	女	1945年1月	汉族	
	骆冬根	儿子	男	1970年11月	汉族	
	郑建英	儿媳	女	1971年6月	汉族	
	骆 叶	孙女	女	1993年11月	汉族	

家庭大事	1992年，建楼房6间，286平方米； 2013年，购商品房138平方米； 2017年，购汽车1辆。

	姓名	与户主关系	性别	出生年月	民族	备注
家庭人员	骆冬英	户主	女	1979年1月	汉族	
	邹宗现	丈夫	男	1975年1月	汉族	
	陈兰芬	母亲	女	1954年5月	汉族	
	骆 骏	儿子	男	2000年2月	汉族	
家庭大事	1986年，建楼房6间，265平方米； 2018年，购汽车1辆。					

	姓名	与户主关系	性别	出生年月	民族	备注
家庭人员	申洪春	户主	男	1966年2月	汉族	
	强卫芬	妻子	女	1968年9月	汉族	
	申 杰	儿子	男	1989年7月	汉族	
	祁梦保	儿媳	女	1989年12月	汉族	
	申煜博	孙子	男	2014年5月	汉族	
	申歆冉	孙女	女	2018年2月	汉族	
家庭大事	1989年，建楼房6间，222平方米； 2008年，购拆迁房91平方米； 2016年，购汽车1辆。					

	姓名	与户主关系	性别	出生年月	民族	备注
家庭人员	申建荣	户主	男	1965年3月	汉族	
	孙秋香	妻子	女	1968年7月	汉族	
	申 琳	女儿	女	1988年10月	汉族	
	张子琪	孙子	男	2015年12月	汉族	
	申思源	孙女	女	2017年11月	汉族	
家庭大事	1996年，建楼房6间，224平方米； 1996年，被评为文明户； 1996年，申建荣创办工厂； 2001年，购商品房88平方米； 2006年，购汽车1辆。					

	姓名	与户主关系	性别	出生年月	民族	备注
家庭人员	田根洪	户主	男	1961年3月	汉族	
	张杏英	妻子	女	1963年7月	汉族	
	田秋明	儿子	男	1986年12月	汉族	
	全加骥	儿媳	女	1990年2月	汉族	
	田旭冬	孙子	男	2010年4月	汉族	
	田旭蕊	孙女	女	2014年8月	汉族	
家庭大事	1988年，建楼房6间，260平方米； 2008年，购商品房103平方米； 2008年，购汽车1辆； 2009年，田秋明于南京航空航天大学毕业。					

	姓名	与户主关系	性别	出生年月	民族	备注
家庭人员	田根荣	户主	男	1952年5月	汉族	
	陆金贵	妻子	女	1952年1月	汉族	
	田秋生	儿子	男	1973年11月	汉族	
	夏连芳	儿媳	女	1972年8月	汉族	
	田旭泽	孙子	男	1996年11月	汉族	
家庭大事	1987年，建楼房6间，245平方米； 2001年，购商品房95平方米； 2016年，田旭泽于南京大学毕业； 2019年，购汽车1辆。					

家庭人员	姓名	与户主关系	性别	出生年月	民族	备注
	王扣宝	户主	男	1939年8月	汉族	
	徐旺珍	妻子	女	1945年6月	汉族	
	王根香	儿子	男	1965年3月	汉族	
	顾月仙	儿媳	女	1965年1月	汉族	
	王文超	孙子	男	1988年3月	汉族	
	徐英燕	孙媳	女	1989年11月	汉族	
	王睿泽	曾孙	男	2011年10月	汉族	
	徐哲昱	曾孙	男	2015年3月	汉族	
家庭大事	1990年，建楼房6间，246平方米； 1999年，购商品房107平方米； 2010年，购汽车1辆。					

家庭人员	姓名	与户主关系	性别	出生年月	民族	备注
	徐桂娣	户主	女	1956年10月	汉族	
	陆 桦	儿子	男	1979年9月	汉族	
家庭大事	1991年，建楼房6间，248平方米； 2001年，陆桦于扬州大学毕业。					

家庭人员	姓名	与户主关系	性别	出生年月	民族	备注
	张友林	户主	男	1965年5月	汉族	
	蒋春花	妻子	女	1965年5月	汉族	
	张存根	父亲	男	1945年6月	汉族	
	张 晶	儿子	男	1987年12月	汉族	
	吴梦思	儿媳	女	1988年11月	汉族	
	张亦轩	孙子	男	2013年10月	汉族	
家庭大事	1983年，建楼房6间，301平方米； 2014年，购商品房167平方米； 2018年，购汽车1辆。					

家庭人员	姓名	与户主关系	性别	出生年月	民族	备注
	王根林	户主	男	1970年6月	汉族	
	张友琴	妻子	女	1969年8月	汉族	
	王文伟	儿子	男	1991年2月	汉族	

家庭大事	

家庭人员	姓名	与户主关系	性别	出生年月	民族	备注
	高永明	户主	男	1965年4月	汉族	
	赵文妹	妻子	女	1967年8月	汉族	
	高婷婷	女儿	女	1989年3月	汉族	
	钱之萱	孙女	女	2012年9月	汉族	
	高子熙	孙子	男	2016年9月	汉族	

家庭大事	1982年，建平房3间，108平方米； 2006年，购商品房93平方米。

家庭人员	姓名	与户主关系	性别	出生年月	民族	备注
	申洪明	户主	男	1968年6月	汉族	
	陈建妹	妻子	女	1967年2月	汉族	
	申　峰	儿子	男	1992年8月	汉族	
	周春燕	儿媳	女	1994年3月	汉族	
	申宥瑄	孙子	男	2018年3月	汉族	

家庭大事	1994年，建楼房6间，220平方米； 2004年，购商品房117.8平方米； 2016年，购汽车1辆。

	姓名	与户主关系	性别	出生年月	民族	备注
家庭人员	申桂明	户主	男	1976年12月	汉族	
	梁嘉敏	妻子	女	1973年2月	汉族	
	袁根妹	母亲	女	1952年1月	汉族	
	申家兴	儿子	男	1997年12月	汉族	

家庭大事	1980年，建平房3间，100平方米； 2016年，购汽车1辆。

	姓名	与户主关系	性别	出生年月	民族	备注
家庭人员	张锁根	户主	男	1943年11月	汉族	
	高小妹	妻子	女	1944年9月	汉族	
	张建良	儿子	男	1962年6月	汉族	
	毛文秀	儿媳	女	1962年12月	汉族	
	张夏秀	孙女	女	1985年9月	汉族	

家庭大事	1990年，建楼房6间，278平方米； 2016年，购汽车1辆。

	姓名	与户主关系	性别	出生年月	民族	备注
家庭人员	张友良	户主	男	1970年3月	汉族	
	沈友珍	妻子	女	1969年10月	汉族	
	徐芬珍	母亲	女	1944年8月	汉族	
	张 静	女儿	女	1993年2月	汉族	

家庭大事	1991年，建楼房6间，242平方米。

家庭人员	姓名	与户主关系	性别	出生年月	民族	备注
	徐兰芳	户主	女	1960年12月	汉族	
家庭大事	1990年，建楼房6间，250平方米。					

家庭人员	姓名	与户主关系	性别	出生年月	民族	备注
	骆德明	户主	男	1962年6月	汉族	
	张红英	妻子	女	1964年11月	汉族	
	骆冬梅	女儿	女	1985年11月	汉族	
家庭大事	1989年，建楼房6间，231平方米。					

家庭人员	姓名	与户主关系	性别	出生年月	民族	备注
	强小妹	户主	女	1946年6月	汉族	
家庭大事	1986年，建楼房6间，250平方米。					

家庭人员	姓名	与户主关系	性别	出生年月	民族	备注
	申善喜	户主	男	1949年10月	汉族	
	许根兄	妻子	女	1951年2月	汉族	
家庭大事	1974年，建平房3间，90平方米。					

	姓名	与户主关系	性别	出生年月	民族	备注
家庭人员	洪友根	户主	男	1943年4月	汉族	
	顾水宝	妻子	女	1941年5月	汉族	
	洪卫明	儿子	男	1965年4月	汉族	
	张羊林	儿媳	女	1967年10月	汉族	
	洪 彦	孙女	女	1989年11月	汉族	
	王 欢	孙女婿	男	1989年10月	汉族	
家庭大事	1984年，洪卫明入伍当兵； 1986年，建楼房2层，240平方米； 1987年，洪卫明加入中国共产党； 2000年，购商品房94平方米； 2010年，购汽车1辆； 2012年，洪彦于南京航空航天大学金城学院毕业。					

	姓名	与户主关系	性别	出生年月	民族	备注
家庭人员	高阿土	户主	男	1940年11月	汉族	
家庭大事	1981年，建平房3间，48平方米。					

	姓名	与户主关系	性别	出生年月	民族	备注
家庭人员	洪阿小	户主	男	1939年12月	汉族	
	洪卫英	女儿	女	1967年3月	汉族	
	周金宝	女婿	男	1963年3月	汉族	
	洪卫卫	女儿	女	1979年6月	汉族	
	洪 亮	孙子	男	1987年11月	汉族	
	苏籽昱	孙女	女	2006年2月	汉族	
	周思妤	曾孙女	女	2012年3月	汉族	
	洪思怡	曾孙女	女	2010年3月	汉族	
家庭大事	1988年，建楼房2层，265平方米。					

家庭人员	姓名	与户主关系	性别	出生年月	民族	备注
	张 杰	户主	男	1971年11月	汉族	
家庭大事	1979年，建平房2间，48平方米。					

家庭人员	姓名	与户主关系	性别	出生年月	民族	备注
	徐杏珍	户主	女	1932年3月	汉族	
	徐根娣	女儿	女	1952年10月	汉族	
	夏四保	女婿	男	1954年7月	汉族	
	徐国强	孙子	男	1998年11月	汉族	
家庭大事	1988年，建楼房6间，242平方米。					

家庭人员	姓名	与户主关系	性别	出生年月	民族	备注
	王加高	户主	男	1968年4月	汉族	
家庭大事						

家庭人员	姓名	与户主关系	性别	出生年月	民族	备注
	骆冬珍	户主	女	1965年12月	汉族	
家庭大事						

家庭人员	姓名	与户主关系	性别	出生年月	民族	备注
	高巧珍	户主	女	1969年8月	汉族	
	杨学往	丈夫	男	1964年10月	汉族	
家庭大事						

	姓名	与户主关系	性别	出生年月	民族	备注
家庭人员	申分喜	户主	男	1942年2月	汉族	
	申建明	儿子	男	1958年5月	汉族	
	申建华	儿子	男	1961年6月	汉族	
家庭大事	1966年，申分喜加入中国共产党； 1998年，建楼房2层，201平方米； 2001年，被评为新风户。					

庙灯村第 17 村民小组

	姓名	与户主关系	性别	出生年月	民族	备注
家庭人员	季兰芳	户主	女	1967年11月	汉族	
	徐建华	丈夫	男	1966年10月	汉族	
	徐文斌	儿子	男	1991年1月	汉族	
	荣梦丹	儿媳	女	1993年12月	汉族	
	徐子博	孙子	男	2017年1月	汉族	

家庭大事	1986年，徐建华于本溪冶金高等专科学校毕业； 2008年，徐文斌加入中国共产党； 2011年，徐文斌于徐州工业职业技术学院毕业； 2015年，购汽车1辆。

	姓名	与户主关系	性别	出生年月	民族	备注
家庭人员	王显国	户主	男	1948年6月	汉族	
	姜扣女	妻子	女	1951年10月	汉族	
	王连祥	儿子	男	1977年9月	汉族	
	翁秀军	儿媳	女	1979年4月	汉族	
	王艺嘉	孙女	女	2006年6月	汉族	

家庭大事	1986年，建平房3间，92平方米； 2019年，购汽车1辆。

	姓名	与户主关系	性别	出生年月	民族	备注
家庭人员	储巧弟	户主	男	1967年1月	汉族	
	胡金娣	妻子	女	1969年7月	汉族	
	储艳琴	女儿	女	1989年12月	汉族	
	向庆烝	孙女	女	2018年4月	汉族	

家庭大事	1985年，建楼房5间，189平方米； 2014年，购汽车1辆。

	姓名	与户主关系	性别	出生年月	民族	备注
家庭人员	徐巧明	户主	男	1939年12月	汉族	
	俞林娣	妻子	女	1940年8月	汉族	

家庭大事	1989年，建楼房6间，230平方米。

	姓名	与户主关系	性别	出生年月	民族	备注
家庭人员	季长根	户主	男	1962年9月	汉族	
	田粉兰	妻子	女	1966年5月	汉族	
	季康龙	父亲	男	1923年9月	汉族	
	季　洁	女儿	女	1991年3月	汉族	

家庭大事	1991年，建楼房6间，220平方米。

	姓名	与户主关系	性别	出生年月	民族	备注
家庭人员	朱米英	户主	女	1963年12月	汉族	
	季　杉	儿子	男	1987年6月	汉族	
	王　婷	儿媳	女	1982年1月	汉族	
	季铭宇	孙子	男	2011年8月	汉族	

家庭大事	1981年，建楼房6间，200平方米； 2014年，购汽车1辆。

	姓名	与户主关系	性别	出生年月	民族	备注
家庭人员	季根章	户主	男	1962 年 4 月	汉族	
	徐桂兰	妻子	女	1963 年 3 月	汉族	
	季小洋	父亲	男	1931 年 4 月	汉族	
	季春华	儿子	男	1986 年 2 月	汉族	
	林美浩	儿媳	女	1988 年 10 月	汉族	
	季妍琦	孙女	女	2016 年 11 月	汉族	
家庭大事	1991 年，建楼房 6 间，240 平方米； 1997 年，季根章加入中国共产党； 2008 年，季春华于中国人民解放军理工大学毕业； 2011 年，购汽车 1 辆。					

	姓名	与户主关系	性别	出生年月	民族	备注
家庭人员	姜小牛	户主	男	1961 年 8 月	汉族	
	许文凤	妻子	女	1959 年 8 月	汉族	
	姜丽丽	女儿	女	1985 年 6 月	汉族	
家庭大事	1979 年，建平房 3 间，64 平方米； 2014 年，购汽车 1 辆； 2015 年，姜丽丽于湖南农业大学毕业。					

	姓名	与户主关系	性别	出生年月	民族	备注
家庭人员	季康梅	户主	男	1949 年 8 月	汉族	
	杨梅芳	妻子	女	1953 年 4 月	汉族	
	季长虹	儿子	男	1976 年 6 月	汉族	
	陈小红	儿媳	女	1978 年 1 月	汉族	
	季佳丽	孙女	女	2002 年 2 月	汉族	
家庭大事	1990 年，建楼房 6 间，280 平方米； 1999 年，购商品房 90 平方米； 2012 年，购汽车 1 辆。					

	姓名	与户主关系	性别	出生年月	民族	备注
家庭人员	王显龙	户主	男	1952年8月	汉族	
	季雪珍	妻子	女	1954年4月	汉族	
	王芳	女儿	女	1978年8月	汉族	
	王雨婷	孙女	女	2002年3月	汉族	
家庭大事	1990年,建楼房6间,216平方米。					

	姓名	与户主关系	性别	出生年月	民族	备注
家庭人员	沈卫平	户主	男	1963年9月	汉族	
	唐仙玲	妻子	女	1964年10月	汉族	
	沈雪娟	女儿	女	1987年6月	汉族	
	杨刚	女婿	男	1988年3月	汉族	
	沈杨霖跃	孙子	男	2015年3月	汉族	
家庭大事	1985年,建楼房6间,200平方米; 2002年,购商品房100平方米; 2015年,购汽车1辆。					

	姓名	与户主关系	性别	出生年月	民族	备注
家庭人员	徐家云	户主	男	1955年3月	汉族	
	韩建英	妻子	女	1954年5月	汉族	
	徐巧芳	女儿	女	1983年3月	汉族	
	徐欣怡	孙女	女	2007年2月	汉族	
	徐德忆	孙子	男	2018年3月	汉族	
家庭大事	1993年,建楼房6间,255平方米。					

	姓名	与户主关系	性别	出生年月	民族	备注
家庭人员	王正兴	户主	男	1944年5月	汉族	
	沈梅花	妻子	女	1947年11月	汉族	
	王利明	儿子	男	1967年9月	汉族	
	龚金凤	儿媳	女	1968年2月	汉族	
	王钲云	孙子	男	1990年3月	汉族	
家庭大事	1988年，建楼房6间，311平方米； 2013年，购汽车1辆； 2015年，王钲云于南京航空航天大学毕业。					

	姓名	与户主关系	性别	出生年月	民族	备注
家庭人员	王月春	户主	男	1964年8月	汉族	
	沈建花	妻子	女	1963年3月	汉族	
	王董	儿子	男	1988年11月	汉族	
	王敏	儿媳	女	1988年11月	汉族	
	王锦程	孙子	男	2011年9月	汉族	
家庭大事	1987年，建楼房3间，110平方米。					

	姓名	与户主关系	性别	出生年月	民族	备注
家庭人员	王健春	户主	男	1963年11月	汉族	
	蒋雪芬	妻子	女	1973年11月	汉族	
	王雨廉	儿子	男	1997年2月	汉族	
家庭大事	2007年，购商品房145平方米； 2018年，购汽车1辆。					

	姓名	与户主关系	性别	出生年月	民族	备注
家庭人员	沈东民	户主	男	1944年12月	汉族	
	唐银花	妻子	女	1946年1月	汉族	
	沈桂珍	女儿	女	1966年12月	汉族	
	徐小根	女婿	男	1965年2月	汉族	
	沈徐康	孙子	男	1990年10月	汉族	
家庭大事	1984年，徐小根入伍当兵； 1987年，建楼房6间，228平方米； 1988年，徐小根加入中国共产党； 2018年，沈徐康于南京中医药大学毕业； 2017年，购汽车1辆。					

	姓名	与户主关系	性别	出生年月	民族	备注
家庭人员	李喜生	户主	男	1940年6月	汉族	
	李素珍	妻子	女	1937年12月	汉族	
	李 春	儿子	男	1963年8月	汉族	13962678890
	华月琴	儿媳	女	1964年9月	汉族	
	李炎达	孙子	男	1998年12月	汉族	
家庭大事	1982年，建楼房6间，258平方米。					

	姓名	与户主关系	性别	出生年月	民族	备注
家庭人员	李凤高	户主	男	1957年3月	汉族	
	张小仙	妻子	女	1960年12月	汉族	
	李文华	儿子	男	1984年7月	汉族	
	朱 琪	儿媳	女	1987年9月	汉族	
	李佳怡	孙女	女	2012年3月	汉族	
	朱佳文	孙女	女	2018年7月	汉族	
家庭大事	1991年，建楼房7间，148平方米； 1997年，李凤高加入中国共产党； 2000年，购商品房85平方米； 2010年，购汽车1辆。					

	姓名	与户主关系	性别	出生年月	民族	备注
家庭人员	王正青	户主	男	1967年11月	汉族	
	龚丽青	妻子	女	1970年1月	汉族	
	王文斌	儿子	男	1991年8月	汉族	
	王全英	母亲	女	1931年9月	汉族	
	王正明	哥哥	男	1952年12月	汉族	
家庭大事	1988年，建楼房6间，260平方米； 2014年，王文斌于江苏师范大学毕业； 2017年，购汽车1辆。					

	姓名	与户主关系	性别	出生年月	民族	备注
家庭人员	王昌明	户主	男	1959年6月	汉族	
	何凤英	妻子	女	1962年10月	汉族	
	王晶	女儿	女	1994年9月	汉族	
家庭大事	1991年，建楼房6间，245平方米； 2017年，王晶于苏州大学毕业； 2019年，购汽车1辆。					

	姓名	与户主关系	性别	出生年月	民族	备注
家庭人员	王月弟	户主	男	1957年7月	汉族	
	龚月英	妻子	女	1960年3月	汉族	
	王强	儿子	男	1982年11月	汉族	
	周莉	儿媳	女	1984年3月	汉族	
	王慧琪	孙女	女	2007年10月	汉族	
	王懿恒	孙子	男	2014年5月	汉族	
家庭大事	1991年，建楼房2层，242平方米； 2013年，购汽车1辆。					

	姓名	与户主关系	性别	出生年月	民族	备注
家庭人员	徐正云	户主	男	1960年2月	汉族	
	徐琴英	妻子	女	1962年9月	汉族	
	徐燕萍	女儿	女	1986年6月	汉族	
	王林波	女婿	男	1980年9月	汉族	
	徐儒轶	孙子	男	2014年8月	汉族	

家庭大事	1992年,建楼房6间,243平方米; 2000年,购商品房90平方米; 2008年,徐燕萍于南通大学毕业; 2016年,购汽车1辆。

	姓名	与户主关系	性别	出生年月	民族	备注
家庭人员	沈惠明	户主	男	1958年10月	汉族	
	季根娣	妻子	女	1958年9月	汉族	
	沈 琴	女儿	女	1982年10月	汉族	
	陈 逸	女婿	男	1977年8月	汉族	
	沈嘉颖	孙女	女	2004年4月	汉族	
	陈沈羽	孙女	女	2008年12月	汉族	

家庭大事	1979年,沈惠明入伍当兵; 1989年,建楼房6间,234平方米; 2013年,购商品房103平方米; 2013年,购汽车1辆。

	姓名	与户主关系	性别	出生年月	民族	备注
家庭人员	王月林	户主	男	1970年11月	汉族	
	李培芳	妻子	女	1973年11月	汉族	
	李梦君	女儿	女	1994年11月	汉族	
	王 蓉	女儿	女	1995年1月	汉族	

家庭大事	1991年,建楼房6间,250平方米。

家庭人员	姓名	与户主关系	性别	出生年月	民族	备注
	王正春	户主	男	1970年7月	汉族	

家庭大事	

家庭人员	姓名	与户主关系	性别	出生年月	民族	备注
	姜秀英	户主	女	1931年6月	汉族	
	姜金龙	儿子	男	1970年9月	汉族	
	凌建珍	儿媳	女	1969年10月	汉族	
	姜 瑛	孙女	女	1993年2月	汉族	

家庭大事	1989年，建楼房6间，220平方米； 1999年，购商品房92平方米； 2014年，购汽车1辆。

家庭人员	姓名	与户主关系	性别	出生年月	民族	备注
	姜金根	户主	男	1964年11月	汉族	
	陈海珍	妻子	女	1965年8月	汉族	
	胥阿珍	母亲	女	1942年1月	汉族	

家庭大事	1989年，建楼房6间，200平方米； 1995年，购商品房75平方米； 2000年，购商品房150平方米； 2014年，购汽车1辆。

家庭人员	姓名	与户主关系	性别	出生年月	民族	备注
	周苗娣	户主	女	1934年5月	汉族	

家庭大事	1989年，建楼房6间，232平方米。

家庭人员	姓名	与户主关系	性别	出生年月	民族	备注
	唐宗宝	户主	女	1937年2月	汉族	
	王建华	儿子	男	1968年12月	汉族	

家庭大事	1986年，建楼房6间，240平方米； 1990年，王建华于南京化工学院毕业； 1994年，王建华加入中国共产党； 1995年，购商品房78平方米； 2004年，购汽车1辆。

家庭人员	姓名	与户主关系	性别	出生年月	民族	备注
	李凤弟	户主	男	1954年9月	汉族	
	周祥花	妻子	女	1955年9月	汉族	
	李文俊	儿子	男	1979年7月	汉族	

家庭大事	1982年，建楼房2层，280平方米； 1998年，李文俊入伍当兵； 2005年，李文俊加入中国共产党。

家庭人员	姓名	与户主关系	性别	出生年月	民族	备注
	沈卫国	户主	男	1965年9月	汉族	
	洪卫锦	妻子	女	1968年1月	汉族	
	沈洪	女儿	女	1988年6月	汉族	
	沈恩萱	孙女	女	2018年4月	汉族	
	李梅珍	母亲	女	1944年1月	汉族	

家庭大事	1988年，建楼房2层，230平方米； 2009年，购商品房86平方米； 2013年，沈洪加入中国共产党。

庙灯村第 18 村民小组

家庭人员	姓名	与户主关系	性别	出生年月	民族	备注
	李水发	户主	男	1967 年 12 月	汉族	
	刘凤兰	妻子	女	1969 年 1 月	汉族	
	李文涛	儿子	男	1989 年 11 月	汉族	

家庭大事	1989 年，建平房 3 间，80 平方米； 1998 年，购汽车 1 辆； 2000 年，购商品房 125 平方米； 2014 年，购商品房 193 平方米； 2014 年，李文涛于南京审计大学毕业。

家庭人员	姓名	与户主关系	性别	出生年月	民族	备注
	李博林	户主	男	1958 年 6 月	汉族	
	翁亚南	妻子	女	1958 年 2 月	汉族	
	李祖良	父亲	男	1927 年 3 月	汉族	
	李小云	女儿	女	1987 年 4 月	汉族	

家庭大事	1986 年，建平房 3 间，100 平方米； 1991 年，购商品房 60 平方米； 2008 年，购汽车 1 辆。

家庭人员	姓名	与户主关系	性别	出生年月	民族	备注
	李小妹	户主	女	1934 年 5 月	汉族	
	丁祥根	儿子	男	1963 年 7 月	汉族	
	俞云芳	儿媳	女	1963 年 10 月	汉族	

家庭大事	1992 年，建楼房 6 间，280 平方米。

家庭人员	姓名	与户主关系	性别	出生年月	民族	备注
	丁仲德	户主	男	1951年5月	汉族	
	李秀珍	妻子	女	1953年4月	汉族	
	李　刚	儿子	男	1975年11月	汉族	
	黄志红	儿媳	女	1977年12月	汉族	
	李怡萱	孙女	女	1988年9月	汉族	

家庭大事	1990年，建楼房6间，200平方米； 1998年，购商品房85平方米； 2014年，购汽车1辆。

家庭人员	姓名	与户主关系	性别	出生年月	民族	备注
	俞先良	户主	男	1958年12月	汉族	
	钟惠珍	妻子	女	1959年3月	汉族	
	俞冬林	儿子	男	1981年12月	汉族	
	俞斌耀	孙子	男	2002年2月	汉族	

家庭大事	1987年，建楼房6间，300平方米； 2005年，俞冬林于苏州科技学院毕业； 2007年，购商品房100平方米； 2009年，购汽车1辆。

家庭人员	姓名	与户主关系	性别	出生年月	民族	备注
	李根林	户主	男	1942年11月	汉族	
	李慧芳	妻子	女	1947年12月	汉族	
	李 琴	女儿	女	1969年8月	汉族	
	李 刚	儿子	男	1971年7月	汉族	
	唐小菊	儿媳	女	1972年12月	汉族	
	李 红	女儿	女	1973年4月	汉族	
	李 倩	孙女	女	1995年3月	汉族	

家庭大事	1965年，李根林加入中国共产党； 1996年，购楼房6间，263平方米。

家庭人员	姓名	与户主关系	性别	出生年月	民族	备注
	李雪明	户主	男	1967年12月	汉族	
	马桂芬	妻子	女	1966年6月	汉族	
	李 超	儿子	男	1988年7月	汉族	

家庭大事	1992年，建楼房6间，157平方米。

家庭人员	姓名	与户主关系	性别	出生年月	民族	备注
	李士元	户主	男	1950年10月	汉族	
	沈桂英	妻子	女	1952年9月	汉族	
	李招宝	母亲	女	1931年9月	汉族	
	李 东	儿子	男	1976年2月	汉族	
	张玉梅	儿媳	女	1979年9月	汉族	
	李忆佳	孙女	女	2000年10月	汉族	

家庭大事	1986年，建楼房6间，215平方米； 2018年，购汽车1辆。

庙灯村志·村民家庭记载

	姓名	与户主关系	性别	出生年月	民族	备注
家庭人员	李梅林	户主	女	1951年4月	汉族	
	李　华	儿子	男	1970年11月	汉族	
	李　一	孙子	男	1984年5月	汉族	

家庭大事	1982年，建楼房6间，215平方米； 2016年，李一于南京晓庄学院毕业； 2016年，购汽车1辆。

	姓名	与户主关系	性别	出生年月	民族	备注
家庭人员	沈节花	户主	女	1934年9月	汉族	
	沈密英	女儿	女	1963年12月	汉族	
	王建荣	女婿	男	1963年9月	汉族	
	孙　洁	孙女	女	1986年11月	汉族	

家庭大事	1982年，建楼房6间，200平方米； 1997年，购商品房87平方米； 2008年，孙洁加入中国共产党； 2009年，购汽车1辆。

	姓名	与户主关系	性别	出生年月	民族	备注
家庭人员	孙水法	户主	男	1965年8月	汉族	
	王光华	妻子	女	1966年6月	汉族	
	孙　琳	女儿	女	1989年12月	汉族	
	严　兵	女婿	男	1983年6月	汉族	
	孙雨晨	孙子	男	2011年9月	汉族	

家庭大事	1997年，建楼房6间，261平方米。

160

	姓名	与户主关系	性别	出生年月	民族	备注
家庭人员	孙未元	户主	男	1945年8月	汉族	
	李银凤	妻子	女	1950年10月	汉族	
	孙春秀	女儿	女	1981年2月	汉族	
	孙小春	女儿	女	1983年4月	汉族	
	施伟	女婿	男	1978年12月	汉族	
	孙施宇	孙子	男	2008年3月	汉族	

家庭大事	1987年，建楼房6间，215平方米； 2018年，购汽车1辆。

	姓名	与户主关系	性别	出生年月	民族	备注
家庭人员	孙水明	户主	男	1963年1月	汉族	
	李素香	妻子	女	1963年2月	汉族	
	孙韦	儿子	男	1995年9月	汉族	

家庭大事	1991年，建楼房6间，257平方米； 2007年，孙韦入伍当兵； 2009年，孙韦加入中国共产党； 2010年，购汽车1辆。

	姓名	与户主关系	性别	出生年月	民族	备注
家庭人员	唐俊元	户主	男	1930年5月	汉族	
	唐宗花	妻子	女	1934年2月	汉族	
	唐巧妹	女儿	女	1966年6月	汉族	
	沈娟	外孙女	女	1987年11月	汉族	

家庭大事	1989年，建楼房6间，260平方米。

	姓名	与户主关系	性别	出生年月	民族	备注
家庭人员	唐月明	户主	男	1967年10月	汉族	
	周金芳	妻子	女	1968年4月	汉族	
	李凤宝	母亲	女	1940年10月	汉族	
	唐晓君	儿子	男	1990年9月	汉族	
家庭大事	1989年，建楼房6间，208平方米； 1998年，被评为新风户； 2015年，购汽车1辆。					

	姓名	与户主关系	性别	出生年月	民族	备注
家庭人员	李凤妹	户主	女	1954年8月	汉族	
	王 华	儿子	男	1979年9月	汉族	
	袁月红	儿媳	女	1981年11月	汉族	
	王轶辰	孙子	男	2004年2月	汉族	
家庭大事	1986年，建楼房6间，230平方米； 1993年，李凤妹加入中国共产党； 1998年，购商品房90平方米； 2010年，购汽车1辆。					

	姓名	与户主关系	性别	出生年月	民族	备注
家庭人员	俞阿良	户主	男	1967年1月	汉族	
	郁雪珍	妻子	女	1968年1月	汉族	
	俞 静	女儿	女	1989年7月	汉族	
家庭大事	1989年，建楼房6间，224平方米； 2012年，购汽车1辆。					

家庭人员	姓名	与户主关系	性别	出生年月	民族	备注
	徐水芹	户主	男	1957年11月	汉族	
	李小花	妻子	女	1956年8月	汉族	

家庭大事	1988年，建楼房6间，168平方米。

家庭人员	姓名	与户主关系	性别	出生年月	民族	备注
	刘龙宝	户主	女	1939年3月	汉族	
	李水根	儿子	男	1969年5月	汉族	
	施小琴	儿媳	女	1972年6月	汉族	
	沈 莹	孙女	女	1996年7月	汉族	
	李出云	孙子	男	2012年6月	汉族	

家庭大事	1988年，建平房4间，170平方米； 2004年，李水根创办昆山宏兴建材有限公司； 2009年，购商品房230平方米。

家庭人员	姓名	与户主关系	性别	出生年月	民族	备注
	李福生	户主	男	1955年11月	汉族	
	李仙珍	妻子	女	1955年6月	汉族	
	李春华	儿子	男	1982年7月	汉族	
	余嫡嫡	儿媳	女	1980年2月	汉族	
	李镇宇	孙子	男	2004年1月	汉族	

家庭大事	1990年，建楼房6间，230平方米； 2014年，购汽车1辆。

	姓名	与户主关系	性别	出生年月	民族	备注
家庭人员	李　锋	户主	男	1975年2月	汉族	
	陈美兰	妻子	女	1979年5月	汉族	
	周凤金	母亲	女	1949年8月	汉族	
	李星悦	女儿	女	2004年5月	汉族	
家庭大事	1990年，建楼房6间，250平方米； 1997年，李锋于南京经济学院毕业，陈美兰于苏州大学毕业； 2006年，购福特汽车1辆； 2015年，李锋加入中国共产党。					

	姓名	与户主关系	性别	出生年月	民族	备注
家庭人员	曹加宾	户主	男	1959年4月	汉族	
	祝小妹	妻子	女	1962年7月	汉族	
	曹效赏	儿子	男	1985年2月	汉族	
	曹天赐	孙子	男	2008年11月	汉族	
家庭大事	1978年，曹加宾入伍当兵。					

	姓名	与户主关系	性别	出生年月	民族	备注
家庭人员	唐雪英	户主	女	1938年3月	汉族	
	唐水珍	女儿	女	1964年1月	汉族	
	唐俊弟	孙子	男	2010年9月	汉族	
家庭大事	1990年，建楼房6间，300平方米； 2014年，购商品房130平方米。					

家庭人员	姓名	与户主关系	性别	出生年月	民族	备注
	李祥元	户主	男	1944年10月	汉族	
	李白花	妻子	女	1947年9月	汉族	
	李月兰	女儿	女	1965年10月	汉族	
	陆福根	女婿	男	1963年10月	汉族	
	李冰心	孙女	女	1986年7月	汉族	

家庭大事	1996年,购商品房100平方米; 2010年,李冰心于苏州大学应用技术学院毕业。

家庭人员	姓名	与户主关系	性别	出生年月	民族	备注
	徐凤英	户主	女	1946年10月	汉族	
	唐学峰	儿子	男	1970年7月	汉族	

家庭大事	1974年,建平房5间,130平方米。

庙灯村第 19 村民小组

	姓名	与户主关系	性别	出生年月	民族	备注
家庭人员	李见明	户主	男	1956 年 3 月	汉族	
	盛琴花	妻子	女	1957 年 12 月	汉族	
	李 玉	女儿	女	1981 年 9 月	汉族	
	俞庆华	女婿	男	1979 年 1 月	汉族	
	俞佳怡	孙女	女	2004 年 6 月	汉族	
	李四官	父亲	男	1936 年 9 月	汉族	
	李桃妹	母亲	女	1937 年 10 月	汉族	
家庭大事	1990 年,建楼房 2 层,310 平方米。					

	姓名	与户主关系	性别	出生年月	民族	备注
家庭人员	李火林	户主	男	1945 年 1 月	汉族	
	李引仙	妻子	女	1947 年 11 月	汉族	
	李国斌	儿子	男	1969 年 3 月	汉族	
	李诗甜	孙女	女	1994 年 6 月	汉族	
家庭大事	1988 年,建楼房 2 层,132 平方米; 2002 年,购商品房 140 平方米; 2003 年,购汽车 1 辆; 2017 年,李诗甜于澳大利亚昆士兰大学硕士研究生毕业。					

	姓名	与户主关系	性别	出生年月	民族	备注
家庭人员	李见中	户主	男	1964年2月	汉族	
	唐桂花	妻子	女	1963年11月	汉族	
	李　军	儿子	男	1987年2月	汉族	
	邬锦佳	儿媳	女	1989年11月	汉族	
	李雨萌	孙女	女	2014年4月	汉族	
	邬一帆	孙子	男	2017年3月	汉族	
家庭大事	1995年，建楼房2层，250平方米； 2013年，购汽车1辆； 2017年，购商品房200平方米。					

	姓名	与户主关系	性别	出生年月	民族	备注
家庭人员	李国良	户主	男	1967年12月	汉族	
	胡　彬	妻子	女	1974年7月	汉族	
	李　钟	儿子	男	1989年8月	汉族	
	李　浩	女儿	女	2000年5月	汉族	
	李鸿曦	孙子	男	2012年5月	汉族	
家庭大事	2006年，购商品房117平方米。					

	姓名	与户主关系	性别	出生年月	民族	备注
家庭人员	朱文英	户主	女	1970年10月	汉族	
	俞小良	丈夫	男	1969年5月	汉族	
	朱佳俞	女儿	女	1992年5月	汉族	
	瞿未刚	女婿	男	1991年4月	汉族	
家庭大事	1999年，购商品房121平方米； 2009年，购汽车1辆； 2011年，朱佳俞于苏州幼儿师范高等专科学校毕业。					

	姓名	与户主关系	性别	出生年月	民族	备注
家庭人员	朱小宝	户主	男	1951年10月	汉族	
	于月坤	妻子	女	1956年5月	汉族	
	朱志荣	儿子	男	1979年4月	汉族	
	王彩霞	儿媳	女	1980年2月	汉族	
	朱雨阳	孙子	男	2004年4月	汉族	
家庭大事	1995年,建楼房2层,200平方米; 2005年,购汽车1辆; 2008年,购商品房78平方米。					

	姓名	与户主关系	性别	出生年月	民族	备注
家庭人员	吴义林	户主	男	1950年1月	汉族	
	仲阿芬	妻子	女	1951年10月	汉族	
	吴建华	儿子	男	1971年5月	汉族	
	葛 丹	儿媳	女	1981年11月	汉族	
	李吴子频	孙子	男	1994年10月	汉族	
	陆晓兰	孙媳	女	1995年10月	汉族	
	李吴煜晨	孙子	男	2007年2月	汉族	
家庭大事	1984年,建楼房2层,250平方米; 2014年,李吴子频入伍当兵,于2017年加入中国共产党; 2016年,购商品房130平方米; 2019年,购汽车1辆。					

家庭人员	姓名	与户主关系	性别	出生年月	民族	备注
	龚伟根	户主	男	1965年11月	汉族	
	李国英	妻子	女	1967年7月	汉族	
	龚丽娜	女儿	女	1989年7月	汉族	

家庭大事	1990年，建楼房2层，220平方米； 2009年，购商品房136平方米； 2015年，购汽车1辆。

家庭人员	姓名	与户主关系	性别	出生年月	民族	备注
	龚东根	户主	女	1946年7月	汉族	
	张秀英	妻子	女	1948年9月	汉族	
	龚武强	儿子	男	1967年11月	汉族	
	辛玉妹	儿媳	女	1969年2月	汉族	
	龚文超	孙子	男	1990年8月	汉族	
	李梦佳	孙媳	女	1990年6月	汉族	
	龚斌飞	曾孙	男	2017年5月	汉族	
	龚斌翔	曾孙	男	2017年5月	汉族	

家庭大事	1988年，建楼房2层，208平方米； 2009年，购汽车1辆； 2016年，购商品房100平方米。

家庭人员	姓名	与户主关系	性别	出生年月	民族	备注
	潘兔兰	户主	女	1978年8月	汉族	
	李翠良	丈夫	男	1970年2月	汉族	
	李昕慧	女儿	女	2004年12月	汉族	

家庭大事	

	姓名	与户主关系	性别	出生年月	民族	备注
家庭人员	黄美华	户主	女	1947年8月	汉族	
	李瑞华	丈夫	男	1942年11月	汉族	
	李 冰	儿子	男	1969年12月	汉族	
	单 荣	儿媳	女	1969年2月	汉族	
	李 虹	女儿	女	1974年3月	汉族	
	李奕婵	孙女	女	1996年7月	汉族	
家庭大事	1979年，建平房180平方米。 1984年，黄美华加入中国共产党； 2015年，置换拆迁房223平方米。					

	姓名	与户主关系	性别	出生年月	民族	备注
家庭人员	李伟东	户主	男	1971年4月	汉族	
	沈 琴	妻子	女	1970年1月	汉族	
	李桂山	父亲	男	1946年6月	汉族	
	王云官	母亲	女	1946年11月	汉族	
	李星煜	儿子	男	1994年4月	汉族	
	朱晓菲	儿媳	女	1994年5月	汉族	
	李睿哲	孙子	男	2017年6月	汉族	
家庭大事	1966年，李桂山加入中国共产党； 1984年，建楼房2层，180平方米； 2007年，沈琴加入中国共产党； 2016年，购汽车1辆、汽车1辆； 2017年，李星煜于淮阴理工学院毕业。					

	姓名	与户主关系	性别	出生年月	民族	备注
家庭人员	朱晓福	户主	男	1943年11月	汉族	
	李凤珍	妻子	女	1948年10月	汉族	
	朱志刚	儿子	男	1971年7月	汉族	
	周庆芳	儿媳	女	1971年1月	汉族	
	朱天伦	孙子	男	1997年7月	汉族	
家庭大事	1984年，建楼房2层，250平方米； 1997年，购商品房128平方米； 2005年，购汽车2辆。					

庙灯村第 20 村民小组

	姓名	与户主关系	性别	出生年月	民族	备注
家庭人员	陈福明	户主	男	1954 年 9 月	汉族	
	赵秀花	妻子	女	1953 年 2 月	汉族	
	陈雪平	女儿	女	1978 年 12 月	汉族	
	陈奕霏	孙女	女	2003 年 1 月	汉族	
	胡钰雯	孙女	女	2014 年 4 月	汉族	
家庭大事	1990 年,建楼房 2 层,250 平方米; 2011 年,购商品房 76 平方米。					

	姓名	与户主关系	性别	出生年月	民族	备注
家庭人员	陈浩明	户主	男	1964 年 1 月	汉族	
	林兰英	妻子	女	1966 年 1 月	汉族	
	陈 琳	女儿	女	1987 年 1 月	汉族	
家庭大事	1978 年,建平房 3 间,80 平方米。					

	姓名	与户主关系	性别	出生年月	民族	备注
家庭人员	李建春	户主	男	1968 年 5 月	汉族	
	陈仙珍	妻子	女	1970 年 1 月	汉族	
	李 晨	女儿	女	1991 年 4 月	汉族	
家庭大事	1985 年,建楼房 2 层,256 平方米; 1986 年,李建春入伍当兵,并于 1989 年加入中国共产党; 2011 年,购商品房 102 平方米。					

家庭人员	姓名	与户主关系	性别	出生年月	民族	备注
	李国平	户主	男	1970年10月	汉族	
	陶金芳	妻子	女	1975年5月	汉族	
	李倩云	女儿	女	1997年5月	汉族	

家庭大事	1996年，建楼房2层，263平方米。

家庭人员	姓名	与户主关系	性别	出生年月	民族	备注
	李健飞	户主	男	1956年8月	汉族	
	周水花	妻子	女	1957年8月	汉族	
	李鹤	女儿	女	1981年10月	汉族	
	殷组庆	女婿	男	1957年8月	汉族	
	李依涵	孙女	女	2006年5月	汉族	

家庭大事	1991年，建楼房2层，265平方米； 2001年，购商品房90平方米。

家庭人员	姓名	与户主关系	性别	出生年月	民族	备注
	李素根	户主	男	1964年2月	汉族	
	徐学先	妻子	女	1964年6月	汉族	
	李思惠	女儿	女	1987年12月	汉族	
	陈嘉屹	外孙	男	2014年7月	汉族	
	李介林	父亲	男	1942年5月	汉族	
	陆莲英	母亲	女	1944年1月	汉族	

家庭大事	1994年，建楼房2层，260平方米； 2001年，购商品房112平方米； 2010年，李思惠于江苏科技大学毕业。

	姓名	与户主关系	性别	出生年月	民族	备注
家庭人员	苏阿林	户主	男	1948年8月	汉族	
	张苗凤	妻子	女	1954年3月	汉族	
	苏梅洪	儿子	男	1980年8月	汉族	
	平美芬	儿媳	女	1981年7月	汉族	
	苏欣伊	孙女	女	2002年7月	汉族	
家庭大事	1969年，苏阿林入伍当兵，于1971年加入中国共产党； 1999年，建楼房2层，250平方米； 2001年，购商品房93平方米。					

	姓名	与户主关系	性别	出生年月	民族	备注
家庭人员	王大泉	户主	男	1950年7月	汉族	
	王喜良	儿子	男	1970年2月	汉族	
	周 红	儿媳	女	1976年9月	汉族	
	王彦瑶	孙女	女	1998年4月	汉族	
家庭大事	1982年，王大泉加入中国共产党； 1989年，建楼房2层，280平方米。					

	姓名	与户主关系	性别	出生年月	民族	备注
家庭人员	谢文花	户主	女	1967年3月	汉族	
	王亚英	女儿	女	1990年9月	汉族	
家庭大事	1987年，建楼房2层，250平方米。					

家庭人员	姓名	与户主关系	性别	出生年月	民族	备注
	王林泉	户主	男	1954年2月	汉族	
	吴桂仙	妻子	女	1957年9月	汉族	
	王桃良	儿子	男	1982年11月	汉族	
	还晓云	儿媳	女	1985年3月	汉族	
	王宇浩	孙子	男	2006年2月	汉族	

家庭大事	1992年，建楼房2层，291平方米。

家庭人员	姓名	与户主关系	性别	出生年月	民族	备注
	李林明	户主	男	1965年6月	汉族	
	王仙花	妻子	女	1965年5月	汉族	
	李竹青	女儿	女	1988年9月	汉族	

家庭大事	1995年，购商品房87平方米； 2006年，购汽车1辆。

家庭人员	姓名	与户主关系	性别	出生年月	民族	备注
	王玉林	户主	男	1946年8月	汉族	
	汪爱妹	妻子	女	1951年2月	汉族	
	王汪勇	儿子	男	1972年4月	汉族	
	徐惠勤	儿媳	女	1974年3月	汉族	
	王俊宇	孙子	男	1995年2月	汉族	

家庭大事	1989年，建楼房2层，285平方米； 2014年，购商品房141平方米； 2014年，购汽车1辆。

家庭人员	姓名	与户主关系	性别	出生年月	民族	备注
	王宗弟	户主	男	1947年11月	汉族	
	戴兰珍	妻子	女	1950年4月	汉族	
	王永春	儿子	男	1973年6月	汉族	
	凌仙妹	儿媳	女	1975年1月	汉族	
	王健斌	孙子	男	1996年10月	汉族	
家庭大事	1991年，建楼房2层，256平方米。					

家庭人员	姓名	与户主关系	性别	出生年月	民族	备注
	李根法	户主	男	1966年9月	汉族	
	李菊芳	妻子	女	1967年10月	汉族	
	李玉萍	女儿	女	1989年7月	汉族	
家庭大事	1987年，建楼房2层，243平方米。					

家庭人员	姓名	与户主关系	性别	出生年月	民族	备注
	顾金元	户主	男	1955年11月	汉族	
	张月珍	妻子	女	1957年6月	汉族	
	顾萍英	女儿	女	1982年5月	汉族	
家庭大事	1991年，建楼房2层，250平方米； 2001年，顾萍英加入中国共产党。					

家庭人员	姓名	与户主关系	性别	出生年月	民族	备注
	苏卫龙	户主	男	1966年8月	汉族	
	许夫珍	妻子	女	1967年2月	汉族	
	苏凯	儿子	男	1989年6月	汉族	
家庭大事	1995年，建楼房2层，280平方米。					

家庭人员	姓名	与户主关系	性别	出生年月	民族	备注
	赵 华	户主	男	1967年9月	汉族	
	张建妹	妻子	女	1974年10月	汉族	
	赵阳洋	儿子	男	1995年1月	汉族	

家庭大事	

家庭人员	姓名	与户主关系	性别	出生年月	民族	备注
	李国华	户主	男	1966年12月	汉族	
	李 勤	妻子	女	1969年3月	汉族	
	李小燕	女儿	女	1990年3月	汉族	
	杨 浪	女婿	男	1991年3月	汉族	
	李春洋	孙子	男	2014年1月	汉族	
	杨梦滢	孙女	女	2018年3月	汉族	

家庭大事	1996年，建楼房2层，285平方米。

家庭人员	姓名	与户主关系	性别	出生年月	民族	备注
	张荣良	户主	男	1968年12月	汉族	
	王根宝	母亲	女	1935年3月	汉族	
	王凤英	妻子	女	1963年4月	汉族	
	张华军	儿子	男	1987年9月	汉族	
	郭东勤	儿媳	女	1989年1月	汉族	
	张思欣	孙女	女	2012年6月	汉族	

家庭大事	1972年，建平房2间。

家庭人员	姓名	与户主关系	性别	出生年月	民族	备注
	张荣广	户主	男	1965年8月	汉族	
	王彩苹	女儿	女	1988年5月	汉族	
	张若涵	女儿	女	2011年3月	汉族	
家庭大事	1985年,建平房3间,72平方米。					

家庭人员	姓名	与户主关系	性别	出生年月	民族	备注
	王宗官	户主	男	1944年9月	汉族	
	袁巧林	妻子	女	1946年5月	汉族	
	王惠平	儿子	男	1967年2月	汉族	
	李小英	儿媳	女	1965年4月	汉族	
	王丽哲	孙女	女	1989年11月	汉族	
家庭大事	1995年,建楼房2层,243平方米。					

家庭人员	姓名	与户主关系	性别	出生年月	民族	备注
	李公民	户主	男	1963年10月	汉族	
	王秀红	妻子	女	1963年3月	汉族	
	李小龙	儿子	男	1988年8月	汉族	
家庭大事	1983年,建平房3间,84平方米; 2016年,购汽车1辆。					

家庭人员	姓名	与户主关系	性别	出生年月	民族	备注
	陈仙龙	户主	男	1964年2月	汉族	
	赵金秀	妻子	女	1964年9月	汉族	
	陈亚娟	女儿	女	1987年2月	汉族	
	周凤仙	母亲	女	1933年1月	汉族	

家庭大事	1991年，建楼房2层，260平方米。

家庭人员	姓名	与户主关系	性别	出生年月	民族	备注
	徐昌法	户主	男	1963年9月	汉族	
	徐勤英	妻子	女	1966年10月	汉族	
	徐维云	父亲	男	1933年2月	汉族	
	陈瑞英	母亲	女	1933年10月	汉族	
	徐燕雯	女儿	女	1987年6月	汉族	
	陶一菲	孙女	女	2012年3月	汉族	
	徐一凡	孙子	男	2013年6月	汉族	

家庭大事	1985年，建楼房2层，160平方米； 1996年，建别墅280平方米； 2006年，购汽车1辆； 2008年，徐昌法创办洗衣房。

家庭人员	姓名	与户主关系	性别	出生年月	民族	备注
	顾京成	户主	男	1951年9月	汉族	
	顾竹芳	妻子	女	1954年12月	汉族	
	顾成利	儿子	男	1976年9月	汉族	
	徐广书	儿媳	女	1973年11月	汉族	
	顾　瑶	孙女	女	2001年9月	汉族	

家庭大事	1989年，建楼房2层，119平方米。

家庭人员	姓名	与户主关系	性别	出生年月	民族	备注
	陆锡胜	户主	男	1942年8月	汉族	
家庭大事	1981年，建平房2间，40平方米。					

家庭人员	姓名	与户主关系	性别	出生年月	民族	备注
	李凤生	户主	男	1951年4月	汉族	
	李巧宝	母亲	女	1927年2月	汉族	
	李伟庆	儿子	男	1978年12月	汉族	
家庭大事	1997年，建平房4间，147平方米。					

家庭人员	姓名	与户主关系	性别	出生年月	民族	备注
	李建良	户主	男	1962年4月	汉族	
	李惠花	妻子	女	1963年8月	汉族	
	李卿	儿子	男	1985年8月	汉族	
	孙迪	儿媳	女	1986年11月	汉族	
	李哲妍	孙女	女	2012年8月	汉族	
	李子骞	孙子	男	2014年10月	汉族	
家庭大事	1988年，建楼房2层，220平方米。					

家庭人员	姓名	与户主关系	性别	出生年月	民族	备注
	王白男	户主	男	1950年1月	汉族	
	朱祖珍	妻子	女	1951年7月	汉族	
	王利平	儿子	男	1973年10月	汉族	
	高利英	儿媳	女	1973年11月	汉族	
	王晓怡	孙女	女	1996年9月	汉族	
家庭大事	1982年，建楼房2层，250平方米； 2014年，购商品房141平方米。					

家庭人员	姓名	与户主关系	性别	出生年月	民族	备注
	苏金龙	户主	男	1968年7月	汉族	
	张红珍	妻子	女	1967年7月	汉族	
	凌菊花	母亲	女	1942年10月	汉族	
	苏 峰	儿子	男	1991年1月	汉族	
	苏梓辰	孙子	男	2017年6月	汉族	
家庭大事	1987年,建楼房2层,252平方米。					

家庭人员	姓名	与户主关系	性别	出生年月	民族	备注
	李福官	户主	男	1940年8月	汉族	
	夏咸珍	妻子	女	1941年11月	汉族	
家庭大事						

家庭人员	姓名	与户主关系	性别	出生年月	民族	备注
	王小泉	户主	男	1950年7月	汉族	
家庭大事	1982年,建平房5间,120平方米。					

家庭人员	姓名	与户主关系	性别	出生年月	民族	备注
	陈定姐	户主	女	1934年10月	汉族	
家庭大事	1993年,建楼房2层,245平方米。					

家庭人员	姓名	与户主关系	性别	出生年月	民族	备注
	王志芳	户主	女	1970年12月	汉族	
	王小林	父亲	男	1940年10月	汉族	
家庭大事	1996年,建楼房2层,300平方米。					

家庭人员	姓名	与户主关系	性别	出生年月	民族	备注
	李素明	户主	男	1965年9月	汉族	

家庭大事	1984年，建楼房2层，267平方米。

家庭人员	姓名	与户主关系	性别	出生年月	民族	备注
	朱敏	户主	男	1974年8月	汉族	
	陆雪娟	妻子	女	1977年10月	汉族	
	顾富花	母亲	女	1950年7月	汉族	
	朱旖琳	女儿	女	1999年3月	汉族	

家庭大事	1988年，建楼房2层，200平方米。

家庭人员	姓名	与户主关系	性别	出生年月	民族	备注
	陈志明	户主	男	1963年9月	汉族	
	李福妹	妻子	女	1962年2月	汉族	
	陈亮	儿子	男	1988年7月	汉族	
	蔡伟誉	儿媳	女	1989年2月	汉族	
	陈样睿	孙子	男	2014年1月	汉族	

家庭大事	1992年，建楼房2层，200平方米； 1998年，购商品房68平方米。

家庭人员	姓名	与户主关系	性别	出生年月	民族	备注
	李小弟	户主	男	1933年4月	汉族	
	王巧宝	妻子	女	1940年3月	汉族	
	李林花	女儿	女	1963年4月	汉族	
	奚喆	外孙女	女	1986年6月	汉族	

家庭大事	1955年，李小弟入伍当兵； 1957年，李小弟加入中国共产党。

家庭人员	姓名	与户主关系	性别	出生年月	民族	备注
	李凤明	户主	男	1959年2月	汉族	
	王金花	妻子	女	1958年4月	汉族	
	李 彦	女儿	女	1982年10月	汉族	
	李梓彤	孙女	女	2014年11月	汉族	

家庭大事	1988年，建楼房2层，250平方米； 1976年，李凤明入伍当兵； 1989年，购商品房76平方米。

家庭人员	姓名	与户主关系	性别	出生年月	民族	备注
	王正花	户主	女	1965年6月	汉族	
	王华彩萍	女儿	女	1988年5月	汉族	

家庭大事	

家庭人员	姓名	与户主关系	性别	出生年月	民族	备注
	张玉芹	户主	男	1949年8月	汉族	
	徐广巧	妻子	女	1952年4月	汉族	
	张建华	儿子	男	1976年8月	汉族	
	吕文芳	儿媳	女	1979年1月	汉族	
	张婷婷	孙女	女	2000年1月	汉族	
	张俊峰	孙子	男	2010年12月	汉族	

家庭大事	

庙灯村第 21 村民小组

家庭人员	姓名	与户主关系	性别	出生年月	民族	备注
	杨阿根	户主	女	1964 年 1 月	汉族	
	吴荣荣	儿子	男	1985 年 1 月	汉族	

家庭大事	2006 年，吴荣荣于苏州建设交通高等职业技术学院毕业。

家庭人员	姓名	与户主关系	性别	出生年月	民族	备注
	张 勇	户主	男	1967 年 3 月	汉族	

家庭大事	1949 年前，建平房 100 平方米； 2019 年，购汽车 1 辆。

家庭人员	姓名	与户主关系	性别	出生年月	民族	备注
	赵文英	户主	女	1944 年 10 月	汉族	
	张玉芳	女儿	女	1968 年 1 月	汉族	
	张玉琴	女儿	女	1971 年 5 月	汉族	
	张国荣	儿子	男	1973 年 12 月	汉族	
	耿丽芳	儿媳	女	1973 年 9 月	汉族	
	耿 婷	孙女	女	1999 年 5 月	汉族	

家庭大事	1984 年，建楼房 2 层，240 平方米。

	姓名	与户主关系	性别	出生年月	民族	备注
家庭人员	袁卫忠	户主	男	1951年12月	汉族	
	马玉琴	妻子	女	1958年6月	汉族	
	袁骁栋	儿子	男	1990年4月	汉族	
	王菲菲	儿媳	女	1991年6月	汉族	
	袁怡涵	孙女	女	2017年11月	汉族	
家庭大事	1993年，建楼房2层，236平方米； 2012年，购汽车1辆； 2014年，袁骁栋于南京科技职业学院毕业。					

	姓名	与户主关系	性别	出生年月	民族	备注
家庭人员	于学海	户主	男	1950年4月	汉族	
	张翠珍	妻子	女	1955年1月	汉族	
家庭大事	1988年，建楼房2层，250平方米。					

	姓名	与户主关系	性别	出生年月	民族	备注
家庭人员	袁建中	户主	男	1963年3月	汉族	
	蔡瑞先	妻子	女	1963年4月	汉族	
	袁玲玲	女儿	女	1987年11月	汉族	
	袁晓曼	孙女	女	2013年9月	汉族	
	袁云宝	母亲	女	1930年7月	汉族	
家庭大事	1985年，建平房3间，150平方米； 2000年，购商品房82平方米； 2008年，袁玲玲于南京化工大学专科毕业； 2015年，购汽车1辆。					

	姓名	与户主关系	性别	出生年月	民族	备注
家庭人员	张志国	户主	男	1973年12月	汉族	
	周素兰	妻子	女	1973年10月	汉族	
	于志华	弟弟	男	1976年12月	汉族	
	张文莲	女儿	女	1997年11月	汉族	
家庭大事	1999年，于志华于苏州大学毕业； 2015年，购商品房145平方米； 2018年，购汽车1辆。					

	姓名	与户主关系	性别	出生年月	民族	备注
家庭人员	李正连	户主	男	1952年10月	汉族	
	赵桂芳	妻子	女	1956年6月	汉族	
	李菊芬	女儿	女	1979年1月	汉族	
	周文刚	女婿	男	1975年12月	汉族	
	李舟健	孙子	男	2000年3月	汉族	
家庭大事	1991年，建楼房2层，250平方米； 1997年，购商品房86平方米； 2011年，购汽车1辆。					

	姓名	与户主关系	性别	出生年月	民族	备注
家庭人员	李腊弟	户主	男	1940年10月	汉族	
	金定宝	妻子	女	1943年12月	汉族	
	李 平	儿子	男	1968年12月	汉族	
	王妙芬	儿媳	女	1970年11月	汉族	
	李佳妮	女儿	女	1990年9月	汉族	
家庭大事	1986年，建楼房2层，247平方米； 2009年，李佳妮于苏州大学医学院专科毕业； 2014年，购汽车1辆。					

	姓名	与户主关系	性别	出生年月	民族	备注
家庭人员	张水良	户主	男	1954年6月	汉族	
	赵云花	妻子	女	1957年2月	汉族	
	张 英	女儿	女	1979年10月	汉族	
	张淑婷	孙女	女	2001年2月	汉族	
	王淑瑶	孙女	女	2013年1月	汉族	
家庭大事	2016年，购汽车1辆。					

	姓名	与户主关系	性别	出生年月	民族	备注
家庭人员	张建忠	户主	男	1963年2月	汉族	
	张建国	弟弟	男	1965年1月	汉族	
	张斌斌	儿子	男	1986年3月	汉族	
家庭大事	1994年，建楼房2层，268平方米； 2013年，购汽车1辆。					

	姓名	与户主关系	性别	出生年月	民族	备注
家庭人员	李玉春	户主	男	1964年10月	汉族	
	仇爱珍	妻子	女	1963年7月	汉族	
	李伯芹	父亲	男	1940年2月	汉族	
	孙金凤	母亲	女	1945年3月	汉族	
	李 婷	女儿	女	1988年9月	汉族	
	李俊儒	孙子	男	2013年9月	汉族	
家庭大事	1998年，建楼房2层，245平方米； 2009年，李婷于江苏联合职业技术学院毕业； 2009年，购汽车1辆。					

	姓名	与户主关系	性别	出生年月	民族	备注
家庭人员	袁大男	户主	男	1951年3月	汉族	
	周根兄	妻子	女	1948年5月	汉族	
	袁　龙	儿子	男	1984年4月	汉族	
	袁　芳	女儿	女	1986年11月	汉族	
	周芙蓉	女儿	女	1985年4月	汉族	
	袁　婧	孙女	女	2009年12月	汉族	
家庭大事	1990年，建楼房2层，200平方米； 1991年，购汽车1辆； 2010年，购商品房100平方米。					

	姓名	与户主关系	性别	出生年月	民族	备注
家庭人员	李兴泉	户主	男	1954年1月	汉族	
	王秀琴	妻子	女	1953年5月	汉族	
	李春梅	女儿	女	1978年2月	汉族	
	汪家卫	女婿	男	1976年10月	汉族	
	李康力	孙子	男	1999年1月	汉族	
	汪康琳	孙女	女	2010年1月	汉族	
家庭大事	1991年，建楼房263平方米； 2013年，购汽车1辆。					

	姓名	与户主关系	性别	出生年月	民族	备注
家庭人员	李末元	户主	男	1968年3月	汉族	
	顾水英	妻子	女	1967年7月	汉族	
	李　悦	儿子	男	1991年4月	汉族	
	李二大	母亲	女	1935年10月	汉族	
家庭大事	1987年，建楼房2层，240平方米； 2002年，购商品房95平方米； 2012年，购汽车1辆； 2015年，李悦加入中国共产党； 2016年，李悦于南京大学毕业； 2017年，购汽车1辆。					

家庭人员	姓名	与户主关系	性别	出生年月	民族	备注
	王建春	户主	男	1965年4月	汉族	
	马琴	妻子	女	1968年7月	汉族	
	王晓	女儿	女	1989年5月	汉族	
	王茜	女儿	女	1989年5月	汉族	
	王馨悦	孙女	女	2016年7月	汉族	

家庭大事	1995年，建楼房2层，180平方米； 2007年，购汽车1辆； 2010年，王晓、王茜于江苏广播电视大学昆山学院毕业。

家庭人员	姓名	与户主关系	性别	出生年月	民族	备注
	李招妹	户主	女	1964年5月	汉族	
	张骏	儿子	男	1987年11月	汉族	

家庭大事	1970年，建平房3间，159平方米。

家庭人员	姓名	与户主关系	性别	出生年月	民族	备注
	季秀林	户主	女	1963年4月	汉族	
	王伟	儿子	男	1988年5月	汉族	

家庭大事	1996年，建平房6间，180平方米； 2009年，王伟于江苏联合职业技术学院毕业。

	姓名	与户主关系	性别	出生年月	民族	备注
家庭人员	李兴元	户主	男	1963年1月	汉族	
	盛建花	妻子	女	1964年11月	汉族	
	李 洁	儿子	男	1987年9月	汉族	
	李宇昊	孙子	男	2016年2月	汉族	
家庭大事	1981年，李兴元入伍当兵，于1985年加入中国共产党； 1994年，建楼房2层，265平方米； 2002—2014年，李兴元开办饭店； 2008年，李洁于常州信息职业技术学院毕业； 2014年，购汽车1辆。					

	姓名	与户主关系	性别	出生年月	民族	备注
家庭人员	王建明	户主	男	1963年4月	汉族	
家庭大事	1996年，建楼房2层，180平方米。					

	姓名	与户主关系	性别	出生年月	民族	备注
家庭人员	吴根弟	户主	男	1966年10月	汉族	
	吴荣焱	儿子	男	2007年5月	汉族	
	周扣珍	母亲	女	1936年10月	汉族	
家庭大事	1982年，建平房80平方米； 1997年，吴根弟加入中国共产党；是年，被评为昆山市劳动模范。					

	姓名	与户主关系	性别	出生年月	民族	备注
家庭人员	李正理	户主	男	1944 年 11 月	汉族	
	夏凤珍	妻子	女	1950 年 12 月	汉族	
	李　娟	女儿	女	1971 年 6 月	汉族	
	申建华	女婿	男	1970 年 7 月	汉族	
	李佳烨	孙女	女	1993 年 8 月	汉族	
	许　斌	孙女婿	男	1991 年 4 月	汉族	
	许宸希	曾孙	男	2017 年 4 月	汉族	
家庭大事	1990 年，建楼房 2 层，200 平方米； 2001 年，购商品房 78 平方米； 2005 年，购商品房 110 平方米。					

	姓名	与户主关系	性别	出生年月	民族	备注
家庭人员	张金弟	户主	男	1953 年 2 月	汉族	
	马凤英	妻子	女	1957 年 12 月	汉族	
	张　红	女儿	女	1978 年 12 月	汉族	
	袁志刚	女婿	男	1973 年 4 月	汉族	
	张袁敏	孙女	女	1999 年 12 月	汉族	
家庭大事	1991 年，建楼房 2 层，250 平方米。					

	姓名	与户主关系	性别	出生年月	民族	备注
家庭人员	李　华	户主	男	1967年3月	汉族	
	邢招妹	妻子	女	1970年1月	汉族	
	李桃泉	父亲	男	1941年9月	汉族	
	郭琴花	母亲	女	1945年12月	汉族	
	李彦斐	儿子	男	1990年10月	汉族	
	李祁育	孙女	女	2017年2月	汉族	
	李祁乐	孙子	男	2019年7月	汉族	
家庭大事	1982年，李桃泉加入中国共产党； 1985年，建楼房2层，203平方米； 2001年，购商品房92平方米； 2008年，购汽车1辆。					

庙灯村第 22 村民小组

	姓名	与户主关系	性别	出生年月	民族	备注
家庭人员	徐勤民	户主	男	1964 年 12 月	汉族	
	顾建珍	妻子	女	1964 年 8 月	汉族	
	徐程凯	儿子	男	1991 年 5 月	汉族	

家庭大事	1989 年，建楼房 2 层，230 平方米； 2005 年，购商品房 320 平方米； 2019 年，购汽车 1 辆。

	姓名	与户主关系	性别	出生年月	民族	备注
家庭人员	李玉刚	户主	男	1979 年 11 月	汉族	
	金彩虹	妻子	女	1982 年 11 月	汉族	
	李爱宝	祖母	女	1928 年 11 月	汉族	
	李水英	母亲	女	1956 年 6 月	汉族	
	李金语	女儿	女	2005 年 7 月	汉族	
	金语涵	女儿	女	2011 年 12 月	汉族	

家庭大事	1989 年，建楼房 2 层，230 平方米； 2001 年，购商品房 94 平方米。

	姓名	与户主关系	性别	出生年月	民族	备注
家庭人员	李白男	户主	男	1950年4月	汉族	
	吴秀林	妻子	女	1952年4月	汉族	
	李亚芬	女儿	女	1975年3月	汉族	
	戴正强	女婿	男	1973年9月	汉族	
	李家明	孙子	男	1997年2月	汉族	
家庭大事	1985年，建楼房2层，215平方米； 2000年，购商品房90平方米； 2017年，李家明入伍当兵； 2019年，购汽车1辆。					

	姓名	与户主关系	性别	出生年月	民族	备注
家庭人员	李伯元	户主	男	1954年11月	汉族	
	周秀萍	妻子	女	1953年1月	汉族	
	李 清	女儿	女	1977年9月	汉族	
	李玉峰	女婿	男	1977年10月	汉族	
	李天佑	孙子	男	2008年8月	汉族	
家庭大事	1991年，建楼房2层，144平方米； 2006年，购商品房144平方米； 2015年，购汽车1辆。					

	姓名	与户主关系	性别	出生年月	民族	备注
家庭人员	李品良	户主	男	1939年8月	汉族	
	徐雪英	妻子	女	1944年3月	汉族	
家庭大事	1980年，建平房85平方米。					

家庭人员	姓名	与户主关系	性别	出生年月	民族	备注
	李建良	户主	男	1963年8月	汉族	
	徐惠花	妻子	女	1967年3月	汉族	
	徐敬文	儿子	男	1988年4月	汉族	

家庭大事	1990年，建楼房2层，240平方米； 2013年，购商品房120平方米； 2014年，徐敬文于苏州大学毕业； 2018年，购汽车1辆。

家庭人员	姓名	与户主关系	性别	出生年月	民族	备注
	李勤生	户主	男	1940年2月	汉族	
	李爱囡	妻子	女	1942年11月	汉族	
	李福良	儿子	男	1965年1月	汉族	
	杜佳芹	儿媳	女	1966年10月	汉族	
	李林峰	孙子	男	1988年11月	汉族	

家庭大事	1990年，在白渔潭村建楼房2层，240平方米； 2011年，李林峰于常州大学毕业； 2014年，在范景公寓小区购商品房120平方米； 2017年，购汽车1辆。

家庭人员	姓名	与户主关系	性别	出生年月	民族	备注
	李小男	户主	男	1953年3月	汉族	
	唐梅香	妻子	女	1955年4月	汉族	
	李勇	儿子	男	1979年11月	汉族	
	李娟	儿媳	女	1981年1月	汉族	
	李天奕	孙子	男	2004年5月	汉族	
	李天浩	孙子	男	2014年10月	汉族	
	李天瀚	孙子	男	2014年10月	汉族	

家庭大事	2001年，购商品房95平方米； 2005年，李勇于南京农业大学专科毕业； 2014年，购汽车1辆。

	姓名	与户主关系	性别	出生年月	民族	备注
家庭人员	李杏仙	户主	女	1948年2月	汉族	
	李伯泉	丈夫	男	1946年2月	汉族	
	李剑波	儿子	男	1970年10月	汉族	
	徐 田	儿媳	女	1973年3月	汉族	
	李雅沁	孙女	女	1995年8月	汉族	
家庭大事	1992年，建楼房2层，160平方米； 购连体别墅200平方米； 购桑塔纳汽车1辆。					

	姓名	与户主关系	性别	出生年月	民族	备注
家庭人员	李叙良	户主	男	1945年3月	汉族	
	李洪春	儿子	男	1964年3月	汉族	
	李洪法	儿子	男	1971年10月	汉族	
	陆红芬	儿媳	女	1972年12月	汉族	
	李毓雯	孙女	女	1994年10月	汉族	
家庭大事	1989年，建楼房2层，262平方米； 2000年，购商品房100平方米； 2008年，购汽车1辆； 2017年，李毓雯于常州大学毕业。					

	姓名	与户主关系	性别	出生年月	民族	备注
家庭人员	李引良	户主	男	1948年1月	汉族	
	唐凤云	妻子	女	1949年8月	汉族	
	唐志娥	女儿	女	1969年1月	汉族	
	陆明发	女婿	男	1967年6月	汉族	
	唐雪娥	女儿	女	1973年12月	汉族	
	唐琴娥	女儿	女	1976年11月	汉族	
	唐思佳	孙女	女	1998年7月	汉族	
	陆飞好	孙女	女	2003年8月	汉族	
家庭大事	1989年，建楼房2层； 2006年，购商品房211平方米； 2007年，购汽车1辆。					

	姓名	与户主关系	性别	出生年月	民族	备注
家庭人员	李友男	户主	男	1962年9月	汉族	
	马佩琴	妻子	女	1963年9月	汉族	
	李伯康	父亲	男	1927年12月	汉族	
	李大官	母亲	女	1930年6月	汉族	
	李俏颖	女儿	女	1985年10月	汉族	
	李乐儿	孙女	女	2015年5月	汉族	
家庭大事	1993年，建楼房2层，260平方米； 2008年，李俏颖于苏州大学毕业； 2011年，购汽车1辆； 2015年，购商品房120平方米。					

	姓名	与户主关系	性别	出生年月	民族	备注
家庭人员	李小元	户主	男	1964年10月	汉族	
	唐月琴	妻子	女	1965年4月	汉族	
	唐梅子	母亲	女	1944年1月	汉族	
	唐洁玉	女儿	女	1987年11月	汉族	
	唐洁峰	儿子	男	1996年8月	汉族	
	唐志奇	孙子	男	2010年7月	汉族	
家庭大事	1993年，建楼房2层，290平方米； 1999年，购商品房94平方米； 2017年，购汽车1辆。					

	姓名	与户主关系	性别	出生年月	民族	备注
家庭人员	李卫良	户主	男	1965年11月	汉族	
	王福妹	妻子	女	1965年8月	汉族	
	李文佳	女儿	女	1988年11月	汉族	
	王芮疑	孙女	女	2014年11月	汉族	
家庭大事	1992年，建楼房2层，270平方米； 2005年，购汽车1辆； 2006年，购商品房211平方米。					

	姓名	与户主关系	性别	出生年月	民族	备注
家庭人员	朱金根	户主	男	1948年10月	汉族	
	徐花姐	妻子	女	1952年3月	汉族	
	朱雪华	儿子	男	1976年1月	汉族	
	徐景彩	儿媳	女	1974年8月	汉族	
	朱一峰	孙子	男	1999年11月	汉族	
家庭大事	1970年，朱金根入伍当兵，于1972年加入中国共产党； 1988年，建楼房2层，224平方米； 2001年，购汽车1辆。					

家庭人员	姓名	与户主关系	性别	出生年月	民族	备注
	朱梅根	户主	男	1956年6月	汉族	
	周白妹	妻子	女	1959年7月	汉族	
	朱春明	儿子	男	1984年4月	汉族	
	吕丽萍	儿媳	女	1986年9月	汉族	
	朱佳怡	孙女	女	2011年8月	汉族	
	朱佳豪	孙子	男	2013年9月	汉族	

家庭大事	1982年,建楼房2层,160平方米; 1997年,朱梅根入伍当兵,并于1975年加入中国共产党; 2006年,购商品房90平方米。

家庭人员	姓名	与户主关系	性别	出生年月	民族	备注
	朱广凤	户主	女	1946年7月	汉族	
	朱官云	儿子	男	1969年7月	汉族	
	朱 伟	孙子	男	1992年3月	汉族	
	朱俊泽	曾孙	男	2015年7月	汉族	

家庭大事	1966年,建平房2间,50平方米。

家庭人员	姓名	与户主关系	性别	出生年月	民族	备注
	朱文明	户主	男	1953年12月	汉族	

家庭大事	1966年,建平房30平方米。

家庭人员	姓名	与户主关系	性别	出生年月	民族	备注
	李宗良	户主	男	1950年4月	汉族	

家庭大事	1990年,建楼房2层,222平方米。

家庭人员	姓名	与户主关系	性别	出生年月	民族	备注
	朱尉尉	户主	男	1974年4月	汉族	
	茅立芹	妻子	女	1977年7月	汉族	
	朱欣依	女儿	女	2000年5月	汉族	
家庭大事	1995年，购商品房200平方米。					

家庭人员	姓名	与户主关系	性别	出生年月	民族	备注
	林知云	户主	男	1941年10月	汉族	
家庭大事	1963年，建平房2间，50平方米。					

庙灯村第 23 村民小组

	姓名	与户主关系	性别	出生年月	民族	备注
家庭人员	赵见明	户主	男	1962 年 3 月	汉族	
	盛雪珍	妻子	女	1962 年 1 月	汉族	
	赵　斌	儿子	男	1985 年 6 月	汉族	
	余　泽	儿媳	女	1985 年 10 月	汉族	
	赵奕可	孙女	女	2014 年 8 月	汉族	
家庭大事						

	姓名	与户主关系	性别	出生年月	民族	备注
家庭人员	毛振华	户主	男	1966 年 3 月	汉族	
	盛建妹	妻子	女	1967 年 3 月	汉族	
	毛明晨	儿子	男	1989 年 4 月	汉族	
	冯雪婷	儿媳	女	1989 年 6 月	汉族	
	毛依冉	孙女	女	2014 年 2 月	汉族	
	毛依玘	孙女	女	2016 年 2 月	汉族	
家庭大事	1996 年，建楼房 2 层，300 平方米； 2004 年，购商品房 70 平方米； 2015 年，购汽车 1 辆。					

	姓名	与户主关系	性别	出生年月	民族	备注
家庭人员	赵金法	户主	男	1970 年 1 月	汉族	
	陆寒英	妻子	女	1968 年 3 月	汉族	
	赵道生	父亲	男	1932 年 6 月	汉族	
家庭大事	1989 年，建楼房 2 层，300 平方米。					

庙灯村志·村民家庭记载

	姓名	与户主关系	性别	出生年月	民族	备注
家庭人员	毛配根	户主	男	1949年12月	汉族	
	盛桂花	妻子	女	1954年3月	汉族	
	毛勤华	儿子	男	1979年4月	汉族	
	陈　容	儿媳	女	1982年5月	汉族	
	毛泽磊	孙女	女	2011年2月	汉族	
	毛羿中	孙子	男	2017年8月	汉族	
家庭大事	1992年，建楼房2层，293平方米； 2003年，毛勤华于南京大学毕业； 2003年，陈容加入中国共产党；是年，于武汉理工大学毕业。					

	姓名	与户主关系	性别	出生年月	民族	备注
家庭人员	赵云飞	户主	男	1944年10月	汉族	
	毛密宝	妻子	女	1943年4月	汉族	
家庭大事	1982年，赵云飞加入中国共产党。					

	姓名	与户主关系	性别	出生年月	民族	备注
家庭人员	毛永青	户主	男	1965年10月	汉族	
	赵菊英	妻子	女	1966年6月	汉族	
	毛伟信	儿子	男	1989年6月	汉族	
	盛雯燕	儿媳	女	1992年11月	汉族	
	毛梓涵	孙女	女	2016年11月	汉族	
家庭大事	2000年，建楼房2层，272平方米； 2004年，购商品房102平方米； 2012年，购汽车1辆。					

家庭人员	姓名	与户主关系	性别	出生年月	民族	备注
	毛永忠	户主	男	1968年9月	汉族	
	赵红英	妻子	女	1971年8月	汉族	
	毛惠娟	女儿	女	1992年8月	汉族	
	毛志晨	孙子	男	2018年	汉族	

家庭大事	1991年，建楼房2层，287平方米； 2005年，购商品房85平方米； 2007年，购汽车1辆。

家庭人员	姓名	与户主关系	性别	出生年月	民族	备注
	赵根火	户主	男	1947年12月	汉族	
	王雪珍	妻子	女	1949年1月	汉族	
	赵群良	儿子	男	1975年7月	汉族	
	齐海霞	儿媳	女	1976年11月	汉族	
	赵宇晴	孙女	女	1999年6月	汉族	

家庭大事	1991年，建楼房2层，240平方米； 2019年，购汽车1辆。

家庭人员	姓名	与户主关系	性别	出生年月	民族	备注
	陶秋英	户主	女	1953年8月	汉族	
	赵美娟	女儿	女	1978年1月	汉族	
	赵 华	儿子	男	1979年6月	汉族	
	顾美娟	儿媳	女	1981年12月	汉族	
	赵一凡	孙子	男	2004年10月	汉族	

家庭大事	

	姓名	与户主关系	性别	出生年月	民族	备注
家庭人员	赵根福	户主	男	1954年12月	汉族	
	陶桂香	妻子	女	1953年12月	汉族	
	赵国华	儿子	男	1978年4月	汉族	
	赵依宁	孙女	女	2008年7月	汉族	
家庭大事	1980年，建楼房2层，285平方米； 2002年，购商品房90平方米； 2017年，被高新区评为文明户。					

	姓名	与户主关系	性别	出生年月	民族	备注
家庭人员	钱正法	户主	男	1953年2月	汉族	
	龚林花	妻子	女	1952年12月	汉族	
	龚全龙	儿子	男	1976年10月	汉族	
	李霞	儿媳	女	1978年8月	汉族	
	龚丽	孙女	女	2001年3月	汉族	
家庭大事	1986年，建楼房2层，251平方米； 1999年，购商品房86平方米。					

	姓名	与户主关系	性别	出生年月	民族	备注
家庭人员	毛配泉	户主	男	1947年4月	汉族	
	龚招仙	妻子	女	1947年4月	汉族	
	毛学芳	女儿	女	1970年1月	汉族	
	茅金祥	女婿	男	1969年1月	汉族	
	毛学东	孙子	男	1992年4月	汉族	
家庭大事	1993年，建楼房2层，250平方米。					

	姓名	与户主关系	性别	出生年月	民族	备注
家庭人员	龚金木	户主	男	1948年11月	汉族	
	陆翠仙	妻子	女	1953年1月	汉族	
	龚方明	儿子	男	1979年5月	汉族	
	陈婷婷	儿媳	女	1980年8月	汉族	
	龚芳英	女儿	女	1977年6月	汉族	
	赵建清	女婿	男	1975年2月	汉族	
	赵艺崴	外孙	男	2002年5月	汉族	
	龚艺昀	孙女	女	2005年8月	汉族	
家庭大事	1972年，陆翠仙加入中国共产党； 1982年，建楼房2层，220平方米； 2001年，购商品房78平方米； 2006年，龚芳英于南京审计学院毕业； 2015年，购汽车1辆。					

	姓名	与户主关系	性别	出生年月	民族	备注
家庭人员	邹金林	户主	男	1951年10月	汉族	
	徐进花	妻子	女	1952年9月	汉族	
	邹凤仙	母亲	女	1930年6月	汉族	
	邹建峰	儿子	男	1976年11月	汉族	
	杜春兰	儿媳	女	1979年3月	汉族	
	邹建友	儿子	男	1977年11月	汉族	
	邹依婷	孙女	女	2001年3月	汉族	
家庭大事	1996年，建楼房2层，320平方米。					

家庭人员	姓名	与户主关系	性别	出生年月	民族	备注
	赵菊良	户主	男	1963年11月	汉族	
	陆素英	妻子	女	1963年5月	汉族	
	赵天福	父亲	男	1934年8月	汉族	
	赵凤宝	母亲	女	1935年8月	汉族	
	赵珺	女儿	女	1990年6月	汉族	
	赵磊	儿子	男	1993年1月	汉族	
家庭大事	1993年,建楼房2层,6间。					

家庭人员	姓名	与户主关系	性别	出生年月	民族	备注
	毛春华	户主	男	1962年3月	汉族	
	沈翠花	妻子	女	1962年5月	汉族	
	毛海根	父亲	男	1934年7月	汉族	
	唐巧仙	母亲	女	1936年4月	汉族	
	毛伟青	儿子	男	1986年4月	汉族	
	毛嘉琪	孙子	男	2009年10月	汉族	
家庭大事	1981年,毛春华入伍当兵; 1984年,毛春华加入中国共产党; 1992年,建楼房2层,285平方米。					

家庭人员	姓名	与户主关系	性别	出生年月	民族	备注
	毛雪忠	户主	男	1981年10月	汉族	
	仇春红	妻子	女	1981年5月	汉族	
	徐义福	父亲	男	1955年3月	汉族	
	邵富英	母亲	女	1957年3月	汉族	
	毛俪橙	女儿	女	2008年10月	汉族	
	仇俪颐	女儿	女	2015年6月	汉族	
家庭大事	1995年，建楼房2层，282平方米。					

家庭人员	姓名	与户主关系	性别	出生年月	民族	备注
	赵忠英	户主	女	1968年12月	汉族	
家庭大事						

庙灯村第 24 村民小组

	姓名	与户主关系	性别	出生年月	民族	备注
家庭人员	高炳法	户主	男	1963 年 8 月	汉族	
	邵长花	妻子	女	1965 年 7 月	汉族	
	高利明	儿子	男	1986 年 8 月	汉族	
	蒋鑫毓	儿媳	女	1986 年 11 月	汉族	
	高牧云	孙子	男	2013 年 7 月	汉族	
	高牧骋	孙子	男	2015 年 4 月	汉族	
家庭大事	1983 年，建平房 7 间，110 平方米； 2005 年，购商品房 172 平方米； 2010 年，蒋鑫毓加入中国共产党； 2010 年，购汽车 1 辆； 2014 年，高利明于徐州医学院毕业。					

	姓名	与户主关系	性别	出生年月	民族	备注
家庭人员	徐树根	户主	男	1952 年 4 月	汉族	
	陈占霞	妻子	女	1958 年 3 月	汉族	
	徐晨竣	女儿	女	1978 年 2 月	汉族	
	徐成生	儿子	男	1979 年 10 月	汉族	
	刘丽华	儿媳	女	1980 年 3 月	汉族	
	徐婉童	孙女	女	2003 年 1 月	汉族	
	徐婉琴	孙女	女	2013 年 7 月	汉族	
家庭大事	1985 年，建楼房 2 层，252 平方米； 2009 年，购商品房 84 平方米； 2015 年，购汽车 1 辆。					

	姓名	与户主关系	性别	出生年月	民族	备注
家庭人员	沈存良	户主	男	1956年4月	汉族	
	廖映香	妻子	女	1960年10月	汉族	
	沈林宝	母亲	女	1932年2月	汉族	
	沈 杰	儿子	男	1991年1月	汉族	
	陈 慧	儿媳	女	1991年10月	汉族	
	沈佳研	孙女	女	2018年8月	汉族	

家庭大事	1966年，沈林宝加入中国共产党； 1994年，建楼房2层，260平方米； 2015年，购汽车1辆。

	姓名	与户主关系	性别	出生年月	民族	备注
家庭人员	沈木根	户主	男	1937年2月	汉族	
	沈建福	儿子	男	1957年1月	汉族	

家庭大事	1995年，建楼房2层，295平方米。

	姓名	与户主关系	性别	出生年月	民族	备注
家庭人员	沈仁荣	户主	男	1953年1月	汉族	
	邹木花	妻子	女	1955年9月	汉族	
	沈建忠	儿子	男	1975年3月	汉族	
	陆伟华	儿媳	女	1977年1月	汉族	
	沈建芬	女儿	女	1979年4月	汉族	
	沈逸婷	孙女	女	2001年2月	汉族	

家庭大事	1990年，建楼房2层，260平方米； 2013年，购汽车1辆。

家庭人员	姓名	与户主关系	性别	出生年月	民族	备注
	高炳东	户主	男	1954年7月	汉族	
	候凯平	妻子	女	1966年12月	汉族	
	高　燕	女儿	女	1988年4月	汉族	
	曾荣刚	女婿	男	1985年8月	汉族	
	高语歆	孙女	女	2019年1月	汉族	

家庭大事	1988年，建楼房2层，186平方米。

家庭人员	姓名	与户主关系	性别	出生年月	民族	备注
	刘小妹	户主	女	1951年6月	汉族	

家庭大事	1988年，建楼房2层，206平方米。

家庭人员	姓名	与户主关系	性别	出生年月	民族	备注
	季伟伯	户主	男	1936年10月	汉族	
	季阿玉	妻子	女	1940年11月	汉族	
	季翠娥	女儿	女	1961年11月	汉族	
	沈小福	女婿	男	1957年10月	汉族	
	季凤韵	孙女	女	1982年9月	汉族	
	季梦婷	孙女	女	1992年1月	汉族	

家庭大事	1989年，建楼房2层，270平方米； 2014年，季梦婷于江苏大学毕业； 2016年，购汽车1辆。

	姓名	与户主关系	性别	出生年月	民族	备注
家庭人员	陆建明	户主	男	1957年11月	汉族	
	赵月珍	妻子	女	1958年8月	汉族	
	陆平华	儿子	男	1983年2月	汉族	
	陆家琪	孙女	女	2007年3月	汉族	
	郭家豪	孙子	男	2010年2月	汉族	
家庭大事	1988年，建楼房2层，264平方米； 2004年，购商品房86平方米； 2014年，购汽车1辆。					

	姓名	与户主关系	性别	出生年月	民族	备注
家庭人员	沈根福	户主	男	1964年12月	汉族	
	盛玉珍	妻子	女	1965年8月	汉族	
	沈凤珍	母亲	女	1934年1月	汉族	
	沈霞萍	女儿	女	1988年2月	汉族	
	潘俊刚	女婿	男	1988年2月	汉族	
	潘睿熙	孙女	女	2013年4月	汉族	
	沈林熙	孙子	男	2017年5月	汉族	
家庭大事	1988年，建楼房2层，250平方米； 1998年，购商品房128平方米； 2010年，购汽车1辆； 2010年，沈霞萍于扬州大学毕业，于当年加入中国共产党。					

	姓名	与户主关系	性别	出生年月	民族	备注
家庭人员	沈惠明	户主	男	1948年11月	汉族	
	毛凤秀	妻子	女	1951年12月	汉族	
	沈建新	儿子	男	1974年3月	汉族	
	沈建华	儿子	男	1976年4月	汉族	
	唐海霞	儿媳	女	1974年6月	汉族	
	盛 红	儿媳	女	1976年9月	汉族	
	沈盛飞	孙子	男	2000年3月	汉族	
	沈亦凡	孙子	男	2003年3月	汉族	
家庭大事	1991年，建楼房2层，245平方米； 2017年，购商品房120平方米。					

	姓名	与户主关系	性别	出生年月	民族	备注
家庭人员	沈金荣	户主	男	1949年12月	汉族	
	顾小妹	妻子	女	1948年8月	汉族	
	沈利方	女儿	女	1972年9月	汉族	
	陆素明	女婿	男	1969年12月	汉族	
	沈 罡	孙子	男	1993年7月	汉族	
	沈煜恒	曾孙	男	2019年6月	汉族	
家庭大事	1984年，建楼房2层，245平方米； 2001年，购商品房128平方米。					

	姓名	与户主关系	性别	出生年月	民族	备注
家庭人员	沈幸福	户主	男	1954年7月	汉族	
	赵菊花	妻子	女	1956年10月	汉族	
	沈卫华	儿子	男	1981年11月	汉族	
	王卉	儿媳	女	1983年10月	汉族	
	沈崧	孙子	男	2007年8月	汉族	
家庭大事	1987年，建楼房2层，270平方米； 2000年，购商品房87平方米； 2009年，购汽车1辆。					

	姓名	与户主关系	性别	出生年月	民族	备注
家庭人员	徐卫根	户主	男	1942年10月	汉族	
	顾妹英	妻子	女	1946年3月	汉族	
	丁秋芳	儿媳	女	1971年10月	汉族	
	顾文晨	孙子	男	1992年12月	汉族	
	周静	孙女	女	1993年5月	汉族	
	顾梓睿	曾孙	男	2016年7月	汉族	
家庭大事	1990年，建楼房2层，280平方米； 2000年，购商品房148平方米； 2014年，顾文晨于泰州职业技术学院毕业； 2014年，购汽车1辆。					

	姓名	与户主关系	性别	出生年月	民族	备注
家庭人员	赵荣良	户主	男	1963年10月	汉族	
	陆文英	妻子	女	1965年8月	汉族	
	方林秀	母亲	女	1944年8月	汉族	
	赵霞芳	女儿	女	1986年12月	汉族	
	周尹尹	孙女	女	2016年1月	汉族	
家庭大事	1990年,建楼房2层,286平方米; 2013年,购汽车1辆; 2014年,赵霞芳于复旦大学毕业。					

	姓名	与户主关系	性别	出生年月	民族	备注
家庭人员	高炳福	户主	男	1957年4月	汉族	
	陆翠珍	妻子	女	1961年7月	汉族	
	高红琴	女儿	女	1981年6月	汉族	
	陶开多	孙子	男	2006年6月	汉族	
家庭大事	1979年,建楼房2层,250平方米; 2002年,购商品房80平方米。					

	姓名	与户主关系	性别	出生年月	民族	备注
家庭人员	赵建国	户主	男	1964年12月	汉族	
	杨小妹	妻子	女	1965年1月	汉族	
	赵红霞	女儿	女	1987年8月	汉族	
	金哲宇	外孙	男	2013年12月	汉族	
	金哲昊	外孙	男	2016年12月	汉族	
家庭大事	1990年,建楼房2层,288平方米; 2009年,购商品房120平方米; 2010年,赵红霞加入中国共产党,当年于淮海工学院毕业。					

家庭人员	姓名	与户主关系	性别	出生年月	民族	备注
	赵建良	户主	男	1962年2月	汉族	
	高彩英	妻子	女	1964年11月	汉族	
	赵　倩	女儿	女	1985年9月	汉族	
	李昭妍	孙女	女	2011年1月	汉族	
	赵瑞英	母亲	女	1935年8月	汉族	

家庭大事	1993年，建楼房2层，280平方米； 2012年，赵倩于苏州大学毕业； 2013年，购汽车1辆。

家庭人员	姓名	与户主关系	性别	出生年月	民族	备注
	顾金良	户主	男	1959年12月	汉族	
	唐琴娣	妻子	女	1962年7月	汉族	
	顾　利	女儿	女	1994年7月	汉族	

家庭大事	1978年，顾金良入伍当兵； 1992年，建楼房2层，265平方米； 2000年，购商品房95平方米； 2015年，购汽车1辆； 2016年，顾利于苏州大学毕业。